國立成功大學文學院多元文化研究中心專書(7)

Fethullah Gülen，一個服務奉獻的生命：何以一位賓州穆斯林對世界如此重要

Fethullah Gülen, A Life of Hizmet: Why a Muslim Scholar in Pennsylvania Matters to the World

Jon Pahl 原著

黃思恩 譯

林長寬 編審

國立成功大學文學院

多元文化研究中心

2022/07

國家圖書出版品預行編目（CPI）資料

Fethullah Gülen，一個服務奉獻的生命：何以一位賓州穆斯林對世界如此重要（Fethullah Gülen, A Life of Hizmet: Why a Muslim Scholar in Pennsylvania Matters to the World）/ Jon Pahl 原著，黃思恩 譯、林長寬 編審
—初版—臺南市：國立成功大學文學院多元文化研究中心出版；新北市：稻鄉出版社發行，2022.07
　　面；　公分 國立成功大學文學院多元文化研究中心專書 (7)
ISBN：978-626-96004-3-4
1.CST: 葛蘭(Gülen, Fethullah) 2.CST: 傳記 3.CST: 伊斯蘭教 4.CST: 土耳其

783.518　　　　　　　　　　　　　　　　　　　　　111010440

Fethullah Gülen，一個服務奉獻的生命

Fethullah Gülen, A Life of Hizmet

翻　　譯：黃思恩
編　　審：林長寬
出 版 者：國立成功大學文學院多元文化研究中心
　　　　　電話：(06) 2757575 轉 52650；傳真：(06) 2752453
　　　　　http://www.cmcs.ncku.edu.tw/
　　　　　電子郵件：2012mncsc@gmail.com
　　　　　發 行 者：稻鄉出版社
　　　　　地址：22041 新北市板橋區漢生東路 53 巷 28 號
　　　　　電話：(02) 22566844、22514894
　　　　　傳真：(02) 22564690
　　　　　郵撥帳號：1204048-1
　　　　　登記號：局版台業字第四一四九號
印 刷 者：絃億印刷有限公司
定　　價：非賣品
初　　版：2022 年 7 月
ＩＳＢＮ ：978-626-96004-3-4（平裝）

Fethullah Gülen在1999年遷居至美國。從此他居住在賓夕法尼亞州Saylorsburg的Golden Generation Worship and Retreat Center（又稱 Camp Chestnut），在那裡過著禮拜、研究與教學生活。

Gülen的指導者，包括其母親Refia Hanım (d. 1993)、父親Ramiz (d. 1974)、Muhammed Lütfi (d. 1956)，以及他的小學老師 Belma Özbatur。Lütfi 又被稱為 Alvarlı Efe，是著名學者、蘇非與詩人，他深厚的靈性對Gülen造成深遠的影響。

下圖：Belma Özbatur，Gülen的老師，與她的學生在 Erzurum的Korucuk。

底部：Gülen在Korucuk的家。

上圖：Gülen（左二）在Erzurum的People's House (Halk Evi)，他在那裡教授關於Rumi的課程。

右圖：Gülen的大姊Nurhayat。

下圖：Gülen（左）與其他宗教人員在Edirne（約1959年）。

前頁右上與中間：Gülen不僅在清真寺佈道，也會在研討會與咖啡廳演講。

前頁左上：他在1991年Ebedi Risalet研討會上發表關於先知穆罕默德生平的演講。

前頁底部：成為知名人物使Gülen被針對，他在1971年的備忘錄中被軍方審判。Mustafa Birlik (d. 2012)（右二）與研讀 Risale-i Nur 的許多學生也在受審。他們的律師 Bekir Berk (d. 1992)（最左邊）以反對專制政權的案件聞名。

上圖：Gülen在1996年Journalists and Writers Foundation (JWF)的一場活動中發言。JWF成立於1994年，是土耳其跨宗教、文化對話的先驅，直到2016年他們不得不將辦公室搬到紐約。JWF成功地將不同種族和宗教群體（庫德人、亞美尼亞人、Alevi、順尼與什葉穆斯林、猶太人，以及基督宗教徒）的社群領袖聚集在同一張桌子邊，為社會問題尋求解決方案並包容差異。

下圖：Gülen與前國會議員Kasım Gülek（Gülen右側）及Hasan Celal Güzel（Gülen左側）。

上圖：世界知名足球員Diego Maradona到伊斯坦堡支持JWF在1995年為波西尼亞兒童舉辦的友誼賽。

Gülen親自會見世界宗教領袖，互致善意與合作：

左圖：東正教牧首Bartholomew I。

下圖：以色列Sephardic派大Rabbi–Eliyahu Bakshi-Doron。

上圖：教宗John Paul II在梵蒂岡，與梵蒂岡駐伊斯坦堡代表Georges Marovitch主教以及Gülen的朋友 Rüştü Kalyoncu

下圖：Georges Marovitch主教與基督宗教代表拜訪Gülen。

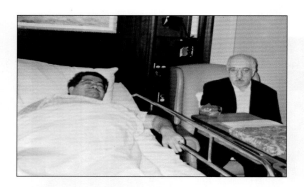

幾十年來，無論他們在政治光譜中的立場如何，Gülen的路與土耳其領導人多次交會。

左上：Gülen曾與前總理 Bülent Ecevit 會面幾次。Ecevit 是一位有原則的世俗主義者，但他為 Gülen辯護，尤其是在Gülen與多位宗教人士遭受軍方打壓時，軍方在1997年以"a postmodern coup"迫使政府解散。

左上數來第二張圖：前總統Süleyman Demirel與Gülen在 JWF 的活動。他為 Gülen 寫推薦信方便Gülen在國外開設學校。

左下數來第二張圖：Gülen 於1992年在Dallas拜訪前總統Turgut Özal，Özal先生於1992 年在那裡開展業務。他相當支持Hizmet，他與其他國家的校長交涉，支援Hizmet學校，並且機會時會拜訪這些學校。

左下：前總理Tansu Çiller與Gülen參加 Asya 銀行（1996年）的開業典禮，這是一家由Hizmet附屬商人創立的無息銀行。Çiller 女士、前總統 Abdullah Gül （時任國務部長 [Minister of State]）與Recep Tayyip Erdoğan （時任伊斯坦堡市長）一同剪綵。諷刺的是，Erdoğan 接管了該銀行，並在2016年土耳其政變失敗後將其關閉。

1990年代是Gülen與Hizmet參與者非常活躍的時期。在接觸不同社群與個人促進對話的同時，Hizmet參與者在土耳其各地與國外開設學校。

上圖：Serhat中學位於土耳其西北部Edirne，與希臘和保加利亞接壤。

右上：Mehmet Döğme 宿舍位在 Kilis，靠近土耳其與敘利亞的邊界（1990年）。只要可能，Gülen就會和家人聚在一起（下圖是其兄弟Sıbgatullah）。他有時會幫助Altunizade宿舍的工作人員，Gülen住在這裡的「五樓」。

前頁右上：土耳其著名歌手Barış Manço (d.1999)在伊斯坦堡的Altunizade拜訪Fethullah Gülen。Manço對Hizmet學校的欣賞在第四章中講述，其中包括一個以泰國清邁為背景的迷人故事。（右上第二張圖）Gülen與電影導演Halit Refiğ以及演員Tanju Gürsu一起拍攝Köpekler Adası (1997)。

下圖：Gülen於90年代初期在清真寺發表他最新的佈道。

上圖：Jon Pahl與Fethullah Gülen在他位於賓州Saylorsburg的家中（2018年2月8日）

自1970年代以來，Gülen一直為*Sızıntı*（現在的*Çağlayan*）等期刊撰稿。他的文章還被翻譯刊載於*The Fountain*（英語）、*Die Fontaene*（德語）、*Hira*（阿拉伯文）、*Mata Air*（印尼語）與*Grani Misli*（俄語）。Gülen有空時會審查文章，並就這些出版物的內容與編輯磋商。

平日除非到醫院就診（下一頁）或有採訪（左圖，與 BBC），否則 Gülen 在早上（下一頁）忙於與學生閱讀古典伊斯蘭文本、與客人交談，並在晚上禮拜前參加集體禮拜（下圖）。他每週發表一到兩次講座，這些講座在 www.herkul.org（上圖）上發表。

特殊土耳其語字母發音與專有名詞

土耳其語的 29 個字母中有幾個較特殊發音如下：

C 等同英語的「短 J 軟化音」，類似中文的「接」字發音。

Ç 等同 chair 的 ch，類似中文的「切」字音。

Ğ 等同 through 的 gh，不發音字母。

I / ı 類似 sit 的 i，有如英文發音的 ə 音。

Ö 等同 IPA ø 或是英式發音 nurse 的 u、德文的 ö[o-umlaut]的發音。

Ş 等同英文 shade 的 sh（ʃ）。

Ü = IPA y 或是法文的 cue、德文 ü [u-umlaut]的發音。

本書中專有名詞基本上以土耳其文字母標示：

Ağabey（或 Abi, 複數 Abiler）:「兄長、學長」，Hizmet 中非正式重要角色。

Abla（複數 Ablalar）:「大姊、學姐」，Hizmet 中非正式重要角色。

Cemaat(發音為 gem-aht):「社群」，通常指受 Gülen 啟發者之群體，Gülen 用此名詞指稱「運動」。

Dershane（發音為 ders-ha-nay）: 指「家教中心」、Aka "cram schools"「大學、高中入學考補習班」。有時指稱 Hizmet 成員的讀書會公寓，又稱「光之家」(ışık evler)。

Ghurba :「分離」，但通常意為「寂寞」、「異鄉人」或「拋棄世俗享樂」。

Gülen：發音為 Gew-len。

Hodjaefendi（發音為 Ho-ja-ef-en-dee）：「受尊敬的教師」，對 Gülen 的尊稱。Hodja 原意為「大師」或「宗教領袖」。Efendi 為歐斯曼帝國時期用詞，「先生」的尊稱。

Hicret（發音為 hij-ret）：源自阿拉伯文的 Hijrah（遷徙），在本書指的是「麥加朝聖」、「為了真主離開家鄉」，是 Hizmet 的一個重要理念。

Himmet：自願性財務支援或捐獻慈善活動、計劃。

Hizmet：「服務奉獻」，為取悅真主透過互信關心去執行的服務活動，亦即受 Gülen 所啟發「服務人類」的運動。

Hoşgörü：「容忍」，但廣義的是「制約性多元主義」，以同理心接受他者的差異，透過對話找到共同平台。

Hüzün（發音為 hew-zewn）：感傷、深度心痛悲哀。

Ihlas（發音為 ikh-las）：「無私、無我」、「誠懇」、「純淨」或「尊榮」

Istişare（源自拉伯文的 Istishara）：「相互諮商」，Hizmet 組織結構核心原則與實踐精神。

Mütevelli（發音為 mew-te-ve-lee）：「託管者」，通常指捐獻者、為 Hizmet 執行 Himmet 的企業領導者，參與計劃案之決策者。

Rıza-ı ilahi（或 Rıza）：「順從」、「滿足於神的旨意」或「為取悅神而為，不求神的回賜」。

Sohbet（發音為 sokh-bet）：「會話」、小組讀書討論會，Hizmet 的核心原則與傳統。

Sufi/Sufism/Tasawwuf：伊斯蘭密契主義、靈修者。

Uns：「社群」、蘇非主義中人與神之間的親密關係。

中文版導讀

世界和平之道：Fethullah Gülen 的宗教對話觀

林長寬

　　伊斯蘭世界在十九世紀末時，由於歐斯曼帝國(the Osmanlıs, 1281-1924)西化失敗，隨著伊朗巴勒維政權(the Pahlavis, 1925-79)的去伊斯蘭化（或世俗化），印度蒙兀兒帝國(1526-1858)的滅亡，東南亞馬來伊斯蘭世界被歐洲勢力殖民，以及非洲、中亞地區紛紛受西方勢力入侵等，伊斯蘭傳統遂逐漸衰微。到了二十世紀中葉，雖然穆斯林國家逐一脫離歐洲基督宗教勢力殖民，但被世俗化已久的伊斯蘭傳統有待復興。整個伊斯蘭世界在二十世紀中葉以後即不斷地處於所謂的伊斯蘭復興改革運動(Tajdid–Islah)思潮中。[1] 這種改革運動當然有相當多的詮釋立場與理論，但仍不脫政治與社會的面向，亦即武力與非武力的改革。面對西方勢力持續以文化、經濟手段殖民伊斯蘭世界，穆斯林在所謂的「全球化」潮流下不得不思考一套較有效的應變方法，以找回伊斯蘭傳統的價值觀與穆斯林信心，此乃多數穆斯林思想家改革的首要目標。伊斯蘭的對內改革通常可分為溫和與暴力途徑，其意義殊途同歸，但所展現的效果卻不盡相同，然而最有效的途徑仍是以和平的手段做心靈改革。這種心靈改革可謂屬於「新蘇非主義」(neo-Sufism)運動[2]，其中最顯著代表乃土耳其 M. Fethullah Gülen 的運動。他標榜以宗教容忍與對話找尋穆斯林生活之道，以及伊斯蘭的永續發展。Fethullah Gülen 的新蘇非主義已在非阿拉伯地區的穆斯林社群中產生相當大的回應，也引起了西方的注意，Gülen 的新蘇非主義不啻為伊斯蘭和平價值觀

---

[1] Cf. John Voll, "Renewal and Reform in Islamic History: Tajdid and Islah" in John L. Esposito ed. *Voices of Resurgent Islam*, Oxford: OUP, 1983, pp. 32-47.

[2] 有關所謂新蘇非主義之界定與探討參閱：Fazlur Rahman, *Revival and Reform in Islam*, Oxford: Oneworld, 2000, pp. 105-15, 166-68; idem. *Islam and Modernity*, Chicago: UCP, 1982, pp. 104-9.

最確切的詮釋者。

Fethullah Gülen 是位宗教學者，也是一位蘇非主義推行者。[3] 他 1941 年出生於土耳其東部的 Erzurum，自小即受教於著名的宗教學者與蘇非大師。[4] 除了傳統的伊斯蘭經學院教育外，Gülen 亦接受一些現代西式學科的訓練。他 1959 年通過考試成為國家傳教士，並在 Izmir 地區從事伊斯蘭教育與宣教。其宣教目標與對象通常是年輕人，希望能激發年輕人成為知識與性靈兼修的穆斯林，並養成積極的態度面對人生。Gülen 的宣教活動並不侷限於城市或清真寺內，而在是整個 Izmir 省份不斷地奔波深入地方社群。而且其宣道主題並不限於宗教事務，像教育、科學、社會公義、經濟等皆涉及，因為伊斯蘭乃「全然生活之道」。[5] 伊斯蘭的教義，亦即神的旨意，必須落實於穆斯林生活各個層面。他的傳道幾乎贏得全民的認同，特別是學術界高階層知識份子亦感同身受。

Gülen 的演講與著作中充滿著宗教虔信與人生希望，他常常鼓勵青年在物質與精神生活中作平衡，以便取得祥和與真正的快樂。他試圖融合宗教與適當的科學理性，且將東方與西方的哲學與理念做一較合理完美的結合，並去除兩者之間的差異，尋求共同交集。在他的理念當中，二十一世紀應該是一個文明融合的世紀，是互相容忍包含的時代，透過文明之間的對話共享一個彼此都能接受的價值觀，這才是伊斯蘭的終極目標。[6]

Gülen 的思想與宣教已導致成一股非武力的伊斯蘭和平運動。他的運動主要透過在不同地區廣設學校來推動其理念，透過教育讓不同宗教、文化的人類群體能互相認識理解。他的追隨者在土耳其境外成立相當多的非營利組織推

[3] 關於 Gülen 之蘇非思想參閱其著作：*Emeral Hills of the Heart, Key Concepts of the Practice of Sufism* 2 vols. revised ed., Rutherford: The Light, 2004.中文譯本：丁迺靜譯，《蘇非思想：伊斯蘭的心靈旅程(一)》,台北：希泉，2005。Zaki Saritoprak, "Fethullah Gülen, a Sufi of his own way," in M. Hakan Yavuz and John L. Esposito eds., *Turkish Islam and the Secular State, the Gülen Movement*, Syracuse: Syracuse University Press, 2003, pp. 156-69.
[4] Zaki Saritoprak & Sidney Griffith, "Fethullah Gülen and the 'People of the Book': a voice from Turkey for interfaith dialogue", *The Muslim World* (95: 3, 2005), pp. 330-1.
[5] 古蘭經將伊斯蘭界定為全然的生活之道，cf. *Encyclopaedia of Islam* (Leiden), s. v. "Din".
[6] Cf. Fethullah Gülen, *Toward a Global Civilization of Love and Tolerance*, Somerset, NJ: The Light, 2004, pp. 217-53.

動當地社群福利。他的宣教很成功地激發媒體與企業界人士親自投入，成為宣揚真理的有力媒介。透過媒體作為教育的工具，平常那些無法接受正規教育者也可受到其宗教思想理念的薰陶。Gülen 相信教育，尤其是全球性教育乃使人類社群達到公義的不二途徑，只有充分相互理解與容忍才能尊重他人的權利。[7] 基於此理念，Gülen 不斷地鼓勵企業界、社會菁英、社群領導者投入全球性教育工作，以提昇人類價值觀。這些人的投入其運動，使得教育資源愈加豐富，無論在土耳其境內或中亞一些突厥語系國家中已培養了不少青年種子，這些年輕人被訓練成具備現代生活的技能，也擁有恢弘的國際觀與健全道德，以便為謀求全人類福祉努力。[8]

Gülen 主張一個人能被他人接受的途徑乃謀求他人的認同，而非採用暴力以對，因為人類永遠在追求個人自由與表達其認同的精神與宗教價值。他認為民主乃目前唯一可行的政治體制，雖然它仍需改進。因此人類應致力於推動現代化建構民主機制以建立一個可以保障人類個人自由、權利、平等的社會。[9]

Gülen 於 1981 年從教育工作上退休，但仍在各地的清真寺、穆斯林社群講道，並且旅行到西歐向當地的穆斯林移民宣道。從此開始更致力於宗教文化的對話與交流。他認為人類雖有民族差異，但卻有共通性。人類之間往來應該超越國家政治界線，結合成一個共有的文明。他在土耳其成立了「記者與作家基金會」(PASIAD)推動社會各階層間的理解、對話與容忍。也因為基於此目標，他不但在土耳其境內從事各宗教間的對話，更走出去與世界各大宗教與學術領袖交流。

理解 Gülen 的人都以他的行誼作為生活指標，有如對先知穆罕默德的行誼尊敬模仿。他被視為社會改革家，他試圖以正統蘇非主義(Sufism)的精神淨化人心，提昇人類靈性。他是一位和平主義者，從不以政治力去運作其理念，當然也從不介入政治活動。他深深主張暴力並無法使人類和平共處，只會徒增人類之間的衝突。基本上，他的理念以蘇非主義儉樸精神為出發點，以先知穆

7　Ibid., pp. 193-216.
8　Bekim Agai, "The Gülen Movement's Islamic Ethic of Education," in Esposito and Yavuz, op. cit., pp. 48-68.
9　F. Gülen, *Advocate Dialogue*, Fairfax: Fountain, 2000, pp. 149-52.

罕默德之人道主義為做事原則，他並不提倡物質享受，而是注重心靈的充實。

　　Gülen 一生鼓吹世界和平。其土耳其文著作約有六、七十部書與八百多篇文章，並有多部書被翻譯成其他語言。他的講道也都錄成視聽材料。在台灣目前已有三本他的著作被翻譯成中文出版：《最後的先知─穆罕默德的生命面貌》（台北：希泉出版社，2004）、《蘇非思想：伊斯蘭的心靈旅程》（台北：希泉，2005）與《信仰珠璣》（台北：希泉，2006）。

宗教對話的重要：

　　對 Gülen 而言，人類的衝突主要起因於相互的不瞭解與私心作崇，而人類追求和平相處乃是神的旨意。就獨一神信仰(Tawhid)而言，整個人類宇宙皆由獨一神 Allah 所創，祂創造了不同類型的人，因此不同民族(Qawm)對於獨一神信仰的認知與表達皆有所異，但其最終目的是一致的。人類宗教信仰、文化的多元性，顯示了神給予人類的自由意志(free will)。這種自由意志應用於體驗神的存在，而非用於不當的競爭與衝突。Gülen 觀察到今日整個世界的失序、污染、飢餓到處可見，以及人類道德的衰微；而且在全球化之下，強者永遠是征服者。強者在征服剝削中利用弱者以掌控生產，就此產生了無數難以解決的問題。這些問題主要肇因於過度的強調物質主義，以致世界觀也受其影響，這也造成了人性與自然之間失去平衡，很少人注意到人之間的社會和諧，人與自然之間平和關係。當物質與精神互相妥協時，個人之間方有可能意識到社會失序的問題。Gülen 認為只有當個人與神（天堂）之間達到和平時，人類與大自然之間的平和、社會公義的落實、人類之間的和平相處，以及個人尊嚴的受到尊重才有可能存在。

　　對一個真正的穆斯林或信仰者而言，宗教可以包容相對的價值，這種價值是全然的，如宗教與科學、今世與後世、自然與神的經典、物質與精神、精神與肉體。[10] 宗教可防衛物質主義或無信仰的科學所引起之破壞性，它可以將

---

[10] Ibid., pp. 193-207. 就伊斯蘭而言，「容忍」乃伊斯蘭的基本教義之一，穆斯林應該發揮伊斯蘭容忍與和平的基本精神。

科學放在適當位置，它可結束國家、民族或人民之間長久以來的衝突。自然科學應被視為引導人類親近「獨一神」的光，這個光可使非信仰者體驗、認知其之前所不知的。[11] 隨著政教分離，社會世俗化的發展，西方世界至今幾乎已成為非信仰者（或無信仰者）之基地，而基督宗教也受到這種世俗化的影響相當大，因此有必要進行穆斯林與基督宗教徒之間的對話。換言之，經由對話可喚起世俗化的基督宗教徒對宗教的重新認知。

世界宗教之間對話的目的並非在於全然摧毀破壞性的科學物質主義或物質主義的世界觀，而是在突顯宗教本質，以及宗教本身對話的需要。猶太教、基督宗教、伊斯蘭，甚至其他的世界宗教皆接受同樣的根源，他們所追尋的目標是一致的。一個真正的穆斯林必得接受所有一神教中的眾先知，以及來自神透過這些先知所傳遞的訊息，這些訊息隨著歷史的發展傳給了不同民族，因此一神教信仰者應遵守有共同的信仰與教義。一個真正的穆斯林不應只相信單一的先知及其所帶來神的旨意與單一經典。一神信仰宗教應是一種接納所有人類種族信仰的體制，它是一條將所有人類納為一體的道路。[12]

儘管不同的民族在其日常生活有著不同的宗教儀式，但宗教所標榜的價值觀，如愛、尊重、容忍、原諒、仁慈、人權、和平、教胞愛，以及信仰的自由都一致被讚揚的。這些價值觀是起自摩西直到穆罕默德，[13] 甚至老子、孔子、瑣羅亞斯德，以及印度教的先知們所提倡的。在伊斯蘭的聖訓中亦提到耶穌將於末日時再現。雖然一般人並不知道耶穌如何再現，但他對猶太教徒所傳的福音與提倡的道德、價值觀也都是希伯來先知們所提倡的，因此猶太教與基督宗教有必要做對話，而伊斯蘭也因為承認之前的先知與其所傳之福音，也需要與猶太教、基督宗教交流對話，做更進一步的溝通合作。[14] 很多學者也已經

---

[11] 關於 Gülen 之宗教與科學觀點，參閱其著作：*Understanding and Belief, the Essentials of Islamic Faith*, Konak-Izmir: Kaynak Publishing, 1997; see also Osman Bakar, "Gülen on Religion and Science: a Theological Perspective," *The Muslim World* (95: 3, 2005), pp. 359-72.

[12] Fethullah Gülen 以其身為起點致力奔走各一神教信仰者之間，以闡揚宗教共同點。*Advocate Dialogue*, pp. 258-261.

[13] Fethullah Gülen, *Questions and Answers about Faith* vol.1, Fairfax: The Fountain, 2000, pp. 103-117.

[14] Gülen 的這個觀點受到 Said Nursi 之思想影響相當大。Nursi 一向提倡包容猶太教與基督宗教教義中的一神觀，而試圖找出亞伯拉罕支系宗教的交集。Cf. M. Hakan Yavuz, "Islam in the

提出一些宗教對話的基礎，這些基礎即是神學與教義理論。而在伊斯蘭世界，特別是在歐斯曼帝國時期，穆斯林與猶太教徒有相當好的關係，並無所謂的迫害與大屠殺事件出現。而事實上，古典伊斯蘭時期猶太教徒與基督宗教徒對伊斯蘭文明與文化的發展皆有相當的貢獻。[15] 穆斯林雖然以伊斯蘭文明的輝煌為傲，但這種驕傲亦得助於其他宗教傳統的貢獻。

穆斯林宗教對話的障礙：

　　Gülen 在宣道過程中體驗到想要啟動穆斯林與其他宗教信仰者的對話，事實上有其困難在，特別是心理方面的障礙。在上個世紀中大部分的穆斯林國家受到歐洲列強的殖民。基督宗教也隨殖民勢力進入伊斯蘭世界傳教，對穆斯林的政治、宗教、經濟、社會、文化起了很大的負面影響，而且很多穆斯林因對抗而被屠殺。大多數穆斯林相信西方（歐洲）的政策是要削弱穆斯林的政治、經濟、宗教力量。歷史發展的結果甚至使得穆斯林知識份子、宗教學者認知到西方基督宗教勢力自中世紀以來，甚至早自伊斯蘭建立之始，即對伊斯蘭懷有敵意，而且還持續不斷壓制其信仰者。尤有甚者，在科技文明相當發達的今日，西方基督宗教世界還處心積慮地用不同手段進行迫害，阻擋伊斯蘭世界的發展。[16] 因此，當基督教會發起對話時，多數穆斯林皆以懷疑態度看待之。

　　伊斯蘭世界進入二十世紀後，一些伊斯蘭國家勢力，其代表者如歐斯曼帝國，紛紛被西方勢力打垮乃至瓦解。西方勢力直接或間接地控制穆斯林國家，使得以土耳其為代表的穆斯林 Ummah（社群、國家）紛紛起身對抗之。而在穆斯林國內政黨政治的鬥爭如土耳其的民主黨對抗人民黨，致使伊斯蘭被誤認為是一種政治衝突的觀念，而非一種安定人心的宗教理想，一種得以淨化人類的心靈與提升性靈的理念。也因為如此，造成世俗主義的穆斯林對所有穆斯

Public Sphere, the Case of the Nur Movement," in Yavuz & Esposito, op. cit., pp. 9-13.

[15] 穆斯林統治伊比立半島南部的 Andalucia 長達七個世紀之久，期間所創造出來輝煌的文明即是證明。Francis Robison ed. *Cambridge Illustrated History of Islamic World*, Cambridge: CUP, 1996, pp. 26, 34-7, 59-61.

[16] Ed. Said 在其名著 *Orientalism* 與 *Covering Islam* 有詳細之解析。《東方主義》，王志弘等人譯，台北：立緒，1999；《遮蔽的伊斯蘭》，閻紀宇譯，台北：立緒，2002。

林的宗教活動都抱著懷疑不信任態度與偏見。[17]

　　伊斯蘭被認為是政治觀念另一個原因是它在穆斯林國家建立時所扮演的角色，一種被認知為純然獨立建國的政治理念。「政治理念」通常與宗教意識分離，因為宗教目的在於安定人心，啟發人的心智與信仰，這種啟發乃通過正當的宗教經驗以達到。宗教並有透過愛、仁慈、情感進入政治理念的本質與力量。如果將伊斯蘭當作粗糙的政治理念時，無形中就會在西方與伊斯蘭世界之間建立了一道牆，而使得伊斯蘭更被誤解。中世紀以來基督宗教世界對伊斯蘭歷史的描述與批判減弱了穆斯林與之對話的勇氣。幾世紀以來，伊斯蘭都一直被解釋成一個猶太教、基督宗教中的異端；而先知穆罕默德也視為一個宗教無賴，只是受到穆斯林崇拜的偶像，甚至有些著作明示他是為達成目的不擇任何手段的投機份子。[18]

宗教對話對穆斯林的重要性：

　　伊斯蘭教義早在十四世紀以前即呼籲不同信仰的對話。《古蘭經》第 3 章 64 節提到：「有經書的人啊！來，在我們之間達成協議吧！我們只崇拜 Allah，不為祂增添任何伙伴，也不在 Allah 之外以其他的人或物當作主。如果那時他們跑掉了，你（穆罕默德）就說：『請你們見證我們是穆斯林。』」[19] 古蘭經文的這個呼籲其意義在於同一神的信仰者應有共同認知。這種共同認知是出自於內心的誠意，古蘭經也提出不同宗教信仰者有其自由選擇其所崇拜者（109 章），[20] 但穆斯林應專注於獨一神的敬拜。人類對獨一神的敬拜是救贖，而伊

---

[17] 現代的土耳其掙扎於世俗化與再伊斯蘭化之間，這是凱末爾建立土耳其共和國採政教分離世俗化之後遺症。相關討論參閱 David Shankland, *Islam and Society in Turkey*, Huntingdon: Eothen Press, 1999; Marvine Howe, *Turkey Today, a Nation Divided over Islam's Revival*, Boulder: Westview Press, 2000; Richard Tapper ed., *Islam in Modern Turkey, Religion, Politics and Literature in a Secular State*, London: I. B. Tauris, 1993.

[18] 參閱 Karen Amrstrong，王淑瓊譯《穆罕默德，先知的傳記》，台北：究竟出版社，2001，第一章〈穆罕默德，西方的公敵〉。

[19] 《古蘭經》，仝道章譯注，上海：譯林出版社，1989，頁 62。

[20] Allah 啟示先知說「你（穆罕默德）說：『不信的人們阿！我不拜你們所拜的，你們也不拜我所拜的；我不會拜你們所拜的，你們也不會拜我所拜的。你們有你們的道（宗教），我有我的道。』」仝道章，同前書，頁 718。

斯蘭提供了一個有深度與廣度的知覺去理解救贖之道，以及自由的法規。

　　Gülen 深信在今日多元社會不同信仰之間的對話與溝通是有絕對性必要。建立對話的第一步驟即是要忘卻過去不愉快經驗如教義的爭辯，而去尋找共同基準點。西方世界一些知識份子與教會人士早已改變了幾世紀以來對伊斯蘭的刻板印象、觀點與態度，例如法國伊斯蘭學者 Louis Massignon，[21] 就曾經主張穆罕默德實質地復興了亞伯拉罕的宗教。Massignon 認為伊斯蘭對基督宗教世界而言是一個正面、積極的使命(mission)，因為伊斯蘭是一個有信仰的宗教，這個信仰是獨一神所指示的一種精神寄託，伊斯蘭也是獨一神之意志顯現的一種奧秘(mystery)。Massignon 肯定了古蘭經的神聖性與穆罕默德的先知本質。今日西方世界對穆罕默德的使命與先知身分之前的偏見已有所改變，除了 Massignon 以及一些教會人士外，西方重要的知識份子如 Charles. J. Ledit、Y. Mouharc、Irene-M. Dalmais、L. Gardet、Norman Daniel、Michal Lelong、H. Maurier、O. Lacombe、Th. Merton 等諸多人士都表示對伊斯蘭與穆罕默德的認同，並支持伊斯蘭與其他宗教的對話。而且在第二次梵蒂岡會議(Vatican Council)中並已宣稱宗教對話的重要性。天主教教宗 Paul VI 曾提及天主教徒必須認同其他獨一神信仰的宗教，並宣揚獨一神教義，而且教會必須主動推行一個「真正的文明」，以便讓神的旨意彰顯而提升神給人類的權利。基督宗教徒必須重新審視人類生活意義、善與惡的區別，以及通往真正快樂（天堂）的途徑。因此教會也鼓勵基督宗教徒與不同的宗教對話，並鼓勵他們認同其他宗教中的價值觀，發展其精神、道德及社會文化價值。而 John Paul II 更指示基督宗教徒應肯定穆斯林獨一神信仰的虔誠性，並以穆斯林為榜樣。[22]

　　此外，伊斯蘭對那些物質主義者理念之看待，以及其在當代世界所扮演的角色，亦受到西方觀察家的認同。就有當代的一些學者、思想家聲明主張：伊

---

[21] Massignon 為出生於北非法國殖民地的東方學者，專注於伊斯蘭蘇非主義的研究。其研究之代表作乃對十世紀之蘇非思想家 al-Hallaj 的研究。*The Passion of al-Hallaj, Mystic and Martyr of Islam*, translated from French by Herbert Mason 3 vols., Princeton: PUP, 1982.有關 Massignon 之學術與生平參閱該書第一冊之序言。

[22] 教宗聖本篤雖然曾經誤言先知穆罕默德以暴力傳教，但其訪問土耳其所做的聲明亦在提倡宗教之間的對話以促進世界和平。

斯蘭在面對種族歧視與馬克斯列寧主義之理念、流血式的剝削時，背負起應有的使命，伊斯蘭實質意義並不在繁雜的教義中被模糊掉，而是以使命感去帶動全然認真行事的力量。

　　穆斯林與西方基督宗教徒的衝突已持續了十幾個世紀之久。就西方人而言，穆斯林（或伊斯蘭）一直威脅著他們，也曾經征服過他們。這些事實至今尚未被遺忘，而兩者間的衝突亦使得穆斯林憎恨西方，如此對穆斯林而言並無益處。現代化的交通運輸與大眾傳播媒體已使全世界變成一個地球村，不同的人類社群變得息息相關。西方列強並無法將伊斯蘭消除，或再殖民穆斯林國家；而且穆斯林國家的軍隊也沒能力再進駐西方世界。[23] 當全世界變成一個地球村時，伊斯蘭世界與西方更需要保持一種「相互給取」(give-and-take)的關係。西方世界有其科技、經濟及軍事的優勢，然而在古蘭經與聖訓的指導下伊斯蘭依舊保持了一神教信仰的本質與價值觀。因此，穆斯林及其他信仰者必須於其宗教信仰中再注入清新的精神與價值觀，因為他們已經被物質主義麻木了好幾個世紀。[24] 伊斯蘭早已受到非具信仰價值的世俗科學與哲學潮流所殘害，而且無人保證此潮流將來不會再繼續下去。但是這個事實並不見得會使具有真正信仰的穆斯林認為伊斯蘭只是一種世俗性的政治理念或一個經濟系統。同樣的，在西方或其他大宗教信仰者中亦無法從歷史觀點去界定他們的態度。

　　Gülen 認為那些把伊斯蘭當作一種政治理念而非宗教信仰的人，他們的認知通常以個人或民族的憤怒或其他動機為出發點，他們的活動或態度都是無關宗教信仰的一種世俗化政治行為。果若如此，那麼在他們的認知中伊斯蘭應該指的是一個出發點的基本動機，而非一種壓制過程。先知穆罕默德主張一個真正的穆斯林不應用其語言或行為去傷害人。在伊斯蘭界定中，語言傷人與行動傷人是沒有兩樣的。

---

[23] 就歷史而言，伊斯蘭世界與基督教世界糾葛至今一直無法泯滅，有其複雜因素在。詳細歷史過程參閱：Norman Daniel, *Islam and the West: the Making of an Image*, Oxford: Oneworld, 1997.

[24] 此乃所謂的宗教文化復興運動，或稱基本教義主義運動，它幾乎存在於每個世界宗教之中。Cf. Martin E. Marty & R. Scott Appleby eds., *Fundamentalisms Observed*, Chicago: The University Chicago Press, 1994.

在目前情況下，穆斯林不應該披著伊斯蘭的外衣從事政治活動，或追求個人慾望。假如穆斯林能克服這種企圖，伊斯蘭才能真正地被理解接受。當今世人對伊斯蘭負面的印象皆肇因於穆斯林或非穆斯林相互地誤解、誤用伊斯蘭教義。而事實上，在美國大學中伊斯蘭大多被以政治體制而非神學信仰來教授。這種教學也影響了亞洲與非洲在美國留學的穆斯林學生。[25]

對話途徑：

Gülen 對古蘭經、聖訓、蘇非主義有相當的理解，他所提出宗教對話的根據乃依古蘭經教義而來。古蘭經本身提到它是一本給敬畏神者的指引(2: 2)。[26] 而所謂敬畏神的人是指那些接受並相信神所遣派的先知與他們所帶來神的旨意與訓諭(2: 4)。[27] 這些人相信神所安排的後世，以及所有在他們之前與之後的先知使者。古蘭經很清楚地指示穆斯林要接受神所派遣所有的先知與經典，這一點在宗教對話裡相當有作用。事實上，穆斯林必須瞭解之前猶太教與基督宗教教義以免落於狹隘的觀念中。[28] 古蘭經也提到要與「經書子民」（People of the Books，一神教徒）討論而不要爭論。例如在 29 章 46 節[29]中古蘭經提到互相討論的方式、途徑與態度。Gülen 承繼其精神導師 Bediuzzaman Said Nursi 的理念，主張討論的目的並非故意打敗對方，失敗與否與本身之所得無關，使對方論證失敗的最大目的是要讓神的真理張顯，論證並非一逞私心之快。古蘭經更提到當對方被辯倒或爭論失敗時更應該公正地對待對方。(60: 8)[30]

---

[25] 傳統上，北美大學中常常將伊斯蘭置於中東研究中的一個次領域、鮮少將其作為獨立的研究領域。除了加拿大魁北克的 McGill 大學的伊斯蘭研究中心(Institute of Islamic Studies)。

[26] 「這本經書，其中確實無疑，是給敬畏 Allah 者的指引」，全道章，頁 3。

[27] 「他們相信降給你（穆罕默德）的天經，和在你以前所頒降的，並確信後世。」，全道章，頁 3。

[28] Gülen 在此很清楚地指出穆斯林一向不屑研究猶太教、基督宗教的傲慢態度。這也是造成無法對話的障礙。

[29] 「你也不要與有經的人爭論，除非是以較好的態度，除了他們當中那些為惡的人之外。你說『我們相信已經降給我們的（啟示）與降給你們的那些。我們的主與你們的主是同一位主，我們都已歸順了祂。』」，全道章，頁 438。

[30] 「Allah 不禁止你們跟那些不因你們的宗教而跟你們作戰，也不曾把你們逐出你們家園的人

　　雖然古蘭經有些章節對一神教徒提出相當嚴苛的批判，但這些批判是針對那些背離真主之道的人。這些人對抗神的真理，以行動表現了對神的敵意及做出一些背離主道的行為。當然新、舊約中亦對其背道的信徒有所指責，然而古蘭經與聖經提出批判後卻再以溫和的口氣來喚醒那些犯錯者的良知，告知真理，給予希望。古蘭經對猶太教徒、基督宗教徒的批判同樣也用於穆斯林身上。因此整體而言，獨一神對所有人類並無偏私袒護，神是公正無私，所有的人類應在神的公正(Divine justice)下交流對話。

　　獨一神啟示的宗教堅決反對暴力、衝突、壓迫、不義。「伊斯蘭」基本意義是「和平」、「安全」(Salam)，其教義旨在提升世界和平與和諧的人類社會秩序。伊斯蘭試圖對戰爭與衝突做適當的控制。不過伊斯蘭也主張在自我防衛時可動用到武力，但是這種自我防衛性的武力使用必須有所本，即依照神的引導。[31] 伊斯蘭主張戰爭是一種「意外事件」必須建立法律規範它。古蘭經提及戰爭是為了維持人類的和平，實行神的正義(5: 8)。伊斯蘭的戰爭原則是防衛性的，它主要的目的在於保障宗教信仰、生命、財產及思想，這符合了現代法律的精神所在。

　　Gülen 在人權認知上主張伊斯蘭相當重視人類生命價值，若殺死一個人等於殺死所有人，因為如果任何一個人可以被殺，那麼所有人類皆可被殺。人類最早的流血謀殺是起自於聖經的記載，即 Abel 為其兄弟 Cain 所殺。古蘭經並無提到此事件，但聖訓卻提到 Cain 打開不正當謀殺之門。[32] 不過古蘭經明示信仰者不可有任意殺害一個人生命的念頭。(5: 32) [33] 整體而言，就 Gülen 對古蘭經的理解，穆斯林與其他宗教信仰者對話的推動應該立基於平等，因為以同為獨一神信仰者的立場而言，任何一方並不應持有任何先入為主的偏見，亦即對獨一神的信仰應不分對錯、優劣。

們(來往)，以便你們對他們有好與公平。Allah 喜愛公平的人」，全道章，頁 628。

[31] 這是指 Lesser Jihad（小奮戰）。大奮戰指的是內心位信仰的執著而作戰。Cf. *Encyclopaedia of Islam* (Leiden), s. v. "Djihad".

[32] *Sahih Bukhari*, sec 2: Anbiya' 1; *Sahih Muslim*, sec. 1, 27.

[33] 「殺一個無辜的人如同殺了所有無辜的人；救了一個好人如同救了所有的好人。」，全道章，頁 118。

對話的基礎：愛、憐憫、容忍與原諒：

　　Gülen 主張不論是一神教或其他世界宗教都主張強調愛、憐憫、容忍與原諒的重要性。在人類社會或行為中愛是最基本的要素，它是最燦爛的光輝。愛可以對抗任何不當的力量，愛也可以提升人的靈性，並為追求永恆生命的旅途做準備。[34] 人必須透過愛去追求永恆的生命，把愛給他人者，他亦回收得到永恆的愛與生命。這些有愛的人可以用之落實神聖的宗教職責，為了永恆生命的追求而忍受困境。有愛的人在世界末日亦將因為有愛而得到提昇。「無私」乃一種人類高貴的情感，它可以產生愛。任何人有了愛就可以去除個人的恨怒與怨氣，這種人雖死卻長存。用愛生活的人可將其內心的「無私」精神散發出來，這些人將受到他人的歡迎，並在末日時得到適當的判決而得到永恆的生命。[35]

　　人與人之間最直接的交心必須以愛為出發點，這即是先知的生活方式。有愛的人受到大部分人的接納，任何事情也就不能阻擋其生活目標。這個世界上任何事情都與憐憫有關係，因此整個世界即是一首憐憫交響曲。任何人必須對他人有所憐憫，因為這是作為一個「人」必備條件。如果更多的人給予他人憐憫，那麼就會有較少的人做錯事，或壓迫別人，而會顯得更有人性。先知穆罕默德曾說：「一個妓女因為憐憫一隻將渴死的狗而進入天堂，而一個讓一隻貓餓死的女人卻進入火獄。」Gülen 舉這個例子說明了人類的愛來自神的創造，是不分身分貴賤。即使一個女奴充滿了對神的愛亦可進入天堂。

　　原諒是一種偉大的美德，原諒與美德密不可分。有一則格言提到：「小人犯錯，偉人原諒。」(Errors from the small, forgiveness from the great)。被原諒意謂一種修好，回到原來本質及重新發現自我。基於此，神的仁慈中最愉悅的行為即是這種在悸動中找尋與回歸（回報）。所有神的造化之間皆透過人類的原諒引介。神透過個人將其原諒屬性深植於人類心中。當亞當被譴責到這個世上時，神以原諒助他一臂之力，使他成為先知。當一個人被欺壓時，他若能追尋原諒去克服犯者的罪與其自身的失意與不悅時，他將得到神的仁慈而不刻

---

[34] 在此 Gülen 可能指的是蘇非主義中對神的愛('Ishq)擴及對人類社群的愛。有關對神的愛，參閱《蘇非思想，伊斯蘭的心靈旅程》，頁 226-36。

[35] Fethullah Gülen, *Toward a Global Civilization of Love and Tolerance*, pp. 1-23.

意在乎他人的犯罪。沒有人可以無過,因此原諒他人等於清除自己的過錯。耶穌基督曾經對那些眾人想丟石頭處罰犯罪婦人所說的話即是一個好的例子,亦即,自己的過錯要隨時發覺,方能因而原諒他人。[36]

　　怨恨乃撒旦散佈於人間引誘人類進入火獄的種子。不同於那些帶著怨恨種子入火獄的人,好的穆斯林應會持原諒的精神與態度去對待那些受到困難干擾的人。過去的一、二個世紀以來,大多數人類都無法具有原諒與容忍心態,而導致恐怖時代的產生。如果這些人仍是未來世界的統治者,那麼世界永無和平的時刻。基於此,今日人類能給其後代子孫最大的禮物即是教導他們懂得原諒,甚至在面對極大的壓迫時更應該發揮原諒的精神。Gülen 相信原諒與容忍將治療人類的創傷,而也唯有獨一神的信仰能理解到這種精神意義時方能達到世界和平的目標。

　　穆斯林唯有具寬大容忍才能無視別人的過錯,對不同的理念有所尊重,並且原諒任何可以諒解的事務。不過當人權受到侵害時,穆斯林也應以容忍的態度討回公道。這也是古蘭經與先知言行中所強調真正信仰者的美德,溫和的話語與態度即是容忍的展現。也因為一個人能事事退讓一步,人類的紛爭才不會產生。容忍乃伊斯蘭傳統道德中最重要的因素,它也是達到完美人生的基礎。獨一神無時無刻教導信仰者以容忍的心態去看待一切不順意或困境,唯有如此才能受到神的眷顧。蘇非行者(Sufi)的修道常以容忍為出發點,對神的考驗以容忍態度接受之而轉化為積極的力量才能更進一步地接近神。接近神的信仰者對人類之間的和平乃是促進者。

　　Gülen 主張虔信穆斯林應該以容忍、原諒的態度去看待其週遭事物,不要過分批判過去,尊重現在的人物以顯示對他人的愛,期待對方也能容忍原諒他人。[37] 每人從其家庭的成員做起,以至在其所生存的國家社會中都應是持著愛與容忍的態度去生活。「敬人者,人恆敬之」,「原諒他人者,人恆原諒之」,這是獨一神所啟示的真理,任何一個對獨一神有信仰者皆應貫徹這種生活哲理,人人互重互助,世界才有和平,也才有今世的樂園與後世永恆的生活。總

36 Ibid., pp. 27-30.
37 Fethullah Gülen, *Pearls of Wisdom*, Somerset: The Light, 2005, pp. 75-76; idem., *Toward a Global Civilization of Love and Tolerance*, pp. 31-45.

而言之，穆斯林或獨一神的信仰者應該改革自己的思想，淨化自己的心靈，時時克制自己，想到神的美德以啟發別人走向容忍之道，進而去接近神。真、善、美乃神創造今世的本質，人類必須努力追求之。

結語：

　　伊斯蘭基本教義即在提倡人類和平，它是一個和平的宗教信仰。古蘭經很明顯指示：它不是人的宗教，不是任何一個先知所建立的宗教，而是獨一神為人類所設定的和平之道。今日人類社會中衝突、戰爭不斷，其原因就 Gülen 的觀點乃人類間缺乏相互理解。因此為了促進人類和平，不同宗教間的對話是唯一途徑。為了去除人類之間的相互誤解，Gülen 特別標榜伊斯蘭的容忍教義與本質，一種非侵略性的美德，作為對話基礎。[38] Gülen 深深理解伊斯蘭真諦與亞伯拉罕之一神教義。他的提倡宗教對話，事實上也就是文明的對話。他的理論闡揚了「一神教」真義，因為整個宇宙如果是唯一神所創造的，不論其造化以任何不同方式表達對造物者的敬拜，其終極目標是一致的。在 Gülen 的思想中，人類的多元性也是獨一神的創造，在神之前人人平等，任何人都不應歧視他人。這也是伊斯蘭的和平真諦，亦即 Gülen 所標榜的「和平觀」。既然所有人類都是獨一神的造化，那麼人類的文明應該是融合而不是衝突。Gülen 的和平觀與宗教對話很明顯地粉碎了西方主流思想杭亭頓的「文明衝突論」。[39] Gülen 一生所作所為無疑是先知穆罕默德行誼的再現，值得世人多認識理解。

---

[38] Gülen, *Toward a Global Civilization of Love and Tolerance*, pp. 58-70.

[39] 杭亭頓著、黃裕美譯，《文明衝突與世界秩序的重建》 (The Clash of Civilization and the Remaking of World Order)，台北：聯經，1997。

中文版序

　　歲月匆匆，認識 Muhammad Fethullah Gülen 與其啟發的 Hizmet 運動不覺已有十幾年了。個人在中東、歐美求學時並不知道有 Hizmet 的存在，因為所接觸探索的是阿拉伯世界伊斯蘭。後來之所以接觸認識 Hizmet 及其成員，主要是經由在台灣讀書的土耳其學生，其中一位是我指導的碩博士研究生。在我主持政治大學「伊斯蘭文明與思想研究中心」與「台灣伊斯蘭研究學會」期間曾經與 Hizmet 在台灣的相關機構 AFA (Anatolia-Formosa Association)、Formosa Institute 合辦了兩、三次的國際研討會，主題皆是以宗教對話為主，邀請國內外各種宗教研究的學者與信仰者齊聚一堂探討今日世界人類的問題與危機，而其成果亦有專書出版：*Religio-Cultural Pluralism: Tolerance, Dialogue, and Peace*（國際學者英文論文）、《宗教文化多元主義：包容、對話與和平》（國內學者中文論文）、*Living the Peace: Contributions of the Gülen–Hizmet Movement to the World Civilization*，其中第三本又有中文譯版：《服務奉獻促和平：Hizmet 運動之貢獻》。

　　與 Hizmet 成員的往來讓我深深地體會到伊斯蘭多元主義的價值觀。一般所看到阿拉伯人的伊斯蘭，其世界觀往往是建構在「阿拉伯中心主義」(Arab-centrism)上；而台灣一般大眾也多以阿拉人即伊斯蘭代表為認知，在他們心中土耳其只是觀光旅遊好去處，鮮少知其境內所醞釀的 Hizmet 運動對土耳其與世界已有相當大的影響。Hizmet 自動自發幾十年的經營，其相關機構已遍佈全球各地，服務弱勢族群，促進族群融合，以建構在地與世界性和平。很遺憾的是，2016 年在土耳其官方所稱的「失敗政變」發生後，Hizmet 在土耳其境內所有相關機構遭受空前絕後的災難，幾十年的努力付之一炬，照耀世界各地的明燈有如微弱即熄燭火，這是政治的問題，非關伊斯蘭教義與價值！

　　在讀了 Jon Pahl 的這本 *Fethullah Gülen, A Life of Hizmet* 後，心有戚戚焉，對 Fethullah Gülen 有更深入的理解。他是結合了感性與理性的 Mujtahid–Mujaddid，其思想、行為在在顯示了造物者「獨一神」的旨意與先知穆罕默德

的教誨。他是一位內外兼修的 Sufi Wali（蘇非導師，接近真主者），他的教導簡單易懂，但卻不易落實，因為人心與物慾很難淨化。Gülen 悲天憫人的理念傳達了「獨一神」對其所有造化的愛，這也是為何 Gülen 是一位跨越種族文化的現代 Sufi Wali。Gülen 的理念具永恆性，值得被知道、理解，作為建構人類世界和平進程的參考。

　　這本由黃思恩(Zeynab)女士所翻譯的中文版當可提供華文世界一個認識 Gülen 與 Hizmet 的契機，值得推廣。半年前我接到譯稿後即著手校編，在教學課務繁忙下，逐章閱讀，無法趕進度出版，因為 Jon Pahl 的英文體裁不容易翻成中文，必須仔細推敲。整個的編輯在儘量保持原譯者的中文考量下，不多做文體的改變。而在原著中有很多英文化的專有名詞，特別是土耳其文（例如 Gülen），若直接音譯成中文，恐怕會引發不必要的混淆，因此在與相關 Hizmet 成員討論後，儘量保持土耳其原文，而不做中文的音譯，除非已有固定的音譯字。在校編過程中得到成大文學院多元文化研究中心人員與助理的幫忙，在此要特別感謝陳玅仰博士與陳之凡先生，而且更要感激李貴民博士的協助版本編排。希望這本中譯本出版後能讓更多人認識 Hizmet，Insha'Allah!

林長寬

多元文化研究中心主任

2022/07/01

原序

　　2006 年 10 月，我收到一封提升生命意義「開齋餐」（Iftar 意為「開齋」）的邀請函。開齋餐是穆斯林在齋月期間停止白天斷食的餐飯。那頓開齋餐被視為一次「跨宗教」活動，舉行地點是費城市中心的喜來登市中心飯店(Sheraton Center City Hotel)，邀請者是一個名為「對話論壇」(Dialog Forum)的社團。我當時並不知道「對話論壇」是什麼，對一個在費城路德神學院(Lutheran Seminary)教授宗教交流課程的教授，在喜來登免費的晚餐聽起來很不錯。

　　於是我接受了邀請，依時出現在飯店，按照指標引導走向莊嚴的宴會廳。在宴會廳外，有兩位年輕婦女坐在擺滿書籍與資料的桌子旁對我打招呼。她們皆穿戴對虔信穆斯林婦女很重要的 Hijab（頭巾）。其中一位自我介紹名為 Yasemin,非常友善迅速地在名單中查我的名字，給我名牌，引導我進入會場。會場內我與大約兩百位盛裝人士坐在一起，我認出其中有一些是費城地區別的大學或學院同事。當然，會場沒有供應酒。我終於有機會試喝我從未喝過土耳其文稱為 Vişni 的酸櫻桃汁。想不到後來它成了我最喜歡的飲料。

　　晚宴相當愉快。其中主要講者為 Dr. Thomas Michel，他是梵蒂岡宗教對話部門的耶穌會秘書長。Michel 對來賓朗讀 *Toward A Global Civilization of Love and Tolerance*（朝向愛與寬容的全球文明）一書中的節錄。該書的作者是 Fethullah Gülen。當我從那學究式的宣讀回神後，開始注意聽那些話的意義。晚餐後，我從前門的攤桌買了那本書。那夜晚些時候，我開始閱讀它。隔日早晨，我寫了一篇短評向晚宴的主辦單位致謝。那篇文章把我所體驗的穆斯林好客之道與基督宗教徒的伊斯蘭恐懼症，以及及美國自 2001 年起發動戰爭沾污我們文化的情況做了對比（那時仍深陷在伊拉克戰事泥沼中）。隔日，*The Philadelphia Inquirer* 報紙刊登了那篇文章。[1]

---

[1] Jon Pahl, "Muslims teach lesson in sacrifice," *The Philadelphia Inquirer*, October 23, 2006, as reposted in CAIR-Philadelphia, at http://pa.cair.com/actionalert/thank-philadelphia-inquirer/.

那一晚是一條學術旅程的開端，有如被召喚般，那旅程導向了這本傳記。我在芝加哥神學院(Chicago Divinity School)研讀博士學位時，雖曾修習過「西方宗教傳統」的課，其內容包括伊斯蘭，但我的研究大部份是美國宗教史。我的出版品大都探究美國人的信仰，無論正面或負面如何地滲入公民社會。晚近我主要是寫負面那部分，從這本書名 *Empire of Sacrifice: The Religious Origins of American Violence*（犧牲帝國：美國暴力的宗教源頭）即可得知。[2] 而身為一位教授，經歷了小型的路德人文大學(Lutheran liberal arts University)、神學院、州立天普大學(Temple University)，或是常春藤聯盟普林斯頓大學(Princeton)客座，我一直以漸進性行動主義者對世界和平正義的關懷嘗試以歷史學家的途徑融入我的寫作中。在書中，我盡所能排除己見對現代世界帶來的緊張妥協。而我也理解透過我這本傳記的研究撰寫，因這種緊張與妥協所做的努力也已在 Fethullah Gülen 戲劇性，甚至悲劇性的一生中出現進行著。

雖然那種緊張有許多面向，但簡言之是虔信者無法理性，理性者無法虔信。然而，在我所經歷與研究的，以及 Fethullah Gülen 其生命所展現出來的則是虔信者是可以理性的，理性者也可以虔信。Gülen 甚至更強調「不虔信者是不理性的，不理性者也則是不虔信的」。而我也同意 Gülen 此堅決主張，因為虔信者的理性必須以追求世界公義和平的具體行動來表達，我們必須建立信仰與科學間的橋樑。他畢生都在闡述此理念，將宗教所推廣的深層信念轉化為身體力行的計劃，去幫助、減緩這世界上諸多不必要的遭難。

在 Gülen 先生成為美國媒體常見人物前，我就開始撰寫這本傳記。我經常感慨為何我無法迅速完成此書。而當 Gülen 及其親近者近年來所受的迫害上升至如火如荼的局面時，「爭議性」其實也早已存在 Gülen 的一生中。在不同的資料來源中，Gülen 一直飽受誤解與歪曲。他的公共聲望已被只經過些許調查即可分辨出於卑劣（若不是貪腐的）政治動機的指控所沾汙。另一方面，大眾（尤其在土耳其）因為對宗教如何運作普遍有一種世俗性的無知，尤其是伊斯蘭。因此這本傳記之目的在於澄清那些錯誤。

---

[2] Jon Pahl, *Empire of Sacrifice: The Religious Origins of American Violence* (NY: New York University Press, 2012).

現在我已讀過 Gülen 先生被譯成英文的所有著作與關於他所有相當龐大的二手英文資料。除此，我也盡力以好的字典協助下學習土耳其文，以便直接閱讀更多關於他或由他所寫的報章故事與其他出版資料。我也曾協助將 Gülen 的一些佈道從土文譯成英文，同時也翻譯一些與其親近追隨者的訪談。我主要的研究助理是一位年輕人，他是 Dialogue Firum（現今的 Peace Islands Institute）發言人，Feyzi Eygören，他對 Gülen 先生的一生相當瞭解。誠如諸多受 Gülen 先生啟發的人，Feyzi 與我一起規劃寫作此書時仍在研究所就讀。他最近拿到 Villanova Law School 的法律博士。在 2015 年夏天，他與我到土耳其旅行了一個月。我們翻譯一些 Gülen 親近者的訪談影片，也依照 Gülen 一生歷程從 Erzurum 到 Edirne、Izmir，最後到伊斯坦堡。我們在每地方訪問一些與 Gülen 交情最久且親近的同事，總共做了三十六個訪談。在那之後，我又在美國做了三十六個訪談。若無 Feyzi 不眠不休慨然協助，這本書是無法完成的。

關於這份計劃的源起，除了那次開齋餐的邀約，實際上還因為 2010 年在芝加哥大學召開的一場致力於「伊斯蘭與和平建構」(Islam and Peacebuilding) 的研討會，我受邀擔任講者。在搭乘接駁車回我旅館的路上，我與 M. Sait Yavuz 有一段對話。Sait 當時是在馬里蘭大學研讀歷史博士學位，但最近搬到休士頓擔任 Gülen 智庫中心的經理。Sait 向我提及該機構正計劃委外出版一本重要的 Gülen 傳記。那時我早已看過許多先前委外計劃的好成果，而且我喜歡研究的合作本質，我於是向 Sait 建議不妨多聊些。幾個月後，這份計劃就此開始。

我因此獲得 Gülen 先生親近追隨者在資源、研究及編輯這本傳記的支持。他們支付我往返土耳其參與三個場合與往返以 Gülen 先生啟發所發展出來的數間學校及其他分佈全球（特別是迦納、肯亞、烏干達、阿爾巴尼亞、澳洲以與印尼）其他機構之費用。還有在 2016 到 2017 年，我獲得來自另一個與 Gülen 有關的智庫 Alliance for Shared Values 的一筆優渥補助金以完成您正在閱讀的這本書。在此對此資助致上謝意。

我並不認為那筆資助對我關於 Gülen 先生的研究或看待有何改變。在我數十年跨宗教研究工作中，我一直遵守十六世紀新教改革家馬丁‧路德一句格言的指引。那格言涉及第八誡（我孩童時期所記誦的欽定版聖經 King James

Version）所述：「你不可作假見證。」路德在其 *Small Catechism*（微教義問答）中闡釋該誡（依我的誦記）：「我們應當敬畏、熱愛上帝，因此就不說謊誣衊他人，出賣他人，誹謗他人，或損壞他人的名譽，但要維護他，表揚他，為一切做最好的解釋。」不幸地，近年來對穆斯林的誹謗與中傷相當多，關於 Gülen 先生的汙衊也很多。

　　因此我以非穆斯林觀點寫此傳記，努力為 Gülen 一生與其 Hizmet（服務奉獻）運動做正面解釋；但並不是說書的內容是聖徒個人主義之類的傳記，而是要澄清另類的謊言。如我所解釋的，為 Gülen 一生「做最好的解釋」之意為「懂得自我批判，認知自我觀點只是片面的。」對伊斯蘭或與 Gülen 有關的全球 Hizmet 運動而言，我都是圈外人，這個立場是明確的寫作優勢。我透過嚴謹的歷史考證過濾那些發生與 Gülen 一生有關的資料，毫不遲疑地去審視所有證據或訪談。我也找出批評 Gülen 的聲音與觀點，亦即我也力求表現出心靈友善，以回應我所經歷過邀請我社群的友善與好客之道。我實實在在盡義務地修正歷史紀錄之謬誤，因為允許誹謗與謬誤繼續存在並非對一個人聲望「做最好的解釋」。

　　整體而言，我已試圖公平下筆，意謂我將個人路德派基督徒的信仰理念與宗教史家的學術完美地結合，把 Gülen 的故事置於其情境中敍述，即以證據處理 Gülen 被那些不透明、性別失衡、鄉愁性的民族主義之批判，「為一切做最好的建構」並不表示忽略每件事。我在過程中發現，要瞭解一個生命是如何在複雜且豐富的文化中被攤開來的是一件嚇人的知性挑戰，但那也是一種樂趣。透過諸多人的協助，我把這個關於出身土耳其虔信家庭中的長子如何學習成為現代世界宗教和平建造者的故事整理出來。如我所見，他幫助男男女女對相當大的矛盾妥協，過著比之前熟悉但更誠正的生活。我希望讀者能在這個故事中同時看到批判性的美善與精神性的啟發。這是一個關於現在廣佈全球，被稱為 Hizmet 土耳其人社群的生活故事。

　　在這篇序言我開門見山指出 2006 年參加那次開齋晚宴使我的生命轉變更好。的確如此，因為我透過研究認識如此多的好男好女，他們是遍佈於全球的學者、公民、行動家、學生、教師，以及更多其他個行業的人，遺憾的是我無

法一一寫出他們的名字，因爲目前土耳其的政治迫害株連到與 Gülen 先生關係相當遠的人，我若這麼做反而會令他們生活與生計墜入危險。有時我用假名字以保護他們，儘管事實上大家早知道在這本傳記中的多數人都是 Gülen 的好友。我衷心感激與他們共享的每一刻，以及他們的寬宏與誠實。我在世界各地所經歷到的諸多好客招待給我了一個望塵莫及的溫暖與敦厚典範。

我也幸運地獲得廣大讀者與對話夥伴所給予關於此書的重要回饋。Alp Aslandoğan、Akın Öztoprak、Ahmet Kurucan、Hakan Yeşilova 堅持閱讀每個字，他們對事實的考察幫助我避免掉入潛在的陷阱。他們亦鼓勵我去發展特別探索之路，他們並不在意方向受到質疑。我們未必總是彼此同意，有時甚至激烈地爭辯，但這都是在我們共事的議題上。我們不但變成同事，還成為 Arkadaşlar（朋友）。我對他們每一位寬大的內省、智慧及友誼銘感於心，尤其是 Hakan，感謝他的編輯專業。David Crafton 是我在費城路德神學院的同事，他現在正在 Hartford 神學院教授基督宗教徒與穆斯林關係。他審慎地閱讀書稿，給我相當大的協助，衷心感謝他。還有其他學者也閱讀了整本書稿或部分篇章，並與我對話，這都是很有建設性的。Yasemin Aydın、Züleyha Çolak、Shirley Robbins、T. L. Hill、Dani Rodrik，以及 Mustafa Akyol 都是我在詮釋性問題、敍述內涵及架構的對話夥伴。Yasemin 特別無私地撥冗閱讀，並在評註中加以鼓勵。Mark Wallace 不僅頻繁地與其夫人 Audrey Beach 在他們 Smarthmore 的可愛家接待我，他還是校對手稿的好讀者、此計劃的對話夥伴與摯友。Dr. Richard Mandel、Dan 和與 Melissa Muroff，以及 Andy 與 Christina Andrews 在必要時與我一起在月圓之際仰天長嘯的好朋友在此致上深深的謝意。我在路德教會聯合神學院(United Lutheran Seminary)的院長 Jayakiran Sebastian 也認同此書的重要性，並給予我持續的支持，感謝他及神學院其他的同事。當此計劃接近尾聲時，Hayrunnisa Kalaç 在英文–土耳其文名詞的音譯上大力襄助，而她與她的父親也慷慨地與我分享許多你們在此書中所看到的照片。最後，位於 Green Bay 我在 2018 年 4 月開始擔任牧師的聯合公理基督教會聯盟(Union Congregational United Church of Christ)的善人們也給我相當的社群支持，並不厭其煩地將我的學術著作視為對會眾所做服侍的延伸。我也要謝謝我的賢內助 Lisa，陪我在

伊斯坦堡的炎炎夏日中熬過土耳其文課。妳若消失了，這世界將不再有陽光!
我將此書獻給我兒子 Justin，一位文字與寫作的熱愛者。

　　總而言之，在這樣的同事與朋友們陪伴下，做這份計劃是一種快樂與榮
幸。我希望這本傳記能符合他們的期待，也能符合世界各地鼓勵我以及在交談
對話中給我回饋者的期待。這本著作中若有什麼缺失，絕對是我自己的問題。

目次

前言

　　若有人曾被捧為近乎聖徒，卻又被詆譭為恐怖份子，那該如何闡述他的故事呢？我在 2015 年拜訪 Izmir 時，因為撰寫 Fethullah Gülen 傳記所面臨的風險變得明顯。當我在旅館辦理入住後，搭乘電梯前往我的房間時，碰巧有數位警官帶著檔案同時搭電梯。依照電梯禮儀避免眼睛直視對方，我望著地版，一注意到這些檔案中有我正在研究的人的名字。如同我接下來兩天所得知的新聞，那些檔案可能就是在那個城市搜捕掃蕩與 Fethullah Gülen 相關者的命令。我默禱最好那些警官不知道我的身份與工作。那晚是在旅館怡然可人的屋頂餐廳用餐，眺望 Izmir 與愛琴海，景觀絕佳；然而我前後的桌子都坐著警察，不免稍微破壞了用餐心情。我遵從我同事與朋友的忠告，每晚都換房間。也許我無需畏懼，我只是曾在學術性刊物上寫過幾篇關於 Gülen 不出色的短文，而且我是美國公民。但如同那些接下來幾年間所呈現的事件，即使如 Andrew Brunson 牧師那樣的美國公民，也可能會被捲入歇斯底里的狂潮中，甚至連一些與 Gülen 毫不相關的人也會成為逮捕、拘禁的目標。

　　若把政治陰謀放在一旁，本書有三個環環相扣的目標。首先是去精確地敍述一個人的生命故事。我發現這件事看似容易，其實困難很多。這我本來就知道，但我再次發現每個人的生命都很複雜，無法簡化概述之。沒有一個人的抉擇是單純的。有句古諺說：「無人能獨自存活」(No one is an island)。因此，Fethullah Gülen 雖是單一生命，但也像其他生命由無數人際關係所串成的。接下來我將選擇性地突顯他與一些人的關係，先從其家庭談起，再論及他一些長期的追隨者與朋友，然後擴及認同其理念的一些人所組成的全球網絡。傳記讀者往往期待的是強調在個人英雄主義或悲劇的情節；而本書有些部份確實是如此。對我而言，最有趣的故事與更貼近歷史且具意義的故事就是群眾對單一個人的影響，因此讀者可能會認為這是一本群眾傳記。這種途徑是有其原則與可行因素的。Gülen 本身一直在轉移眾人對他個人生活的注意。他教導穆斯林最主要的 Jihad（奮鬥）就是努力克制自我，去除「個人」的障礙以維持一個

「公共」的世代。其核心教導也是其生命核心，正是渴望以這種方式去尋求神的滿意。於是我理解到作為這位特殊人士的傳記作家，必須去敬重那份教誨與期望，這點很重要。結果，直到我完成此書的首稿之前，我選擇不去見那個人。這項決定跌破我許多學術同輩的眼鏡，他們覺得我很古怪，因為我預測見面會使我的研究變得更困難，但我認為不見面是正確的。而當我與他會面時（兩次總共加起來約三小時的訪談），我問了那些眾目所矚且能提供許多資訊的問題；然而那會談事實上並不會改變我早在字裡行間所發展好的闡述；即使的確能釐清一些細節，出現些微的差異。那些資訊也確認了我從公開的記錄中所理解關於 Gülen 人格的一般觀感。倘若讀者依舊感興趣的是那種「深入」個人式的主觀性傳記，那絕對會對我在此書中的努力感到失望。這是一個生命故事，一個我希望證據確鑿，同時在其脈絡具解釋力的故事。

本書的第二個目的是為受過教育的讀者敘述一段伊斯蘭與跨宗教運動歷史。這運動是由一個單一生命所發起的，現在此生命比之前更為重要。另一個落實此目的方式就是我透過傳記與確切歷史，對非穆斯林讀者提供一個伊斯蘭的入門；而且我是以非穆斯林的立場撰寫本書。我已經以這種立場寫作了幾十年，私下也與穆斯林進行過許多對談。我研究伊斯蘭，並在無數的課堂向形形色色的學生教授伊斯蘭。當然我也知道有些讀者對穆斯林有意識或無意識地心懷刻板印象或畏懼。這種恐懼與刻板印象已在英語世界廣泛無限制地流傳，首先是由恐怖份子以神之名進行令人喪膽的行動所點燃；而且在政府、軍人，以及那些在這些持續散播錯誤與恐懼中獲利公司所推波助瀾的。我希望對 Gülen 生命故事所提出的問題也是其他人對伊斯蘭所提出更廣泛的問題。我知道我不會去說服恐怖份子或從戰爭獲利者，但我對此書所做的努力是為了絕對多數具善意的人而寫，那些人可能會誠摯地想知道伊斯蘭是否一個真正和平的宗教。如同書名副標題所示，這是一個 Hizmet（服務奉獻）的生命故事。那個副標模糊不清，一方面指的是 Gülen 本身的「服務奉獻」一位佈道家與導師對其志業服務，也是他所建立親疏人脈關係的服務。另一方面，它是指那個所謂「奉獻服務」運動，以及那些受 Gülen 啟發者的服務。因此，本書既是個人傳記，也毫無疑問地是一場代表伊斯蘭傳統中的非暴力之心的運動歷史。

　　第三個目的是闡述一個生命與一場運動如何在建構和平上有所貢獻，而這個目的可能很難達成。誠如在一般英文的論述中對 Gülen 與伊斯蘭的誤解根深蒂固，一般人對視宗教為和平催化劑也有很深的成見，除非是自己的宗教信仰。我是屬於人人皆有宗教信仰的主張學派，我也深信那些最不被承認的宗教是最危險的，「宗教：致人於死」的口號常被印在短袖汗衫上。然而，直接歸因任何人類歷史宗教傳統（原始宗教、印度教、猶太教、基督教或伊斯蘭等）造成的死亡與貪婪、民族主義、淫慾、妒忌或驕傲等「信仰」所造成的死亡相比，還差得遠呢！而那些「信仰」卻直接穿過歷史傳統，且事實上在不計其數的時空侵蝕與違背傳統。誠如 Gülen 一直主張的宗教未必非理性，宗教也不具備應有的暴力。因此我接下來的目標是要從歷史記錄中揭示 Fethullah Gülen 的虔信生活與受他啟發的宗教運動對更和平的世界確實貢獻。讀者最後可以判斷那些證據是否支持此論點，但我正證明之。

　　推動本書前進的核心問題是：一位 1938 年出生於土耳其偏遠的小農村的虔信穆斯林如何能啟發一場全球運動，令千百萬人投入知識發展、社會企業及宗教對談。其次相關問題是 Fethullah Gülen 這一位後來成為全球宗教領袖的虔信穆斯林男孩是怎麼引發敵意，被警方與情報單位監控，導致經常入獄，甚至到最近被污衊為「恐怖份子」？這些都是歷史性和傳記的問題，而我以跨學門處理宗教領袖煽動暴力與促進和平能力的問題，因為一般咸認宗教會製造暴力。十字軍與 911 恐攻的確發生，但鮮少人知道過去，建構和平的領袖都是出於宗教動機。例如聖雄甘地、Jane Addams、Rosa Parks、Badshah Khan、Desmond Tutu、Thich Nhat Hanh（釋一行）、Leymah Gbowee 宗教往往因其暴力傾向層面而被刻板化，當那些層面被運作時時，往往具實質且悲劇性。然而宗教傳統促進真善美的能力以及其他犧牲奉獻的作為卻顯得較不真實。千年來這種宗教傳統行為已在成千上萬人身上呈現，而且宗教自二十世紀到二十一世紀初為了增加其信仰人口更加如此做（美國與西歐不在此潮流內）。有趣的是，當前面所提的宗教和平建造者廣獲讚譽時，他們在有生之年卻經常遭受打壓、污衊、反抗、拘禁與迫害，甚至殉身。

　　因此接下來的篇幅將探索那些發生在 Fethullah Gülen 一生中的事件，試

圖瞭解他的生命如何達到如此多正反面的重大意義。作為一本歷史著作，因果問題是很重要的。是什麼原因令 Fethullah Gülen 脫穎而出？如今已垂垂老矣的男孩如何像聖者般對人群發揮影響力，何以被某些人痛恨？當然，我對於這些問題的答案都是假設性的。如同所有科學假設，我的假設必須以證據為依歸。因此，我將依原始資料、當代人士的聲明，以及其他許多學者對事實闡述所留下來的資訊以得到結論。我的方法是所有知識份子探索的方法，觀察、閱讀、分析、聆聽與學習後敘述，努力做自我批判般解析。我聆聽 Gülen 盟友的聲音與不同意他的聲音。我所獲得的答案讓我見到 Gülen 的一生是由五個關鍵元素、形式或關係所標示的：1-正當地參與伊斯蘭「非暴力傳統」(nonviolent practices)、2-展現在對話上具制約性多元主義(principled pluralism)、3-對全世界苦難感同深受「實踐性同理心」(engaged empathy)、4-致力於靈性與科學知識、5-社會企業(social enterprise)組織化的典範。研究 Gülen 的生命與在其著作中發現這五個面向是一件令人興奮的智性行為，如今已佔據我生命中超過八年的時間。我希望讀者與我一起探索時也會覺得興奮。

　　當然，Gülen 一生所要與人分享的不只是振奮。儘管他經常站在鎂光燈之外，宣稱名聲對他有如「毒蜂蜜」（Sa'id Nursi 的話），卻經常發現自己站在世界的大舞台上。《時代》雜誌提名他為 2013 年全球最具影響力百位人物之一，這當然有其理由。然而這種注意有時會變得不愉快，尤其當他遭到囚禁或那些親近他的人士被迫害時。即使與其影響力衝突的不快沒有政治因素，人們可能還是會期待其歷史意義的政治性解釋。他真得對政治權力野心勃勃嗎？或至少是經過審慎市場調查來指導的策略性計劃？而當我閱讀那些證據時，發現 Gülen 的一生並非全然是政治性的。他的影響力來自於其特別堅持與真正的穆斯林身份，而他同時也是一位推動穆斯林去擁抱當代世界以貢獻己力的現代思想家。但這並不足以解釋 Gülen 的一生和與其重要性。凡受他啟發者皆有必然的諸多原因；相反地，痛恨他的人幾乎總是出於政治意圖。如果只透過政治眼光去闡釋 Gülen，那就會誤解和扭曲其生命意義，亦即一位將信仰落實在現代全球化時代的虔信穆斯林。我在研究中已反覆聆聽那些與 Gülen 追隨者講述他們的受這一位真誠正義穆斯林所吸引。而我也同樣持續聽到那些批判

Gülen 者，批評說他有「隱藏的意圖」(hidden agenda)或他組織了一個 Parallel State（平行或相對政府，有「深層政府」之意）。但我並未找到具體與不帶偏見的證據支持後者所認定的那種陰謀論。我的結論呢？如果真誠在現代世界很重要，那麼 Gülen 的一生在土耳其穆斯林的發展脈絡中似乎是個卓越的研究個案。對我而言，如那些聯邦警察只是在 Izmir「做他們的工作」與「打擊恐怖份子」所暗示的，真正令人害怕的是，可靠性與完整性在一些情況中變得重要了。

　　許多西方讀者對土耳其的瞭解就如同對伊斯蘭的瞭解，所知甚少，這正是阻礙客觀瞭解 Gülen 的問題。另一個問題則是很少人察覺或認同宗教傳統建立和平的潛能。即使當他們利用其中一個傳統資源尋求自身平和時，他們依舊如此。因此簡述每一章內容之前，必再稍微探究三個促成 Gülen 其重要性的脈絡：其伊斯蘭實踐、二十世紀的土耳其、建構宗教和平的興起。Gülen 在 1938 年出生於土耳其東北方靠近 Erzurum 的 Korucuk 小村落的一個虔信家庭。他從小就深信真主獨一與眾先知的見證，這是伊斯蘭五功中的第一項，也是對信仰的確認，這種對神獨一性(Unity)的強調並非不具歷史意義。Gülen 自四歲開始即每天花費數小時做禮拜，這是伊斯蘭五功中的第二項，這項宗教功課的意義不容忽視。禮拜並非具有什麼神力，但它是文化力量的來源。禮拜對其他信徒的宗教實踐亦具有影響力，以 Gülen 為例，禮拜實為穆斯林虔誠的決定性指標。Gülen 也曾到麥加朝聖三次，即伊斯蘭的第三項功課，具備社會與歷史意義。當全球化縮小了世界，聖地儼然具超乎尋常，甚至是爆炸性的意義，耶路撒冷問題即是明證。Gülen 嚴謹地遵行伊斯蘭的第四項功課，即一個月的齋戒。他也曾撰寫宣講齋戒的益處，包括如何帶來平和。最後，藉由展現伊斯蘭良善本質，Gülen 實踐、建立天課(Zakat)制度，即強調金錢的節儉與施捨，這是全世界虔誠穆斯林的第五項重要功課。我再次強調，Gülen 虔誠地奉行伊斯蘭的教義與儀式基礎解釋了他比許多學者所認為的更具歷史重要性。我將 Gülen 生命中的這些神學教義與儀式基礎稱為一貫性的「非暴力實踐」。這種信仰與實踐培養出社會習性，如耐心、好客、持續性滿足、同心協力、慈善博愛，以及其他美德，這些在本質上都是非暴力的，當朝向麥加叩頭時，不會有殺人的事

發生。我整本書使用的言語彰顯 Gülen 一生持續努力地透過其生命與教導來表現如禮拜、朝聖、慈善等「非暴力實踐」如何能幫助穆斯林養成一個更公正與和平的世界。[1]

當然，實踐這五項非暴力活動在穆斯林間相當普遍。而初步瞭解 Gülen 的生命意義就得對其大半生所處的現代土耳其背景有一些瞭解。從 Gülen 出生至今，土耳其共和國經歷了戲劇性持久連續的轉變狀態。這些持續性轉變狀態很難描述，因為來得很快而且有時是暴力的，而且那種持續性狀態有時是壓迫下產生的狀態。1923 年，凱末爾(Kemal Atatürk, 1881-1938)這位在二十世紀前半葉積極地捍衛歐斯曼帝國的完整以免於歐洲殖民侵襲與國內腐敗的英雄，開始制定一系列改革把以宗教立國的歐斯曼政權體制轉形成眾所皆知的土耳其共和國。從 1924 到 1938 年過世之前，凱末爾強力推動一個廣且重要的改革計劃，稱之為 Laicism（世俗主義）。Laicism 是法文，其拉丁文字根的意思為「人民的」。然而，如此詞所指出的，其歷史根源並非去聆聽安納托利亞地區人民的聲音，而是法國大革命人民的聲音。凱末爾成功地在土耳其消滅宗教在公眾領域的角色。正面觀之，凱末爾的版本是藉由建立一個現代世俗化的共和國挽救歐斯曼帝國的衰微，他大致上的確如此做了，而且在相當短的時間內落實。成年的 Gülen 所生活的法定土耳其共和國幾乎是其祖父母輩所不熟悉的，無論是語言、政府抑或文化。婦女在 1929 年獲得投票權。土耳其在 1952 年成為北大西洋公約組織(NATO)的一員，並在 1964 年成為歐洲經濟共同體（歐盟的前身）的附屬會員。而凱末爾在 1920 和 1930 年代建立的國有企業也在自由化政治與經濟政策下私有化。之後，從 1970 年到最近，土耳其的經濟發展突飛猛進。

可是當轉變透過凱末爾的強制性改革而成為新土耳其的特色時，許多土耳其人的每日生活卻仍處於一種持續性傳統的狀況中，在東部和北部的農村

---

[1] 我瞭解對有些人來說，「宗教實踐必然會帶來非暴力」一點都不明顯，但我很高興提出論點：禮拜促進生活（所以說是有功能的核磁共振），而儀式促進信任，這是為何宗教傳統可以延續千年。它們不會消逝，因為它們會在個人生命中發展出我所稱呼的「深層和平」(deep peace)。深層和平比沒有戰爭更重要，雖然它有助於促進沒有戰爭的狀態。深層和平甚至比經濟與社會公義所追隨的各種和平還重要，雖然它也有助於促進那種和平。

裡尤其是，那些持續性狀況即伊斯蘭的實踐。若凱末爾力圖成為以其鄰國俄羅斯史達林為樣板的現代強人，他也會理解到容許一些伊斯蘭傳統在安納托利亞持續下去是必要的，即使他曾試圖壓制之。另外一個從歐斯曼帝國延續到土耳其共和國的狀況（也許比伊斯蘭做法更為持久）是贊助網絡(networks of patronage)的存續。這些贊助資源流傳於少數菁英網絡之間。[2] 現代土耳其歷史學者 Elisabeth Özdalga 說得好：「政府尚未能將各個公民整合起來，且政府多半時候會透過各種壓迫手段阻止公民社會的倡議。」[3] 例如父權社會男性支配公共生活已在新共和時期正式終結，婦女也在法律上擁有較許多西歐國家更多的自由；但實際上男性持續在政府及文化圈內控管事務，菁英群體因而長久延續。軍事政府撤換了男性文化權威的 Pasha（歐斯曼帝國行政制度高官）、Imam（伊斯蘭教師或學者）、佈道家及蘇非道團(Sufi brotherhood)的導師，政客因而明確地佔據權力階層的第二級。簡言之，在 Gülen 的大部分生活中，軍方一直是凱末爾「世俗化主義」強人政策遺緒的捍衛者。

於是軍方在 Gülen 的一生中三度介入政變（有人說五次，也有人說六次），較沒爭議的三次政變分別發生在 1960 年 5 月 27 日、1971 年 3 月 12 日與以及 1980 年 9 月 12 日，這些日期受過教育的土耳其人都知道，有人覺得惡名昭彰，有人很推崇，取決於看待土耳其政治的角度。第四次的介入發生在 1997 年 2 月 28 日，有人戲稱為「後現代」政變。那天國安會（軍方的政治部門）發佈一份導致許多政治人物下台的備忘錄，該備忘錄也重申對宗教實踐的限制。第五次政變是在 2007 年以「備忘錄」的形式出現，總參謀部在其網站上發佈聲明，評論總統大選以及其作為一個「世俗化主義黨」的堅定立場。在這份聲明發佈後，總統大選便失去效力，於是普選的呼聲四起。而第六次「失敗的政變」、「如戲劇般的政變」或「無聲的政變」（同樣取決於個人立場）發生在 2016 年 7 月 15 日。軍方在那次事件中一敗塗地，造成超過兩百個人身亡，而 Gülen 與受他啟發者皆被指控為計謀者。讀者或許會問，一位持續在傳佈和平的穆斯林佈道家學者，一位三番兩次成為先前軍方操控政變下的犧牲者，一

---

[2] See White 2015。
[3] Özdalga 2005, p. 433.

位最後隱居在費城 Pocono 山區的人，怎能被指控為「與軍方一同」在土耳其發動政變的計謀者呢？這個非常好的問題將在第五章探討。在我的理解中，將 Gülen 視為密謀推翻政府的這些指控顯然是不實的。我也將探究這些指控對 Gülen 及受他啟發者所遭受的扭曲與傷害，最後我解析在該場「失敗的政變」中主要的獲利者就是總統（也是前總理）Recep Tayyip Erdoğan。無論造成 2016 年 7 月 15 日政變背後原因為何（這可能需要歷史學家花幾年時間去釐清），Erdoğan 利用獨裁政治在土耳其行之有年的遺緒保住其權力，這是無庸置疑的。他藉由控制先前標榜土耳其民主進程的社群、媒體及財產的自由以遂其慾，這位強人如今以民主與實踐伊斯蘭遮掩，但這並不會改變任何證據。

這份土耳其現代史的簡短敘述中有很多嘲諷。二十世紀中葉的軍事政變解決了土耳其共和國相當大的社會混亂和不安，如果不是無政府狀態的話。通常他們會以「威脅國家安全」為訴求施行之。此慣用說法已早已精巧地被置入 1961 年憲法所確認的言論與集會自由保障中。直到 2015 年之前，軍方一般皆將伊斯蘭視為國家安全的主要「威脅」（共產主義則是冷戰時期的另一個代罪羔羊）。然而 2015 年，總理 Erdoğan（現在的總統）所主導的政府卻繼承了伊斯蘭遺緒。Erdoğan 從擔任伊斯坦堡市長開始掌權，他自稱為政治伊斯蘭主義者。當他一登上國家舞台，即透過一連串的迫害手段大規模地拔除軍方勢力，情節之複雜一言難以蔽之。而其最後一擊就是 Gülen 及受他啟發者，他們曾經以為 Erdoğan 是致力於銜接伊斯蘭與現代民主的盟友，而如今他們卻淪為仇恨言論與嚴厲政治迫害的代罪羔羊與目標。

把一個穆斯林群體視為政府眼中釘，也表示土耳其歷史中的一種持續狀態是悲劇。自凱末爾以來，政府控制著宗教，所有宗教學校以及宗教學者與佈道家皆須由政府發給職照。在過去，Gülen 的事業有時會獲得政治高層的贊助，然而更多時候遭受政治迫害。不論 Gülen 的政治立場為何，一般平民對他的支持始終如一。土耳其穆斯林大眾的日常信仰實踐早已找到方法在世俗政權下存續。當 Gülen 與受其啟發者漸漸地擴展全球網絡後，他們將宗教實踐的社群打造成一些學者口中所稱的「公民伊斯蘭」(Civil Islam)。這種「公民伊斯蘭」或說其社會意義來自於底層以及與民主兼容並蓄的伊斯蘭，必須與由上層強

制施行下來。1979 年刺激土耳其的鄰國伊朗發生伊斯蘭革命，同時也是 Erdoğan 原型「政治伊斯蘭」(Political Islam)的一個對比。Erdoğan 在其政治伊斯蘭道路上遭到抵抗後（甚至曾在 1979 年短暫入獄），他將自己裝扮成一位民主份子，呼籲公民伊斯蘭，並因此重獲權力。然而在 2017 年，當他已將穆斯林核心地區諸多國家整合成為其政治基礎後，旋即轉向開始無情地要求異議份子噤聲，然後獨裁地控管土耳其人生活層面。他一方面將 Gülen 當作陪襯或是撫慰世俗化軍方的代罪羔羊，另一方面又以之撫慰政治伊斯蘭主義者與民族主義者。成為代罪羔羊對 Gülen 並非新鮮事。他在生命中早已一再遭遇麻煩。但對許多蒙受 Gülen 關於現代性、接受教育、市場取向與國際主義之公民伊斯蘭的見解所吸引的人而言，他們曾經支持 Erdoğan 表面上在土耳其整合伊斯蘭與民主，但那位宣稱實踐相同信仰者的新指控似乎特別惡毒，令人詫異且傷人。

　　無論如何，Gülen 正是在這種詭譎多變大環境中出生，然後漸漸成為一位公共領袖。他在 Izmir 期間(1966–1971)，人們開始集體稱他為 Hodjaefendi（受人尊敬的導師），Hizmet 運動也肇源此時期。此運動的大部分成員都是土耳其人；而在土耳其，大眾對這些人也有許多稱呼，有些不是太好聽。不過有一個名號是 Gülen 用來稱呼他們的，而我也覺得該稱號在歷史記錄中似乎很精確，那就是 Hizmet 人。Hizmet 這個土耳其文字根來自阿拉伯文，意為「服務」。姑不論土耳其國內那些陷人於罪的政治紛擾，這些受 Gülen 啟發者一直努力過服務奉獻的生活。截至 2018 年，他們已將 Hizmet 付諸行動，將 Gülen 的教導推展到歐、亞、非、澳洲與南北美洲。無論何處，Hizmet 的工作核心都是努力維持穆斯林的正直，然後鼓吹與推動世俗知識、民主理念與經濟發展。換言之，當 Gülen 成為佈道家與教師時，他就越常聲明一個人可以同時有兩個身份，當虔信穆斯林與多元世俗民主下的忠誠公民。的確，受他啟發者也不時表現出一個身份必須包含另一個身份。許多實踐者認為伊斯蘭/世俗性、宗教/科學、信仰/民主是相悖的，但這兩者間似是而非的關聯性卻是 Gülen 從其事業發軔以來的教誨特色。調和那之間的拉扯對全世界的 Hizmet 人而言一直都很重要。簡言之，我認為 Gülen 與 Hizmet 人的企圖就是同時當虔誠穆斯林與好

公民，還包括參與、提倡宗教對談，即「制約性多元主義」。我們將會發現「制約性多元主義」是 Gülen 生命與 Hizmet 運動的一個面向，這在第四章會有更完整的討論。Gülen 努力培養實踐信仰與願意和他人對話的穆斯林世代已是一齣美好戲劇，且如今仍正在全球各地上演著。

　　參與 Hizmet 的人並非都能走在同一條道路。有些是可能（或可能不是）以直接受 Gülen 影響之本地領袖為模範進行非直接的學習，有些則是透過 Gülen 佈道、公開演講、小團體演說、書籍及文章中所傳佈的教誨與箴言，還有個人的諮詢與更直接的學習。Gülen 早已堅拒任何形式的「領袖身份」。他強烈反對該運動以他的名字命名（許多學術圈已如此做）。同時，Gülen 清楚宣稱自己與那些選擇將奉獻神與透過其啟發打造公民社會的人是一樣的。他採 Sufi Sheikh（蘇非導師）的特別做法，終其一生都是一位教師。毫無疑問，儘管他拒絕接受，但我在理解 Gülen 的生命與影響力時所必須探索的主要難題就是該運動「領袖」與追隨者間的關係。Hizmet 對他個人的依賴度有多少？又有多少已被制度化？有件事可以釐清這個難題，那就是 Gülen 的生命有令人驚訝的特質，他經常在佈道或禮拜時哭泣。與他聚集禮拜的人有時也會哭泣（經常到啜泣程度），也有其他抒發情緒的形式。即使這在土耳其並非史無前例，仍是不尋常（尤其是男人），即使在蘇非道團裡也有類似的事發生。社會學家韋伯(Max Weber)指出這種領袖「具個人魅力」。[4] Gülen 人格無疑具個人魅力元素，人們所感受到來自他的吸引力經常是歐美公民所難以理解的。Gülen 可能因此成為人們氣憤、誤解與諷刺的對象，就如 *The New Yorker* 記者 Dexter Filkins 在 2016 年的一篇不理解宗教的短文中所宣稱的。[5] Hodjaefendi 與那些受其啟發者之間所磨練出來的關連已超越個人魅力，我認為這是我所稱的「實踐性同理心」。「實踐性同理心」是對世界的遭難懷有深切的同理心，致促使人類組織自己以減輕那些苦難。許多宗教傳統皆鼓勵此事。這也是宗教

---

[4] See Eisenstadt。

[5] Filkins 2016. Filkins 似乎是因訪談要求遭到「整年的拒絕」，而進入充滿怒氣的誹謗活動中。他的短文看似做了充份調查，實際上卻充斥令人困惑的嘲諷與無憑據的報導，以及篩選過對己有利的證據。他不但對 Gülen 的生命與工作表現不出任何感受，還顯示微妙的敵意，將他簡化成住在「軍營」、具赤裸裸政治目的之「教派」領袖，認為他充其量只是個可笑人物。

和平建造者的主要面向。Gülen 所教導與啟迪的「實踐性同理心」已在 Hizmet 人之間擴展成各式各樣的實踐、企業與機構。假如 Gülen 的重要性是由他在土耳其人之間所發展出來的非暴力伊斯蘭實踐，以及他所鼓勵的「制約性多元主義」(Principled Pluralism)所衍生出來的，其影響力也會透過他對「實踐性同理心」的強調而逐漸增加。

在世俗化土耳其的環境裡，Gülen 所扮演的是政治學家所稱的 Thermidorean Figure（熱月黨人物）。[6] 他認可且明白表達革命熱情必須冷卻，以此建立在世俗化土耳其公開表述伊斯蘭之濫觴；但這卻為總統 Erdoğan 政治利用與動員開了一扇門。透過 Gülen，土耳其鄉村與新都會穆斯林得以消除深沈緊張，並表達共和國所暴露或忽視相當現實的痛苦。對共和國治下第二代中產階級或更貧窮的土耳其人而言，世俗主義的經濟承諾喪失了穆斯林傳統本質。因此 Gülen 提供人們的與 Erdoğan 所利用的皆是伊斯蘭與現代性之間的橋樑。這座橋以伊斯蘭為代價，反抗凱末爾所強加在土耳其人民的現代性。一位史學家認為在近幾十年來，土耳其已見識到「似是而非的世俗社會伊斯蘭化與伊斯蘭思維的內在世俗化」。[7] Gülen 在這個相互過程中扮演清楚的關鍵角色。

於是，身為一位 Thermidorean 人物，Gülen 活在一個脆弱的邊緣地帶，極易遭受朝令夕改的政風牽動。此外，眾所皆知，他從 1999 年起即自我放逐到美國。若事情朝不同方向，他可能早在其所剩不多餘生被迎回土耳其，當作一個展現土耳其伊斯蘭如何在一個棘手地區整合現代性與伊斯蘭的模範。這種可能性解釋了為何歐巴馬總統會在 2009 年到土耳其進行首次官方拜訪。然而好景不常，事情非但沒有如此發展，Gülen 與那些共同致力於 Hizmet 的人早在不同時期多次被貶為 Fethullahcılar（Fethullah 派份子）或 Gülenists（Gülen 主義者），而在最近更被直呼為 FETO（Fethullah 恐怖組織）成員。這種荒謬已非歐威爾式曖昧混淆的語言所能概括。Gülen 始終公開地譴責恐怖主義。[8]

---

[6] See, for instance, Brinton 1965.
[7] Yavuz 2013, p. 20.
[8] See, for one of many examples, the interview of Gülen by Zeki Sarıtoprak and Ali Ünal in *The Muslim World* 95(July 2005): 465-6.

不過 Gülen 受詆譭之事在宗教史中有其先例。凡是最致力於和平者經常被掌握政治權力者深惡痛絕。但憑藉其堅忍與擇善固執，那些備受詆譭與迫害者反而經常能戰勝那些表面上比他們更有權力的壓迫者。甘地絕對不是英屬印度政府所喜歡的人物，但他的非暴力 Satyagraha（堅持真理）運動卻推翻英帝國，帶給印度民主。同樣地，Gülen 已反覆地遭受迫害了幾十年，他及與他相關的運動在面對壓迫時卻更加茁壯。敵方的身份引起人民對 Gülen 的關注。這份關注讓人民自行判斷他們所發現的 Gülen。Erdoğan 政權自 2012 年起所發動的抨擊，無論在規模或破壞性的目的上都是史無前例的。人民的生活不可逆地受到破壞。然而，無論政府怎麼打壓 Gülen 與 Hizmet，所有事件反而對其遺緒有所助益。

當然我們不可能預測未來，史學家的水晶球也不會比其他人的更清楚。但即使，尤其在 Erdoğan 的鎮壓後，一種遭受政治迫害的共同痛苦會為 Gülen 及 Hizmet 人創造出日漸蓬勃的盟友與共事者網絡，此即土耳其語的 Arkadaşlar（朋友）。Arkadaşlar 這個字對 Gülen 和 Hizmet 圈子是很平常的字。有時這些友誼是有目的與策略性的，例如當 Gülen 在 1970、1980 年代鼓勵學生與友人在土耳其各地廣建學校時，以及他在 1990 年之後鼓勵他們在世界各地做相同的事。這些學生那時用客運或飛機將他們的學生載到 Izmir 或伊斯坦堡去聽 Hodjaefendi 的演講並與其他朋友會面。有時友誼是非正式發生，例如當商人們聽聞 Gülen 或 Hizmet 後，就貢獻其力興建學校、宿舍、醫院、媒體集團等，將利潤轉為行善。從各方面來說，土耳其人藉由 Hodjaefendi 與 Hizmet 刻劃出一個允許他們將靈性與世俗性連結的網絡。這個網絡提供相信國家的世俗主義者一個土耳其共和國仍可運作虔信的選項。那位以伊斯蘭粉飾無情政治計謀與經濟貪婪的 Erdoğan 總統，並未解決奉行宗教的穆斯林所面臨的長久問題：如何同時保有宗教虔信又現代，而不是二選一。

因為此友誼網絡鬆散地繞著 Gülen，Hizmet 運動在土耳其文中經常只是被稱為 Cemaat（社群）。這種相對中立的非正式協會的名稱很恰當，令我印象深刻。Gülen 是有組織地發展關係，以他為中心所發展的階層經常轉變。Gülen 的影響力從 1960 年代末開始穩定成長，而這運動幾十年來也只發展到在各方

面領導者是追隨者的啟發來源，在世界各地學習那些被組織化的倡議。Hizmet
本身所發展出來的生活就是穆斯林對「實踐性同理心」教誨的落實。

圈外人可以找到有助於理解這種社群發展的類似事例。有位學者曾因為
一些好理由將之類比為英國的清教徒。[9] 但很清楚地清教徒是一個政治運動，
這點並無誤解 Oliver Cromwell 的野心；而 Gülen 一直不願沾染政治。若要瞭
解 Gülen 與 Hizmet 更好的類比是十九世紀的新教復興者，如建立 Oberlin 學
院的 Charles Grandison Finney。就像 Finney 的基督教復興者協助十九世紀的
歐美民主化；Gülen 即以類似方法用言語表達一般人的痛苦，並鼓勵他們忠實
地參與新興的自由經濟與政治秩序。[10] 一個由 Phillis E. Bernard 所提出經得起
考驗的類比是英美宗教運動，即 Quakers（貴格會），官方稱呼是 Society of
Friends（教友會）。[11] 這個十七世紀的新教改革運動具有清晰甚至狂熱的宗教
基礎，引發了英格蘭與其美國殖民地當權者的憤怒，最後將和平靈性與務實商
業心態合理地結合。誠如 Quakers 與基督教復興者為傳教運動鋪路於全球傳播
基督教、市場與民主，Gülen 也動員穆斯林運動者在全球各地實踐其理想，當
然他稱之為真主的工作。若把這稱為「實踐性同理心」則太微不足道了。但我
希望如此做能更理解 Gülen 的重要性，而非只是韋伯所說的「個人魅力」。

Gülen 另一個最關鍵的情境意義是持續提倡男女孩皆必須接受世俗教育。
這點也與 Quakers 及十九世紀基督教復興者類似，Gülen 啟發 Hizmet 人努力
發展靈性與科學概念以理解普世知識。Gülen 的生命故事是連結範例，他自己
所受的正規教育只到二年級。凱末爾的世俗化革命並未帶給像 Korucuk 的小
村莊任何利益。Gülen 的家人，尤其是他父親，顯然喜歡伊斯蘭知識更勝於共
和國所強制的那種性別混合的世俗教育。在包含其父母在內一連串教師的指
導下，Gülen 對古典伊斯蘭與土耳其文獻資料有深度理解，凡熟悉那些資料者
莫不對他印象深刻。但 Gülen 也開始發現這嚴格的伊斯蘭養成有其侷限。兩個
重要影響促使 Gülen 將伊斯蘭與科學探索連結。第一個是一本古蘭經註解，即
庫德族穆斯林改革家 Said Nursi 的 *Risale-i Nur*。Nursi 囑咐每位穆斯林必須探

---

[9] Yavuz 2003.
[10] See Hatch 1987.
[11] Bernard 2015, p. 168.

索科學，他相信科學與神啟相容，而非衝突。1956 年 Gülen 首次研讀此著作，之後該書持續成為其知性生活的核心。第二個影響 Gülen 知性發展很諷刺的是一位軍官。Gülen 與這位軍官在 1961–1963 的兵役期間認識，他鼓勵這位年輕佈道者研讀西方哲學、文學與科學。Gülen 從這兩個及其他許多影響中所發現的，以及從那時開始至今所一直在教導的，就是神學與科學並非背道而馳，神的真理在大自然與古蘭經中是相互映照的。對西方讀者而言，如此調和宗教與科學似乎矛盾，因為在西方一些知識份子宣稱科學與宗教水火不容，有些人還說科學與宗教永遠互斥。但也許 Gülen 生命主要意義就是敦促虔敬穆斯林擁抱科學與精通科技。上千名男女學生的成就即為證據，他啟動他們在科學與社會學科領域中創立事業。這將在之後的篇幅提到，也可在大量的教育中心、中小學、數學與科學學術機構、學院與大學等網絡中看到。這些教育網絡從 1968 年在 Izmir 的一所機構開始，到 2016 年已擴展至 180 個國家，約有 1200 所學校。這些學校幾乎遍佈世界各地，而且都不是經學院(Madrasa)或伊斯蘭研究學校。它們按照所在國家的世俗課程教學，但所呈現的卻是伊斯蘭。因此對 Gülen 與受其啟發者而言，擁抱深厚的伊斯蘭學識與依照嫻熟的科學理性做事就是一種知識，也是 Hizmet 的核心價值。

　　這一切聽起來很好且具歷史意義，它原本可以是一份浮誇的個人食譜，阿諛奉承的狂熱信徒將生命與資源交出去擁戴教派領袖，使這位領袖更富裕。但 Gülen 卻自願過簡樸生活。他從未結婚，一無所有，且總是住樸素居所。我曾在訪談中反覆聽到關於 Gülen 簡樸生活的各種描述。一開始令我頗為困惑，他住在 Izmir 的簡陋小屋數年，或睡在 Edirne 清真寺裡，這兩者有何不同？但漸漸地，當我聽銀行家、承包商、農人與教師們一再述說的故事後，我開始瞭解 Gülen 的禁慾有其明確教誨鼓舞他人效法那種精神，並透過各種運作成功行善的企業實踐。韋伯不精確地稱之為「新教倫理」(Protestant ethic)。[12] 事實上，天主教徒在資本主義上至少已和新教徒一樣擅長，猶太教徒、印度教徒、穆斯林及越來越多的佛教徒亦如此。但重點仍是宗教禁慾竟會刺激，而非妨礙人們市場經濟、商業及金融的參與。至少道德面宗教禁慾可以規範、限制及減緩自

---

[12]　Weber 1958.

由不羈的貪婪所引發的破壞性結果。無疑地，Gülen 的生活方式一直都很簡樸。他的家人所居住的是一座有五間房的磚造平房。在他童年時，這磚屋裡有時會睡十二人或更多人，包括其父母、祖父母、七個手足、姑母和叔伯、姪子姪女，以及經常來訪的客人（大部分是 Imam 與學者）。而實際上他也住過在 Edirne 的閣樓、在 Izmir 的夾板小屋，以及從 1999 年起在賓州的 Wind Gap 隱修中心的一間單人房。他吃得很少，睡得很少。他曾被逮捕，送到監獄，至少六年在土耳其逃避軍方的追緝。然而他卻鼓勵那些聽他佈道者（如果他們不是他的家人）去生產財富，減輕痛苦。

受 Gülen 啟發者已接受他關於生財致富的倡議，並付諸實行，即使最近土耳其政府企圖扣押他們的資產，其資產仍高達數十億美元。那些最親近 Gülen 者若未過禁慾生活，也過得很簡樸。他們這麼做除了出於原則，也為阻擋被轉加的指控。Gülen 在 Iizmir 的最早追隨者至少都是小生意人，但數十年來，Hizmet 也在銀行界、出版業、媒體以及其他貿易和企業中表現自己，而這正符合 Gülen 教導所連結到的服務目的。例如，在烏干達有一所學校，就像 2007 年所完工的土耳其 Turkish Light Academy（即現在的光明學院）一樣，若無建築師、工程師、建築承包商、貿易商、工人、資訊科技設計師是無法完成的，而這還只是建築體本身而已。學校要營運還需要教師、行政人員，以及許多與教育企業配合的支持性服務業包括從課程、餐廳、運動設施到制服。由 Hizmet 人所營運的組織開始不斷在其所計劃培植的地區播散企業。這種經濟活動藉由薪水和契約造福在地居民，另一方面又透過繳稅使當地政府受益。同時，生產財富也能令更多的 Hizmet 計劃有所開展，借用 Robert Reich 的話，這是一種良性循環。[13] 個人選擇捐獻，或是基金會擴展至各個新領域，所獲得的利潤又能再投資到新的計劃上。清楚地說，並非所有與 Hizmet 有關的生意都是非營利的。但大部分都是非營利教育或對話基金會，或如 Kimse Yok Mu–KYM（有人在嗎？）、Embrace Relief 等非政府組織，這兩個都是與 Hizmet 有關的全球性濟貧機構。而所有 Hizmet 相關企業皆是按照諾貝爾獎得主 Muhammad

---

13 See Reich.

Yunus 所稱「社會事業」(social business)的路線運作。[14] 亦即 Hizmet 所推動的商業做法是既要追求大的盈餘，也希望藉由解決社會問題而對社會福利有所貢獻。Gülen 從 Said Nursi 認識到三個使現代世界遭殃的基本問題：無知、不團結、貧窮。Gülen 於是教導這邪惡三要素可以透過推動教育，從事對談與生產財富等正面行為消除之。當 Yunus 也許比任何人都更明確地將它展現出來時，這種社會事業或社會企業的組織模型即具有潛力將資本主義轉往更大的公義。Hizmet 將這種金融型式稱為 Himmet。Himmet 是土耳其文，源自阿拉伯文的 Himma，意指蘇非教義中為求與神接近的內在精神決心與奉獻，它也意涵一位聖者對那些請求他指引者的精神支持。在 Hizmet 中，Himmet 則是在金融上自願奉獻支持，募款或捐款給慈善活動、努力與計劃的。Gülen 本身的自願擁抱樸實即是 Himmet 之始，然後再透過 Hizmet 使全球人類實踐財富生產，成為普世良善表率。一個最初只是土耳其穆斯林的運動，如今儼然成為社會企業的全球（與日漸興盛的跨宗教）版本。

接著在此要講的是關於本書的結構與內容摘要。我將在五個章節中敍述 Gülen 的生命故事。每一章關注一個元素或他生命中的一套關係，以及那彰顯其歷史意義的教誨，然後提出他與其所啟發的運動亦屬於歷史上其他和平建造者之列：1-對精神與科學智識的信奉、2-參與伊斯蘭非暴力實踐的正直、3-實踐性同理心、4-制約性多元主義、5-社會企業的商業模型。Gülen 生命中的這五個面向，或說五種關係，真能如我所宣稱地作為和平建造者的標幟嗎？

很幸運地，和平與衝突研究的新興學科正開始揭示孕育和平與導致暴力、戰爭的究竟是什麼？[15] 我們經常誤解暴力（可簡單定義為對生命的傷害或破壞）。所有暴力都會傷人或殺生，街頭暴力會立即傷人或殺生戰爭與恐怖份子的行為也是集體地做那種行為且往往是無分別的。但有幾種對生命的傷害是由社會政策與文化模型所造成。這些制度性的暴力是慢性殺人，是心理與精神同時也是身體的遭難。讓不公與貧窮無限延續與腐蝕尊嚴的政策是暴力的。而刻板化、喪失人性與製造「我群與他群」二元論的文化和語言模型也會造成真

---

[14] See Yunus Social Business, at http://www.yunussb.com/.
[15] See Cortright 2010.

正的傷害。推動自以為是正義與恐懼的宗教實踐也是暴力的。Gülen 的生命與教誨以及全球 Hizmet 運動旨在揭發、減少後者這些制度性或文化暴力。我再次強調，歷史上凡掌權者經常將目標精確地鎖定在和平建造者上，因為他們挑戰了使人處於恐懼並爭鋒相對的結構和制度。和平建造者與生俱來就是極端的（若非要與人作對）。如我所言，他們努力對付不義、衝突與戰爭的根源。

在這方面，Gülen 的生命與教誨極符合做和平公義研究的學者在和平社會基礎上所見到的模型。[16] Gülen 與 Hizmet 人並未以抗議（大眾經常想像和平建造者所會做的）作為主要的和平建造方式。Gülen 與 Hizmet 人透過上述所談的五種關係或做法，以耐心積極主動的工作來推動和平建造。可惜，這些耐心做法—教誨、禮拜、對談等總無法成為重要讀物與博得記者青睞的標題。而就此觀點，當人們採用這些做法時，和平即明確地發生。換言之，和平不是烏托邦方案而已，是人類發現共同生活與合作之相當實際的途徑。當人類有潛力去推動，和平便簡單地存在。我在以下篇章裡所講的故事，將同時描述 Gülen 如何以身作則使和平蓬勃發展，以及人們如何透過其教導、建立推動和平的機構與組織以找到令和平蓬勃發展的方式。

因此，基本上除了參與伊斯蘭的非暴力做法，除了有制約性多元主義，除了實踐性同理心，除了智識以及社會企業，我要說的是關於 Gülen 的生命故事，這是 Hizmet 的生命，突顯了在推動更公平與和平的社會時，信任所扮演的角色。Hizmet 的土耳其文字義是「服務」；但「服務」在英文中可能指涉對權力的不抵抗或服從。在 Gülen 的生命中，Hizmet 指出一條透過可以識別且始終如一的行動，將精神力量轉變成實際行動，轉變成和平建造的道路。因此，若要如實翻譯 Hizmet 對 Gülen 與受其啟發者之生命意義，那就是學習彼此信任的人類所做的主動行為。這份信任是藉由障礙來推動，這需要勇氣。我稱呼這種和平（如其所真實呈現的）為深層和平。深層和平不只是沒有戰爭（那種我稱為基本的和平[basic peace]），也是每個政府所須提供的最低程度。深層和平也不只是作為良好社會特色的那種經濟上的公正和社會平等（那種我稱為

---

[16] Peace and Justice Studies Association is a network of scholars dedicated to advancing understanding of the roots of and impediments to peace. See https://www.peacejusticestudies.org/.

政策上的和平[policy peace]），當然也是所有充滿希望者與公民所渴望和努力的。而 Gülen 生命中的深層和平所表現的是宗教如何提供「超過人能瞭解的平安」（如使徒保羅所言）。[17] 這份深層和平與其所培養的關係也能啟動支持人類為了從艱苦中存活與實踐良好生活的傳統而實行的不尋常行為。我在以下篇幅中所要說的就是 Gülen 生命中深層和平的故事。這個故事有五個章節。結構上兼具時間性和主題性。第一章，〈Erzurum 與 Edirne，1938~1966：學習訓練〉關注 Gülen 一生中的早年時光，而我認為那是他留給後人最強而有力的遺緒，即他對智識的擁抱與提倡。該章開門見山提出一個貫穿其早年事業的暗示性問題：「會有什麼好事物從 Erzurum 產出呢？」換言之，Gülen 是在一個落後封閉的地區長大成人的。第一章的第一個部分記錄（依 Fethullah 的姊姊 Nurhayat 所云）「我們是怎樣的一個快樂家庭」。Fethullah 直至十四歲前，皆與其大家族生活在一起。那個大家族包括其祖父母 Şamil 與 Munise、父親 Ramiz 與母親 Refia，以及七個兄弟姊妹。他的家庭重視學習，母親 Refia 是 Fethullah 的第一位古蘭經啟蒙者，而 Ramiz 本身是宗教學者。年輕的 Fethullah 第一次「完誦古蘭經」(Hatim)時年僅四歲。而到了十四歲，他即成為能背誦整本古蘭經的 Hafiz（對能背誦整本古蘭經者尊稱）。十五歲時，Gülen 離家進入古蘭經學校，先是在 Erzurum 的 Kurşunlu 清真寺，然後到 Erzurum 省各地的清真寺輾轉學習。他在早年生涯中也曾跟隨知名的 Hanafi 法學派的蘇非導師學習。其中最重要的是在 Alvarlı 的 Imam Muhammed Lütfi 與 Osman Bektaş。Gülen 的同學 Hatem Bilgili 回憶時說他是求知若渴天賦異稟的學生。Gülen 也是從古蘭經學校時期開始熟讀 Said Nursi 的著作，亦開始深入閱讀十三世紀蘇非詩人 Rumi 的著作。Nursi 與 Rumi 的影響在 Gülen 的一生與著作中隨處可見。該章接著追溯 Gülen 首次出任 Imam 的情況，地點在土耳其西北 Thrace 的城鎮 Edirne 與 Kırklareli。Gülen 在那裡名聲鵲起，成為一位有影響力的佈道家，人們開始群聚聆聽他充滿情感又兼顧理性的佈道。然而對一些警察與安全單位而言，他扶搖直上的名聲無異挑戰著現況。那時當局視所有受歡迎的宗教人物為一種威脅。Gülen 在 Edirne 和 Kırklareli 擔任 Imam 期間完成其義務兵役。

---

[17] See Philippians 4: 7.

他先是在安卡拉服役，然後在 İşkenderun（位於土耳其地中海沿岸區）。他在後者服役時，受一位將軍的敦促開始閱讀西方人文經典。在土耳其，軍方是世俗主義的堡壘。儘管獲得一位將軍的支持，Gülen 仍遭遇至少一名軍官在報告中稱其為世俗主義的威脅。有許多政變曾在其生命中留下記號，第一次政變就在他服役期間發生。該政變擾亂了土耳其政局，也使其生活遇到問題。他的健康在壓力下亮起紅燈，須告假三個月；雖然他最後還是完成兵役，沒再遇到更多意想不到的困難。Gülen 在 1966 年被指派到 Izmir 時，他在學術與佈道的名聲如日中天，儘管世俗化的現況總是查核所有宗教人物，進行緊密監督。第一章結論的焦點在於 Gülen 對學習的倡導如何導致全球學校網絡的出現。這其中包括兩位經由這些教育倡議而成為 Himet 領袖的女性的故事，一位曾在阿爾巴尼亞的學校擔任校長，後來又至越南與肯亞的學校任教。另一位則在伊斯坦堡擔任編輯與伊斯蘭教師。

第二章〈Izmir，1966~1971：我們年輕時〉所關注的是在被意識型態衝突撕裂的土耳其文化環境中，Gülen 卻是一位能將人民聚集的教師。其聲譽究竟是如何在 Izmir 時期日漸上升的。對全球許多年輕人而言，1960 年代末是政治覺醒時代，土耳其也不例外。抗議、遊行、暴亂成為包括 Izmir 在內每個土耳其城市的標記，其中有些演變成暴力衝突。Gülen 的教導不同於年輕人間的這些意識型態衝突，他教導非暴力，一方面不直接教導伊斯蘭的五個非暴力功課，另一方面則直接透過範例與諮詢。〈The Shahadah in a Sohbet: Spiritual Food〉（精神食糧：讀書會中的信仰表白）這一節描述 Gülen 如何採用 Said Nursi 小團體文本研讀的做法，他們稱之為 Sohbet（讀書會），教導如信仰表白或教義的伊斯蘭原則。接著該章的這部分將延伸至世界各地的個人（包括美國的穆斯林婦女）如何瞭解這種研讀並以之作為「精神食糧」。該章的下一部分〈我在我的生命中未曾如此禮拜過！〉把焦點放在 Gülen 對禮拜的實踐如何吸引人朝向他。他對禮拜的實踐不只一天五次，而是內化到全付生命的生活方式，就是他作為具深厚精神力之個人標記，他被視為具靈性素養者。該章的第三部分描述 Gülen 在 1968 年到麥加進行第一次朝聖。Gülen 從這次經歷中吸取了經驗，認為穆斯林能汲取朝聖的精神，並從中真切感受穆斯林的團結一致，不論

身在何處，皆能將此精神與感受擴展成服務人群。第四項伊斯蘭功課（亦即該章的第四部分）關注的是 Gülen 對齋月的實踐，穆斯林一年一度長達一個月的斷食。對 Gülen 這位每年都期待齋月者而言，力行封齋是藉由馴服自我與無止盡渴望來喚醒靈性的方式。每晚在封齋結束後吃的那一餐開齋飯是與鄰居慷慨分享並藉此結交新朋友的方式。該章以〈天課及其對立者：組織 Mütevelli 與被捕〉這部分作結，速寫了 Gülen 早年關於錢以及他如何力行伊斯蘭的第五項功課—天課(Zakat)去引導穆斯林使用金錢資源的教誨。Gülen 的這些早期追隨者都是小商人，他們成立基金會，由 Mütevelli 管理。這些 Mütevelli 即成為發展中之 Hizmet 運動的金融骨幹，而他們之後也與 Gülen 一同淪為在土耳其公民社會中反對任何伊斯蘭角色之輩的標靶。不過這些年來，Mütevelli 為學生、夏令營，及其他方案（即後來的宿舍、家教中心及學校）提供資金與募款，所有這些皆以補助款與獎學金的方式提供年輕人。對 Gülen 個人與那些受其吸引者而言，那是一段蓬勃成長的歲月。那是「我們曾經年輕」的歲月（如一位參與者所言）。這段歲月最後在軍事政變後，因為 Gulen 被指控為國家之敵入獄，而畫下了句點。

第三章〈愛琴海，1971~80：淚與同理心〉關注 1970 年代時 Hizmet 運動在整個愛琴海地區的成長。該章尤其著重於 Gülen 的佈道。當 Gülen 講道時，整個清真寺人山人海，所有聽眾與他一同掉淚。這種哭泣反映許多事，它點出 Gülen 是如何喚醒人們對苦難的深刻感知—同理心。這些苦難對一些人來說無疑是常態的，土耳其仍給虔信穆斯林足夠的理由呻吟。但當 Gülen 在這幾十年間大受歡迎時，相對於將目光轉向自身並建立對己有利的權力基礎，Gülen 反而逐漸向外推展同理心的服務。他教導年輕人（尤其是那些擁向聽其佈道者）要有目的地活著。當時的意識型態集團與軍方受到冷戰二元對抗論驅策經常要求年輕人捐軀以遂其目的。Gülen 及其追隨者藉由擁抱對媒體與現化科技的創造性運用，並在前十年設立機構與擴展 Hizmet 網絡以推動實踐性同理心。人們將 Gülen 的講道錄音，廣傳。身為政府指派的佈道家，這十年間他在愛琴海地區各地對廣大的群眾講道，但其傳遞的訊息始終將焦點與資源從他自身轉向追求智識、實踐伊斯蘭以及減輕苦難。簡言之，Hizmet 運動是在對苦難

感同身受的人與在願意放棄短暫歡愉求長期個人與社會福祉的人之間發展。當壓迫越烈，實踐性同理心就越能流傳。而這段十年期再度因另一次軍事政變與 Gülen 被警察短暫拘禁而告終。

第四章〈伊斯坦堡，1980~1999：抑鬱與對話〉關注的是 Gülen 如何在伊斯坦堡成為舉國皆知的人物。他倡導對話，闡述我們所稱的制約性多元主義。Gülen 的童年是在鄉下渡過的，故他仍會講各種背景之村夫與當地居民所說的「心話」。而 Gülen 也能連結世界性的全球倫理，動員那些受其啟發者進入世界各地在不同文化環境裡工作，尤其是透過在當時相對更寬容與友善的土耳其政權下所開展的一系列公共倡議、論壇與對話進行之。這個向外的運動從擁有大量說突厥語民族與穆斯林社群（經常是在語言、文化與血統上有關的國家）的前蘇聯開始推展。自 1990 年代起，Hizmet 全球拓展，成長為一個真正的全球運動，在每一洲都有代表。Gülen 理所當然地為這個全球倫理建立神學基礎，土耳其文的 Hoşgörü 正好適當地為此作注。Hoşgörü 經常被譯成「寬容」，但無法精確傳達意義，其適當意思是「如神對他們般看待所有他人」，亦即將所有他人視為反映神本身之美善與憐憫的同類造化。Gülen 教導一位虔信穆斯林可以與所有人對話。他是一位有原則的穆斯林，無人對此有質疑。但他以及那些受他啟發逐漸向所遇見之形形色色的人學習者也清楚地向其他人表示：他們認同猶太教 Rabbi Jonathan Sacks 所主張的「差異的尊嚴」(dignity of difference)。[18] 借用哈佛大學 Diana Eck 的普及化分類，這種倫理標準同時挑戰了排他論者的伊斯蘭主義與相對論者的世俗主義。[19] 這種挑戰相當程度解釋了為何 Gülen 會同時變成伊斯蘭主義份子與世俗主義份子的箭靶。然而，無論如何 Hizmet 以 Hoşgörü 實踐逐步深化的奉獻，而那種奉獻若非源於自身傳統，即是來自與他人誠實開放的相遇。該章的結尾又是 Gülen 在軍事主義菁英與民族主義當局的壓力下被當作「國家的威脅」送審。

第五章：〈美國，1999~：全球化的 Hizmet〉描述 Gülen 從 1999 年移居美國至今的生活及其如何有能力動員志工組織社會企業。Gülen 關於貧窮與財富

---

[18] Sacks 2002.
[19] Eck 1993.

的教誨逐步將天課這古代共同的伊斯蘭功課與最未來導向的資本主義組織的動力結合。這最後的篇幅也許是 Gülen 傳記中最令人驚嘆的部分。一個出身落後鄉村的男孩竟然啟發了一個全球性網絡，其中的人藉由生產財富去構築對話與和平的橋樑以解決社會問題，這是與眾先知所為一樣有益的事，或說是為 Hizmet 的 Himmet （奉獻—精神性與金融上的支持）。這個組織模型的中心是 Istişare（相互諮詢）。Gülen 藉由尋求共識邀請穆斯林在進行任何方案時都要商議，這種做生意的方式與 Quakers 會很像。儘管這模式缺乏效率，但卻能建立互信，諮詢模式在全球各地與人們學習互信的地方發展出辦事處、機構與生意網絡。即使 Gülen 的直接影響力隨著 Hizmet 運動的成長而日漸消退，Hizmet 人仍實行 Istişare，抓住新契機在亞洲、澳洲、巴爾幹地區、北歐與美洲發展社會企業。簡言之，Gülen 傳記與 Hizmet 內所蓄含的不僅是最近的研究所稱的「市場伊斯蘭」(Market Islam)，[20] 更積極地說，提供給 Hizmet 的 Himmet 指出了一條超越傳統的道路，啟動指揮生意資本與能量以令人類更加繁盛，而非只是為少數人的貪婪謀福。[21] 該章與本書結論聚焦於當越來越多資料足以證明土耳其政權所顯示的貪婪陰謀導致 Gülen 被抹黑成「恐怖份子」，Hizmet 人淪為代罪羔羊時，這種組織模式該如何挑戰那個政權？總而言之，Fethullah Gülen 的一生始終就是虔信穆斯林佈道家與導師的一生，其生命是為人類服務的 Hizmet 生命。他所遭遇的詆譭與迫害是歷史記載中的悲劇，這與在歷史長河中降臨在許多和平創建者身上的悲劇如出一轍。當我在關於 Gülen 之重要性的爭辯中明顯偏袒他時，我也努力一五一十地去講述此人一生的故事。我認為世人必須或多或少地理解他，而非只把他當成一位政治人物。其最大重要性是靈性與文化上的。土耳其穆斯林賞識他的正直，受到他的吸引，他便是從這種氣氛中脫穎而出。與此同時，那些掌權者也視他為對他們所享有特權之贊助網絡的威脅。我希望本書能使大家對 Gülen 的使命有更多瞭解。即使他不可能活著見到其教誨所鼓勵與預期的和平，或活著見到他的聲名被平反，我仍期待

---

[20] Hendrick 2013.

[21] For a fuller contextual analysis of the economic contours of Hizmet, see my "Economic Crises and the Promise of Spiritually-Grounded Social Enterprise: Building Peace through Sustainable Profits, Consistent with the Prophets," delivered at Beder University, Tirana, Albania, May 17, 2013.

他有朝一日能進入二十世紀宗教和平創建者之列。但這已超出這故事所要談的。這故事從 1938 年開始，在土耳其東北部的小農村裡有個名叫 Ramiz 的男人和一位名叫 Refia 的女人生了一個男孩。

第一章

Erzurum 與 Edirne，1938-1966：學習訓練

「教育是與他人建立關係最常見有效的溝通途徑；我們正全心全力於此。」[1]

—M. Fethullah Gülen

　　Erzurum 地區有何好產出呢？此問題在 Fethullah Gülen 早期生涯中一直迴蕩著。Erzurum 是位於土耳其東北方的一個省份，鄰近亞美尼亞與喬治亞，包括 Erzurum 市（一個在 2017 年擁有超過三十萬居民的古老屯墾地，且為 Atatürk 大學所在地），為土耳其最大的省份之一；但 Erzurum 省大部份是貧窮的農村，零星地散佈在高加索山區的狹小平原中。

　　Erzurum 全區海拔甚高（大約 6500 英呎），空氣稀薄但新鮮，具高原亮麗色彩；其境內南北縱貫山脈中有超過一萬英呎高的山峰，包括 Palandöken 山脈的 Büyük Ejder 峰，該區在短暫的夏季泛著淡綠色。由於土壤含鹼量高，除了稀疏的松樹叢，只有少許樹木生長其間。若開車從 Erzurum 往西朝向 Gülen 在 1938 年出生的 Korucuk 方向走，可看到難得一見的河床與一旁的落葉樹，風吹拂著此區，絲路上的駱駝商隊曾在這裡夜宿。

　　Korucuk 位於 Pasinler 谷地，從古至今一直是農村。稀少的白楊木夏日提供了遮蔭，冬日則是擋雪的防風林。天氣和煦時，微風與陽光會姿意地吹灑此村；當風暴來臨時，狂風驟雨也大大地摧殘。夏天時，沿路全堆放著綑綁麥草。Korucuk 在夏日微風中（或說整個 Erzurum 的夏日微風）都嗅得到乾草的甜味。但在 Korucuk 那些甜甜微風也經常被一種酸腐味滲入。事實上，村民隨處收集的牲畜糞堆或以之做成的泥磚，皆擺放在村屋與樹蔭下。糞堆有時會散落在村落中唯一鋪有石塊的道路上。糞塊則整年用來點炊煙，並在漫長的冬日裡

---

[1] M. Fethullah Gülen, "Any Political Aims?" in Ali Ünal and Alphonse Williams 2000, p. 331, as cited in Hunt and Aslandoğan 2006, p. 54.

溫暖房屋。

在 Korucuk 的任何地方皆看得到當地清真寺的喚拜塔，村子的每個角落也都聽得到喚拜聲。Korucuk 約有五十間房子，居住了約兩百五十個人，這與 Gülen 所回憶其幼時的居民數目差不多。[2] 這些房子大多處於不同的傾頹或整修狀態。屋頂通常都是錫製的，並鋪掛防水帆布。有些泥石地基還可追溯到幾十年前甚至幾百年前，大部分多年未油漆（若曾經上過油漆的話）。房屋樓層甚矮，很少超過一層樓的。當我在 2015 年的愉悅夏日拜此地時，Gülen 的一位遠親親切好客地接待我。當我們坐在他屋後的地毯上，他招待我喝一杯自製的清涼 Ayran（優格飲料）。但我依舊無法避開這樣的結論，整體而言，Korucu 以及 Erzurum 省全區是荒涼貧瘠之地，居民生活艱苦。我所遇到年過三十的居民，少有牙齒仍全數完整的（雖然他們的微笑燦爛）。我瞭解了住民的納悶，即 Erzurum 有什麼好產出呢？！

而至少在一份報告中，Gülen 深情地記載他從前在村子的家。他童年時的例行家務包括帶兩三隻（或更多）牛去吃草、放羊，因為牛羊是家庭生計來源。當然，當他探訪附近親戚時，他也會在農地幫忙。[3] Gülen 幾近五十年之後於 1994 寫說：

> 每當想到我們老村莊已消失時，深沈的潛靜、思慮的平靜，以及奇妙的大自然就會圍充滿於想念中。
>
> 老村莊中自然永恆的氣氛總令我們感受到片刻寧靜，無論身在洞穴或叢林中都能覺得興奮。舊時的村落與城市間存在一種溫暖的連結與甜美的平衡；村民不會羨慕城市人，城市人也不會瞧不起村民。而實際上，城市人有時會到鄉村居住。那時的鄉村有如具神聖之美的小城鎮，城市人到此接近大自然尋求歡愉放鬆。怡人的寧靜與平和總是籠罩著老村莊。晨曦、羊叫聲、蟲鳴鳥叫以甜美歡愉波幅打動我們的心，這些聲音也為大自然增添深沈內在音樂。傍晚時分，萬物皆隱入夜幕中，一種神奇的狀態投灑在人身上，引入夢鄉。夜晚總是迴響寧靜與平和的曲調。
>
> 在今世（下一道門即通往下一個世界），超越語言的喚拜聲與禮拜的誦經

---

[2] Gülen, "The Golden Period of Time," Izmir, 1994, pp. 37-42, as cited in "Fethullah Gülen's Life: A Different Home," Fethullah Gülen, at http://fgulen.com/en/fethullah-gulens-life/about-fethullah-gulen/ biography/24650-a-different-home.
[3] Interview with Salih Gülen, Erzurum, Turkey, August 3, 2015.

在召喚我們進入一個不同的狀態，帶領我們（進入）更深沈靈性的氣氛。只要我們感受到神聖時期的思維與意念，我們就與過往、未來連結。[4]

曾經有人在 1988 年回到 Gülen 出生的村子，見證村莊的變化。Gülen 根據一份報告評論：「那村莊以前種玫瑰；但他們現在生產糞便。」[5] 而且他也在一個訪談中不客氣地談到：「我成長於一個有如『斷垣殘壁的村鎮家園、無家屋的沙漠、群龍無首的社群、白天無所事事、夜晚不知明天、控制與壓迫』的地方。」[6] 那麼，Erzurum 有何好產出呢？！

「我們是一個快樂家庭」

正如一個人走近 Korucuk 時，便會看到那村莊西緣是一片擁擠墓園，薊草、野花及少許玫瑰蔓生於光禿禿的小徑上。那些小徑蜿蜒墓園中，磨損的墓石顯示消逝的世代。約莫一呎高的長方形石塊標示死者長眠之處。大墓石通常置於墳墓前，小石塊處則置於墓尾。這些墓碑刻著阿拉伯文、歐斯曼文，偶爾有新式拉丁字母（1920 年代之後）。偶有如人般高的石塊標示著 Imam、學者或蘇非導師的墓，其墓頭所置的長方形石塊為穆斯林男性頭巾造型的墓碑，此種墓石在 Korucuk 很罕見。墓園中有一處是十二平方呎的圈地，由三列上面裝著鍛鐵欄杆的樸素水泥磚圍著，那就是 Gülen 的家族墓地。

Gülen 的家族墓地出現一位精神領袖的墓指出了一個重要事實，即 Fethullah 承繼了精神遺緒。他在一次訪談中回憶道：「我們家族第一位在 Korucuk 定居的人是我的曾祖父 Molla Ahmet，他是 Halil Efendi 之子 Hurşid Ağa 的兒子。Molla Ahmet 是一越出類拔萃人物，以其知識和虔誠性聞名，他在生命最後三十年間從未伸直腳睡在床上。據說當他想睡時會坐著，將他的前

---

[4] Gülen, "The Golden Period of Time," Izmir, 1994, 37-42, op. cit.

[5] Interview with Sabri Çolak, Erzurum, Turkey, August 5, 2015.

[6] Gülen 在此引用一位著名土耳其詩人 Mehmet Akıf Ersoy 的詩。See Nuriye Akman, Sabah, 1/23-30, 1995, as quoted in "Why Does He Cry?" Fethullah Gülen, at http://fgulen.com/en/fethullah-gulens-life/about-fethullah-gulen/biography/24650-why-does-he-cry. Mehmet Akıf Ersoy (20 December 1873–27 December 1936)是歐斯曼帝國詩人、作家、學者、國會議員與土耳其國歌作者。"Mehmet Akif Ersoy," *Wikipedia*, https://en.wikipedia.org/wiki/Mehmet_Akif_Ersoy.

額靠在右手上，稍微打盹。[7] 這種對其曾祖父個人的虔誠的強調（甚至極端禁慾）反映出所有可能導致其家族遷徙到 Pasinler 谷地的困境。

　　Gülen 家族最初居住地是位於 Van 湖西岸的 Ahlat，非常靠近東土耳其與亞美尼亞、亞賽拜然及伊朗邊界，也接近 Korucuk 東南方。1877－1878 年間，效忠俄羅斯帝國的基督宗教徒與歐斯曼帝國的穆斯林之間發生戰爭，而高加索地區（Erzurum 隸屬的區域）正是戰場的東緣，那場戰爭是殘酷的。俄羅斯人推進到 Erzurum 市，並在 1877 年 11 月包圍該城，但最後失敗。根據傳說，至少部份原因是由於一位年輕婦女 Nene Hatun 英雄式抵抗，為了替死去的兄弟報仇持來福槍與斧頭力抗俄羅斯人。既然無法拿下 Erzurum，俄羅斯人遂轉東，朝向離俄國更近的 Kars 前進。Gülen 家族的遷徙乃依俄羅斯人路徑策略反向而行。有些 Erzurum 省的亞美尼亞基督宗教徒（據估計將近 40%）曾經在歐斯曼帝國穆斯林治下和平過活，但他們在 1877－1878 年間的衝突中支持俄人，也因之此隨著俄羅斯軍隊逃離 Erzurum 地區；而穆斯林則從被佔領區流入此區。這些事件導致第一次世界大戰時期最慘痛的悲劇，即亞美尼亞人受到種族滅絕。今日許多土耳其人承認這段動蕩時期是歷史上的一個恐怖汙點，他們為虧欠亞美尼亞人的遭難哀悼。但是有些國家（如法國）稱之為種族滅絕時，有些（如美國）卻不認為時；所有人卻都同意凱末爾及其軍隊在二十世紀初以暴力流血所進行的「土耳其解放」，土耳其東部尤其受到殘忍對待，而無異議。

　　Gülen 家族理解戰爭及其代價，但在 Korucuk 的 Gülen 家族墓園裡的並非武士紀念碑，而是 Fethullah Gülen 曾祖父 Molla Ahmet 的墓碑，他第一位定居 Korucuk 的虔信學者。或許應該如此理解，Gülen 家族的擁抱宗教與靈性是出於對撕裂其故鄉迫使家族遷移之戰爭的抗議與抉擇。[8] 一個關於 Gülen 祖父 Şamil 的早期故事可令我們一窺其家族心思。就在第一次世界大戰前，Erzurum 地區發生了大地震，Korucuk 災情慘重，人民逃離居家，造成許多人流離失所。

---

[7] "A Different Home," op. cit.

[8] 當宗教在俄土戰爭時因政治目的而被巧妙地操弄時，我們並無證據證明 Gülen 家族曾直接參與任何戰爭，但卻有足夠的證據說明他們選擇以靈性與教育作為另一條道路。

他們害怕會有餘震，故睡在寬大的開放空間，如打穀場。然而當冬天來臨時，居民不可能再這麼做，因為 Erzurum 每年都有大風雪，年積雪量厚達三公尺（將近十呎），每年平均有一百五十天的地面被白雪覆蓋。

　　Şamil Gülen 正是睡在打穀場者其中之一。有一晚，他在回到打穀場的途中遇到一位名叫 Mehmet 的在地 Imam。Imam Mehmet 對 Şamil 說：「回家去睡吧！只要有一塊石頭砸下來，你就把石頭往我我頭上丟」Şamil 對這樣的忠告當然感到驚訝（但可能也很感激），並問那 Imam 為何如此確定。Imam 於是向他分享一個自己的夢：

> 昨夜先知到我們村子來。那四位「受到正確指引的哈里發」在他身後。Ali ibn Abi Talib（即第四位哈里發）的手上拿著許多棍子。我立刻奔向他們。先知轉向我問：「這個村莊是你的嗎？Molla Mehmet！」我說：「是的，真主的使者，是我的。」然後先知轉向 Ali 說：「Ali，重打這個村莊一棍！如此，它就不會再天搖地動了。」

　　然後那位 Imam 又向 Şamil 重複他的命令：「回家睡吧！」Imam 信心十足的話，甚至夢中先知及其門徒(Companions/Sahaba)的到訪村莊，振奮了 Fethullah Gülen 的祖父，他就回家睡覺。[9]

　　今日，對某些人而言，這類故事聽起來更像神話。Erzurum 市在 1859 年的一場地震中幾乎全毀，而 1983 年的另一場地震又再度對該區造成相當程度的損害。2011 年 10 月 23 日發生在 Van 湖區的地震帶走了近五百人的生命。這則故事能有助於開始理解 Fethullah Gülen 與其家族對伊斯蘭的奉獻並行的，即學習並非一般人的狹義理解。Gülen 認為學習可包含佛洛伊德所稱之的「潛意識」說法，他自己解釋：「夢通常是由與過去或未來情況多少相關的意象所組成的，透過朝真理世界開著的窗戶，夢境若非清楚可見就是象徵性的，每一個夢都彷彿一道光指向今世之外的路標，會移除黑暗，指引方向。」[10] 在 Gülen 鮮明的比喻，佛洛伊德將人類視為「動物性衝動的沼澤」，但可以理解所有穆斯林神學家對夢的解釋會與佛洛伊德學者不同。Gülen 謹慎地警告夢境並非需要看到「今世之外的眾世界」，以免人類肆無忌憚地濫用或天真地依賴夢境。

9　Alptekin 2012, pp. 2-3.
10　Gülen, 2006d, p. 12.

但一般而言，「成千上萬的啟示會在夢境裡流向心靈」。[11] 一位受過伊斯蘭訓練的解夢者會在所有可參考的資源中以古蘭經與 Prophetic Sunnah（先知行誼）為主要依據，確認一個人可能會從夢境中習得的事物，Gülen 的祖父即為一例。的確，學習在教室進行，但不會只侷限在那裡。若他祖父能相信一位 Imam 的夢，那那麼年輕的 Fethullah 也可能會認為夢境承載意義。

事實上，Gülen 從孩提時代即知道安靜與聆聽（全神貫注）對學習的重要性。Fethullah 的大姊 Nurhayat 憶及當其他孩子到戶外玩耍時，幼小的 Gülen 卻站在大人身後聆聽其論辯。[12] Fethullah 自己也記得他的祖母 Munise 尤其是位好的傾聽者。「我甚至在父母之前抓住我祖母不放。」Gülen 提到：「她的沈靜如平和的大海般深深地影響著我。她是一位獨特的女性，鮮少講話，以她自己的存在省思伊斯蘭。」[13] Gülen 以「寧靜」描述其祖母深厚的靈性，點出她對俗事並不太擔憂。有些人可能會認為這反映性別偏見，而 Gülen 的性別觀也已隨著時間逐漸發展成形。他堅決倡導男女孩都要接受完整教育，即使他是在一個長幼尊卑極為分明的文化中成長的。然而，不同於使徒保羅在〈哥林多前書〉14 章 34 節中惡劣稱「婦女在聚會中必須安靜」，Gülen 到處宣講其祖母的溫言婉語。Gülen 曾提及：「話語多是心理與精神失衡所造成的人格瑕疵。」[14] 這位佈道家兼教師其成人年涯之大部分時間花在宣道上，如今卻口出此言，再也不是諷刺。Gülen 不斷強調，在「慎言」的建議背後還有一個更寬廣的原則，即伊斯蘭學者 Zeki Sarıtoprak 所主張的蘇非倫理 Muhasaba-i Nafs（自問）說明自我批判。[15] Gülen 自己的詮釋則是：「一個有感知的人不宣稱自己完美無瑕，而對他人的想法冷眼視之。相反地，真正有感知者是修正其錯誤，並以人類易於犯錯的同理心看待他人想法。」簡言之，Gülen 運用一般最為人接受且

---

[11] Ibid., p. 13.

[12] Interview with Nurhayayt Gülen, Turgutlu, Turkey, July 25, 2015.

[13] This is composite description from two sources: M. Fethullah Gülen, "Interview," as cited in Sevindi 2008, pp. 13-15, online at "The Life of Fethullah Gülen: Highlights from his Education," Gülen Movement, at http://www.gulenmovement.us/the-life-of-fethullah-gulen-highlights-from-his-education.html, and " Fethullah Gulen's Life: A different Home," at http://fgulen, com/en/fethullah-gulens-life/about-fethullah-gulen/biography/ 24650-a-different-home.

[14] See "Holding One's Tongue," Fethullah Gülen, *Pearls of Wisdom*, at http://fgulen.com/en/fethullah-gulens- works/ thought/pearls-of-wisdom/24545-holding-ones-tongue.

[15] Sarıtoprak, "Fethullah Gülen: A Sufi in His Own Way," Yavuz and Esposito 2003, p. 163.

又富伊斯蘭意涵的土耳其諺語扣住此觀點：「多言者必犯多錯。」[16] 如我們將在第五章談論，Gülen 早年習自其祖母寧靜傾聽的意願乃構成人們信任他，以及今日全球運動的重要元素。

首次面對死亡

年輕的 Fethullah 先是從其祖父母學到淵博的伊斯蘭知識，甚至包括夢的經驗，也學到謹言與傾聽。1954 年 1 月 10 日，這兩位老人家在一個小時之內相繼過世，此事對十五歲的 Gülen 影響深遠。他自出生即認識他們。那個時候，他在距 Korucuk 約十哩的 Hasankale（即現在的 Pasinler）學習阿拉伯語文，每日步行往返兩地。他祖父去世的那天，Gülen 記得他正在 Erzurum 市（距 Korucuk 十五哩）參加考試。他得知其祖父身亡的消息時如此記述：

> 世界崩塌在我身上，我深受打擊。下課後，我立即上路。當然，我來不及參加他們的喪禮（穆斯林死後最好要在二十四小時內下葬），我哭了好幾天。日以繼夜地禮拜祈禱：「我的真主啊，也殺了我吧，這樣我才能回到我祖父母身邊。」我完全無法接受他們的死亡。我會大受打擊是因為我們家族成員的關係非常緊密。[17]

對許多孩子而言，祖父母的過世都是頭一次家人去世的經驗，更何況 Gülen 與他們曾經如此親密。

年輕的 Gülen 有理由希望其虔誠的祖父母是在天堂裡，那份希望也一直藏在他自己祈求死的禱言。如此明確表達對死亡的期待，聽在世俗者的耳裡實極其怪異。不過只要試圖去想像那是一位生活在 1954 年的安納托利亞鄉間的虔誠穆斯林年輕人對天堂全無懷疑的觀點，就不會感到奇怪了，死亡當然是每個人都要學習的挑戰。就成年人的觀點，Gülen 從死亡這件事至少列出了六項教誨重點。在此很值得約略探索。即使在經歷數十寒暑後，Gülen 每當憶及此事仍感受到其年少青春時的強烈悲哀，其所列出的教誨重點有助於瞭解此情

---

[16] Ibid., pp. 28, 20, 29.
[17] "The Life of Fethullah Gülen: Highlights from His Education," Gülen Movement, at http://www.gulen movement.us/the-life-of-fethullah-gulen-highlights-from-his-education.html.

況，那些當然是其長年反覆講述的主題。他所列出的有些是司空見慣，有些可能令人訝異，但無論何種，皆能顯示他在面對清楚可見命運時的伊斯蘭底蘊及其對世俗知識的融會貫通。

首先，Gülen 寫說：「死亡不是大自然的最終消亡，而是一種轉變，一種地點、狀態與面向的改變，一種服務的完成，一種生命重擔的解除，以達和平與自在。」這段敘述清楚地結合了生物學與神學。它同時承認死亡的終結性及其事態轉變的特質。而且，既然「死亡是與生命與生活的分離，即會影響人類的心思與情緒在面對死亡時內心的靜默。死亡會引發心裡與心智上的激動。」在這段敘述中可聽到青少年的 Gülen 所承受的極大痛苦。第三，甚至信仰者「視死亡為一種進步、完美以達到更高的存在實質。既然死亡承載著永恆存在的果實以及福報，它就是神很大的福賜與禮物。」同樣地，這個信念是 Fethullah 從孩提時代即有覺悟的一部分。有些人認為那只是在否認；但對另一些人而言，那是心靈信仰，確信無關的宇宙實際上是由對他人憐憫與慷慨之「目的」(Purpose)所主宰。

第四，「死亡的時間是一個人退休，將事務交給其承繼者的當下。」對此，Gülen 又一次地以心理學或人類學闡釋生物學；死亡清掉空間給新人、新主意、新作為。第五，「死亡也可以被理解成沈默的忠告，即自我不存在的表現。」因此，Gülen 賦予有限的生命在每個葬禮集會中顯而易見的一個社會意義，即彼此的需要。所有事物皆被啟動能量連結，有如所有造化皆連結到「造物者」(the Creator)。最後，

> 從另一個角度思索這個主題。若無死亡，吾人不就住在一個無法解脫的恐怖地獄，有如面對無休息或解脫無止盡的存在？假如時間是無限的，吾人如何能衡量任何人、事物的價值，專注吾人精力，或落實意圖？倘若這種狀況存在，那些現在為無常與死亡哭泣的人也將為永存而哭泣。進一步說，吾人將不會體驗到透過提示與圖像賦予人類新且美心思、再生性消失的創造。當這種穩定、新穎事物全貌不在時，人類的心思又如何能被啟迪、思索超越這世界的，以及維持看得見的世界呢？吾人如何能探求、敬拜這創造提供吾人所有一切的「獨一神」(the One)呢？[18]

---

[18]　Gülen 2006e, pp. 197-202.

　　當然，很少有十五歲的青少年能夠形塑這些理念；但這些理念顯示 Gülen 一生的信仰與現代科學如何反思祖父母的失去，以及許多從那時起的失落。如同西方文化觀察家 Ernest Becker 長久以來所主張的，排斥死亡對信仰者而言不是一個單純的問題。[19] 無神論者與唯物論者已找到足夠的方法去否定脆弱的命運。[20] 當年輕的 Fethullah 明示與其過世祖父母同在的「渴望」時，他明示了任何失去摯愛者所感受到可理解與強烈的至痛。

雙親

　　Gülen 父親名為 Razmi。一張攝於 1960 年代末－1970 年代初的照片顯示他外貌童山濯濯、略乾瘦、眼皮重垂、濃眉大眼，濃密白鬍鬚。他的鼻樑窄長（與 Fethullah 的寬鼻相反）且大耳朵，他面對鏡頭時嘴角微翹，露出微笑。Razmi 與他兒子一樣，是一位 Imam，先在 Korucuk 任職，然後在鄰村短暫地待過，最後在 Erzurum 市。當他於 1974 年 9 月 20 日去世後，Erzurum 市的一座清真寺以他命名紀念之。關於其父，Gülen 回憶道：

> 他生活謹慎，謹守禮拜。他很容易流淚，從未虛擲光陰。當他從田裡回家後，總是腳上穿著鹿皮鞋，閱讀書直到晚餐準備好。家父是一位善用時間，以吉祥豐盛充實生活，同時認為思考很重要。他反對過空虛生活。他是一位渴望成功者，他積極努力自修讀寫。那段時期正是土耳其文化備受忽視，拋棄在荒漠地方（亦即凱末爾強制推行親西方的文化革命）。家父在兩年之內學會阿拉伯文與波斯文（這些語文在當時是被官方禁止的），知識大有精進。他對知識極有興趣，這對我有深遠的影響。一但得知他在那個年代為了求取知識所經歷過的事，就會令我更成熟。[21]

　　回顧那個時代情境。凱末爾 1938 年去世，但他的世俗化政策仍粗魯地持續強制推行。一些特定領域知識，甚至連非土耳其語文，都被視為非法。除了政府所規範，伊斯蘭在公領域是被禁止的。但如同 Gülen 所描述之其父的生

---

[19]　Becker 1997.
[20]　See, for example, Lifton 1976.
[21]　As quoted in Sevindi, op. cit., pp. 2-3.

活，伊斯蘭仍繼續在民間，尤其像 Korucuk 小村莊存在延續，如在以阿拉伯與波斯語文為傳統文化工具的讀書會或集會中更是，那些活動必須小心小心翼翼，以免受到威權政府監控。

　　自 1950 年新政權上台起，如 Razmi Gülen 般的穆斯林也開始在公開場合表現宗教信仰。一些 1925 年被關閉的蘇非道團亦重現，蘇非中心或聚會所開放給人禮拜，有時甚至以觀光景點或博物館名義開放。1950 年代復甦的蘇非道團有 Kadiri、Nekşbendi 與 Mevlevi 道團。[22] 這三個道團在土耳其各地都有中心，且皆對 Fethullah Gülen 的智性發展有重大影響。而對 Gülen 更重要的是一個源自 Said Nursi (1877-1960)教誨的新社群。Nursi 早年接受蘇非思想啟迪，並受教於 Kadiri、Nekşbendi 道團導師，最初積極地支持共和國，但後來對新政權的方向幻滅，並開始批判之。他因此身繫囹圄多年，在獄中完成多本著作，鼓吹穆斯林擁抱現代科學，鼓吹伊斯蘭倫理形塑科學。雖然其著作遭到禁止，但卻在小團體的讀書會中流傳。隨著時間，學術卓越的 Nursi 得到人民肯定，因之被稱為 Bediüzzaman，有時他也被稱為 Üstad（教師）。大批土耳其人追隨他，多數學者皆知所謂「光之運動」(Nur movement)與 Fethullah Gülen 生涯事業的直接關係。[23] 總而言之，若 1950 年代為 Nursi 般的改革家開創造一個開始，那也是實踐伊斯蘭就會被送進土耳其監獄的時代。Fethullah 回憶其父親一生求知識的經歷中看到了迫害。

　　那迫害可以很嚴重，但有時又是微不足道。縣級警察或憲兵可以任意逮捕違反凱末爾主義的嫌疑者。他們搜查戴著傳統 Fez 遮帽而非戴凱末爾所喜愛之西方 Fedora 帽與 top-hat（禮帽）的男人。Fethullah 的小弟 Salih Gülen 記得有一個場合，警察在他父親正要教學時打斷他，他們要 Razmi 拿掉頭巾，指控說：「你仍在遵循那舊時代的宗教嗎？」[24] 另一個廣傳故事也解釋了在 Fethullah Gülen 傳記中一個常態性困擾。[25] 那故事也能描繪一個時代，在那個

---

[22] See "Sufism in Turkey," Harvard Divinity School Religious Literacy Project, at https://rlp.hds.harvard.edu/ faq/sufism-turkey.

[23] See, for example, Findley, "Hizmet among the Most Influential Religious Renewals of Late Ottoman and Modern Turkish History," at https://content.ucpress.edu/chapters/12909,ch01.pdf.

[24] Interview with Salih Gülen, Erzurum, Turkey, August 3, 2015.

[25] https://fgulen.com/tr/fethullah-gulen-kimdir/gulen-hakkinda/fethullah-gulen-hayat-kronolojisi/350

時代，如 Razmi 的虔敬穆斯林必須實踐基本職責，如為他的孩子選擇名字的權利。1938 年，Fethullah 出生後不久，Razmi 去找共和國辦事員登記其子的出生，這是法律規定的。他所選的名字是 Muhammad Fethullah，但那辦事員拒絕登記，因為那名字太過伊斯蘭。Razmi 並沒有向那辦事員力爭而離開。三年後，當另一位兒子誕生時，Razmi 早已被選為村級公務員，也與地方陸軍中士成為朋友。政治學家 Mustafa Gökhan Şahin 解釋：這次 Razmi「帶著其陸軍中士朋友一起到戶政事務所。那中士命令辦事員按照 Razmi 所想要的名字去登記。然而當中士離開後，那登記員依舊只將名字登記為 Fethullah 而沒有穆罕默德，另一個孩子（Razmi 次子）則登記為 Seyfullah（真主之劍）而非其父原先所要的 Sıbgatullah（真主之「色彩」）。這是為何 Gülen 的官方生日是 1941 年 4 月 27 日，比其真正的生日大約晚了三年。[26]

　　所有資料都顯示 Gülen 家族是相當和平的，但這不意謂家族成員間從沒有協商。Hizmet 相關非政府組織的執行長 Alp Aslandoğan 回憶 Gülen 在一次演說中說他記得父母在他童年唯一的不快就是他母親去市場卻沒有告訴 Razmi。一般而言，二十世紀中土耳其鄉家中事務權取決於婦女，但父權在民間仍很盛行。Aslandoğan 也記得 Gülen 曾在一個故事中提到其家族女性如何努力（若非強制執行）維持家庭和諧。有一次當 Razmi 開始表現出對其妻子不滿時，據說 Gülen 的祖母 Munise 告訴她的兒子：「假如你說出一個惡字、責罵或不相信我的女兒，我就不再是你的母親。」根據 Aslandoğan，這個警告反映了一則聖訓（Hadith，先知及其門徒的話）。該則聖訓云：

> 有人來找先知說：「噢！真主的使者，在所有人之中有誰是最值得我好好陪伴的？」先知（願平安降臨於他）答道：「你母親。」那人又說：「然後是誰？」先知又道：「你母親。」那人進一步問：「然後再是誰？」先知說：「還是你母親。」[27]

重點再清楚不過，母親（以及一般婦女）皆值得尊敬。Aslandoğan 為 Gülen

　　2-fgulen-com-1941-1959-Hayat-Kronolijisi.

[26] Şahin, "Turkey and Neo-Ottomanism: Domestic Sources, Dynamics and Foreign Policy," 2010.

[27] Reem, "The Importance of the Mother in Islam," in *Inside Islam: Dialogue and Debates. Challenging Misconceptions, Illuminating Diversity.*

家庭的活力下了結論：「這事件的發生只因一個粗糙字詞的示意。Hodjaeefendi 的家庭成員相敬如賓的，他們互相給予尊嚴。」[28]或如 Gülen 姊 Nurhayat 所講的簡單一句話：「我們是一個快樂的家庭。」[29]

Gülen 的家庭可能一直都是快樂的，且在那個地區備受尊重，但他們並不有錢，生活資源夠，但不多。他們家經常招待其他家族成員與來訪的學者。Razmi 是位道德崇高的學者，在整個 Erzurum 自是名聞遐邇。許多故事記載 Razmi 道德上的自持。例如，有人就記得 Razmi 在放牧時總會將其牲口的嘴巴牢牢綁住，以免牠們在行經 Korucuk 與 Alvar 附近的田地時吃鄰家的穀物或牧草。[30] 身為學者的 Gülen 在一次訪談中回憶其父：

> 儘管生長於一個在貧窮物質匱乏且乾旱的小村落，家父的名聲彷彿他曾受過「王室教養」，他心智機敏，並表現在許多微妙處。家父持續以他曾聽到或創造出來的詼諧話語修飾評論，但我記得他從未逾越那當的紅線，無論表示愛或發怒都維持界線。他對先知門徒極為肯定，並把對他們的愛徐徐地灌注給我與兄弟。[31]

Razmi 在軍營工作，政府指派他帶領禮拜、佈道，以及法定內的教學。他在 Korucuk 服務到 1979 年，時 Fethullah 十一歲。之後，他被指派到鄰村 Alvar 擔任 Imam，那份工作在 1950 年代初突然而止。而在 Çiçekli（另一個在 Pasinler 山谷的村落）短暫地服務後，1956 年 Razmi 被指派到 Erzurum 市擔任 Imam。他在那裡渡過餘生，偶爾會去看他的兒子，這將在適當的時機描述。

Gülen 的母親 Refia 是最近出版的一本傳記中主角。[32] 那本書有一部分在反駁對其血統的誤解，包括說她是猶太人（因此使得傾向於陰謀論者解釋為何她的兒子會與以色列親善，並致力建立穆斯林與猶太人間的橋樑）。事實上，Refia 在 1913 年出生於 Erzurum 省的 Sığırlı 村。她是 Seyid Ahmet 與 Hatice 的么女，其家族與當地淵源已久。Refia 與 Razmi 的婚姻是由他們的家庭所安排，這種傳統在 Erzurum 地區一直延續至今。他們訂親三年後於 1935 年成婚。這

---

28 Interview with Alp Aslandoğan, Clifton, NJ, May 3, 2015.
29 Interview with Nurhayat Gülen, Turgutlu, Turkey, July 25, 2015.
30 See Alptekin, who includes several such accounts.
31 "A Different Home," at http://en.fgulen, com/fethullah-gulen-biography/749-a-different-home.
32 Özdemir, 2014.

對夫妻有十一孩子，八名長大成人，其中六個是男生。Fethullah 是長子，在他之後分別是 Seyfullah/Sıbgatullah(1942-2014)、Mesih（1944 年出生)、Hasbi (1946-2012)、Salih（1949 年出生）及 Kutbettin（1955 年出生），兩位姊妹則是 Nurhayat（1936 年出生)與 Fezilet（1951 年出生）。

　　在一張大約攝於 1980 年代的照片中，Refia Gülen 眼光下垂，編織毛線。Fethullah 遺傳到其母的寬闊鼻樑與額頭。照片中，Refia 包的白頭巾披垂到肩上。她還戴著兩枚戒指，一隻手一枚。在她身後有一個架子上面放著一本上相當破舊的禮拜用小本古蘭經。她的臉佈滿皺紋，雙眉濃密，看起來聚精會神。誠如她的兒子，Refia 對虔信的重視高於政治。她是第一位教導其子禮拜的人，事實上也是其子的第一位古蘭經老師；然而，她的教導並未侷限在家庭裡。Gülen 解釋：「那個時代連閱讀古蘭經都是難事，她卻在那時教導我與村裡的所有婦女古蘭經。」[33] 更清楚地說，Refia Gülen 參與了公民不服從運動。當時是禁止使用阿拉伯語的，她可能會因此被逮入獄，更何況聚集一群婦女共同研習風險會更大。但是信仰遠比不義的政治更重要。

　　眾所皆知，學習古蘭經必涉及誦讀。Refia 在一次訪談中回憶 Fethullah 四歲時開始跟她學習古蘭經，大約一個月內即誦讀完整本古蘭經。大家為他的 first hatim（次完誦）慶祝。Gülen 家庭宴請全村，Gülen 還記得有些賓客告訴他這是他的「結婚日」。不意外地，他記得這番話令他面紅耳赤，還哭了。這當然是一個孩子所能記得的早年回憶。但是當我 2018 年訪問他時，Gülen 鮮明地記得此事。這樣深印腦海的事暗示著 Gülen 很早就已經歷奉獻與公眾認同的拉扯，且終其一生不斷出現。這插曲也明示識字對 Gülen 年輕時重要人士（其雙親）的重大意義。Gülen 記得家中一些書因為經常被翻閱而破舊不堪。[34]

　　Refia Gülen 自然也須承擔身為母親的其他任務。她比 Fethullah 年長兩歲的女兒 Nurhayat Gülen 描述其家族在 1940 年代某一天的情景：

> 家母在清晨三點半或四點時叫醒我與 Hodjaefendi 禮拜。因為要煮飯、打

---

[33] "A Different Home," op. cit.
[34] Ibid.

掃、洗衣，即使時間不多，她還是教我們古蘭經。她非常辛苦地工作，只
要她要求我們做事，我們從不推辭。有時家裡會有二十五個人（我們整個
家族），叔伯、姑姑、孩子，以及四、五位來訪的 Hodja（學者）。Hodjaefendi
不會去玩耍，總是與客人說話討論。他從 Hodja 們瞭解眾先知，伊斯蘭是
如何擴展的。然後，他會來告訴我祖母這些故事，而她每次都會哭出來。
我們會說：「Fethullah 你為什麼要讓她哭成這樣？」他與成人一起去清真
寺。晚上時家母會教我們更多古蘭經，家父則教我們更詳細的課。[35]

簡言之，Refia 一直都很忙，整個 Gülen 家族有如一個由禮拜與學習構成
的有機體。

他的家庭並非全然是為工作存在，也充滿溫馨與情感。2005 年出版的回
憶錄顯示了 Gülen 與其母親相處的一些經驗：

只有我們的母親會擁抱、親吻與撫慰我們，她化解我們的悲傷與沮喪，分
擔我們的憂愁，更希望我們在她那裡吃飯，穿得比她好。當我們溫飽時，
她亦感同身受，她承受難以想像的困難。這一切都是為了我們的快樂與歡
愉，協助我們的身體發展，強化我們的意志，使我們的智識更敏銳且具領
悟力，更讓我們的視野望向後世。她所作所為無論公開或私下，都不期待
回報，這就是我們的母親。[36]

這段情感、母性、知性與靈性上鼓舞的鮮明描述正點出了 Gülen 早年與其
母關係，終其一生與母親很親近。當 Razmi 在 1974 年去世後，Refia 搬到 Izmir，
當時 Fethullah 在那裡講道。那段時間，她的兒子經常去看她；而夏日時，他
也會去 Erzurum 看她。Refia 以聲名漸響的兒子為榮。她活到八十歲， 1993 年
6 月 28 日去世，葬在位於 Izmir 山丘距其子佈道處很近的 Karşıyaka 墓園。
Gülen 最後一次拜訪那裡是在 1999 年離開土耳其之前。

Fethullah 十四、五歲之前皆與家庭核心成員同住，之後搬遷於不同經學院
之間，追隨蘇非導師研習，這段經歷並不長。他的日常家務、餐食、善待客人，
以及與不同導師的對話標記了其年輕歲月；其中一成不變的是禮拜與誦讀古
蘭經文。他離家後旋即成為 Hafiz（背誦整本古蘭經文者），這種背誦技巧部分
是透過音韻學成。換言之，古蘭經文必須用「唱」的，即將文句以押韻的抑揚

---

[35] Interview with Nurhayat Gülen.
[36] Gülen, "A Tribute to Mothers," *The Fountain*, 50(April-June, 2005), online at http://en.fgulen.com/recent-articles/1940-a-tribute-to-mothers.

頓挫、音節轉音的方式背誦。一般人將音樂視為「普世語言」。古蘭經在伊斯蘭超凡的力量部分正是來自此音樂性的普世力量，那是拜儀式中他種音樂性無法提供的。Fethullah Gülen 可謂在研讀古蘭經所伴隨的音樂性、詩歌、知識中成長。這是一種不同於純數學或理性工具的學養。成人的 Gülen 在談論古蘭經文時說：

> 每一個字皆旨在 Latifatu'r-Rabbaniyah（靈性智識或官能），直接覺察心智所無法理解的靈性本體。這些官能包括 Qalb（心靈官能）、Sır（「奧祕」官能，比 Qalb 更微妙的靈性）、Khafi（比 Sır 更微妙的靈性），以及 Akhfa（最微妙的官能）。這些微妙奧義正是古蘭經文字所要表達的實質意義。若文字在奧義間挑起任何矛盾或變異，就是有缺失的。而在保有不同程度的缺陷時，幾乎所有人類的宣告都有此種缺陷；然而古蘭經是完全超然，沒有這些缺陷的。[37]

　　這對許多科學理性養成者而言是相當難以理解的。一個簡單不足的解釋是古蘭經文的真理就像音樂真義，這也是 Gülen 早期從家庭學到的真理。

　　漫溢在 Gülen 家庭中的音樂調不僅古蘭經吟誦，Nurhayat 還記得她母親很少唱歌，「因為她不想寵壞我們」。這說明了其家族所認知的美好音樂價值。但 Nurhayat 的確記得她曾與 Fethullah 及其弟 Sıbgatullah 一起唱 A Song of the Food（食物之歌）。這首簡短的押韻歌教導小孩慶祝豐收時各種食物的名稱，從麵包到番茄都有。我 2015 年拜訪 Nurhayat 時，她唱這首歌給我聽；而 Fethullah 也在我 2018 年訪問他時逐字唸給我聽。當我聽到 Nurhayat 以其年邁的聲音唱那旋律，以及她回憶小女孩時曾與其弟一起唱歌情況，我們兩人都哭了。Fethullah 在我們回憶那首歌以及他姊姊與去世的弟弟時，他也熱淚盈眶。

　　儘管那首歌在慶豐收，但實際上 Gülen 家裡的晚餐盤子卻可能是空空的。Nurhayat 說沒有人可以挑食。當談到唱歌時，Nurhayat 說她與 Fethullah 的聲音相當合。她還記得 Fethullah 曾在 Sıbgatullah 試著加入他與其姐的歌唱時對他說：「你的聲音與我們的不合。」[38] 這只是兄弟間的玩笑，或許 Sıbgatullah 真的不會唱歌，也可能 Fethullah 標準高。但這裡強調的是經由多重媒介與不

---

[37] Gülen, 2014d, p. xix.
[38] Interview with Nurhayat Gülen.

同世代，年輕的 Fethullah 理解到快樂家庭中的學習。相反地，他所受的正規學校教育似乎沒有使他具備爾後有益的生活技能。唯有當他離開 Erzurum 時，他才瞭解自己所承繼自父母的有多深厚，他所受地區性教導的世界觀卻又那麼偏限。究竟有何益處源自 Erzurum 呢？！

從萬物學習

　　Fethullah Gülen 所受的正規世俗教育只維持到四年級，然而這段歲月中的一些故事有助於瞭解 Gülen 人格特質的形塑如何開始。Belma Sönmez Özbatur 是其小學老師。她從 1948 年開始在 Korucuk 的公立學校教書，當時她二十歲。她記得 Fethullah 她第一個班級的學生。當她在 11 月到達 Korucuk 時，正下著大雪，她幾乎無法從馬路上看到村裡的屋子。然後，開學時她找不到學生，全都躲在一間伊斯蘭學校。共和國那時已開始強迫學校推行世俗教育。村民很難接受這種統治。Belma 回憶那時村子「非常可憐」。沒有一個學生有制服，甚至連一套可以穿去上學的衣服都沒有。他們每個人的頭髮都是又長又亂。她記得領到第一張薪水支票後所做的事，就是付錢請理髮師替那些男孩們理髮。[39]

　　Belma 對她最有名的學生記憶鮮明。她在 2006 年錄下來的訪談中回憶他：

> Fethullah Gülen 是一位與眾不同的學生。他很用功，彬彬有禮，是一位視野長遠的孩子。對我們來說，成為一名軍官意謂必須具備國族與兄弟義氣的情操。Fethullah 具有這種強烈情操，是我希望他可以成為軍官的理由。村莊人民曾經目睹俄羅斯戰爭，軍人把老人們送到房間提供手電筒照亮。我曾聽聞過這些事件，因此 Korucuk 人對（土耳其）士兵具有熱忱、喜愛與敬意。
>
> 他遠遠地注視與微笑，快樂時很少大笑，不像其他學生愛喧鬧。他坐在後方的窗邊。但也會加入我們的運動與體育。他不會匆促投入一件事；而在觀察後做決定執行。
>
> 他很魁梧，臉色蒼白。他會看著我的眼睛。他四年級尚未讀完就必須離開，因為他父親被邀請至 Alvar 當 Imam。他父親與全家人都是宗教研究有自

---

[39] "Fethullah Gülen Hodjaefendi's Primary School Years ass Narrated by Himself and His Teacher, Belma," *Zaman*, 24 November 2006. See also "Belma Özbatur Anlatıyor," November 23, 2006.

學能力者。

> 有一天他來拜訪我，以 my teacher 稱呼我。我對他說：「Fethullah，你為何不回來？完成你的課業吧！」我知道他家人必須離開，但我想繼續教他。[40]

那位老師以其學生為榮，很早就看出他的能力，甚至預測他可能會成為軍官，世俗化土耳其人最高的讚譽。他是位有禮貌的男孩，但 Belma 記得有一次他涉入一場學生爭執，她「輕輕地拉了他的耳朵」，然後詫異地說：「你也會這樣嗎？Fethullah，我不想再看到你這麼做！」[41] 而且她再也沒看到。

當 Gülen 十一歲時（1949 年），他家搬到 Korucuk 八哩外的另一個村莊 Alvar，Razmi 被指派到那裡擔任 Imam。Gülen 回憶這段時間：「當家父在 Alvar 當 Imam 時，我跟隨 Hasankale 區的 Hacı Sıdıkı Efendi 學會誦讀古蘭經的正確發音與音韻。我在 Hasankale 沒地方住，必須往返這條七、八公里（四英哩）的路。」[42] 許多大人都還記得這段童年時期的艱困，上下坡步行數哩到學校，無論下雪天或酷暑都得風雨無阻。Fethullah 肯定也曾在一些步行中掙扎前進；但他在家人住在 Alvar 的短短三年中明顯地長高了。這段期間他做了第一次佈道。以下是 Murat Alptekin 的記載：

> 在齋戒月的一個晚上，他父親本來要在晚餐後講道。Fethullah 是很早就到達清真寺的其中一人。會眾們才剛聚集，Kazım Efendi 注視著 Gülen，他是一位以精神特質深受 Alvar 聞人們敬愛的人。他們的目光交會。Kazım Efendi 先生起身，在眾人驚訝的注視下，拿著 Razmi 的頭巾與長袍放在那男孩的身上，Gülen 亦感驚異。要在這麼多人前面講道對他而言，實在太年輕了。然而，當講道開始時，那些無法理解 Kazım Efendi 為何要將那年僅十四歲的男孩推上講台的群眾，開始驚奇地凝神聆聽。主題是一回事，但解釋那主題的人又是另一回事。一位十四歲男孩的講道抓住了群眾的心，有些人深受講台上傳來的聲音感動。[43]

在此，可見到一種蘇非聖者傳的描述。有些細節可能被誇大了，因為追隨

---

[40] Ibid.
[41] Alptekin, p. 8.
[42] "Years of Education," Fethullah Gülen, at http://fgulen.com/en/home/1304-fgulen-com-english/fethullah-gulen-life/biography/24652-years-of-education.
[43] Alptekin, p. 11.

者將對其導師日後講道時一定會出現的反應置入這件發生在鄉村事件中。

　　但 Fethullah 的姊姊 Nurhayat 也記得的第一次講道是在 Alvar，可能是 1952 年（Gülen 時年十四歲）晚春或夏初（那年的齋月是從 5 月 25 日到 6 月 24 日）。Nurhayat 回憶說：「他的第一次講道是在 Alvar，那是齋戒月某晚的 Tarawih 禮拜時，Fethullah Gülen 在禮拜結束後講道。婦女一般不會去清真寺，我們父親不准我們去，但我偷偷去了。那是我第一次聽他講道。」我問 Nurhayat 是否還記得 Fethullah 當晚說什麼，她答道：

> 我們確實不知道 Hodjaefendi 要去佈道。我曾更在夢裡有一個跡象。通常在大淺盤上揉麵糰時，會在一會兒後把麵糰倒扣出來；而在這個夢裡，我揉麵糰倒扣時，看到太陽在麵糰下！我驚醒後後去找家父。當時 Sıbgatullah 在我旁邊。我告訴家父這個夢。他說：「這個家將會出一位 Alim（大學者），他教導人們為今世與後世行善。」Sıbgatullah 說：「那將是我！」即使我做過這個夢，也只記得那時聽到 Hodjaefendi 的聲音，從清真寺樓上窗戶看到他。[44]

　　對某些人而言，這種介於虛構、幻想、神學以及歷史間的敍述會很快地再失去焦距。但 Fethullah Gülen 的佈道家事業確是從 Alvar 展開的。

　　至少根據一個記載，其實發生在 Fethullah 早年佈道之後的事並非那麼平和。我們不完全確定是何情勢導致其家庭離開 Alvar。在其官方網站的傳記中，Gülen 只說：「家父必須離開 Alvar。在 Artuzu 住一段時間後，定居在 Erzurum 市。」[45] 這段簡短的記載暗示了他們遭到麻煩。Razmi 必須離開 Alvar 的原因不明，相關資料也矛盾。是否年輕的 Fethullah 在講道時冒犯了一些當地人士呢？是他說了什麼嗎？是 Alvar 某些人妒忌 Gülen 家庭嗎？或是 Fethullah 那麼年輕卻道貌岸然所致？所有原因皆可在歷史資料中找到些回響，資料就是太少。不過一般觀點比細節更重要：一次爭議經驗使年輕的 Gülen 所做突發式之首次佈道更加多彩多姿，而那也不會是他最後的一次。

---

44 Interview with Nurhayat Gülen.
45 "Years of Education," op. cit.

Alvar

在 Alvar，Hodjaefendi 受教於當地教師 Imam Muhammad Lütfi，研習伊斯蘭的 Sufism（靈性思想）。其思想影響 Gülen 深遠。Gülen 說 Lütfi 是一道「純潔泉源」。[46] 他出身於一個烜赫家庭，是先知後裔。如同其父 Hüseyin Kındığı Efendi 與兄弟 Vehbi Efendi，被公認為 Sufi Shaykh（蘇非大師）。已成年的 Gülen（當時已失去數位親兄弟）記得這位 Alvar 的 Imam（當時已很有名）在他兄弟去世時，寫了一組簡短對句：「我遠離了美好的事物，而今只能為這份渴求哀泣。」[47] 言簡意賅地哀悼失去的手足。下一章將更完整地描述 Lütfi 所帶領的禮拜儀式，即 Zikr（circles of remembrance 唸記）。Gülen 認知到 Naşibendi 與 Kadiri 這兩個蘇非道團啟發了 Lütfi，使得他堅定立於延續幾百年的傳統中。熱愛先知是 Lütfi 傳給 Gülen 的特有教誨之一，如同他以下的詩：

> 噢，神聖見證者！噢，美化宇宙的「太陽」！
>
> 您的衣服充滿音韻，您的眉毛如此美好，
>
> 您的一根髮絲比整個世界都可親，
>
> 您的頭髮散播著今後兩世的純潔芬芳。[48]

這種誇示顯示了蘇非主義的表達方式，在其公共儀式與特殊地方、先知遺物的連結引起世俗主義者與更嚴肅看待禮拜者的疑惑。Gülen 解釋 Lütfi 經常在其出席的場合中唸誦讚美先知的頌詞；他會令在場的所有人突然進入忘我。有時他會以這樣的方式哀悼，當他誦唸以下詩句時，他的聲音會上昇至一個高的音頻，而其所在之處迴盪著敬畏神之情，圈子內每個人都會搖晃：[49]

> 此心是如此愛祢，噢愛人啊；為何呢？
>
> 祢的美有如白天明亮；為何呢？
>
> 祢的眉毛如同接近真主的「兩弓距離」，

---

[46] "A Brother of Spirituality: Mahammad Lütfi Efendi, the Imam of Alvar," M. Fethullah Gülen 2014c p. 189.

[47] Ibid., p. 190.

[48] Ibid., p. 192.

[49] Ibid.

祢的臉帶我們的心智朝向〈至仁之主〉章：為何呢？[50]

　　Gülen 回憶此對句清楚地表現密契主義所屬的邏輯與誇示。重點是青少年 Gülen 的學習剛好是發生在蘇非道上，透過經由不斷地學習禮拜與正式研習而認識蘇非主義。同樣地，我們將在第二章對這些儀式與 Lütfi 詳加討論。

　　但在此還是得提及兩則關於 Lütfi 影響青少年 Gülen 的故事。第一則故事 Gülen 講述如下：

> 我那時十四、五歲，有一位真心喜愛的朋友。有一天他說：「有些學習中心在伊斯坦堡，在那裡受六個月的教育就能拿到證書，就有資格宣教佈道。」[51] 朋友的話說服了我。我收拾東西，沒問過我的 Imam 老師就與那位朋友一同往火車站去。[52]

　　對 Gülen 幸運的是另一位朋友已事先警告 Fethullah 父親其子要搬去伊斯坦堡的魯莽計劃。Razmi 叫一位表哥去火車站攔截 Fethullah。接著，Fethullah 很快地見到 Lütfi。Gülen 回憶道：「我從未看過他如此生氣。他說：『我向真主發誓，如果你離開，你就毀了！』他的話到現在還在我耳邊迴響。」Gülen 那時對於 Imam 強烈的反應感到困惑。他真得認為 Fethullah 會毀掉嗎？伊斯坦堡是大地方，年輕人很容易迷失；還是有更深的含義：是否 Imam 認為 Fethullah 的前途必須在 Alvar 與 Erzurum 打拼，太快離開會打斷他的命運？然而，Gülen 最後明白他被保護在 Lütfi 精神羽翼下是一種幸運。[53]

　　另一則故事更短，但同樣意義深長，暗示其導師教導充滿如何避免衝突的智慧。根據一部 Lütfi 的傳記，有一個人在主麻禮拜時看起來醉醺醺，因而引起議論紛紛。然而 Lütfi 並未責備意識不清的弟兄，但也未讓他卸責。他將人們的注意力從這醜事上轉到自省，在聚禮中坦承「此人因醉而犯罪。」接著說：「假如我們之間所有人所犯的罪是酗酒，那麼檢視清真寺裡的每個人是否清

---

[50] Ibid.

[51] https://fgulen.com/tr/fethullah-gulenin-butun-eserleri/kirik-testi-serisi/mefkure-yoculugu/35502-fethullah-gulen-bir-gonul-mimari-alvarli-efe-hazretleri.

[52] "A Builder of Spirituality: Mahammad Lütfi Efendi, the Imam of Alvar," M. Fethullah Gülen 2014c, p. 189.

[53] Ibid., pp. 194-5.

醒的。」[54] Imam 可能以耶穌之例解釋：只有無罪者才能扔出第一塊道德教誨的石頭。Lütfi 卒於 1956 年，Gülen 那時還年輕。但我們將再提到他，因為其蘇非思想影響力持續在 Gülen 的生命與工作中運作。

Gülen 自 1953 年即開始在 Erzurum 市研習，那是他第一次離開雙親生活。在一次訪談中，他生動地回憶抵達 Erzurum 市的那一刻，以及其年輕歲月中的一些情況：

> Sadi Bey（Bey 是尊稱，類似英文的 Mister)是 Lütfi 之孫，大約二十歲的青年，任教於 Erzurum 市的 Kurşunlu 清真寺學校裡。這是一間木製天花板的小學校。五、六個人擠在一個僅有兩張地毯面積大小的空間。家父第一次把我留在那裡。我雙臂抱著一個小箱子，那是我全部的所有物。

> 我們有個瓦斯爐，通常在我們睡覺的地方準備與用晚餐。有需要時，一有機會就去 Kırık Çeşme Baths 澡堂。他們會給窮學生票卷。一些有錢的學生也會替他們付錢。當沒有票卷時，就會變得很辛苦。[55]

不難想像五、六個青少年在這種條件下共用一間小房間是有多辛苦。

Gülen 父親從其 Imam 薪水中給他一些適度的零用錢；但不太夠。Gülen 輕描淡寫地說：「我們真得很窮，有時幾天都無法找到像麵包和乳酪的基本食物。」Gülen 記得一件特別困難的事：

> 當我們飢腸轆轆時，就去蘇非修道會所，三、四個學生一起，蘇非會所後面有一間小的食物儲藏間。我們從木牆的縫隙間看到裡面有西瓜。Imam 在裡面禮拜。不久後，門開了，他說：「進來吧，男孩們，我切一塊西瓜給你們。」

這就是那位 Alvar 的 Imam，當時也住在 Erzurum 市。Gülen 說他是「一位靈性深不可測的人物，而且替他人著想。他的心能感知內隱真理」。1956 年那位 Imam 過世時，Gülen 與送葬隊伍從 Erzurum 市到 Alvar 將其摯愛的 Shaykh 埋葬，那時是仲冬。Gülen 說：「我雖無法完全受益於他，但感謝我『主』，讓我認識他的恩典。」[56]

儘管經常挨餓與各種困境，Gülen 卻養成講究的習慣，而且人盡皆知。他

---

[54] Interview with Alp Aslandoğan, March 9, 2017.
[55] Erdoğan 1997, as cited by Sevindi 2008, p. 17.
[56] Gülen 2014c, pp. 195-6.

回憶：「我經常注意衣著。」「那些日子我裡經常穿著乾淨且有點奢華的衣服。我經常幾天挨餓，但沒有人曾經看到我穿沒燙好的褲子或沒擦亮的皮鞋。當我找不到熨斗時，我總是將褲子壓在床下，重量會使它看似燙過一般。」Fethullah因為這個行為而受其同儕的排擠。他記得有位學生的穿著習慣跟從各地學者那種邋遢的樣子，他對 Gülen 說：「朋友，你能不更宗教一點嗎？」Gülen 感到驚奇。這種說教未免太偏激了。伊斯蘭與個人的穿著風格有關嗎？「我還是不瞭解穿著燙好的褲子與宗教性之間有何關連。」Hodjaefendi 幾年後如此說。[57] 伊斯蘭與道德瑣碎、熨燙衣服無關。

　　直至 1959 年前，他在 Erzurum 期間都在不同清真寺學校跟隨不同的老師研習，包括知名的 Osman Bektaş。其中一些學校鄰近 Kemhan 與 Taşmescit 清真寺。他不只待在學校裡，也會到朋友或朋友的大家庭房間住宿。他一度住在 Erzurum 市的 Muratpaşa 清真寺與 Ahmediye 經學院(Madrasa)。

　　一般而言，儘管大家都知道大部分都是地下未經許可的，所有經學院的課程皆重視古典阿拉伯文法與神學領域。年輕男生（男女分校）每日花幾小時在字義(Lugat)、修辭學(Belagat)、邏輯學(Mantık)、辯證神學(Kelam)、古蘭經詮釋(Tefsir/Tafsir)、伊斯蘭法學(Fikh/Fiqh)，以及法學與神學方法論(Usul)。Fethullah 非常出眾，他在幾個月內便熟習與（或）能背誦古典文法書，如 *Emsile*/*Amthila*、*Bina*、*Maksud*/*Maqsud*，以及 *Izhar*。[58] Gülen 在 Erzurum 期間，有一位名為 Hatem Bilgili 的同學，Gülen 五歲時就已認識他。他記得 Gülen 具有過目不忘的記憶力(photographic memory)。Bilgili 又說：「他不是一般的學生，我們要花五到十小時學一課，Hodjaefendi 卻在五到十分鐘就能掌握。」Bilgili 選了一本書向我們說明 Gülen 的閱讀方式。他打開書，以手指點著每行字滑過去，然後到下一頁，然後再下一頁，下一頁，就這樣一頁頁翻過去。當他的目光掃過那些文字時，那些資料也已被掃瞄進他腦子裡，然後他再繼續往下看。我問：「所以他會速讀？」。Bilgili 答道：「是的！」。Bilgili 也強調他與 Fethullah 及其他學生都是在警察的監視下學習。他說：「寫與讀古蘭經都是非

---

[57] Ibid.
[58] "Fethullah Gülen's Life Chronology: 1941-1993," Fethullah Gülen, at https://fgulen.com/en/fethullah-gulens-life/about-fethullah-gulen/life-chronology/24903-1941-1993.

法的，我們必須把書藏起來。我祖父大部分書都在井裡腐爛掉了，因為那是他們的藏書所；即使在學校，我們還是需要藏書，藏在火爐、地下。」[59] 同樣地，Gülen 年輕時是否具過目不忘的記憶力已難證實；但他是一位出類拔萃學生的事實同樣難以挑戰。他的能力從此廣受認同。他開始旅行到其他清真寺演講，與見同事們。此種巡迴演講在齋月時尤其常見。1957 年，十九歲的 Fethullah 旅行到 Amasya、Tokat 與 Sivas 等城市演講。這些小城位於 Erzurum 西北方通往首都安卡拉的路線上。Fethullah 的世界從此開展，而且是全然的伊斯蘭世界，Gülen 正身處其中受訓。

　　如同基督教傳教士必須接受聖經詮釋、教會歷史與系統性神學的訓練，Gülen 也必須在經學院教育中面對古典伊斯蘭訓練與那些思想家。有些大的影響力值得在此一提，其他較細節部分則留到之後章節，於適當轉接時呈現。大致上，Gülen 的宗教訓練屬於順尼伊斯蘭(Sunni Islam)的 Hanafi 法學派。眾所皆知，穆斯林分成兩個主要「教派」：順尼(80-90%)與什葉(10-20%)；而順尼派本身有四個法學派，即 Hanbali、Maliki、Shafi'i 與 Hanafi。不像基督宗教，伊斯蘭教派與學派並未體制化，亦即較不是國家性的機構。有些學派適切地成為特殊政權標誌，如小眾的 Hanbali 派與沙烏地阿拉伯政權關係緊密；而學派中又有區別，如 Hanbali 派中又有 Salafi 或 Wahhabi 群體，這兩個有時會混用，皆以嚴格與反西方而遭污名。無論如何，這裡並非強調 Gülen 所受的教育將他形塑成 Hanafi 法學者，而是要表達一個嚴肅概念：他不是 Hanbali 學家，既不是 Salafi，也非 Wahhabi。

　　更清楚地說，Gülen 所受的 Hanafi 學派訓練乃是最大多數順尼穆斯林所共有的思想學派。Razmi Gülen 是 Hanafi，Alvar 的 Imam 也是，Rumi 更是。而我們早已注意到，爾後也會再看到它對 Gülen 的重要性。Abu'l Husain al-Quduri（卒於 1037 年）、大學者 Imam Rabbani（卒於 1624 年）與 Khalid-i Baghdadi (1779-1827)也都是。這些卓越的 Hanafi 學者的著作皆能顯示 Gülen 的思想。[60] 正如基督新教神學家會引用天主教或東正教的資料，Gülen 也透過

---

59 Interview with Hatem Bilgili, Erzurum, Turkey, August 3, 2015.
60 Gülen 不但引用這些人物，他也持續與其學生一同研究他們。關於 Gülen 所研讀的那些著作

許多古典思想家吸取知識養分，如 Abu al-Hassan Kharaqani（卒於 1033 年）
與 Abu Hamid al-Ghazali（卒於 1111 年）。Kharaqani 與 al-Ghazali 都是 Shafi'i
法學家，al-Ghazali 更是中世紀伊斯蘭最重要的神學家。[61] 簡言之，Gülen 研
究所有古典學派思想，但他專注於 Hanafi 法學。

　　若想深入探討 Gülen 早期訓練的影響，則必須研究歐斯曼帝國瓦解後穆
斯林社群的變化。歐斯曼帝國即使不平衡卻有效地地統治大部分穆斯林世界
已幾百年。一旦歐斯曼人不在了，國族主義者或其他政權（如君王政治）便掌
控權力，或是被歐洲殖民勢力強加統治。但隨著政治變動，神學家必得省思一
統的伊斯蘭帝國不復在時，伊斯蘭該如何發展。在各式各樣的人與環境中，有
兩股廣泛的思潮相互融合或背離。如我們在〈引言〉中所提，第一個廣泛的解
決途徑就是「政治伊斯蘭」（又稱「伊斯蘭主義」）。鼓吹此途徑者追尋在政府
主導下「由上而下」建立政教合一的伊斯蘭國家。第二種主張「公民伊斯蘭」
(Civil Islam)途徑者則授予世俗化政府或國族主義之合法性，努力推動「從下
而上」（如透過教育）更新改革穆斯林社會。[62] Gülen 曾深入研究政治伊斯蘭，
並對少數案例表示同情。成立於 1928 年的埃及 Muslim Brotherhood（穆斯林
兄弟會）即是明例。兄弟會起初是由一位小學教師 Hasan al-Banna 所籌組的青
年會。之後，積極政黨化，結合社會服務如設醫院、基金會與募捐組織。Gülen
畢生所鼓吹的就是去除社群政黨化而強調社會服務。[63] 兄弟會中，Sayyid Qutb
(1906-1966)的理念極具影響力。Gülen 研究了 Qutb 的古蘭經詮釋 *Fi Zilal al-
Qur'an* (In the Shade of the Qur'an 古蘭經的庇蔭下）與 *Ma'alim fi al-Tariq*
（Milestones 里程碑）。後者強調 Shari'ah（伊斯蘭法）在建構健全穆斯林社會
中所扮演的政治角色。Qutb 也曾因被控謀害埃及納瑟總統(Gamal Abdel Nasser,
1918-1970)入獄十年，最後被判絞刑。Gülen 對 Qutb 的古蘭經詮釋頗有共鳴，

之另一個綜論，參見"Fethullah Gülen as an Islamic Scholar," Gülen Movement, at http://www.
gulenmovement.com/fethullah-gulen/fethullah-gulen-as-an-islamic-scholar.

[61] There is wonderful English-language site on Ghazali, at https://www.ghazali.org/.

[62] 「公民伊斯蘭」的途徑，參見 Hefner 2000。至於「伊斯蘭主義」與「公民伊斯蘭」之間的不
同，以下連結有助於快速獲得非學術性的概觀："Civil Islam versus Political Islam in Two
Minutes," at https://www.youtube.com/watch?v=PKLD0NJQKJA。

[63] On the Brotherhood, see the poorly timed but still good on the early history work by Wickham 2015.

但卻不認同與其政治立場，譴責他擁抱暴力。Qutb 本身也吸取了 Gülen 早年教育中即已熟悉的思想家—Ibn Taymiyyah（卒於 1328 年）的理念。Ibn Taymiyyah 是十三世紀法學家，其思想影響 Salafist（原教旨主義者）甚大，且為沙烏地阿拉伯政教合一政權提供神學的合法性，這在中東（或之外的地區）廣受仿效。同樣地，Gülen 也研讀曾在英屬印度地區 Abul Ala Maududi (1903-1979)的著作。Maududi 成立了 Jamaat-e Islami（伊斯蘭協會），一個具國際指標性的亞洲穆斯林團體，對巴基斯坦在 1956 年的建立伊斯蘭共和國有舉足輕重影響。以上約略地檢視 Gülen 早期教育中所潛在政治伊斯蘭的影響；而 Gülen 當然清楚土耳其鄰國伊朗當時的動盪導致了 1979 年革命推翻世俗腐敗政權，建立了「伊朗伊斯蘭共和國」。Gülen 對這些潮流瞭若指掌，也明示了其個人觀點。

　　事實上，Gülen 始終與政治伊斯蘭保持距離，成為全球鼓吹公民伊斯蘭的領導性喉舌。Gülen 以其數十年磨練的批判眼光反思，他漸漸發現經學院中的訓練是有侷限性的。一如以往，他轉向了形上學與神學，而非政治，他說：「我無法完全瞭解之前的經學院制度以修辭學原則之名所研究的特定事物，以及它們的益處為何？我們被灌輸太多東西了！它們或許有助於辯證推理，卻無助於建立現代思維方法。我早就注意到經學院沒有現代理論依據、數學基礎或至少是邏輯。」結果是：

> 經學院疏遠了自然科學與研究，儘管古蘭經與先知行誼中有教導，然而真主說：「我將在四方與他們自身中把我許多的跡象昭示他們。」（古蘭經 41:53），但我們幾乎看不到與自然本質有關之研究、測驗與參與。我們雖然讀古蘭經文，但卻把自然之書擺在一旁。於是社會中出現衝突，心智與心靈分離。結果，我們把宇宙之書擺一邊，把古蘭經擺在另一邊。[64]

　　試圖將心智與靈性合而為一，同時學習、研讀宇宙之書與古蘭經，此即為 Gülen 生命的標誌，最後也成為全球 Hizmet 運動的特徵。

　　至於政治伊斯蘭，Gülen 採取不同的途徑，他接受世俗政府，配合法律，支持民主。當他被問及人們假設他有「政治」目的時，他回顧了 2016 年的發

---

[64] Can 1996, pp. 71-89, as cited by Enes Ergene 2008, pp. 121-23.

展：

> 我在來美國前當了近三十年的佈道者，在此定居後，我朋友還持續出版我的演說。以我的文章與演說為基礎的書超過七十本。很自然地，土耳其政府裡一定有人願分享我的觀點，但也有人不領情。
>
> 我一直教導人要以合乎道德地依法行事。若有人看我的著作卻行不義或違法之事，或如果他們不遵守其長官的法規、命令，那就是違背我的教導，我完全支持他們的被調查並面對後果。
>
> 若無歧視，政府機關會反映社會的多元性。土耳其政府機關裡各式各樣政治、宗教背景的人都有，如國族主義者、新國族主義者、Maoist（毛澤東主義者）、Kemalist（凱末爾主義者）、Alevi（什葉派的一支）、左派、蘇非道團認同者等。數十年來，這些群體的身份無一是透明的，凱末爾主義者除外，因為政治利益與歧視所導致。
>
> 只要每位在政府機關服務的土耳其公民依法行事，憲法皆賦予他權利。無憑據地指控任何人有惡毒的目就是抹黑。假如人們因畏懼報復而害怕顯示其身份，那就是政權有問題，而不是他們。
>
> 就我論述的關注，我從未鼓吹土耳其政權的替換。反之，二十二年前，即1994 年，我曾公開說過土耳其或世界其他地方都不會走民主倒退之路。這既是一種預測，也是對民主的承諾。[65]

如同在很多地方所見，Gülen 對民主的承諾是一直不變的；而他始終承諾要世俗教育結合公民伊斯蘭的實踐。無論如何，Gülen 在 Erzurum 期間重拾在 Korucu 跟隨 Belma 所中斷的學習。最後，他將通過外在的考驗，證明能學好土耳其中等教育的世俗課程。[66]

Risale-i Nur (Treatise of Light)

Gülen 致力結合「心智」與「靈性」的學習用以鼓吹公民伊斯蘭。若真有許多資料促成他此觀點的形成，那麼沒有任何資料比 Said Nursi 的 *Risale-i Nur Külliyati* 來得確切，儘管那份資料有六千頁。[67] Nursi 是一位複雜且有趣的人

---

[65] Nahal Toosi, "Verbatim: Fethullah Gülen, "I Don't Have Any Regrets," *Politico*, September 9, 2016.
[66] Çetin 2010, p. 23.
[67] Conveniently, as of 2017, the entire *Risale-i Nur* collection was available in English translation to

物。他是庫德人，是蘇非神智學家(Sufi theosopher)，也是伊斯蘭改革者。他曾在第一次世界大戰時對抗俄羅斯軍隊，支持反抗入侵的英軍。當凱末爾得權時，Nursi 最初是支持他的，但他漸漸發覺世俗主義新政權的無情，便開始批判。他因批判而「大半輩子都在流亡或監牢裡」（據一位史學家所言）。儘管如此，Nursi 與年輕的 Gülen 一樣，並非只是反對世俗主義的伊斯蘭主義份子。他也「批評傳統的伊斯蘭知識」。他在流亡時完成巨著 *Risale-i Nur Külliyati* 的大部分內容。該書是古蘭經詮釋，「尋求證明科學、理性主義與宗教信仰是平行不悖的。」更完整的說是：

> Nursi 想保護人民免於不信，使經學院的人遠離狂熱主義。簡言之，其著作有三個相關聯目標：1-提升穆斯林的宗教意識（自我轉變極為重要）。2-駁斥蔚為主流之知識份子唯物論與實證論的論述。3-藉由修正社會的共同語法恢復集體記憶—伊斯蘭。這個信仰運動透過強調知識力、自由，以及倡議建立穆斯林個人與社群之穩定，以強化公共生活。[68]

Fethullah Gülen 所啟發的 Hizmet 運動也將實現非常類似的目標。

年輕的 Gülen 第一次聽到 Nursi 是在何時並不清楚。有個知名的故事是他還在 Erzurum 市當學生時，可能是 1956 年，一位學生 Mehmet Kırkıncı 邀請他去聽 Nursi 門生 Muzaffer Arslan 的演講。[69] Gülen 很喜歡他所聽到的，於是 Gülen 開始積極地閱讀 Nursi 著作，並繼續聽 Nursi 另一位門生到該區時的演講。這故事並非像聽起來的那麼簡單。政府認為 Nursi 是直言無諱的穆斯林，又是庫德人罪犯。他的書以法律所禁止的阿拉文寫成，這在那時是非法的。史學家 M. Hakan Yavuz 解釋說：

> 因為政府禁止人們閱讀與討論其著作，故人們便將其經註抄寫成許多複本，再透過一個被稱作 Nur Postacıları（光之信差）的秘密網絡廣為流傳。此秘密網絡後來變成 textual communities（文本社群），即後來 Dershane 的基礎，成為土耳其公民社會的種子之一。追隨者為他的著作複製更多文本，

---

download, here: http://www.nur.gen.tr/en.html.

[68] Yavuz, "Islam in the Public Sphere," Yavuz and John L. Esposito (2003), pp. 4-5. The embedded quote from Nursi comes from *Risale-i Nur Külliyatı*. Vol. 2 (Istanbul: Nesil, 1996), p. 1956.

[69] Alptekin, p. 17.

並在整個安納托利亞流通。[70]

　　若說土耳其的公民伊斯蘭即濫觴於「書屋」一點也不為過。據 Yavuz 說法，它們是土耳其伊斯蘭內部「從口語文化轉變成印刷文化的一部分」。隨著媒體在二十世紀末、二十一世紀初急速發展，這種轉變是複雜而迅速的。總而言之，很難高估 Nursi 對 Gülen 及 Hizmet 運動的影響力。

Edirne

　　1958 年 Fethullah Gülen 正式完成神學教育，取得傳統伊斯蘭 Ijaza（教書文憑），[71] 使他之後成為激極的演講家。如他所憶：「家父當然想要我離開 Erzurum，家母卻總是反對。但最後家父佔了上風。後來家母也同意後，他們決定我應該去 Edirne。Edirne 有 Hüseyin Top Hodja。他是我們（母親家族）的親戚。」[72] Top 幫助 Gülen 在 Edirne 教書，不久很快拿到佈道證書。爾後七年，Gülen 斷斷續續波折起伏地在 Edirne 地區發展，成為優秀教師與佈道家，聲名卓越，終於激發了全球運動。

　　1958 年的 Edirne 是一個約有七萬五千人口的城市，位於土耳其西北角，其南邊與北邊離希臘與保加利亞邊界很近，有古老的歷史，是一個經常出現爭議的城市。此地名源自一位征服者，即第二世紀時的羅馬皇帝 Hadrian，土耳其文的 Edirne 是 Hadrian 的轉音。1363–1453 年將近百年的時間，是歐斯曼帝國重兵防禦的城市。而在 1912–1913 年的巴爾幹戰爭(Balkan Wars)中，Edirne 的歐斯曼軍隊受到重創，幾千名士兵遭到俘虜，被囚禁在嚴寒與貧乏中，死了很多人。倖存者在將近一年的囚禁後才被 Enver Paşa（卒於 1922 年 Young Türks 土耳其青年黨的一員）解放，其中包括 Gülen 的一位伯父 Şükrü Paşa。Enver 負責第一次世界大戰中與德國的結盟，也是當時殘酷反亞美尼亞人重要成員。直到 1922 年，土耳其人才永久地改造 Edirne，但那場殘暴囚禁與敗戰回憶仍飄浮在空氣中。因此在 Edrine 的 Sarayiçi 區山丘上找到巴爾幹戰爭的紀念碑

---

[70]　Yavuz, p. 8.
[71]　Çetin, p. 23, citing Erdoğan, pp. 29-49.
[72]　Sevindi, p. 18.

並不令人驚訝，那是土耳其版的無名塚。然而，儘管 Edirne 背景交織著戰爭史，只要在巴爾幹戰爭紀念碑處烏瞰 Edirne 天際線，就會發現那是一個清真寺之城。

在 Edirne 內喚拜塔聳立的諸多清真寺中，最著名者無疑是 Selimiye。這座不尋常的建築物是知名建築師 Sinan（卒於 1588 年）設計的，1575 年完工，其中央拱頂比伊斯坦堡聖索菲亞清真寺的更高更寬，它是歐斯曼蘇丹權力的象徵。Selimiye 清真寺完工時，原為帝國首都的 Edirne 卻被伊斯坦堡取代，而那座以石塊與大理石蓋成，具弧拱與穹頂的清真寺，從過去到現在一直是一座鬼斧神工的建築。而 1959 年，Fethullah Gülen 並非在 Selimiye 開始其授業與佈道事業，也不是在距 Selimiye 僅幾步之遙的十四世紀早期 Eski 清真寺，更不是在離 Edirne 市中心很近的歐斯曼第三座清真寺 Burmalı（如此命名是因其有一個喚拜塔從下到上是由許多紅土磚以螺旋形式裝飾）。Gülen 開始工作的清真寺是 Üç Şerefli，一座恰如其名的清真寺（得名自有三個小天臺的獨特喚拜塔）。Üç Şerefli 清真寺是一個具特質的紀念性建築。藝術史家 Laurelie Rae 對其評語是：「其獨特性比 Selimiye 清真寺的光彩更有力。或許 Üç Şerefli 清真寺是專為歐斯曼人民設計的，而 Selimiye 清真寺則是為帝國權力而建。」[73]但 Üç Şerefli 清真寺仍非 Gülen 志業的發軔地，Gülen 甚至也不是在被森林環繞的 Darü-l Hadis 清真寺開始授課，雖然那裡是他最後的講道地。Fethullah Gülen 開始在 Edirne 授業與佈道的第一個清真寺是位於 Yıldırım 區狹小不起眼的 Akmescit 清真寺，來自 Erzurum 的男孩在 Edirne 找到了他家鄉式的清真寺。

當我在 2015 年拜訪 Akmescit 清真寺時，Imam 正在用吸塵器清掃破舊地毯。那是一間非常不起眼的清真寺，或許是我在土耳其所進過最不起眼的清真寺。它的空間只能容納五十個人禮拜，半數的婦女是在樓上禮拜。講壇大約五呎高，有三、四個台階。牆壁很薄，地毯很破，油漆剝落；但可確定的是 Gülen 在 1958 年到達時，此清真寺是新的。事實上，它在 Gülen 到達前幾年才被 Refia Gülen 表兄（當時擔任該區 Imam）Hüseyn Top 找人整修過。而根據 Gülen 所

---

[73] Rae 2015, p. 80.

述，當他在 Mufti/Müftü 部門（省宗教事務首長）通過考試後，Top 要求將來臨的齋月時指派 Hodjefendi 到這間新的清真寺，此事得到 Refia 許可，也滿足 Razmi 要其子離開 Erzurum 的企圖心；而即使在 2015 年，那區仍是郊野。我在街上看到拖拉機，在清真寺的徒步區裡看到兩個載滿蔬菜與其他農產品的推車。

　　即使一些第一次聚禮時的成員試圖留住他，Fethullah 並沒有久待。在工作第一個月末，鄰區的居民來見 Hüseyn Top，要求他說服 Gülen 繼續當他們的 Imam 說：「他是您的近親，我們非常喜歡他，他的知識、品德與口才獨樹一格。我們請求讓他繼續在我們的清真寺當 Imam。」[74] Gülen 當時是無薪工作，但這事實並無損及他的訴求。無薪的理由有三個，第一 Gülen 尚未被政府授予演講職照。其次，自第一次世界大戰以來，所有超過二十歲的男性皆須服至少十八個月的兵役。第三，所有宗教人士的職位都是政府所派任，即使地方人士喜歡他。第一個問題，Gülen 在抵達 Edirne 幾個月後便克服了，當時他遠赴安卡拉通過政府所辦的考試，被授予佈道職照。他接著申請 Edirne 的 Mufti 職位，但因困難重重而無結果。第三個問題後來被耐心地解決，當時他參加 Edirne 求職考試，被安卡拉宗教事務局指派為 Üç Şerefli 清真寺職員。

　　他在那裡服務了兩年半。位於市中心的 Üç Şerefli 清真寺吸引的人包括專家與公眾人物。Gülen 的聲譽日升，大家都知道他是一位把伊斯蘭融入日常生活的佈道師。他在主麻日的佈道也含括法律與經濟議題，也對男人與女人同時演講。他也開啟了現今在美國被視為平常，但在當時的土耳其與伊斯蘭裡皆不尋常的做法，即他會在清真寺外的看板事先公告當週的講道主題。Gülen 也因其節制刻苦的生活方式而聞名。他住在清真寺的一個靠窗的狹小角落（大約 4 x 8 平方呎）。沒有暖氣，沒有電，只有最簡單的傢俱。靠近北方的 Edirne 冬天很冷，夏天很熱。Gülen 白天的時間都花在禮拜、閱讀、準備講道上，尤其是講道，會花好幾小時。他亦和親戚、好友及 Edirne 的其他居民（包括政治家、商人及警察）來往。[75] Gülen 簡單地為其在 Edirne 的歲月下了評語：「我

---

[74] Alptekin, p. 20.
[75] Ibid., pp. 22-5.

在那裡養成習慣。」其中一個習慣就是為自己購買書籍雜誌閱讀或送禮。Gülen回憶他微薄的薪水與慷慨意謂他在 Edirne「經常有經濟困難」。儘管靠他微薄的新水難以維生，又在 Edirne 過獨居生活，但他與 Edirne 的達官顯要有良好的關係。Gülen 尤其記得：「我與警政總長 Resul Bey 關係親近，也開始與市區咖啡店的老闆們交往。事實上，有位來自黑海的陸軍上校對我說：『我們都是鄉下人。你不會是從 Erzurum 來的吧？』」[76] 那是一種恭維，而他的確是來自Erzurum。而在 Edirne 的時候，Gülen 亦確實被稱為「Erzurum 的 Hodja」。但那不是恭維，雖然仍帶有感情因素：「看看這位新的佈道家。你相信嗎？他是從 Erzurum 來的！」的確是，但不清楚的是他何去何從。他可能曾想過一生安定當佈道家，但在往下走之前仍有一個障礙，即他尚未服兵役。於是這位二十幾歲的年輕人在 1961 年 11 月離開 Edirne，前往安卡拉的 Mamak 軍事基地。

關於 Gülen 在服役時期的學習幾乎沒什麼記載。Gülen 記得他是在 1961年 11 月 11 日報到的，到 1963 年才完成其義務。他的服役不是沒有中斷、掙扎與遭遇困難，在 1960 年 5 月 27 日一場軍事政變擾亂了土耳其，這是 Gülen生平所遭遇許多政變的第一個。該場政變發生在 Gülen 開始服役前兩個月，造成首相 Adnan Menderes 所領導的民主黨結束長達十年的統治，Menderes 之後在 1961 年 9 月被軍事政府吊死。安卡拉是共和國首都，Gülen 被指派到那裡，進入政治陰謀的溫床裡。Menderes 在掌權的十年間為共和國境內的宗教自由創造了一個小小的契機，最著名的一件事就是將土耳其每間清真寺每日播放五次的喚拜從土耳其語轉為阿拉伯語，轉變禮拜語言本是凱末爾最為人詬病的創舉。然而那場政變再度將穆斯林推到抵抗線上，那些軍事領袖中對宗教最有敵意的就是名叫 Talat Aydemir 的陸軍上校。正如 Gülen 對他的記憶：「Aydemir 可能是另一位墨索里尼。他與支持者本質上是蔑視靈性的獨裁者。」Gülen 在安卡拉服兵役時的氣氛就是那樣。因此當他的直屬司令官過來問他「你是 Hodja 嗎？」時，Fethullah 知道要戒慎恐懼。那司令官的妻子生病了，他想帶她去找 Gülen，讓那位年輕的 Imam 為她祈禱。Gülen 記得如此回答：

[76] "Military Service," Fethullah Gülen, at http://fgulen.com/en/fethullah-gulens-life/about-fethullah-gulen/biography/24655-military-service.

「我不知道怎麼『唸』。如果您相信唸誦有效，您可以自己做。」Gülen 續說：
「之後，我漸漸瞭解他是在測試我。」就是要看看這位從 Erzurum 來的 Hodja
是否會做迷信的事？是否為對共和國具威脅的伊斯蘭主義者？[77]

　　Gülen 在安卡拉待了八個月，其兵役將近一半時間都在那裡。後來經過抽
籤，他被調到 İskenderum，一個位於土耳其地中海沿岸東南的海軍基地。僅管
那裡天氣很熱，但可能是肥缺。對 Gülen 而言，情況也變得危險。他在
İskenderum 的中央清真寺做主麻聚禮佈道。地方新聞報導他講道方式激怒了
當局，這種情況在其一生中不斷發生。過去從未真正聽過的講道便被那些不太
認識他的人指控。他在服兵役期間被短暫地拘禁以示懲戒，因為他以他的話
「講道」。他還進一步澄清有位將軍認同奉行宗教，那位將軍允許他在場的講
道。當將軍準備要離開他們的單位時，流著淚擁抱 Gülen 說他一定會面臨迫
害，而其預言果然成真。Gülen 的拘禁很短，只有十天，是一種「懲戒手法」，
後來指控結束，[78] 但對 Fethullah Gülen 而言，那只是第一次，絕非最後一次
的拘禁。

　　迫害對那年紀尚輕的佈道者如影隨形。如他所回憶，在 İskenderum 之後，
在燠熱與創傷之間，「我營養不良，因為虛脫與黃疸而必須住院。」[79] 他短暫
地回到 Erzurum 蓄精養銳。

　　環境是殘酷的，整個共和國歷史土耳其軍方一直是菁英們的依歸，將領們
處在改革的轉捩點。Menderes 經過十年循序漸進的掌權，不只努力為穆斯林
在公共生活打開一扇窗，他還尋求土耳其經濟自由化，促進土耳其與西方的關
係，最有名的是土耳其在 1952 年加入北約。許多利益因為結盟滾滾而來。史
學家 Carter Vaughn Findley 直言：「在 1948–1968 年間，美軍資助土耳其總共
近二十五億元，此外，西方的經濟援助也許是十五億。1950 年代的土耳其若
無這類支援，經濟與軍事是不可能有所成長的。」[80] 在 Menderes 主導下的「轉

---

[77] "Military Service," Fethullah Gülen, at http://fgulen.com/en/fethullah-gulens-life/about-fethullah-
gulen/biography/24655-military-service.
[78] Dumanlı 2014.
[79] "Military Service," op. cit.
[80] Findley 2010, p. 309.

向西方」(turn to the West)決定性地塑造了「土耳其性」(Turkishness)。對形塑社會的菁英而言，這意謂著熟悉西方（美國）傳統。而美國，正沈浸於第二次世界大戰打敗德、日聯軍的勝利中，她就是軍事強權。那樣的大環境裡，在菁英眼光中伊斯蘭整套的實踐或多或少是障礙，對將軍而言尤其是。

　　而美國文化在 1960 年代早期有兩個發展也許是互相矛盾，卻勢無可擋地形塑了土耳其文化與 Fethullah Gülen 的生命。第一個是反共主義，第二個是對教育的投資。首先，Gülen 對俄羅斯沒有太大感覺可能是承自其原生家庭。Erzurum 離蘇聯很近，而俄羅斯在歷史上曾入侵當地，這令安納托利亞的土耳其人對北方的大白熊充滿懷疑，即使沒有全然敵意。許多土耳其人所支持的土耳其反共聯盟(Turkish Anti-Communist League, TKMD)正是努力防範俄羅斯之可能影響的產物。那是一個若非共產黨員就是反共主義者的時代，Gülen 身為虔誠的穆斯林自然而然傾向第二個群體。雖然「反某件事」幾乎不是 Gülen 主要的訴求，但他在那段歲月裡曾短暫參與在 Erzurum 建立土耳其反共聯盟支部的討論。那討論沒有擴展到其他地方，而 Gülen 接下來的生命中也與反共主義幾無關係。

　　土耳其反共聯盟當然源自 1950 年代的冷戰，當時全世界的國家皆須選邊站。傳聞有些土耳其反共者也獲得西方的支持而從事反叛亂行動。[81] 陰謀論者自然會發現 Gülen 曾短暫參與過成立反共聯盟支部的討論，以此作為指控其邪惡政治派別的確鑿證據。的確，很少能在 Gülen 的思想中（包括早期著作）察覺他對由國家操作之赫魯雪夫式共產主義是友善的。但同樣地，他也未表示對俄羅斯或政治意識型態的馬克思主義有明顯的敵意。自然地，身為一位穆斯林，Gülen 不是蘇維埃無神論的崇拜者。因此設若他是反共主義者，目前為止的理由都是出自於地緣、歷史與神學，而非政治的考量。Gülen 其早期生涯涉入這個剛好符合美國利益政治性聯盟可能只是巧合，沒有證據可以證明兩者有關。例如，許多土耳其反共聯盟參與者在 1969 年繼續建立右翼的民族主義行動黨(Nationalist Action Party, MHP)。Gülen 與此發展毫無關係。

---

[81]　小心參閱，Çavdar 2014，pp. 1-12. Çavdar 不太理解 Gülen 的神學，她不友善的分析將他簡化為政治演員，以他在 1960 年代早期短暫地參加反共產主義的辯論作為她評論的依據。

　　美國在這段期間對教育的投資在全世界留下了一個長久深刻的印像。由於美國軍人權利法案(GI Bill)以及美國經濟勃發所賜所導致的大學註冊潮，美國的大學在 1960 年代一躍成為西方世界最好的殿堂。在那幾十年間，西方學術無疑地把焦點放在古典藝術與科學的「偉大著作」上。Gülen 成為這波全球文化潮流的一份子。他透過絕不可能，但也絕非無法想像的一位軍官達成此事。Gülen 早已廣泛深入閱讀伊斯蘭資料。他對伊斯蘭神學與哲學以外的知識並不精通。因此很幸運地，如他所追憶，在 İskenderum 時，「有位非常好的將軍堅持要我閱讀西方古典書籍。」[82] Gülen 遵照該將軍的命令，Gülen 在其教導與講道中信手捻來引用西方作家名單包括卡繆、但丁、杜斯妥也夫斯基、佛洛伊德、帕斯卡、及莎士比亞，以及其他很多人。

　　哲學家 Jill Carroll 曾研究 Gülen 著作中出現的西方影響。她發現 Gülen 的思想與柏拉圖、康德、甚至沙特的關聯。這些影響並非總是直接的，而且某種程度上彼此是互斥的。很難想像康德與沙特會共享愉快的餐桌，更遑論哲學上的和諧。反之，如 Carroll 所解釋，將 Gülen 歸為

> 與這些其他人文思想家同一類，因為關於人類存在的中心議題長期以來一直以宗教與非宗教形式，成為人文論述的一部分，而 Gülen 的著作與那些文人思想家的一樣，皆集中在這部份。換言之，這些思想家關注人類實體本質（良好的人類生命、國家與道德）的基本問題。更進一步說，他們在其自身傳統與文化脈絡中深思這許多議題與問題後，皆獲得了相似的結論。[83]

　　Gülen 成了伊斯蘭人文主義者，主要是透過穆斯林的影響力；但也許也要歸功於那位將軍，因為他建議 Gülen 閱讀古典著作。

　　Gülen 在 1963 年，或更早，因健康之故而離開，返回 Erzurum。他在那裡待了三個月，但似乎沒有那麼衰弱。他回憶說：「當我在 Erzurum 時，常常穿梭於 Halk Evi（People's house 區公所）之間。」區公所運動是凱末爾企圖取代伊斯蘭社群的措施。土耳其各地都找得到這類中心。Erzurum 的區公所很典型

---

[82] "Military Service," op. cit.
[83] Carroll 2007, p. 5.

地結合了旅館、宿舍、表演廳與咖啡店。[84] Gülen 回憶在療養期時，他母親特別希望能見到他成婚。根據資料，Refia 告訴 Fethullah：「你最好能結婚(tie the knot)。」那件事的對話就如同所回憶的，Gülen 帶幽默簡短地回答：「母親，我早已與服務奉獻伊斯蘭結婚了，若您也替我綁個結，我便無法移動了。」[85] 誠然，這並非 Fethullah 雙親最後一次的企圖要他成婚。

　　他在 Erzurum 休養期間最重要的發展就是受邀參加一場由區公所舉辦 Mevlana Rumi（我們的導師 Rumi）的研討會。他感到很榮幸，因有許多顯要與會。他回憶說：「我太年輕了，不夠格參與那場會議。」但那位年輕佈道家還是帶來令人耳目一新的觀點。他記得：「所有在我前面的講者試圖把 Mevlana 當成泛神論者，因此我試著賦予 Mevlana 伊斯蘭重要人物的形像。」[86] 很明顯，Gülen 並不視 Rumi 傳統保守。反之，他所關注堅持的伊斯蘭核心是一些人的思想導致 Rumi 被視為泛神論者。

　　Gülen 的寫作經常參考 Rumi 著作，或廣泛地參考古典歐斯曼與伊斯蘭的土耳其文詩歌。神學家 Ori Soltes 以一種令美國基督宗教徒讀者更能明白的方式描述 Rumi 與 Gülen 的關係：

> 身為一位專注的蘇非主義行者（穆斯林密契主義者），Gülen 可以與矛盾和平共處，而且他根據密契主義固有的悖論建構其思想。神在我們裡面，神也是遠超過我們所能想像的。神是不能靠近的，但在最深處隱密處是可以接近的。當密契者尋找神時，神也尋找密契者。吾人必須在自我傳統中從內心深處尋找神；無數的傳統中總會有道路通往神。[87]

　　Soltes 以「蘇非」、「密契主義」與「悖論」等辭彙表明 Rumi 詩作對 Fethullah Gülen 之生命與思維的深刻影響。更具體地說，那份影響著重在愛的實踐。或許 Gülen 的兵役已提供他重要的教訓，啟發他如何當「不」的穆斯林，展示權力作為力量的侷限性。他與軍隊的互動帶給他 Rumi 式的雄才辯論，情感洋溢地表達必然的愛。以下這段訊息是 Gülen 在 1999 時寫的，是 Rumi 對 Gülen

---

[84] "Military Service," idem.
[85] Alptekin, p. 29.
[86] "First Conference in Erzurum," Fethullah Gülen, at http://fgulen.com/tr/ses-ve-video/fethullah-gulen-hitabet/ fethullah-gulen-hocaefendinin-vai-zligi/8245-fgulen-com-Erzurumda-Ilk-Konferans.
[87] Soltes 2013, p. 8.

思想影響最佳例子：

> 我們之間相互理解欣賞的程度隨著所辨認出個人所擁有的特質與充實的程度而變化。我們能以基於先知（願真主福賜他平安）的話語思維概要此概念：「一位信士是另一位信士的鏡子」。我們可以把這句話擴大成「一個人是另一個人的鏡子」。若我們能成功地實踐此教誨以瞭解、欣賞藏在每個人心中的豐富性，我們就能瞭解如何把這些豐富性與真正的「擁有者」（Owner 造物者）連結，由此我們才會接受宇宙中一切的美好、情感，或愛戀皆屬於真主的。一個能感知此種深度的靈魂就如同 Rumi 從心靈語言所表現的故事，他說：「來吧，來加入我們吧！因我們是愛真主的人。來吧！穿過愛之門，加入我們行列。來吧！讓我們透過心靈彼此對話！讓我們悄悄說話勿需眼耳，讓我們大笑勿需嘴唇或聲音！讓我們笑如綻開的玫瑰！我們彼此端視如思考勿需任何言語或聲音。既然我們都一樣，讓我們從心靈不用唇舌彼此呼喚。如同雙手互拍，讓我們談它吧！」伊斯蘭思想視每個人為一塊獨特不同顯現的礦石，一個不同面像的實體。的確，因交集群聚的人就像身體四肢。手不需與足相比，舌頭不需批評嘴唇，眼睛不會看耳朵的過錯，心靈不會與心智相爭。因為我們是同一個身軀的四肢，我們應該終止（任何）破壞合而為一的雙重性。[88]

Gülen 接下來的歲月裡不斷反覆引用 Rumi 深刻感受彰顯在整個宇宙愛的「獨一性」。

Gülen 在 1963 年後期回到 İskenderum 完成兵役，當時的情況再度因為他的出現而被打斷。此衝突乃他後大半生的預兆。他在各個清真寺講道，人們蜂擁而至聽他講道。根據資料所述：

> 有一天，他去清真寺講道，帶領主麻禮拜。他在離開清真寺時見到奇怪之事。那清真寺被士兵們環環包圍，其中一位將軍咆哮：「射殺這個人！」就在那一刻，Gülen 跑向一位裝甲兵將軍，向他行禮致敬。這件無法包容他的將軍所策劃重大意外才得以解除。

> 那將軍所策劃發動的意外事件未能得手，日後對 Gülen 的敵意日漸加深。他後來被捕，並被調查。最後獲釋，繼續完成其兵役義務。[89]

在服完兵役後，Gülen 接受徵召去 Edirne。出發前他再度返回 Erzurum 短暫地拜訪其家人。

---

[88] Gülen 2006f, pp. 6-7.
[89] Alptekin, p. 29.

　　而這時的 Gülen 被指派為聖訓學院清真寺的代理 Imam；他與另一名生病的 Imam 共用一個講壇。除了講道外，Gülen 也在與清真寺附屬的古蘭經學校擔任導師。Gülen 在 Edirne 第二時期中，得到當時是 Edirne 的 Müftü Suat Yıldırım 的友誼與支持。雖然 Gülen 與 Yıldırım 同住，但並未保護他免受世俗政府的監控與騷擾。在那時的大環境裡，政府仍未允許任何宗教領袖做任何超出官方規定的義務。事實證明 Gülen 極具個人魅力，尤其能吸引年輕人到聖訓學院清真寺。除了固定的講道與授業，Gülen 還組織非正式的神學對話的讀書會。這將在第二章詳述。無論如何，1964 年中，警察突襲清真寺並拘捕了一些人，其中包括 Gülen。這個案子被送至法院審理，目擊者代表 Gülen 作證，並攻擊他。有些人指控 Gülen 煽動革命與暴力。Gülen 為自我辯護時則聲稱在法庭上的許多人皆曾聽過他關於「和平、和諧與安全」的講道，而且聽過他聲明「穆斯林不會煽動混亂」。幾位反對 Gülen 的證人陷入了自我矛盾，最後他被證明無罪釋放。但如同資料所下客觀結論：「省政府並未放過 Gülen，無法容身於 Edirne。最後在 1965 年初他被派到 Kurkalareli。」[90]

　　Kurkalareli 在不同的省區，但還是在 Thrace 區內，離很難容下 Gülen 的 Edirne 僅五十六哩。令人訝異的是，既然距離很短，這位來自 Erzurum 的 Hodja 聲譽日升，但一直被政府持續監控。在這段期間有一值得注意的事件，即 Gülen 當時邀請詩人 Necip Fazıl Kısakürek 到 Kırklar 清真寺。Gülen 企圖以此暫時抒解警方持續的敵意。一位詩人能有多危險呢？但實際上可能令情況更糟。Kısakürek 1983 年去世，他 1965 年時以其詩作中流露的政治傾向聞名。1940 年代，他創立與編輯一份報刊 *Great East*，該報刊的主題如同刊名所暗示，強調東方擁有不亞於西方的文明。Kısakürek 瞭解伊斯蘭是解決社會問題之道（尤其如 Nakşibendi 蘇非道團），導致有人把他貼上「伊斯蘭主義者」標籤。[91] Kısakürek 絕對不是凱末爾政權的崇拜者；而凱末爾主義者的建設也未必是他所好。Kısakürek 視資本主義與共產主義為必須反對的「西方」意識型態，但他特別強調共產主義的弱點。他早在蘇聯瓦解前四十年即預測其瓦解，而他也

---

[90]　Ibid., pp. 31-7.
[91]　Duran and Menderes 2013, pp. 479-500.

預測共產主義的崩潰應是穆斯林重建影響力與掌權的機會。即使他的政治傾向，Kısakürek 在虔信穆斯林社群中仍以詩人身份廣受歡迎。[92] 因此那個邀請至少是 Gülen 影響力日升的徵兆。

　　來自 Erzurum 的 Hodja 在 Kurkalareli 的任期只有一年，隨著二十天的「安納托利亞之旅」劃下句點。他到土耳其中部的各個清真寺演講，最後一站是首都安卡拉。他計劃在那裡與 Yaşar Tunagür 會面。Tunagür 是宗教事務部代表，後來成為 Gülen 的朋友，他們的聯合對 Gülen 極有助益。Gülen 現在於高層有發聲者。Tunagür 本來在 Izmir 的 Kestanepazarı 清真寺擔任佈道師與教師，不久前遷居安卡拉。很巧合的是，Gülen 在另一段 Erzurum 的日子結束後，也被派到這間清真寺，[93] 就在 Izmir，Hizmet 核心理念啟動成為公民社會運動。不令人訝異的是那場運動是以學習為重心。Fethullah Gülen 已建立一條教育之道，而且是在一個比培育他的 Erzurum 更寬廣世界。他將透過那份工作教導所有進入其道的人。

全球教育

　　聯合國教科文組織憲章序言表明：「因為戰爭起自人類心思，就必須在人類心思中建構和平的捍衛。」[94] 於此，不論任何地方，設若「男人」發動戰爭是普世性的，那麼使用特殊性別語言則是適當的。Fethullah Gülen 所啟發的教育根植於他早期生涯中，並無因性別或任何社會階層差別而對學習有所限制，很早即開始，無論男女、任何種族階級皆能加入由 Gülen 所啟發致力的成果，即結合「心」與「靈」的學習。在短短的幾十年間，他們發展的教育成果遍佈全球。這是如何發生的？作為 Fethullah Gülen 生命故事的延伸、萃取其生命在教育中重要意義的途徑方式，對這些努力的些許關注作為第一章的結語。

---

[92] Interestingly, Kısakürek has been involved and remembered several times by Recep Tayyip Erdoğan. See Sean R. Singer, "Erdoğan's Muse: The School of Necip Fazil Kisakurek," *World Affairs* 176 (November-December 2013): 81-8.

[93] Alptekin, pp. 37-8.

[94] The Constitution was ratified in 1945. See Unesco Consititution, at http://portal.unesco.org/en. See also Narinder Kakar, "Preface," in Dahir 2015, p. xiii.

簡言之，對 Gülen 而言，學習可以建立和平。社會學家 Muhammad Çetin 與 Alp Aslandoğan 在一篇短文中概述了 Gülen 教育哲學中值得注意的關鍵要素。[95] 最重要者其實是 Gülen 認為學習是有價值的。在許多教育環境中，學習過於被當作交易或工具，學校成為劃分、篩選中心，而非人們在一起學習固有價值的地方。[96] 在 Hizmet 與 Gülen 所宣稱的承諾：「人類生命的主要職責與目的就是尋求瞭解。」更積極的說法是「學校是一種敬拜地方」。而在一段同時反映理想主義與現實主義的話是「教育人類是生命中最神聖、困難的任務」。[97] 就歷史而言，政治學家 İhsan Yılmaz 簡潔地提出這句話意涵：

> Gülen 的多元主義、包容論與建立和平的觀點已使得 Hizmet 運動成功地將道德、精神、智識、金融及人力資源轉成有效的社會資本，並運用它在超過一百四十個國家中建立從小學到大學的教育機構。該運動對多元、差異、寬容、接納、公民社會、世俗主義與民主的立場等，啟動了社會資本連結(bridging social capital)，對和平建構與透過教育建立持續的和平極有助益。[98]

Yılmaz 說的「社會資本連結」是一個獨特觀點，此觀點來自於哈佛大學社會學家 Robert Putnam 的著作。根據 Putnam，社會資本基本上是「社會網絡的價值，一部分是透過這些網絡繁盛起來之信任與互惠的基準上所衍生出來的。」Putnam 以大量證據提出宗教人以兩種方式製造社會資本的理論。第一種是製造「組成特別關係的」社會資本，他們在興趣、身份、種族等相似者之間創造強固的關係。另一方面，連結社會資本指的是那些「跨過主要區分社會的分隔線（如種族、階級或宗教）而將人與人連結的社會扭帶」。[99] Gülen 生命故事指出教育的力量，能產生組成特別關係或連結的社會資本。如後續所提，一個以信任將人們綁在一起的運動，其源起實是 Gülen 的教誨，而那運動

---

[95] Aslandoğan and Çetin, "The Educational Philosophy of Gülen in Thought and Pratice," Hunt and Aslandoğan 2006, pp. 31-54.

[96] See on this point Cremin, "Transformational Peace Education in the 21st Century," in Dahir 2015, pp. 63-68.

[97] Gülen 2006f, pp. 202, 208.

[98] Yılmaz, "Peachbuilding through Education: A Perspective on the Hizmet Movement," in Dahir 2015, p. 83.

[99] Harvard Kennedy School, "Social Capital Glossary," The Saguaro Seminar: Civic Engagement in America, at https://www.hks.harvard.edu/saguaro/glossary.htm.

並不排外。受 Gülen 吸引的人也努力吸收跨經濟、宗教的學生，除了學習「有價值的」外，不會將任何「界線」連到學生身上。簡言之，Hizmet 相關學校為社會資本的製造建構了一個幾乎足以為範本的教科書。當然就歷史而言，不可能因為要寫傳記而將此種影響區隔開。Gülen 曾受教於宗教與靈性大師，他也未從正式教育獲益，這也許正是有助於解釋他賦予學習高度價值的因素。人類在被剝奪某些現象的價值前是無從瞭解那些價值的。因此 Gülen 教育哲學的第一個特徵就是簡單地去達成教育所賦予其原有目的之價值。

　　Muhammad Çetin 與 Alp Aslandoğan 所說第二個方法是 Gülen 的教育哲學認知與強調學習對健全公民社會的貢獻。Hizmet 與受 Fethullah Gülen 啟發的教育努力皆為了建立「教育領域中的社區服務精神」。[100] Gülen 教育哲學的兩個面向間存有悖論，Gülen 曾清楚地提到：「雖然知識本身是價值，學習目的則是使知識成為生命引導去照亮改善人類處境的道路。」[101] 結合心、靈學習會對知識取得有艱難，但卻也承諾去運用知識、透過服務、Hizmet 造福人類社群。由此可直接回應 Said Nursi 教誨：「我們社會中三個最大敵人是無知、貧窮與分裂。無知可藉由教育克服，貧窮可透過工作與擁有資本解決，分裂則可透過團結、對話與寬容改善。生命中每一個問題解決之道皆須仰賴人類，教育就是最有效的工具。」[102]

　　通常如此，為瞭解如何從 Gülen 傳記中浮現出來的這些聲稱，必須認識其大環境。在 Gülen 一生中，土耳其的公共教育政策一直是「從上而下」的運作。政策的制定者是中央集權的統治菁英，故這些政策主要是圖利那些與政體相關者，尤其是軍官與官僚菁英子弟。這種由上而下的運作方式的確製造了土耳其識字率戲劇性地在二十世紀大幅上升的結果。[103] 但適度地說，此由上而下的方式卻也挑戰了許多受伊斯蘭養成或吸引者的文化模式。相反地，Gülen 教育哲學強調「由下而上」動員。與 Gülen 有關的學校及其他教育努力成果一般都從被菁英教育摒棄之有天份者開始，而那些學校（與教育中心）會為這些

---

[100] Aslandoğan and Çetin, "The Educational Philosophy of Gülen in Thought and Practice," p. 32.
[101] Gülen 2006a, p. 73.
[102] Gülen 2006f, pp. 198-9.
[103] See Sayılan and Yıldız 2009, pp. 735-749.

年輕人創造途徑，使之比那些在「從上而下」制度中受教的人發展得更好。這就是 Gülen 本身在其養成期間所學到的方式：由不正式的教師教導學校所不會做的教育。他學到透過彼此負責的草根關係遠離政府的專制控制。第五章將更廣泛地關注此種教育經驗如何形成 Hizmet 運動內的獨特組織網絡。這裡的重點只是：Gülen 的教育哲學認為學習本質就有價值，但也認為教育之目的是在為塑造有道德、利他及參與其中的公民而服務。

　　Gülen 教育哲學的第三個特質以及比任何其他因素都能驅動 Hizmet 的就是努力製造「心智與心靈、傳統與現代精神與智識的結合。」[104] 至少從十八世紀啟蒙運動以來，西方就將信仰與智識二分，最知名的結果即所謂的科學與宗教之「戰」。然而對 Gülen 而言，任何在「腦」（科學理性）與「心」（宗教傳統）之間的矛盾都是不當。他說：

> 古蘭經（來自真主的言語）、宇宙（來自真主的力量與意志），以及驗證它們的科學，這三者之間沒有任何衝突。換言之，若神能原諒我們使用如此普通比喻，則宇宙就是一本巨大的古蘭經，是真主為了指導我們而把它創造成實體樣貌。反過來說，正如以另一種形式表達的宇宙法則，古蘭經是被編纂與寫下來的宇宙，其真正意涵是宗教不會反對或限制科學或科學活動。[105]

　　這可能就是 Fethullah Gülen 的傳記最令許多西方讀者難以理解的特點，但卻也是最需要理解的重點。

　　幾十年下來，上百萬人已開始使自己的生活符合 Gülen 結合腦與心、科學與宗教的倡導。本章將以幾個他們的故事總結。Nurten Kutlu 在 1990 年代早期逐漸熟悉 Gülen 的思想。她並非在成長於一個虔信的家庭，但她在 Marmara 大學學院中看到一些包頭巾的 Hizmet 婦女，而且她們是受過教育的。她說：「當我看到那種受教育與虔信的結合以及擁有開放心智卻也同時擁有開放心靈，我知道我不需要害怕虔信。」此種對虔信的畏懼正是世俗化土耳其刻意培養出來的，因為婦女在校園包頭巾是非法的，公開表達信仰也會被視為無品味。Kutlu 大學時期開始閱讀 Gülen 的著作，潛心研讀 *Risale-i Nur*，並她該運

---

[104] Aslandoğan and Çetin, "The Educational Philosophy of Gülen in Thought and Practice," p. 32.
[105] Gülen 2006f, p. 196.

動所設立的其中一個家教中心（之後的章節裡會提到更多）裡當志工。她也開始努力攻讀碩士學位。

她在 1993 年見到 Gülen。她與一群教師朋友們一起拜訪 Gülen。他們的目的是要與 Gülen 分享一些關於其學生在大學入學考名列前茅的好消息。她回憶道：「他很溫和。」 她還記得他說很感謝他們的工作，鼓勵他們繼續研究與當志工。然後他承認有時男人（包括 Hizmet 運動）會是女性全然參與的絆腳石。她總結 Gülen 所言：「他們是在東方父係社會與規範裡成長。」關於 Gülen，Kutlu 說：「我在某種程度上是女性主義者，我認為他是女性主義者。」Kutlu 接著開始在 Izmir 擔任教師，經歷了許多 Gülen 曾警告她的父權：女性要很努力才能被管理者聽見。而她的領導能力也得到認同。1998 年，她搬到阿爾巴尼亞去擔任 Mehmet Akif 女子學校的主管與宿舍總管，直到 2001 年。這並不容易，因為過往無神論的阿爾巴尼亞令生活充滿挑戰。她說：「那三年就像十年那麼長！」她也在阿爾巴尼亞結婚。其夫婿亦與 Hizmet 有關。他們後來搬遷到越南，一起在那裡辦學。2012 年，她與家人再次遷徙到肯亞，在一家救濟與教育基金會服務了四年。自始至終，如她所言：「我們想把世俗教育與虔信結合，你們可以兩者都做，而我們的確做到了！」 2016 年時 Kutlu 住在美國，但她期盼能再度遷移到非家鄉或母國的地方。她說沒有遷徙就沒有 Hizmet。[106] Nurten Kutlu 的故事適度地追溯了單一生命中令人驚訝的努力，其追隨的是 Fethullah Gülen 所致力提倡的一種連結腦與心的教育；而這無疑是從 Erzurum 發展出來的。

第二個故事有關如何在從 Fethullah Gülen 之生命流瀉出來 Hizmet 的學習，主角是 Emine Eroğlu。1980 年代末，她在大學裡逐漸認識 Gülen 與 Hizmet 的。她是位在 Trabzon 市 Black Sea 大學的學生。Eroğlu 說：「我走上了精神之旅，我需要一些引導，那樣的追尋使我痛苦。我偶然看 Gülen 先生的一場講道。我聽了，他的表達、口才、結合心與靈，以及提供人們希望具說服力的言論在在都吸引了我。」她開始更密集地閱讀。從大學一畢業即「做了不尋常的決定」，她選了一個非正式的計劃繼續三年的靈性教育，即研究伊斯蘭法學與

---

[106] Interview with Nurten Kutlu, Hasbrouck Heights, NJ, February 7, 2017.

古蘭經詮釋。那是不尋常的，因為對世俗土耳其的年輕女性絕對不是一條保證事業之道；但她仍然研究了三年，同時禮拜生活也變得更深入。後來，她在 Dagestan（與喬治亞、亞塞拜然接壤俄羅斯共和國）一所受 Hizmet 啟發的學校教了三年。然後遷居到伊斯坦堡，最後在 Fatih 大學拿到其土耳其文學碩士。之後，她在土耳其頂尖的 Marmara 大學研讀同領域的博士學位，但因之後的頭巾禁令而未能完成。Eroğlu 自始至終都在讀神學，最後受聘於一家伊斯坦堡的出版社擔任編輯，任職到 2016 年。

　　Eroğlu 不只是為自己而學，她開始應用其所學習。最為人所知者即她開始舉辦公共教學活動、研討會或讀書會（第二章會提到更多）。她說：「我在 Bursa、Trabrzon 等大城市帶領 Sohbet（讀書會）。當有人來這些城市時，他們會想參加我的讀書會。」她與有榮焉地回憶說：「在伊斯蘭裡，婦女這種公共領袖權並非不曾聽過，Gülen 的母親是他第一位宗教老師；但那是在私領域，外人看不到，而且還怕被政府知道。這些卻是公共集會，雖然在宣傳時還是小心翼翼地以免當局起疑。但無論如何，一個學生已成為教師，傳播知識。我是那些得以遇見許多 Hizmet 人的幸運者之一。我親眼見到 Hizmet 如何幫助人提出內心的美善。Hizmet 幫助人安撫自己與做 Tebliğ（傳道），宣揚伊斯蘭的好。」Eroğlu 強調這工作是藉由非暴力來完成的。在與真主、他人建立友愛關係時實存在障礙，剛開始時在面臨個人自我與任何障礙時會有掙扎。這就是她明確地想要闡明的 Jihad（奮鬥）的真義。她解釋說是從 Hodjefendi 那裡學到的，然後她重申一句非常有名的土耳其穆斯林格言，也是 Gülen 本身經常引用的：「不要以手還手，以口還口。」[107] 無論在土耳其或世界各地，皆非簡單的教誨。

　　這兩位女性追隨 Fethullah Gülen 之學習與服務生命故事本身足以令人印象深刻，但個人是需要機構才能保證意義能維持。第五章將對機構及與 Fethullah Gülen 有關的組織方法投以更多的關注。但現在要注意的至少是那一

---

[107] Interview with Emine Eroğlu, Hasbrouck Heights, NJ, February 7, 2017. Tr. Osman Öztoprak. This is in fact a quote from Yunus Embre, a folk poet. See "You Cannot Be a Dervish," excerpted at The Threshold Societ, at https://sufism.org/sufism/writings-on-sufism/the-drop-that-became-the-sea-by-yunus-emre-excerpt-2.

系列機構，即在土耳其東南方與伊拉克北部之 Hizmet 相關學校。眾所皆知，土耳其共和國建立後，生活在土耳其東南方、敍利亞和伊拉克北部的庫德族社群因為反覆不斷的紛爭而倍受撕裂。由國家資助的軍事侵略稀鬆平常，恐怖團體亦發動反擊。儘管失去和平狀況已成定局，精確地說也是因為這種狀況，Hizmet 的人才開始到那裡去設學校。Martha Ann Kirk 是德州 San Antonio 之 Incarnate Word 大學人文與神學教授，她 2008 年到土耳其東南部去進行關於這些 Gülen 所啟發之機構的研究工作。[108] Kirk 發現這些機構所含蓋的範圍令人印象深刻：家教中心、托兒所、小學與中學、課後輔導、高中，以及宿舍。男女孩皆享有這些教育。他們建造跨越種族與語言藩籬的橋樑，用英語、土耳其語、庫德語及阿拉伯語教學。城市與鄉鎮皆有學校，其中包括 Şanlıurfa、Mardin、Mazıdağı、Derik、Boyaklı、Midyat、Batman、Binatlı、Bismil，以及 Diyabakır。這些地方很多曾是庫德族軍事團體「庫德工人黨」(Kurdistan Workers Party, PKK)的活動中心；但那些學校教導非暴力。

　　例如，Kirk 敘述一家名為 Derköy 的慈善教育機構。Derköy 服務的地方是 Derik 鎮，該鎮在 2008 年的人口約為一萬八千人，住在其周遭村落裡的人口則超過四萬人。[109] Derköy 在 2008 年時是由 Ömer Ay 夫妻領導。Ay 夫妻是在黑海地區長大的，在 1990 年代早期認識 Gülen。Ay 對 Kirk 說：「破壞很容易，創新卻很困難。我們試著修補破碎的心，而非彼此責備，我們必須學習瞭解彼此。」他們從無到有地建立起該機構，那不是沒有風險的。Ay 先生回憶說：「我們去拜訪先前支持庫德工人黨的商人，告訴他們新的一代必須學習怎麼在和平裡生活。現在那些商人有人就提供蓋宿舍的資金，蓋好宿舍可以讓鄉村裡的學生來這裡接受高中教育。自從我們提供他們其他機會後，越來越少年輕人會加入庫德工人黨了。」[110] 沒有人保留那些數據，但在 2008 年時（即史學家所稱土耳其政策中的「開放庫德人問題」[Kurdish Opening]時期）似乎不無可能。來自無數戰爭地區的許多人也支持 Ay 的主張：教育消解了極端主義。

---

[108]　Kirk 2012.
[109]　Ibid., pp. 18-22.
[110]　Ibid.

[111] 但此種搭橋的行為卻引發懷疑，也激起那些從戰爭與軍事化現況中獲利人的反抗。而 Ay 告訴 Kirk：「我已經追隨 Gülen 十五年了，但 Gülen 教導這條生命之道卻已經四十年了，我仍繼續閱讀他的書，試著履行這種非暴力方式。」[112] 的確，那是一種充滿力量的學習，能將閱讀轉化成非暴力生活，然後試圖成立機構延續之。

　　Derköy 同時服務男孩與女孩是很清楚的。Eyüp Tacer 是 Derik 的一位小傢俱店老闆，他有三女一男。他說：「Gülen 改變我們對女兒的看法，她們對我們的未來很重要。我認為如果我們給予女孩機會，女孩會比男孩更聰明。」[113] 此種概括的說法當然不可能說服某些不願意給女孩機會學習的人，即使已經進入二十一世紀，整個土耳其東南部還是如此。那裡的女孩識字率仍然只有 40%。[114] 但 Tacer 的兩個女兒曾經在 Derköy 學習，2008 年後開始學習藥學。當語言無效時，也許她們在療癒的工作更具說服力。

　　這種通往 Hizmet（奉獻服務）的學習正是 Gülen 自己最早歲月裡所走過的路。從他位於 Korucuk 貧窮但有學問的家庭、透過在 Erzurum 市清真寺的訓練到親炙如 Alvar 的 Imam 等蘇非 Shaykh 的指導，Fethullah Gülen 最早年的時光深深地沈浸在伊斯蘭學習中。而 Gülen 後來也開始發現那種學習中的某些缺失。他遇到且擁抱 Said Nursi 的思想，然後在服兵役時被推向安卡拉與 İskenderun 開拓其教育，以更有目的地吸納現代思維。當他在 Edirne 與 Kırklareli 開始其佈道生涯事業時，他也開始遭遇其他人反對他連結伊斯蘭與公民社會、統合心靈與心智倡議的努力。這些年間與他出身的鄉下背景角力：Erzurum 能有什麼好事嗎？實際上，Gülen 在抵達 Edirne 不久即瞭解他必須改變。如他所言，他發現不能在 Edirne 講在 Erzurum 所學的。[115] 因此他改了，變得更社會化。他努力接觸商業與各行各業，甚至交了些高層朋友。他參與關於 Rumi 公共論壇，邀請一位爭議性的講者到他的清真寺。他甚至走過整個安

---

[111] See Pinker 2011.

[112] Kirk 2012, p. 22.

[113] Ibid.

[114] Ibid., p. 9.

[115] See "Erzurum'dan Ayrılış ve Edirne," Fethullah Gülen, at https://fgulen.com/new/tr/fethullah-gulen-kimdir/ hayratindan-kesitler/erzurumdan-ayrilis-ve-edirne.

納托利亞的清真寺進行其第一次教學之旅。當我們回顧那些逐步的改變，會發現那條從 Erzurum 到 Derik 的路似乎很容易。的確，就我們事後的瞭解，對 Fethullah Gülen 而言，走上那條統合心靈與心智的學習之道似乎是件容易之事。無法避免地，Gülen 最後啟發許多人貢獻己力，透過教育示範非暴力的和平建造。但對年紀輕的 Fethullah Gülen 而言，那條路絕非那麼明顯。1966 年的土耳其是一個被意識型態衝突與政治暴力撕裂的國家。在他的路越來越明晰之前，來自 Erzurum 的年輕傳道家將被召入風暴中心，Izmir 這座國際性城市。

第二章

Izmir，1966-1971：我們年輕時

    Izmir 城即遠古的希臘城 Smyrna，一直是愛琴海最具國際性的貿易中心。該城環抱著 Izmir 灣，如火花般閃耀。上千紅瓦民宅、鋼鐵與玻璃圍幕的摩天大樓佈滿其天際線。Folkart 雙子塔是最高的摩天樓，位於市中心(Konak)東北五哩處的 Bayraklı 區，六百呎高的塔身有如巨大波浪狀的電腦隨身碟，聳入清澈蔚藍天空中。朝 Konak 東南方可眺望座落 Izmir 最高的自然景點 Pagos 山頂上的中世紀堡壘 Kadifekale。從 Smyrna 的 Agora（泛指古希臘羅馬城市的經濟、社交、文化中心）往上陡昇，Pagos 山間點綴著希臘羅馬古蹟。從這裡可見到通往南方 Efes (Ephesus)的丘陵；朝北則可眺望通往 Bergama（名別 Pergamum）的丘陵，而其正前方是水灣，遊輪與油輪穿梭其間。Izmir 如火花般閃耀。

    在 Konak 街道上，尤其是 Kemeraltı 古市集，氣氛變得不同。在這裡很容易想像 1966 年 Fethullah 被召來時的 Izmir。事實上，在 Kemeraltı 很容易感覺到時光在 Izmir 的靜滯，但這個大都會是有生命的。在蜿蜒窄小人行道與巷弄裡，可以見到穿窄式毛料西裝的男人與包著色彩繽紛絲頭巾的女人。五顏六色低垂著的帆布篷或優雅的石拱皆令店家與顧客免受豔陽之苦。Köfte（肉餅）與烤肉小販到處兜售。烤羊肉、牛肉與雞肉的香氣飄散在空氣中。魚販展示著當日從近海捕捉到的魚獲，舊木桶裡裝滿番茄、橄欖、杏桃、李子、開心果與杏仁。男女孩挽臂散步在凹凸不平的石板路上，已磨損的鐵製水管經年累月地橫亙於那些道路中，其下則躺著幾百年的碎石。

    1966 年 3 月 11 日，Fethullah 首次走在 Izmir 街道上。他被派任 Kestanepazarı 宿舍管理員，該宿舍是 Imam 養成之中高中學生住所與古蘭經研究中心。該宿舍緊連一座十七世紀的清真寺，Gülen 的佈道地。清真寺位於從 Kemeraltı 市集往上幾十階石階處。從寺中貼滿瓷磚的庭院裡可以看到下方的商店，信仰與

商業輕易地相連是古代世界常見的形式。雖然 Izmir 自 1966 年到今日已從大約六十萬人成長到兩千八百萬居民的城市，但依舊不變的是一個非常有名的誘惑地。因此，當 Fethullah 得知其將被派到 Izmir 時，這位如今已二十七歲來自 Ezurum 的男孩，據說是如此反應：「我會沈沒在那裡。」[1]

　　但事實上，他卻發達了。就在 Izmir，許多與 Hizmet 有關的倡議開始發展。當時土耳其因共產主義者與國族主義者、世俗主義者與伊斯蘭主義者、右派與左派份子的紛爭紛擾不安，那時如學生抗議的街頭暴動也已襲捲了歐美，但 Gülen 卻在此為 Hizmet 規劃一個以伊斯蘭五功為基礎的課程，這似乎明顯可知其用意。現在，Gülen 從 Izmir 開始發動一個運動。該運動採取伊斯蘭的基本傳統，提倡千年來所帶給人們和平的傳統，並以令穆斯林訝異的現代方式實踐之，自始至終，非暴力是必然的原則。相對於整個土耳其的年輕人深陷意識型態紛爭中，這位年輕 Imam 鏗鏘有力卻又不強調個人的教導，宛如一座客棧歡迎行於自西元前 475 年希羅多德時代即穿過 Izmir 貿易路上的商賈與水手，它是一處綠洲。

精神食糧：Sohbet 的 Shahada（信仰表白）

　　Gülen 生命中持續不變的特質就是教導 Shahadah 之伊斯蘭信仰基石。每位穆斯林都應作證承認神的獨一性與穆罕默德是神的使者：La ilaha illallah, Muhammadur Rasulullah（萬物非主，唯阿拉是真主；穆罕默德是其使者），無論直接或間接，此信仰在 Gülen 著作中處處可見。因此 Gülen 在指導神職學生讀古蘭經外，他在 Izmir 還經常一天好幾次，集合一小群學生閱讀，非正式地討論重要課題。這些集會被稱為 Sohbet（複數 Sohbetler），字義是「會談」。Said Nursi 曾經提倡此種伊斯蘭早期的小團體研讀，而 Fethullah 改進這種方法；而 Sohbet 也許是招人參與 Hizmet 的主要方法。Fethullah 在 Izmir 所領導最早的 Sohbet，參與者有五或六個學生。當 Gülen 在 1972 年離開 Izmir 時，

---

[1]　Irmak TV, Geçmişten İzler (Traces from the Past), "Interview with Abdullah Ünal Birlik, Episode 1," March 11, 2014.

參與者達百人，分成數十個不同的小團體。Shahada 透過 Sohbet 廣傳。

　　有關早期討論的手稿付之闕如，但 Gülen 著作中一些重點文章也可以傳達其精神。十一位年輕男子，全穿著燙平的褲子、襯衫並打著領帶（Gülen 整潔的講究成了規範），在一個炎熱的午後聚集一起，那時晡禮剛結束，Izmir 的太陽還沒下山。有些人是培育 Imam 學校的用功學生，但更多是才剛結束工作的本地小生意老闆或貿易商。他們坐在一間公寓客廳裡，那公寓是由 Kestanepazarı 清真寺宿舍的大學生們租用的。房間很熱，將近華氏九十度，無人抽煙，無人喝酒，茶水免費供應。年輕人三三兩兩地交談，直到那位他們稱為 Hodjaefendi 的人走進來。Gülen 坐在隨意圍坐圈子的前方。當聲音靜止下來後，閱讀開始 Nursi 的 *Risale-i Nur: the Gleams: Reflections on Qur'anic Wisdom and Spirituality* 中的一篇。在這個下午裡，特別討論的段落是 "The Twenty-Third Gleam: On the Nature of Refuting Naturalistic Atheism"（第二十三道光：關駁斥自然主義無神論之本質）。Gülen 要一位年輕人朗誦那段，其開頭是：「無信仰之自然主義者途徑絕對是非理性的，而且以迷信的信仰為基礎。」[2] Nursi 的邏輯翻轉習以為常的世俗智慧。通常，自然主義者會指控有宗教信仰者迷信，例如，凱末爾曾說「我沒有宗教，而且有時我還希望所有宗教沈到海底。我的人民要學民主原則、真理的強制與科學的教導，迷信必須去除。」[3] 但若要宣稱宗教可以是理性的，那麼當時 Gülen 即與年輕人在剩下的一小時中討論無神論者所提出的真正問題是：神存在嗎？

　　Gülen 以幾乎直接引用 Nursi 的詮釋開始說：「神存在的明顯完全不需要辯論。」就具說服力形式而言，Gülen 言過其實地下定論。Gülen 接著承認在唯物論時代，「神存在」對一些人而言並非清楚概念，這在學生中產生認同，Hojjaefendi 於是主張不知就不否定。他停住讓這點成定論，將未知論 (agnosticism) 與無神論區分，贊成不確定神存在且持懷疑者。Gülen 接著說：

> 無人曾證明神不存在，因為無法這麼做，但有許多論點卻證明神之存在。這可透過接下來的比較闡明：想像有一座宮殿有一千個入口，其中 999 個是開的，剩下一個是關的。假如是這樣，則我們宣稱那間宮殿無法進入就

---

[2]　Nursi 2008, p. 251.
[3]　Mango 2002, p. 463.

是不合理的。不信者只注意到那扇看似關著的門。通向神之存在的門對每個人都是開放的，假如他們誠心想要從那些門進去。[4]

對 Gülen 而言，神的存在可以證據論辯，但信神與否卻絕對是個人內在或主觀信仰的問題，即意圖的問題。馬丁・路德在十六世紀為基督宗教發展出此論證，並透過浪漫主義者、理想主義者廣傳整個歐洲，這也是凱末爾世俗化計劃中的大部分。在譴責全然迷信後，凱末爾也強調：「讓（人民）如其所欲地敬拜，只要不是非理性地介入。」[5] 這意謂信神可行，但宗教必須置於私領域。這論證在社會不同層面中是年輕人的共識，有很多人必須將其宗教置於私領域，否則會冒著工作或居家遭受後果的風險。

接著可以想像 Sohbet 繼續的情況，當一個學生問：「但這不會使得『神』純主觀意識嗎？」Gülen 於是繼以十多個經典論證總述神之存在。其中一點是：首先，他說「並非所有事物皆難以預料，因為其存在與否的可能性都一樣。」事物總是彼此關聯，而且都是自然而然地發生；但也不是一成不變，必有某事物決定其他事物的存在與否。Gülen 肯定地下結論：「這就是神！」Gülen 在此回應了天主教神學家托瑪斯・阿奎那(Thomas Aquinas)所發展出來有關神之存在的第一個論證；而二者的立論皆以亞里斯多德其因果論哲學為基礎。Izmir 的房間除了學生呼吸聲、城市喧囂，以及窗外吹進來的絲絲微風，非常安靜。

但有位學生接著理性地問：「事件都有多種起因，我們怎能認為引發某事存在的就一定是神呢？」Gülen 回答：

> 所有造化皆有目的。以生態學為例，每件事物，無論其外在多麼不重要，仍然有其重要角色與目的，沒有任何徒然；相反地，物件、活動與事件都有許多目的。既然只有人類能瞭解那些目的，造化的智慧與目的就必定指向神。

仍是亞里斯多德：Gülen 現在所堅稱的不只是神為每件事物的「第一因」（First Cause 創造者），也是「最後因」（Final Cause，目的）。畢竟，事物的目的也是其存在的原因，事物存在的「理由」顯然也是其存在的證明。當然，解釋神之存在有無數「理由」或信仰神之目的。

---

[4] Gülen 2006e, p. 3.
[5] Mango, idem.

　　世界存在著多神，而人類也因他們衝突作戰。因此有位 Hodjaefendi 學生問：「邪惡是什麼？若神存在，為何會有惡事發生？」於此，Gülen 轉變了論證，這又是感知的問題。由神所創造的人類可能會競爭，但合作也是很實際的。Gülen 說：「除了距離，宇宙萬物彼此互助。」他續說：「這種互助是全然的，我們身體細胞、各部分，以及系統共同運作才能使我們活著。土與空氣、水與熱，甚至細菌，都是彼此合作才能使植物生長。這種活動呈現了規劃與意識目的，透過無意識的存在（造化）呈現神奇規劃者（神）的存在，這就是神！」神是永恆的合作者，我們若不是看到其合作，變是參與其中。

　　該對話持續將近一小時，這不同於過去任何 Imam 與這些年輕交流的方式。他們熱切地想聽更多，但是有位頑固學生爆出問題：「是誰創造神的？」這是大不敬的問題，但 Gülen 既沒要他噤聲，也沒表現出受挫。他舒展了一下眉頭，然後身體往長沙發斜靠著。Gülen 指出：「人類會察覺因果，但是『神』意涵的一部分即神是『自我存在與自我持續的』。」他要大家回想「認主」的關鍵—Shahada 之核心教義為「神獨一性」，所有人類共有一個「創造者」。萬物的「創造者」不能只是另一個結果，包括是誰創造神這個問題在內，萬物皆來自於神，Gülen 帶著溫和微笑地對那位提出不恰當問題的年輕人說明。Hodjaefendi 總結討論：「一切的因皆來自於神。實際上，所有被造物都是零，絲毫無法添加，除非神降賜真正的價值或在『零』之前置正面的『一』。」

　　再次強調，「神之獨一性」對穆斯林、Shahada 而言是最重要的；而在伊斯蘭，「神獨一」乃延續「神存在」的問題，這情況有如水流向大海。對「獨一」的堅持也決定了區隔，它呈現穆斯林的特殊性。對於從小即被培養成基督宗教徒或猶太教徒的人而言（1966 年的 Izmir 有這兩個社群），所意想的 Sohbet 中合邏輯的終極問題即：「God 等同 Allah 嗎？」對此問題，Gülen 說：「大寫字母 G 的 God，並不完全等同於 Allah 這個字，雖然基於翻譯上的實質原因而會說 Allah 是人理解神必要之名，並且包含了所有神之美名。這些名字有九十九個，全納在 Allah 下。Gülen 續道：

> 當我們說 Allah 時，我們心裡想的是「唯一」(the One)、「至高存在」
> (Supreme Being)、「創造者」(Creator)、「擁有者」(Owner)、「維持者」

(Sustainer)、「全權的」(All-Powerful)、「全知的」(All-Knowing)、「全包的」(All-Encompassing)，祂的「名字」(Name)與「屬性」(Attribute)全彰顯在造化中。此詞意指神的「絕對獨一性」(Oneness)以及沒有缺失或等同者。

這場對話達到對穆斯林信仰基石無爭議的共識。Gülen 向一位 Sohbet 中的年輕人點頭，並在那位年輕人唸一段古蘭經禱詞時站起來：「在認識到他們的不完美與他們對信仰的認知時，天使說：『讚祢超絕，祢絕對是超越一切，除了祢所教導的知識外，我們毫無知識，祢確是全知至睿的。』(Q 2: 32)」對談結束後，當 Gülen 走向門口時，那年輕人起身跟著他時，學生們忽然開始一小群地談話，他們已被導引「思考」，至少一個曾懷疑神存在的人現在已沒疑惑了。這個人也會更願意與其他深信神與為祂工作的人合作。很快地，Izmir 的 Sohbet 學生數目上升。男人積極地想與 Hodjaefendi 對話，女人則被引導至與其他年長者對談。在被意識型態衝突撕裂的土耳其，Sohbet 的 Shahada 重拾了和平感。

直到今日，Sohbet 系統已成為人們與全球 Hizmet 連絡、運作的主要方式之一。這些讀書小組不只是腦力激盪，更創造出支持男性與女性的網絡，而男女通常分開進行，但有時也一起開會。例如社會學家 Magaret Rausch 描述二十一世紀早期在堪薩斯進行田野調查觀察當地女性 Sohbet 的情況：

> 女性參與者接受 Gülen 的教導，並進入其他參與者所成立的機構與活動。這都在她所生活工作的社會中改善了個人生活，使之得以涉足公共場域，留下其志願印記。[6]

如 Rausch 所述，Sohbet 的運作已從 1960 年代斷續地維持到現在。

一個有十五位女性的小團體，其中十三位已婚，剩下兩位住在 Hizmet 宿舍。她們每週聚會一次，通常在黃昏下班後或課後。有些仍是學生，有些則在外工作，有五位是家庭主婦，她們大部分戴頭巾。一位參與者描述 Sohbet 的過程：

> 在美國的 Sohbet 與土耳其的幾乎一樣。我們聚集一起，一位 Abla（學姐）會閱讀一本伊斯蘭的書。可能是 Gülen 著作、古蘭經詮釋或 *Risale-i Nur*。

---

[6] Rausch 2008, p. 615.

我們討論是否讀過，然後試著指出讀本中之隱示與方法，以便能應用在真實生活中。Sohbet 不像演講，是互動的。每位參加者皆能談論其所瞭解的，氣氛很和諧。有時我們會在 Sohbet 結束後去慢跑，吃美食，一起玩。當我還在大學時，白天總忙於上課與俗事。但當我回到家參加 Sohbet 時，「學姊」會讓我們關注另一個世界、我的責任，以及努力成為完善者的想法。我感覺我正從 Sohbet 獲取精神食糧。[7]

理解、對話，甚至娛樂使得 Sohbet 的 Shahada 如同精神食糧。

Rausch 從她 1960 年代到現今的田調整理出那些年輕女性在 Sohbet 中找到價值的三個方式。這種對談鼓勵年輕女性為了崇高理想持續奮鬥而活，藉由虔信進步，並向典範的「學姊們」(Ablalar)尋求資源。從那些年輕女性的發言中，可發現每一位都值得關注。Gülen 一直強調給予女性與男性相等的教育。Rausch 訪問的一位女性如此評論：

當我閱讀 Gülen 有關教育的教誨時，覺得似乎在哪裡聽過，因為我確信知識的力量。Gülen 對於先知穆罕默德（願主賜他平安）所接受的第一段啟示有其獨特的闡釋，也給予我全新的觀感。那段啟示一開頭就說：「你奉養主之名誦讀吧！」Gülen 強調這道來自真主的命令極具現代意義，它說明了教育的重要性。接觸到 Gülen 的思想後，我比以前更加勤讀書籍，以進入醫學院為目標，將此概念應在我的生活中。[8]

當然，不是所有受 Hodjaefendi 啟發的女性都以醫生為目標，其他女性在參與 Hizmet 或對話活動中找到角色，其為「更高理想」而活之理念始終如一。另一位年輕女性說：

與有共同價值的人一起進入這些服務活動令我的生命變得更好，因為我自覺是重要事務中的份子，互相動員，彼此幫助，以維持我們的信仰與動力。我們的目標很少是一人工作，所以這是一個使幾組手腳與腦力可以靈活操作的地方。[9]

簡言之，女性為了友誼而參加 Sohbet，以培養相互間的責任，彼此鼓勵以致成功。

其中一位參與者與 Rausch 分享她的心得，以令人驚嘆的隱喻描述 Sohbet，

---

[7] Ibid., p. 626.
[8] Ibid., p. 619.
[9] Ibid., p. 620.

以及廣範參加 Hizmet 對她的意義。她說 Sohbet 啟發她要像一個「有洞的桶
子」。當 Rausch 接著問其意涵，她解釋：「水在堅固的桶子裡會停滯發臭，甚
至被汙染。但有洞的桶子必須一直被裝滿。如同流入河中的水，有洞的桶子給
了流動的生命。」[10] 該團體的另一位女性對此進一步解釋，引用 Gülen 最喜
歡的一個正反論：「日常生活是持續的奮鬥。我們相信人類甚至有比天使更好
的能力，但同時又會比惡魔更墮落。真主給我們能力區分善惡，給我們自由選
擇…讓每天不同如有洞的桶子，意謂試圖改善靈性。」[11] 這並非強調靈性的改
善須以犧牲世俗進步為代價。事實上，兩者彼此相屬。對這些女性而言，進步
是透過虔信產生的，虔信並非進步的阻礙。此為 Gülen 所重覆強調的。

　　根據 Rausch 的田調，除了友誼與動機，Sohbet 給予年輕女性「學姊」的
支持。就如同 Gülen 自己，身為一位年輕的 Imam，他在 Izmir 的 Sohbet 中擔
任 Abi（學長）；而 Hizmet 中有些較成熟的年輕女性亦會指導其他人。一位年
輕姊妹解釋說：

> 「學姊」們一方面作為活生生的角色典範，另一方面也藉由勸說試著影響
> 我們。當妳看見她們在各處幫助別人時，妳就會羨慕她們，想要與她們一
> 樣。有些「學姊」們對伊斯蘭、Gülen 的書瞭解甚多，她們試著與我們分
> 享知識。有時妳犯錯了，她們會善意地警告你。我認為「學姊」最有影響
> 力的就是身體力行她們所教導我們的，妳真得看到她們依信仰生活。[12]

　　值得指出的是，這段敘述中一直在強調「學姊」如何試圖發揮正面影響力。
Rausch 做了睿智的結論。這些女性「意識到土耳其與其他地方的自由世俗主
義者有常見的觀點，即自己選擇遮蓋的女人其心智也是被遮蓋的。」[13] 因此透
過 Sohbet 與「學姊」們見面，Hizmet 的婦女便有了集體力量。她們運作其機
構以消除「被遮蓋的頭象徵被遮蓋的心智」之刻板印象。

　　雖然如此，們在 1966 年進行一場艱苦的對抗，且一直持續下去。如同一
位年輕女性所言，其簡單目標就是「透過服務社會服伺真主，為了真主，也為
了接近真主盡力而為。」某些人訝異地視此目標為迷信。畢竟，Shahada 是不

---

[10] Ibid., p. 621.
[11] Ibid., p. 622.
[12] Ibid., p. 625.
[13] Ibid., p. 632.

能妥協的。值得以生命服務的就是「獨一真主」，此份信仰真能給婦女力量嗎？
Rausch 認為正是如此。她所研究的那些女性在 Sohbet 的聚集正是以此表明真
主獨一的信仰：

> 她們日常生活活動、正在進行的人格發展、教育與事業目標，以及人際互
> 動關係，全與信仰交織一起。她們認為是在持續追求神的接受，為了自我
> 更生與進步而努力不懈，這些都是豐富生命的途徑與資源。而她們的虔信
> 在生活各層面的建立人際互動公平、健康與互惠的模式提供了基礎。[14]

Sohbet 提供她們「精神食糧」，而女性則藉由參與會談獲得面對每日生活
挑戰的鼓舞，那些挑戰是可想而知的。一直到二十世紀末的大部分時間，1960
年代的土耳其對公開表示虔信並未達到共識。然而，隨著 Sohbet 的確定
Shahada，那些聚集受 Fethullah 啟發的年輕男女也會一起禮拜。這種做法看似
無害，且在確實是非暴力的，但禮拜在現代土耳其所引發的爭議幾乎與頭巾的
爭議無異。然而 Hodjaefendi 的例子很清楚，對他而言，從幼年到現在，其金
字塔精神食糧的基礎就是禮拜。

「我生命中從未如此禮拜！」

Gülen 在 1966 年步入 Izmir 後，Hizmet 即戲劇性地成長。İsmail
Büyükçelebi、Alaattin Kırkan 與 Yusuf Pekmezci 就是深受他吸引其中的幾位。
Büyükçelebi 是 Imam-hatip 學校的學生，Pekmezci 從事紡織業，Kırkan 是裁縫
師。Gülen 在他剛到達的幾星期內，就發現人們會將他的講道做成錄音帶互相
流傳。他抗議，但人們不理。很快地，整個土耳其聽過這些錄音帶的人開始成
群結隊地搭著客運來聽 Hodjaefendi 講道。Gülen 發起了一個當局不得不注意
的狀況。換言之，並非 Izmir 所有人皆因這位 Erzurum Imam 的到來而感到興
奮。Gülen 與眾不同，他的方式很刻苦。他睡在 Kestanepazarı 清真寺一隅的陋
室，那空間幾乎無法讓他平躺，且無暖氣也無自來水。Gülen 很節儉，對金錢
的使用很謹慎。根據許多最早親近他者的記載，他幾乎將所有微薄的薪水花在

---

[14] Ibid., pp. 632-3.

學生的食物與其他物質上，他甚至付清真寺所使用的水費。[15] 這些刻苦的行為並未討好他專業同儕的喜歡。靈性者無法免於專業的妒忌，警察與地方政府皆小心翼翼地留意他。

除了 Sohbet 與教導外，年輕的 Gülen 在 Izmir 落實 Imam 的核心功能，即帶領公眾禮拜與佈道。在前一章敘述中可得知 Hodjaefendi 年輕時期的佈道是如何具有熱情與影響力，以致一些 Alvar 村民驚嘆不已，而在第三章將有更多篇幅對佈道在 Gülen 生命中所扮演的角色提出更細微的關注。至於現在的主題則是禱告。穆斯林通稱禱告為 Dua，字意為「懇求」，指個人的祈願。但伊斯蘭信仰功課是 Salah（禮拜），即每日五次義務性禮拜（波斯文稱之為 Namaz），是每位虔誠穆斯林皆須實踐。Gülen 在 Izmir 時，每日生活即按照禮拜來規劃，實際上他自四歲以降每日生活皆如此。雖然禮拜本質是非暴力，但卻需要宣稱之。沒有人因為做禮拜而被殺，但並不意謂沒有人在禮拜時被殺。禮拜對 Gülen 而言是個人力量的深層來源。而禮拜對以 Gülen 為模範之土耳其穆斯男女也將是其集體力量之深層來源。

在大環境中設定此種非暴力做法是很重要的。凱末爾與其追隨者致力摧毀土耳其公眾禮拜，他們主要是透過將禮拜語言從阿拉伯語改成成土耳其語行之。效果不如預期，難道以本國語言禮拜就不會吸引人去清真寺嗎？事實上，它製造出無所適從的一代。古蘭經是以阿拉伯文記載的，只要是穆斯林聚集處，禮拜都是以阿拉伯文進行。在凱末爾統治下，連 Adhan（喚拜）都被改成土耳其語，殊不知自穆罕默德時代起，凡是穆斯林居住之地，喚拜皆以阿拉伯語宣叫。這項實驗持續了十八年（從 1932 到 1950）。語言之亂與否定宗教公領域的實踐抑制了許多土耳其穆斯林的禮拜生活。

此官方世俗化大環境也形塑 Gülen 的禮拜生活，就如同他在 Izmir 力圖恢復公眾禮拜的實踐。其早期著作中有一本 *Selected Prayers of Prophet Muhamad and Great Muslim Saints*（先知穆罕默德與穆斯林蘇非大師禱文選輯），就是把不同場合使用之短篇古典禱文集結成冊。除了描述與記錄禮拜中所適合的禱文外，Gülen 的書也為許多每天生活的情境提供禱文。例如，該書的其中一部

---

[15] Alptekin, pp. 39-41.

份指導人在旅途中要唸記神祈願，即有關出發、抵達與回到家，甚至包括在旅行中感到害怕時的禱文。這對 1960 與 1970 年代第一次搭飛機的年輕商人或婦女可能很方便。[16] 公眾禮拜的一個重要元素是 Wudu（土耳其文 Abdest）淨身儀式，以水沐浴，通常會在泉水邊或水流處進行，而每座清真寺都會設計大淨的空間。這個清洗儀式性必須依照一連串動作進行，而這些動作常因個人所遵循的傳統有所不同，就像基督徒的洗禮中是否只要灑水還是把人全部浸入水之不同。儘管如此，通常一個人在做大淨時，要洗雙手、雙臂（到肘）、臉（包括眼、口及鼻）、頭（至少灑水在頭髮上）與雙足（到踝）。做大淨時必須簡單直接唸 Basmallah（奉大仁至慈真主之名）。這句話是古蘭經每一章的開端，也是穆斯林在任何場合進行活動前必須唸的。而 Gülen 的祈禱會請求真主對與 Izmir 或任何商人領袖有關的事賜恩典：即「阿拉！請赦罪，使我家寬敞，賜我生活所需。」1966 年的 Izmir 居民就在這些日常事務（家庭所需物資）中唸記著神。

更精確地說，大環境的壓迫禮拜意謂 Gülen 建議把自己的家當作禮拜處。他以古蘭經第 10 章 87 節的詮釋建議那些受他吸引者「以自家房屋為禮拜空間」，此詮釋很實際。Gülen 深思：「當你不能公開向真主禮拜時，以你的房子作禮拜處；當你的禮拜空間被禁止行使其功能時，將你的屋子來落實你的義務。」[17] 土耳其當然不是禮拜者被刁難的唯一地方，許多土耳其人會要求客人在進入屋子前脫鞋，如同進入清真寺前所應做的。而藉強調可以（應該）在家禮拜，以及可（應該）將家當作神聖空間，Gülen 也幫助了土耳其人如何與經常打壓禮拜的土耳其官方政策妥協。這種在家禮拜的強調也符合婦女禮拜的強調，因為穆斯林婦女傳統上由於多種原因更常在家做禮拜，而非公眾空間。[18]

---

[16] 這本禱文集在 1960 年代編纂完成，但最近又重新以精美印刷版上市，此即 Fethullah Gülen 的 *Selected Prayers of Prophet Muahammad and Great Muslim Saints*, Tr. Ali Keeler (NY: Tughra Books, 2012).

[17] Gülen 2014d, p. 136.

[18] 任何人拜訪清真寺（參加是著名的例外）都會很快發現男女是在不同區域禮拜的。至少在土耳其，男性區的面積正逐漸縮小，而女性區經常是在陽臺或在布幕後。女性可以在任何時間加入禮拜；然而宗教沒有規定女性要參加集體禮拜。將清真寺分區是為求節制，因為叩首這

　　若說 Gülen 透過特定禱文與建議土耳其人恢復以自家行神聖禮拜，即是恢復了一日五次禮拜的功課。[19] 多數伊斯蘭社群會以五番拜作為衡量信仰程度標準。當然，在 1960 年代的 Izmir 要實踐常態禮拜的生活有許多障礙。工作、上學（不包括為了做禮拜的短暫休息時間），甚至足球都會挑戰儀式的專注，夏日尤其困難，尤其是對年輕人而言。Gülen 觀察到 Imam 學校的學生也無法避免分心，他們會在炎熱的季節裡鬆懈其宗教功課。於是為了能同時加強禮拜的實踐，同時又能有樂趣，加上可以讓家長稍微休息，Gülen 與一群 Izmir 商人領袖商量，決定開辦夏令營。青年夏令營在二十世紀早已成為基督教文化中的一個機制，基督教青年會(YMCA)是最知名的例子，但是辦營隊在穆斯林社群並不普遍。

　　Gülen 在 1966 年到 Izmir 時，İsmail Büyükçelebi 還在唸中學。他記得第一個夏令營是在離 Izmir 不遠的 Buca 附近的森林舉辦，為期四週。當然，作為一個受控群體，其中一個好處就是年輕人能在鼓勵下規律地做禮拜，並能更有意識地遠離城市生活的誘惑。然而 Gülen 並非只想他們如機器般禮拜，那個夏令營也教導與禮拜實踐相關的一切。Büyükçelebi 解釋說：

> 那個夏天他會繼續教授 Imam 學校與 Sohbet 的課程，特別是談論禮拜。小心翼翼做大淨者，其禮拜的義務總是專注緩緩進行；但有時卻匆促完成。不過 Hodjaefendi 有個主觀上的條件：如果你的禮拜中有一部分並非全心全意進行，那你必須重做。若你沒有做正確，就做兩次、三次重複，直到從內心深處誠心地去完成為止。[20]

　　Gülen 在這些夏令營中並不監督這些年輕穆斯林禮拜的對錯，因為有違此功課之非暴力本質。當然，在任何小群體中，集體壓力會強化參與的可能性。在禮拜中，Gülen 總是站在群體最前方，背對年輕人帶領儀式。Büyükçelebi 續說：

個身體動作會暴露身體曲線。古蘭經和先知行誼對究竟要分開多遠有不同的意見（各地風俗也對此有不同意見）。女性沒有如男性參加集體禮拜的義務，但她們擁有相同的一日五番拜的禮拜義務（在家或工作時），而所遵從的禮拜方式也幾與男性一樣。

[19] 當筆者還未完成此書時，Gülen 的一本土耳其語的新書即出版了。那書將他對禮拜的講道輯錄成冊，即 *Miraç Enginlikli İbadet: Namaz*, Süreyya Yayınları, 2018.

[20] Interview with İsmail Büyükçelebi, Wind Gap, PA, May 12, 2015.

我曾在他身後禮拜許多次，他教導我們先知的禮拜生活。先知睡覺或醒來、離開家、進入市場時都有特定的禱文，他的生活就是禮拜。Hodjaefendi 的意圖就是要確定這樣的事在社群裡能再出現。[21]

　　具生命力的禮拜不應是被迫的禮拜，Gülen 與其 Imam 學校的學生們（包括 Büyükçelebi）遂將清真寺的課程遷到樹林裡。接下來的數十年間，夏令營成為 Hizmet 男女孩固定參加的活動。同樣地，第三章將討論他們，並敘述 Gülen 參與的情況。

　　無論在營隊或清真寺，無論是男或女，禮拜都是按步就班的肢體動作。Gülen 自己如此解釋：

> 真主告訴先知如何禮拜，然後我們以他為模範。有幾項規則要遵守，禮拜開始前我們必須以適當的清洗淨化自己，然後我們說 Allahu Akbar，意思是「真主至大」。平靜肅立著，雙手交錯置於胸前以示我們全然順服，盡可能全心投入，如此才能經歷性靈如先知般的提升，而身體下彎以強化我們的順服與謙遜。如此做，我們（神的）僕人身份透過不同的層次，以全然的敬畏與謙卑跪坐著。[22]

　　在此最要認清的就是這份宗教功課所含的非暴力、反暴力性質。謙虛者是平和的。當人向神叩頭時，沒有人能殺他人。的確，在公眾禮拜將結束時，在一連串規定好的姿勢與動作（每一回合稱為 Rak‘ah，正常狀況下，每次禮拜都是二至四回合）之後，敬拜者先將頭轉向右側，然後再轉向左側，說：「as-Salamu alaykum wa Rahmatullah」（願真主賜與平安、憫慈）。

　　當然，如同絕大多數的儀式，其中一個要點就是重複。大腦透過持續的行為如反覆的禮拜，緩慢但確實將鬥毆的動物性轉變成顯明的人性習慣。這有助於聚眾共事，此即聚會的意涵，不論猶太教徒、基督宗教徒、穆斯林或其他信仰者接然。Gülen 如此解釋：

> 禮拜就是耐心的實踐，也是社會共識與和諧最重要的基礎，以及穆斯林社群結構最明晰的表徵。人人皆能透過禮拜內化信仰成為自我本質之一部分，任何人透過禮拜將信仰內化至心靈，並且視自己為固若金湯且具溫暖與和

---

[21] Ibid.
[22] Gülen 2006e, pp. 35-6.

平氣氛之社群不可分割的一部份，則能輕易克服服侍神道上的困境。[23]

因此，禮拜除了能帶給個人平和，也能建立和平的社群。這就是 Gülen 振興禮拜的規劃。

土耳其政府對履行禮拜的限制使得婦女更難實踐，法律改了很多次。一般而言，儘管自凱末爾時代起，在公共場合（如學校或政府機關）包頭巾即使不是非法的，也已被責難、禁止。穆斯林男女禮拜時必須穿著合宜，女人必須蓋住頭髮。這意謂女性在禮拜與工作之間必須二擇一，不履行禮拜，或不外出工作。當非正式禁令在 1980 年變成正規法律後，一天當中頭巾戴上、解下好幾次，相當麻煩。有趣地是，當任何一種選擇來負面結果時，對許多土耳其女性而言，公共場合戴頭巾即成為激發女性主義的因素。這與歐美媒體所傳遞包頭巾是壓迫的刻板印象恰好相反。即使最近，此議題在土耳其仍然爭論不休。例如 1999 年 5 月，當選國會議員的 Merve Kavakçı 戴著藍色頭巾出現在工作場合，此舉攪動了一池春水。她瞭解其行為代表所有虔誠穆斯林婦女的工作與教育權，期望能戴著頭巾進入辦公室。結果事與願違，遭到眾人噓聲，在未進行任何服務前即被迫離職。Kavakçı 且因喪失其土耳其國籍而移居美國。不過，之後當由總理（後來的總統）Erdoğan 主導的新政府上台後，Merve Kavakçı 成為派駐馬來西亞的土耳其大使，她的女兒 Mariam Kavakçı 成為 Erdoğan 總統的顧問；而 Merve Kavakçı 的姊姊 Ravza Kavakçı 也戴著頭巾成為國會的成員。[24]

1960 年代，尤其是在如 Izmir、伊斯坦堡與首都安卡拉等城市，頭巾的論爭激烈地進行著。當時 Hizmet 並無參與官方政策與活動，Gülen 一直宣稱戴頭巾是個人的喜好，不是伊斯蘭信仰必要的元素(Usul)，即使我遇到許多與 Hizmet 有關的婦女皆選擇戴頭巾。遺憾地此議題在 1968 年成為嚴重事件；當時 Hatice Babacan 因拒絕在教室拿掉頭巾而被迫從其所就讀的安卡拉大學神學院退學。那個事件引發了全國抗爭。許多男性支持女性自由穿衣服的權利，

---

[23] Gülen 2014d, p. 43.
[24] See Peres 2012 and Islam 2012. See also https://www.sozcu.com.tw/2019/gundem/anne-buyukelci-kardes- vekil-kizi-da-danisman-3034414/.

但也有支持世俗主義者。小說家 Orhan Pamuk 以著作 *Kar* (Snow)榮獲諾貝爾獎，這本小說記錄了與土耳其頭巾議題有關的動亂；而受 Gülen 教誨啟發的現代土耳其學者 Züleyha Çolak 也記得那道禁令撕裂了社會，甚至許多家庭。例如，她在世俗主義的父母下成長的，當他們的女兒漸漸受到伊斯蘭吸引而戴起頭巾時，他們必須掙扎地去瞭解她。很幸運地，如她所言，她的父親「曾教導我為自己思考，要有開放的心」。那種精神終於使他理解女兒的觀點。所以，如同一位年輕高中女生所回憶，她「戴著頭巾來到學校大門」，然後公開地當場拿下頭巾。這需要勇氣！這意謂伊斯蘭與土耳其公共機關無連結。最後，她所面臨的妥協使她無法待在土耳其，而移民美國。[25] 這種虔信與政治間的斷連是許多土耳其女性在那數十年間的感受，尤其是 1960 年代。並非所有人皆如 Hatice Babacan、Züleyha Çolak 或 Merve Kavakçı 那樣勇敢；但很多人卻以細微的方式參與為在禮拜與公共生活中與她們一樣的抗爭。

有關禮拜的吸引力，Gülen 強調了禮拜的美與其音樂性。基督宗教徒習慣於巴哈的聖歌，或讚美詩歌樂團的鈸聲，因此穆斯林可能會覺得 Imam 抑揚頓挫、音節轉換誦唸的喚拜聲似乎很溫和。這是重點一部份。領拜者皆希望禮拜者專心朝向真主，而非注意力轉向個人的吟誦。的確，帶拜是美的藝術，Gülen 經常在其教誨中訴諸音樂的比喻，間接地點明禮拜的音樂性：

> 即使我們必須浸淫在日常生活中，但喚拜、讚美真主的歌、各種禮拜聲音、讚唸真主之名，那些感謝真主，說出真主獨一(Uniqueness)從清真寺的窗戶傳出的聲音，皆能驅使我們朝向其氣氛，為我們的靈魂賦以色彩，把如鼓的聲音注入我們的心，使它們是有如笛聲之輕嘆。[26]

禮拜的音樂性是使人類在宗教實踐中感受非暴力的另一種方式。禮拜提醒參與者愛好神的和平。

因此，透過直接的教誨，透過夏令營的創新之舉與模範，Fethullah 在 Izmir 期間重啟穆斯林的禮拜功課。Hizmet 運動本身當然顯示了那份努力的效果，而 Alaattin Kırkan 的故事即勾劃出 Gülen 對禮拜的做法如何影響了一個人的生

25　Interview with Züleyha Çolak, Hasbrouck Heights, NJ, March 28, 2017.
26　Gülen, "Chaos and the Mystical World of Faith," *The Fountain*, May-June 2010.

活。Kırkan 生於 1948 年，來自以男子漢、戰士聞名的 Ödemiş 小鎮。他年輕時很欽佩這些孔武之士。1960 年他搬到 Izmir 時接受裁縫訓練。他的家庭原本財力不富，無法支撐他自己的店，因此如他所言，在 1966 年 4 月成為「Izmir第二技高裁縫師」助手。Kırkan 回憶他的許多客戶「有強壯的關節」，當「他們在咖啡店打架時，不只是拳頭你來我往，連椅子都會被打飛。Kırkan 是穆斯林，但他也被這群男子漢吸引成為成員。

　　擔任助手幾個月後，Kırkan 找到一位夥伴合開店，那位夥伴不但血氣方剛，更是凱末爾主義者，自然對宗教不屑一顧。新店開幕不久的某一天，Kırkan鋪了拜毯準備禮拜。他的世俗化夥伴注意到問說：「那是什麼？」。Kırkan 答道：「那看起來像什麼？」他的夥伴於是說：「你看起來像是要做禮拜。」然後以輕蔑的聲音說：「我聽說 Kestanepazarı 有新的佈道家，他哭泣聲如女孩。假如你要禮拜何不跟他一起做？」Kırkan 補了一句非暴力妙語：「所以那位世俗主義者在不知情下成了我的老師。」

　　之後的週五，出於好奇心，也為了挑戰其夥伴，Kırkan 去了 Kestanepazarı參加由 Gülen 帶領的聚眾禮拜。雖然伊斯蘭規定每日禮拜五次，但週五中午的禮拜是義務性的聚禮。Kırkan 繼續他的故事：

> 雖然我不是很老，在這之前已看過許多 Hodja，但這是我首次看到會哭的Hodja。那一刻很難解釋，一部分是他的衣著，他的襪子、褲子、袍子、Sarık（頭巾）都是乳白色的。有什麼人像他這樣嗎？他的雙眼充滿淚水，很明顯他有熱情，他所關心的是人類，他為我們而哭泣，他為人性而哭泣。如同先知門徒 Ali 所言：「穆斯林都是我的兄弟，而非穆斯林與我都是人類，所以我們也是兄弟。」他淚如雨。他是為我們而哭的人，第二週我又跑去參加了。[27]

　　之後，這位裁縫的生活中再無任何打鬥。第三章將更完整地探索 Gülen 眼淚的意義。這裡重點只有這個：那位十八歲的裁縫一度被推向血氣方剛的勇士堆，但透過禮拜成為最先擁抱 Hizmet 者之一，他終生與 Gülen 保持親近關係。

　　Yusuf Pekmezci 是 1963–68 年間 Kestanepazarı 宿舍的董事會成員，他也發現越與 Fethullah 親近，恢復禮拜的實踐，意謂著放下拳頭。Pekmezci 當時

---

[27] Interview with Alaattin Kırkan, Izmir, July 28, 2015.

二十多歲，已在土耳其與歐洲的紡織業中有好發展。從 Hodjaefendi 抵達 Izmir 那一刻起他就受其吸引；而來自 Konya 那保守城市的 Pekmezci，同時也是土耳其日漸茁壯右翼國族主義份子。他做禮拜，但他的政治觀卻是法西斯主義。他厭惡共產黨，與許多年輕人一樣，也願意上街頭對抗他們，但是共產份子在 Izmir 很強勢。如他所描述的，抗爭與反抗爭都很常見，舉凡暴動、破壞與街頭抗爭都有。在 Gülen 到達 Izmir 之後不久，Pekmezci 正率領他的群眾參與其中一個街頭抗爭：

> 有一天，市中心有一個論壇，共產主義份子在那裡聚集，我帶二十個我的人馬去。然後我聽到背後有人叫我 Yusuf Bey（Yusuf 先生），竟是 Fethullah。他重複一次。我記得那聲音，也知道是 Hodjaefendi。他問我：「你在這裡做什麼？」我說：「我們來打架。」Hodjaefendi 說：「跟誰？」Pekmezci 回答：「與 Solcu（左翼份子）。」Hodjaefendi 只問：「為什麼？」Pekmezci 說：「因為他們是左翼份子。」Hodjaefendi 說：「你不應該打架！」Pekmezci 抗議說：「Hodja，我這裡有二十人，我們來打架的。」Hodjaefendi 再次問道：「你們要打誰？」Pekmezci 說：「左翼份子！」然後 Gülen 再問：「你們為什麼要打？」Pekmezci 惱怒地再次說：「因為他們是左翼份子！」然後 Gülen 問了一個強而有力卻簡單的問題：「那你是什麼？」Pekmezci 說：「我是右翼份子。」Hodjaefendi 接著說：「你不想有任何左翼份子嗎？」[28]

換言之，難道伊斯蘭只認同「右翼份子」嗎？Gülen 的心中擁有超越政治鬥爭的思維。

Pekmezci 並沒有馬上被勸服。Gülen 的問題只是暫時阻止了他，Pekmezci 以他既定的理念告訴 Gülen：「我不認同任何左翼份子。」Gülen 說：「Yusuf 先生，你們與左翼份子正在做同樣的事。你們都是同城市居民，為何要打架？」按 Pekmezci 的回憶，Hodjaefendi 接下說的話可以在其許多著作中找到不同形式的闡述：

> 我們都是兄弟，有右派也有左派。若你不要左翼份子，就好像你不要真主所為你創造的另一半軀體。你會不要你的左耳或右耳嗎？若你不要你的左耳，那你可能要割棄它，只與你的右側一起生活。真主的造化左右兼備，

---

[28] Interview with Yusuf Pekmezci, Izmir, July 29, 2015.

我們都是人。我們必須在彼此身上看到尊嚴。兄弟，想想吧！[29]

　　Pekmezci 最後說：「我想了，也靜下來，他令我思考。」當時，Hodjaefendi 要他一起離開。Pekmezci 說他不能，因為他的人會認為他妥協。因此他對 Hodjaefendi 說：「與我一起留下來！讓我組織這些人後我就來。」他於是向其國族主義的夥伴說了一些話後離開了。他與 Gülen 一起走回 Kestanepazari。這是他作為國族主義煽動者最後的工作。[30] 禮拜的力量為生活立下超越政治的情境。

　　這種崇高的禮拜目的正符合 Gülen 在蘇非主義研究中所學。學術對蘇非或蘇非思想的定義有所爭論，但空出相當多時間禮拜絕對是定義的一部分。[31] 蘇非社群主要特質與 Fethullah 生命明確特色之一就是履行自願性禮拜，這些禮拜超過義務的一日五番拜，包括 Tahajjud（午夜禮拜）與 Awrad（亦即 Dhikr, rememberance 唸記）。Dhikr 在 Gülen 生活中，或更廣泛地說是在 Hizmet 社群中是特別重要的功課，指朝麥加方向圍著一圈坐著吟誦禱文。這些禱文可能是 Shahada、讚頌神，或只是 Allah 的名字，亦即做 Dhikr 時唱誦或默唸部份（或所有）神的九十九個美名（al-Asma' ak-Husna 屬性)，如 as-Salam（和平）、an-Nur（光）。進行 Dhikr 時常會使用唸珠（很像天主教徒的 rosary 或印度教徒所使用的 mala）。這些唸珠土耳其文稱為 Tesbih 可以簡單地以種籽、美麗木頭或石頭串成。Gülen 有數十條別人送給他當作禮物或旅行至不同社群時收集的念珠。穆斯林念珠中有有一百顆的或三十四顆的珠子，一顆是唸「Allah」，其餘的三十三顆則用在唸九十九個名字（33 的三次倍數）時邊唸邊數。無論如何，Dhikr 有如印度教徒的唸頌 Mantra，一遍又一遍與其他禱詞唸誦，目的只是心想神的存在；而這種儀式常會使人進入忘我狀態。

　　Dhikr 也可能以音調伴隨唱頌。Gülen 生動地回憶其蘇非導師 Alvar Imam 的 Dhikr 圈。那段長敘述很值得全文列出，因為那是透視塑造他禮拜之窗：

> 　　Alvar 的 Imam 是位內心世界深廣者，充滿神愛與熱情。他在 Dhikr 圈的狀態正是這種心靈富饒的典範。他接受了 Naqshbandi 與 Qadiri 道團之啟

---

[29] Ibid.
[30] Ibid.
[31] Naqshbandi Sufi Way, "Awrad," at http://naqshbandi.org/awrad.

迪，因此我們可能在清真寺會同時目睹兩種 Dhikr 方式。在蘇非傳統中，Dhikr 圈領袖的作用是教導說出唸記字句。因為當時那位備受福賜的 Imam 年事已高，他不會穿梭於圈子中，而是坐到其他地方，如同那顆最主要的唸珠，盯著圈子中的一切。無論如何，一會兒之後，圈子裡的人就會變得目眩神馳，無法感覺所處環境。有些人會流著淚，如刺鯁喉，甚至暈厥。儘管 Alvar 的 Imam 有嚴重的健康問題，他還是會如禮拜在墊子上盤坐兩三個小時。大家總會在 daire（框鼓）簡單的節拍伴奏下，誦唸其著作 *Khulasatu'l-Haqaiq*（真理簡論）中的宗教詩、先知讚美詞，以及禱文。村中有一位聲音優美的 Hafiz（古蘭經唱頌者），他正是打框鼓者。那時刻，Alvar 的 Imam 必以其全然存在投向「全能真主」(God Almighty)。有時他會因那些頌歌所產生之微妙氣氛而陶醉不已，並在其周圍引發類似的氣氛，點燃大家心中對神的愛火。當有些人陷入忘我，或有些人熱淚盈眶時，就會感染其他參與者，在每個人的心中注入愛與熱誠的氣氛。如此強而有力的氣氛，我小時候即親眼看過，至今仍深受其影響。[32]

因此無論 Fethullah 是否被視為蘇非，他的確受到蘇非之道的形塑。確切地說，他的生活是依禮拜安排。神學家 Salih Yücel 描述 Gülen 一天生活模式，認為可追溯到 Gülen 在 Izmir 時。Yücel 提到：

> Gülen 的作息時間皆以按時日常禮拜（主命拜）為基礎。他會在黎明前一個小時起床行 Tahajjud 的禮拜，讀古蘭經，以先知穆罕默德方式禱告，然後做 Dhikr。他會在主命拜後為請求他的人代禱。然後，行集體 Fajr（晨禮）。禮拜後，他會再次做十五至二十分鐘的 Dhikr，然後課堂開始前與來訪者聊幾分鐘。他會要求其學生閱讀 Said Nursi 的 *Risale-i Nur* 並闡述指定的內容。閱讀時間約持續一小時，之後，他會與週圍的人一起用早餐。早餐後，他會回到房間休息到中午。

> 我問過他身旁的人他閒暇時做什麼？他們告訴我 Gülen 把他的時間花在打個小盹，做 Ishraq 副功拜（額外的禮拜），閱讀不同的書，撰寫他的書或詩歌，以及思考其運動的活動。大約在 Zuhr（晌禮）前兩小時，他會教授一些畢業自神學院學生有關 Tafsir（古蘭經詮釋）、Hadith（聖訓）、Fiqh（伊斯蘭法學），以及 Aqidah（伊斯蘭神學）。圍圓圈席地而坐的授課與傳統教學無多大差別，但卻使用現代科技如電腦與投影機。

> 大約中午時，他會離開房間，看十五至二十分鐘的新聞，並與身邊的人聊半小時。然後準備集體 Zuhr 禮拜。完後，Gülen 會做至少二十分鐘的 Dhikr。當他與其他人用午餐時，會回答聽眾不同的問題。我注意到他在回答政治

問題時會猶豫。有時他會問其週邊人的家庭或職業，並偶爾評論。他也會特別關心老人與小孩。

談話後，他會回到房間閱讀書籍或準備他未來要出版的著作。有時，他會邀請一些人進一步討論他們的請求。然後他會帶領大家做 Asr（晡禮）與 Dhikr。然後，會有另一次約半小時的問答時間。接著他會在房間的跑步機上走四十分鐘。邊走，邊做 Dhikr。在做完集體 Maghrib（昏禮）之後，他可能會與其他人用餐。而在做完集體的 Isha（宵禮）後，他會回到房間，繼續寫作、禱告與 Dhikr，直到十一點。有時，他會在宵禮結束後與來訪者私下聊天。[33]

從 Izmir 的 Kestanepazarı 清真寺到現在，Fethullah 生活中始終不變的特色不是政治或經濟，而是禮拜。這種對禮拜功課的承諾將他與主流伊斯蘭 Sunnah 傳統（先知行誼）與廣泛實踐非暴力之潮流並列。悲哀的是必須強調這一點，我要向注意到此重點的讀者道歉，因為和平建造者會禮拜，而禮拜正是非暴力的實踐。

尤有甚者，禮拜具既非政治性，亦非奇蹟的力量。就個人而言，禮拜建立了信心，反覆的禮拜會以熟悉的慰藉抒緩煩擾的心。就文化層面，禮拜建立了信任，與神或他人溝通使所有挑戰看似可克服。在社會層面，禮拜建立行動。例如小生意人 Zahit Yılmaz 在 1970 年代初的第一次遇見 Gülen。他很虔誠，但並未特別積極於信仰活動。但當他跟隨 Gülen 禮拜後，一切就改觀了。他描述那一刻的記憶：

對我來說，當 Hodjaefendi 出來帶禮拜時，似乎就像他正在走向真主舞台。當他開始帶領禮拜，你彷彿忘卻了一切，全神貫注地做禮拜，而且你會覺得好像在其他地方。你記得犯過的罪，想要盡可能地跪下叩首。當我們俯臥時，有人啜泣，有人咳嗽，有人則好像在笑，反正每個人都有聲音，那就像你經年累月的罪被洗滌乾淨，又彷彿內在的罪惡被眼淚清洗了。有一次我記得我們已經叩首了，然後我問「我們不起身嗎？」那時已向真主做了二十三次禱告（一般只有三個）。我在我的生命中從未如此禱告過。[34]

在 Izmir 跟隨 Fethullah 禮拜的經驗導致這個人將其餘生奉獻給 Hizmet。我在 2015 年曾訪問他及其兒子、孫子，他們皆對於能伴隨 Hodjaefendi 感激不

---

[33] Yüçel 2010, pp. 4-5.
[34] Interview in Turkey, July 28, 2015.

已。他們在金錢上支持 Hizmet，甚至收藏了 Fethullah 的紀念品。他們對那位曾向他們展現如何過著禮拜生活的忠誠到最後卻付出代價。2016 年，在所謂的政變過後，他成為遭逮捕囚禁上千人之一。他的罪名是什麼？「恐怖份子」的追隨者。

Hajj（朝聖）與 Hijra（遷徙）：將 Hizmet 帶往新境域

　　到麥加朝聖(Hajj)乃伊斯蘭五功之一。儘管虔誠的穆斯林已將朝聖儀式溯至亞伯拉罕、Hagar 與 Ishmael，自七世紀始，麥加聖地（在今日沙烏地阿拉伯境內）每年都會舉辦為期五天的儀式。無論起源如何，朝聖對男女性皆是義務性活動，有些甚至相當艱難。儀式程序當然包括一日五番拜與包括旅行及在麥加附近幾個地方露宿，此外也讓信徒用時間冥想、對話、聯繫與休息。正確言之，朝聖中心是聖殿，座落麥加大清真寺庭院中心的四方體建築，穆斯林禮拜時即朝向此建築。古蘭經談到 Ka'ba 說：「真主建造 Ka'ba 聖殿作為人類維繫的支柱。」(5：97)對穆斯林而言，這不是一般之地，而是神之永恆「存在處」在地面的反射。眾所皆知，在每次朝聖都有一個繞行 Ka'ba 的規定儀式，即穆斯林所稱的 Tawaf（繞行）。朝聖者必須在一開始時進行逆時針七次繞行，結束時再七次。每年（如 2016 年）超過 1500 萬穆斯林做此繞行。將禮拜焦點置於單一聖地是宗教史上真正令人著迷的儀式，諸多城市中的耶路撒冷、羅馬、Benares 皆扮演類似角色。因為順尼伊斯蘭沒有中央權力結構如教宗或大公會議，虔信穆斯林每日數次強調麥加的重要性，故在其他古老宗教傳統中無任何等同角色者。Ka'ba、麥加與朝聖義務（若經濟條件與身體健康許可），就是神獨一性之具體表現，也是人類在單一地方的和諧願景。當穆斯林每天朝向麥加禮拜時，他們的外在與內心皆是在對神的告解與冀望所有人類和平一體。

　　Fethullah 曾在三個情況下到麥加朝聖。第一次朝聖是在 1968 年，當他還是 Kestanepazarı 宿舍與清真寺職員時。Murat Alptekin 以傳奇性感受解釋其發生經過：

　　　　他最大的夢想就是藉朝聖去看真主使者成長居住的地方；但經濟條件卻不

允許。有一天，當他正在 Kestanepazarı 教學生時，有一個學生問：「先生，您有想過去朝聖嗎？」

那問題彷彿灑在傷口上的鹽。Gülen 無法忍住眼淚開始哭了。他想著：「我何德何能可以去朝聖？」他太難過了，以致無法上完課。他哭著離開教室，然後進去房間。就在那時，一個學生敲門說：「先生，有一通您的電話。」

Gülen 拿起話筒，他深覺朝聖之渴求喚起悲傷。打電話來的人是宗教事務部長 Lütfi Doğan。他說：「我們與朋友決定今年送三個人代表宗教事務部去朝聖，你是人選之一。」

Gülen 對這消息喜出望外，以為在作夢。[35] 事實上，美夢很快就實現。

這個轉折也指出 Gülen 已成為宗教事務部一些人最認同者之一。宗教事務部部長可以成事，也能敗事；但那無疑對 Gülen 的狀況有所助益。1968 年，Izmir 商人領袖們支持 Gülen（他們中有些還伴隨 Gülen）去朝聖。其中一位是 Yusuf Pekmezci。關於 Pekmezci，之前提到的是他 1966 年在 Izmir 街上要去打架。Pekmezci 有能力自費去麥加。他記得與 Gülen 一同旅行的小代表團有對話，Gülen 總是在旅程中毫不猶疑地指導同行夥伴。Pekmezci 說：「我們在一個旅館休息，那裡充滿了人，而我說：『看看這些人吧，他們會來這裡是因為他們相信真主！』後來 Hodjaefendi 轉過頭對我說：『你認為我們比其他人高等，只因我們在 Ka'ba 這裡嗎？看看這些人，為他們感謝真主吧！但重要的是去助人所需。』」 對 Gülen 來說，朝聖不只是拜訪一個聖地實體。若無法深化你的熱愛，那就只是繞圈罷了。Pekmezci 又講了一段軼事來辨明。他回憶說：「我們正坐在 Ka'ba 旁，然後回去睡覺；但 Hodjaefendi 拿了件外套待在那裡整夜。我們睡覺，他禮拜。隔天我為了要行晡禮小淨去找他。他說：『我在這裡。』我看到人群裡有些騷動，於是想問 Hodjaefendi。我說：『那是什麼？』他說：『在這裡，在這個地方，你看不到什麼，聽不到或說什麼。』換言之，對 Hodjaefendi 而言，朝聖並非只是身體感覺，更是內心、意念、目標的專注，是身體與精神之旅。」[36] 或許如 Pekmezci 所結論：「我在 1968 年從 Hodjaefendi

---

[35] Alptekin, pp. 44-5.

[36] 宗教史家 Jonathan Z Smith 認為「神聖地方」就是「聚焦鏡頭」。See Smith 1987. See also my *Shopping Malls and Other Sacred Spaces: Putting God in Place*, 2003.

身上看到的：我們只是去拜訪一個地方；但他卻是從內心關注。」[37]

Gülen 早已在講道、Sohbet 與短文中教導朝聖並非只是身體歷程，需要進一步深究。他寫說：「朝聖（到麥加的 Ka'ba 巡禮）是為了感謝真主賜我們身體健康與財富，因此，意圖朝聖的人必表明：『我舉意為了真主去朝聖。』」[38] 一個人舉意「為真主」去朝聖並非只是表達虔信泛泛之言，而有實質意涵，意謂至聖地旅行與個人利益無關，而與服務奉獻有關。既然真主無所求，為真主朝聖即舉意為造福他人而做。誠如受 Gülen 啟發者之間流傳甚廣的一句格言：「朝聖的意義（或說遷徙遠地—Hijra）是把 Hizmet 帶到其所不在之處。」雖然麥加是一個目的地，但對 Gülen 而言卻是一個新的起點。如果出現在聖地能某種程度上增添對神之察覺，就必須將之轉化成實際行動。倘若一個人懷著感恩之心進入麥加（Gülen 的確是如此），那他又怎能在離開時不帶任何被強化的動機，將那份福賜傳給他人呢？Gülen 在佈道中講到其自己的朝聖：

> 一切都是透過朝聖義務，人必須為了真主坐、站、走路與做每件事，而且是有意識地做。他們在 Ka'ba 前打開雙手、面向 Multazam（懺悔之門，譯按：Ka'ba 建築體的各部位皆有名稱，懺悔之門是指位於 Ka'ba 黑石及其入口處之間約兩公尺長的牆壁，穆斯林朝聖時會摸著此處祈禱）、問候或親吻 Black Stone、到訪 Mina、停宿 Arafat 與到 Muzdalifa 時，都必須保持這份意識。簡言之，他們必須為了真主履行所有規定的動作，置入長時間累積的價值觀。[39]

不過，並非每一行動（如親吻鑲嵌在 Ka'ba 牆上的黑石）是朝聖中所規定的步驟。若說空間可以被壓縮成一個聖地，Gülen 正主張不同的時間也可以被壓縮成單一整體。Gülen 如換了一個人離開麥加。

Gülen 並非不喜歡第一次麥加之旅。如人類學家 Victor Turner 所說：「朝聖者是半個遊客，遊客是半個朝聖者。」Gülen 沒有不同，他感傷地寫了一句值得放在明信片上的話：「第一次看到 Ka'ba 時刻是相當神奇的。」更甚於一

---

[37] Interview with Yusuf Pekmezci, Izmir, July 29, 2015.
[38] Gülen 2014d, p. 73.
[39] Gülen, "Hajj and Praying," Weekly Sermons, The Broken Jug. 8/10/2012, at http://www.herkul.org/weekly-sermons/hajj-and-praying/. 雖然這資料日期較晚，但那份感情仍反映 Gülen 從 1968 年的自我旅程開始，對朝聖的理解始終如一。

般遊客的觀察是他將朝聖外轉向社群，而非只個人經驗：

> 蒙福之日去聖地的人能為自己及其家人祈禱。而在穆斯林情況在我們的時
> 代擔負著比個人更大的意義。穆斯林國家的情況再清楚不過，在整個伊斯
> 蘭歷史裡從來未如此不幸。我們雙足無法自主站立，而必須站在我們不瞭
> 解其真正目的者所帶來的觀念上。這種基礎往往從我們的腳下被拉掉，而
> 使得我們倒垮。Bediüzzaman Said Nursi 對此情況感到極度苦惱，他曾宣
> 稱只要去想穆斯林世界的事自然就無法思考自己。這種情況下，第一次有
> 機會去朝聖看到 Ka'ba 的穆斯林應該打開雙手，向全能真主祈求:「我的
> 主啊！請賜予祢使者的追隨者解決之道，請憐憫、饒恕他們。我的真主啊，
> 請祢使穆斯林 Ummah（社群）強大！指示他們復興之道！」[40]

　　Gülen 從朝聖汲取的意義也許就是與日俱增的緊急感與更敏銳的專注力。
誠如 Malcolm X 在 1964 年從朝聖回來時即對實踐伊斯蘭有更清楚的方向。
1968 年的 Fethullah 也是如此，尤其視朝聖為一場神學上的相遇，為靈性之覺
醒強化去落實服務的承諾。

　　因此，Fethullah 朝聖意義並非儀式性的，而是他其所帶回給他人的思想。
當然，1968 年，聚集在麥加朝聖的穆斯林皆離開聖地返回地球上的每一個國
家；而那些返回社群的人皆有一個榮耀的稱號—Hajji。隨著朝聖而來的是義
務，Gülen 回憶說：

> 當我在麥地那時，一位熱高貴愛先知者的話語撕裂了我的心。他說：真主
> 的使者啊！我已在這裡多日，我尚未聽到祢的聲音。現在我要離開這裡去
> Ka'ba 了。如果他們問我從這裡帶來什麼，我該如何回答？他說出不可能
> 不感動的話。因此我們應該探求這種經驗以感動我們的心，提醒自己可能
> 無法再有機會做這趟旅行。[41]

　　這並不是說不可能再通過朝聖之道，但意思也不遠。Gülen 的會見永恆聖
地 Ka'ba 使得他更體認個人生命的短暫。在往麥加旅途中，他的身體在移動，
但相對應的靈性移動卻更完整地將他之前的個人本位主義轉移到為服務人類
的團結。

　　事實上，Gülen 透過朝聖的轉化體現了蘇非(Sufi)對所謂 Sayr u Suluk（行

---

[40]　Ibid.
[41]　Ibid.

者與行旅）的理解。1968 年時，Gülen 還是未滿三十歲年輕人，卻已被宗教事務部派為代表去朝聖，那之後還能有什麼期待？Gülen 所解釋的 Sayr u Suluk 蘇非教義是一個四階段過程，任何靈性旅程都牽涉「朝向神旅行」、「在神之中旅行」、「與神同在之旅」，以及最後的「從神開始之旅」。除非「神」等同「國家」（一個他從未認同的異端褻瀆概念），否則即使宗教事務部長對他很慷慨，Gülen 也不可能狹隘地附在政治下。事實上，蘇非思想的 Sayr u Suluk 有一個目標：消融自我，擴展對神存在的覺察。例如為了闡釋第三個階段，Gülen 引用十四世紀亞賽拜然蘇非詩人 Nasimi 的詩：

> 我所在的地方已化為烏有；
>
> 我的肉體已全然昇華為靈魂；
>
> 神之注視對我彰顯了祂自己，
>
> 而我也看到自己沈醉於與祂的會見。
>
> 真主(Ultimate Truth)召喚著我：
>
> 「來吧！有愛的人，你我（神）關係親近！」這是親密層面；
>
> 我發現你是虔敬者。」[42]

　　「愛神者」、「沈醉神之中」，諸如這類語言經常使一些拘泥於字面意義的人感到不舒服。Gülen 甚至更明確地表達這種比喻：「這是…這層面彷彿酒杯，人在填滿對神的愛與吸盡『神之愛』，狂愛與激勵他人『愛神』。凡是充滿這層面福賜者認為所有非關神之言語都是廢話。」[43] 這令人想起 Gülen 在麥加對其夥伴 Hajji Yusuf Pekmezci 所述：「在此，除了神你不需看什麼、聽什麼或說什麼。」

　　然而，無人能永久維持這種意識。蘇非 Sayr u Suluk 的第四階段是「從神開始之旅」。我們或許已觸及了 Hizmet 的核心。Gülen 曾寫說：「每種禮拜行為都是對真主的感激，以回報祂的恩典。」在第四階段裡，人「在達到『獨一性』」後，並做新的闡釋，從而轉向多元境域。這種返回的旅人將其生命奉獻給

---

[42] Gülen 2011, p. 247.
[43] Ibid.

將他人從『地牢』中解放的救贖。」[44] 將他人從「地牢」解救出來聽來很令人興奮，但卻是危險任務。人們自掘的地牢樣式很多，因此就有很多方法。如 Gülen 所言，「一旦旅人從真主回到人群，就得擔負許多任務。」而在所有任務中如教導、勞務、醫學或法律專業、科學或人文的研究，甚至是支持全善生意，任何一位 Hajji 可能在這些活動中理解到「單一性的多元與多元中的單一性」。這個矛盾看似模稜兩可，但它是朝聖的核心經驗。朝聖時，每個人都穿得一樣簡單白色的 Ihram（戒衣，意謂朝聖者的「純潔」狀態）。這種單一性中包含了多元性，朝聖者來自不同的地方，每個人的臉都是獨特的。事實上，男女在朝聖時是肩並肩一起禮拜的，婦女也不穿戴遮蓋臉的衣物如 Burqa（罩袍）或 Niqab（面紗）。而儘管各自不同，所有朝聖者的焦點都是在獨一神，以一種令人驚異一致性的身體行為繞行 Ka'ba。

對 Fethullah 而言，第一次朝聖時還是年輕人，他參與了繞行，隨即識別繞行的意義。事實上，這不令人驚訝，Gülen 在撰寫 Sayr u Suluk 時引用他在 Erzurum 的老師 Muhammed Lütfi 的話，他從未忘記其文字的呼求：

> 尋求真主之禮的人啊，
>
> 加入這個圈子吧！
>
> 熱情追求真主之光的人啊，
>
> 加入這個圈子吧！[45]

對 Fethullah 而言，1968 年的朝聖擴展了他的參與圈子，最後延伸出作為穆斯林的意義。

從 Gülen 在 Izmir 起，旅行（當然包括朝聖）即為 Hizmet 成員的特色，以之作為他們伊斯蘭實踐的表述。如社會學家 David Tittensor 所言明：

> 在伊斯蘭信仰與傳統裡，旅行於人與神的連結上有重要性。伊斯蘭五功中的一項就是所有穆斯林只要身體健康允許並有經濟能力，皆須在有生之年到麥加朝聖。此外，還有 Hijra 教義，即若一個人無法自由履行信仰與非義務性的 Ziyara（民間聖陵巡禮），則須遷徙異地。與旅行關係極密切的

---

[44] Ibid.
[45] Ibid.; Tr. by Ahmet Kurucan and Osman Öztoprak, May 9, 2017.

是追求知識。古蘭經與聖訓皆指引信士在神所創造的世界裡做 Rihla（旅行），以深入瞭解「造物者」。前者包括數段經文，激勵讀者「在大地上旅行」。(Q3: 137、6: 11、12: 109、16: 36、29: 20、30: 9、30: 42)聖訓是傳述先知穆罕默德之生平與行為的資料，先知過世後收集編纂而成。它以古蘭經文為基礎，用相似之形式講述許多相關故事讚美旅行與知識的需求。al-Tirmidhi（死於 892 年）記述了一個故事，在故事中先知穆罕默德解釋：「凡外出追求知識者，在其返回之前都是走在真主道上的。」此外，也有一則至今仍有名的聖訓，先知穆罕默德據稱說過：「即使遠到中國，知識亦當求之。」事實上，旅行的重要性已深植在穆斯林意識中，被視為被真主認可與蒙受福澤的虔信行動。[46]

接下來的章節將可看到受 Gülen 啟發者擁抱其 Sayr u Suluk 教導。他們代表穆斯林，接受挑戰，旅行至無數的全球角落。若說他們是傳教士也無可厚非，只要「傳教士」這個字不帶有傲慢或帝國主義式之改宗意涵，而是具說服力的服務人類，就能理解了。[47]

這裡姑且舉一例。Derya Yazıcı 出生於德國，但其家庭來自於 Erzurum。她年輕時住在伊斯坦堡正南方的 Bursa，隔著 Marmara 海相對望。她就讀伊斯坦堡的 Marmara 大學，並在那裡接觸了 Fethullah 的思想。結婚後不久便拿到教師證，爾後超過二十年歲月皆與其夫婿在各個 Hizmet 相關機構（通常是家教中心或學校）服務，足跡遍及賽浦勒斯、蒙古與土耳其各地如 Ankara、Konya 與 Kayseri。他們在 2015 年來到美國。她解釋說：

> 我們懷著 Hijra 的心到各地去，內心瞭解我們正在把 Hizmet 帶到還沒有人知道的地方，那是來自先知與 Hodjaefendi 的訊息。同時，每個人都在生命中尋覓，無論我換到什麼地方，都能看到不同的文化與人民，我學到很多！我為自己增加了新知識，並使我變得完整。離開一個地方很困難，不知道是否會再看到那些人。你可能會失去那些回憶，但同時你期待新的地方與人。因此，移動會同時帶來悲喜交加的感受。[48]

Yazıcı 接著幽默地指出經常遷徙所帶來的一個不期待的後果。她說：「由於經過多次的搬遷，我總是反覆做著兩個同樣的夢。在第一個夢中，我們正在

---

[46] Tittensor 2014, p. 96.
[47] Tittensor also makes his claim.
[48] Interview with Derya Yazıcı, Hasbrouck Heights, NJ, February 7, 2017. Tr. Osman Öztoprak.

搬遷方，但我們卻錯過了班機，或是行李無法整理好，或機上的椅子破了等。
第二個夢是關於我的教課情況，我上課遲到了，學生正在等我，但我還沒到！
這兩個惡夢在任何地方都會經常出現！」[49] 許多教師可能會做類似的惡夢，
但她的重點是 Hizmet，那些受 Fethullah 啟發者的移動與旅行將 Hizmet 帶到
未到之境。Gülen 首次朝聖經驗與他人分享後，可能對此信念有所貢獻。

　　毫無疑問地是，像朝聖這種旅行絕對是宗教在這個星球上建立和平之最
深刻的非暴力做法。如前文已簡單提到，也許最知名的朝聖意義的記載，就是
Malcolm X 的生命故事。Malcolm 在 1964 年朝聖前即為 Elijah Muhammad 所
倡導的伊斯蘭黑人民族主義的一員。他在一封家書中憶及：

> 在神聖經典中，亞伯拉罕、穆罕默德及其他所有先知家鄉的古老聖地(Holy
> Land)上，各種膚色、種族皆奉行真正的兄弟情誼，我之前卻從未親睹此
> 種兄弟情誼的誠懇好客與感人精神；但在過去一星期，我卻見到我周遭不
> 同膚色的人展現出親和，我因此深受吸引，啞口無言。

> 我蒙受恩典到訪麥加聖城，我繞行 Ka'ba 七次，我喝 Zamzam 泉水。我在
> al-Safa 與 al-Marwah 兩山之間來回奔跑七次。我在 Mina 古城禮拜，在
> Arafat 山上禱告。

> 那裡有成千上萬來自世界各地的朝聖者。他們各種膚色都有，從金髮碧眼
> 到黑皮膚的非洲人都有；但我們全都參與同樣的儀式，展現一致的精神與
> 兄弟情誼，這正是我所以為白人與非白人之間絕對不會存在的，因為我在
> 美國的經驗使我這麼想。

> 美國需要瞭解伊斯蘭，因為這是一個能弭平社會中種族問題的宗教。[50]

　　Malcolm X 一回到美國就將所體會到的付諸實行。他的新焦點催生了現今
最大的非裔美國穆斯林群體。他或許是一個透過非凡天分所濾出來的例外經
驗。然而這並未超越規範太遠。2008 年哈佛大學的研究"Estimating the Impact
of the Hajj: Religion and Tolerance in Islam's Global Gathering"（朝聖影響之評
估：伊斯蘭全球性集會的宗教與寬容），即調查朝聖對一般巴基斯坦穆斯林的
重要性。它的結論是：

---

[49] Ibid.
[50] "Malcolm X's Letter from Mecca."

我們發現參加朝聖會促進全球性伊斯蘭功課如禮拜與齋戒封齋的實踐，同時地方風俗與信仰如避邪物的使用與嫁妝相對減少，它增進不同族群、教派間平等與和諧的信仰與對婦女更友善的態度，包括女性教育與就業的接受度。而隨著伊斯蘭世界單一性的提升，對非穆斯林的厭惡感也未隨之升高。相反地，朝過聖者表現出對待不同宗教信徒更和平、平等與和諧之態度。[51]

　　對 Fethullah 而言，1968 年朝聖的意義並非使他與政治連結，而是激發他察覺穆斯林要如何當世界公民。

　　但是所有宗教如伊斯蘭即使具有全球規模仍需紮根地方。因此，Gülen 在 Izmir 時開始帶動他所帶回來的「從神開始旅行」。有位醫生從 1966 年 Gülen 來到 Izmir 時便跟隨親近他，回憶 Gülen 有一次說：「從一個有 Hizmet 的地方到一個沒有 Hizmet 的地方建立 Hizmet 就是朝聖。」[52] 亦即，朝聖並非只限於一個特定地方，亦即去做具朝聖意義的事。Murat Alptekin 將這種延伸性的朝聖觀闡明如下：「Gülen 嘗試以非制式化的方式詮釋伊斯蘭，例如當他看到許多沒進清真寺的人把時間浪費在咖啡館裡抽煙、玩牌時，他就開始在這些地方演講。」[53] 一間煙霧瀰漫的咖啡館也可以是服務工作的地點，如麥加的旅館般。因此 Gülen 開始在 Izmir 附近的咖啡館演講，非正式的 Sohbet 或隨性的講道。幾位學生與一些有他有興趣商店老闆會陪著他，Yusuf Pekmezci 為其中之一。他記得：

> Hodjaefendi 看著清真寺然後問：「那些年輕人去哪裡了？」我們說：「Hodjaefendi，年輕人都去咖啡館與戲院。」Hodjaefendi 說：「我們不能去戲院，但我們可以去咖啡館。」我們可以嘗試向我們的朋友解釋一些事，他們可能不知道。我們不能強迫人來清真寺，而必須去他們那裡。這樣的事並非我們第一個發起的，而是可以追溯到以前所有的先知。每位先知都去人在之處。既然我們是真主的僕人，又是政府僱員，我們不能只是說：『他們必須來我這裡。』我們無權這麼說，所以我們去咖啡館吧！」[54]

　　許多人想勸阻 Gülen，Pekmezci 是其中一位。他記得這麼說：「那真是個

51　Clingingsmith, et al, 2008.
52　Interview with Yusuf Erdoğan, Izmir, Turkey, July 28, 2015.
53　Alptekin, p. 46.
54　Irmak TV, Geçmişten İzler (Traces from the Past), "Interview with Yusuf Pekmezci, Episode 1," October 29, 2014.

壞主意，人們在那裡抽煙、玩牌，會問：『那位 Hodja 在咖啡館做什麼！』」
Gülen 認同他的擔憂，但他說：

> 你擔心的別人的觀感，而我擔心的是真主的認為。眾先知走向人群，人們
> 並不聽，而嘲笑，並對他們做壞事。但沒有先知就此放棄而不走向人們，
> 我們必須給這些人敬意，因為他們也是真主所創造的。沒有人比他人更偉
> 大，我們必須分享所知道的。如果他們問的是我們知道的，我們要解釋。
> 而且我們也可能會從他們身上學習。

Pekmezci 解釋說：「所以那就是我們怎麼開始去咖啡館的情形。」[55]

最後，這些見面會在 Izmir 與愛琴海附近的許多咖啡館進行。而第一場是
在 Izmir 的 Mersinli 區舉辦。Pekmezci 有點被這實驗的價值說服，於是成為受
命建立此實驗的先鋒。他告訴咖啡館老闆這主意，先給老闆三百里拉來辦那場
活動，接著是六百，再來是九百。Pekmezci 回憶那老闆當時說：「你們為何要
跟我喊價好像你們在競標？那位固定來的老客人喝了一杯茶，然後講話到天
亮。你們為什麼要付這麼多錢？來！喝你們的茶，談話吧！」他們因此有了第
一個地點。應 Gülen 的要求，Pekmezci 提出一個條件：當 Gülen 說話時不能
讓人玩桌遊，如雙陸棋。老闆同意了。Pekmezci 再一次給他現金。那老闆說：
「你為何這麼急？我們先看看你們要賣什麼？」於是，這場見聚集就此準備好
了。Pekmezci 記得要帶 Hodjaefendi 到那咖啡館本身就是一個挑戰。他沒有車，
而公車也沒到那裡。因此他們走路去。他們在晡禮之後離開 Kestanepazarı，在
咖啡館附近的一間清真寺裡做昏禮，然後繼續未完成的腳程直到咖啡館（總共
六、七公里）。Pekmezci 記得咖啡館老闆向他們問候的話是：「好，去講吧！」
[56] 然後 Gülen 就開講了。自然而然地，不是所有客人都會樂意被打斷正在玩
的遊戲，有些人「開始嘀咕」。但那些還留在當場的皆受邀「去問所有他們所
想到的問題」。那場討論「持續了三個半小時，沒有人覺得無聊。」這是任何
史家都無法評斷證明的結論。[57] Pekmezci 生動地回憶：「有些客人在 Gülen 開
講中問『他會在其他地方演講嗎？』他們很開心，沒玩桌遊。」誠如 Pekmezci

---

[55] Ibid.
[56] Ibid.
[57] Alptekin, p. 46.

所言，這場與其他發生在 Izmir 各地聚會的一些客人開始來清真寺了。Pekmezci
下結論說：「甚至從未聽聞任何人因為 Hodjaefendi 去咖啡館而冒犯他。」[58]
1968 年，當時的 Fethullah 正是位到處遷移的年輕人。他已從第一次朝聖帶回
一個任務，即「將 Hizmet 從有的地方帶到沒有的地方」。而這份任務卻是在一
個意想不到的地方萌芽，即 Izmir 的咖啡館。

Ramadan（齋月）：喚起靈性與交新朋友的齋戒與節慶

　　1968 年時，以 Fethullah 為中心的小群體人數已達一百人，[59] 他們都是
Gülen 的親近好友，很多是或曾是他的學生，其他人則是小生意人、商家經營
者或勞工，他們幾乎全受其講道啟發。若那一百人是後來所發展 Hizmet 社群
的核心，聽過從 Erzurum 來的 Hodja 者更是成千上萬了。他們出於嚴肅的宗教
關切或好奇來 Izmir 聽他佈道。而那成千上萬人之中有少許是來尋求 Gülen 的
忠告與商議；他們有些人成為主要的 Mütevelli（信託機構）成員，亦即 Hizmet
計劃資金贊助者。將近五年的時間，Gülen 持續住在 Kestanepazarı 院落中的簡
陋小屋。他研讀並教導學生真主之獨一性與其他主題。他禮拜，也帶領禮拜，
一位宿舍管理者如今是已完成朝聖的 Hajji。

　　倘若伊斯蘭主要功課的朝聖強調的是移動、聚會與改變，那麼與其對比的
非暴力功課就是長達一個月的齋戒。眾所皆知，在齋月（依照穆斯林曆而日期
年年改變）中，穆斯林許諾日出到日落之間戒絕飲食。這在任何季節都非易事。
尤其在土耳其的夏日，當炎熱的陽光可能會持續十六個小時之久，更是難以忍
受。如同一句穆斯林流行妙語：「齋戒月是份全職工作。」然而，它並非只是
自我克制與禁慾。根據 Reem Akkad 這位記者所言：「我們封齋是想與那些不
幸者感同身受，才能記得所蒙受的福。」因此，齋戒月如同朝聖，是有關注點
的非暴力功課，能培養同理心與回憶。Akkad 續說：「它有更深的意義。我封

---

[58] Irmak TV, Geçmişten İzler (Traces from the Past), "Interview with Yusuf Pekmezci, Episode 1,"
October 29, 2014.

[59] Çetin(2010)對此親密圈的形成年代定得較晚，在 1971 年，但更可能的是 1971 年政變與對
Hizmet 進行第一次有規模的起訴之後，這個行之有年的運動才在此時為人所知。

齋主要原因是相信那是真主所要求的，以增加我的信仰，趨近神的途徑。齋月將人的注意力從身體轉向靈性，飢餓的痛苦提醒著我超越肉體的自我。」[60] 這論述看來似乎違反直覺，放棄生活所需的事物又怎能將注意力從它移開？而許多人的報告都是如此，包括 Fethullah。他在 Izmir 五年中的每一年，既是齋戒的實踐者，也是闡明這份強力的身體功課如何有益於深沈靈性平和的教師。

他的年輕（有時只比其學生年長幾歲）有助於他致力向年輕人教導非暴力傳統。Yusuf Pekmezci 記得「一般提到 Hodja 時，就會想到一位蓄鬍的老人。」Gülen 並沒留鬍鬚，刻意選擇在一些圈子所避開的「真正穆斯林」表徵。他亦穿著簡單、現代、西式服裝，不同於一些喜好傳統阿拉伯袍、自我風格強烈的穆斯林領袖，而且還不到三十歲，或如 Pekmezci 所言：「Hodjaefendi 當時是一位年輕佈道家，大約是我的年紀，這一點吸引了我。我試著虔信些，但我們爭論到天亮—左翼與右翼的理念衝突。他的生活方式影響了我，他的解釋與生活方式相輔相成。」[61] Gülen 透過實踐其講道中關於齋戒月與其他主題的功課取得了合法性，這遠勝於蓄鬍的表徵。

齋戒月傳統上是家庭活動，日出前分享一頓富蛋白質與充足飲料的飯，因為這是一個人力行整日齋戒的唯一食物。有些穆斯林如學生會回去短暫睡覺，有些人會直接去工作。太陽下山白天快結束時，大家開始準備用開齋飯，有時只在清真寺簡餐（通常先吃椰棗），禮拜後才是盛餐。齋月期間會有特別禮拜，其意義有如聖誕節時基督徒的讚美詩歌。[62] 如前章所提，正是在 1953 年這些禮拜中的一次，Fethullah 做了他第一場佈道。

因此儘管是身體上的掙扎，在齋戒月中共同經歷的飢餓卻為那些力行封齋者製造精神的愉悅。個人確實地把時間給家庭，與家人聚集用餐與禮拜。這一個月期間，這份功課提供不健康的家庭成員更新情感的機會，因為眾所皆知共同的掙扎將家人連結一起。同樣地，在每一頓開齋飯場合也瀰漫歡樂氣氛；而與他人（尤其是陌生人）分享開齋飯更被視為吉祥。因此齋月具有將好客之

---

[60] Akkad 2017.
[61] Irmak TV, Geçmişten İzler (Traces from the Past), "Interview with Yusuf Pekmezci, Episode 1," October 29, 2014.
[62] Williams 2017.

情散播出去的意義。大家都知道一些穆斯林家庭會在這個月每天招待客人。集體封齋的社會中總有明顯的歡樂，信仰者聚集以獲得力行功課的力量，彼此鼓勵忍耐下去。齋月時的清真寺其他十一個月時間聚集更多人。最後，齋月結束時會有慶祝三天的'Eid al-Fitr（開齋節），這是穆斯林最歡樂的節日。[63]

1960 年代 Izmir 整個大環境正被民族主義者與共產主義者、伊斯蘭主義者與世俗主義者之間的衝突所撕裂，Gülen 之後憶及其孩童時期慶祝齋月的歡樂：

> 我記得很清楚，在我的童年時代，城市裡尚無電力，人們拿著煤油燈在暗夜中走路到清真寺。可想而知人們在齋月間就是在那些燈光下在街巷中走來走去。在詩歌的影響下，齋月深層靈性、意義注入我們靈魂裡，我們渴望永遠都不要結束。然而，儘管我們內心熱切渴望，但它仍然流逝，然後節慶即刻來到。[64]

同樣地，Gülen 也曾描述齋月對參與者如何產生實質吸引力。他認為個人在齊月甚至可能被轉化成愉悅的訪客：

> 經過齋月，在空氣中我們可以感受到一種神聖的興奮。黎明帶來新曙光與承諾，白晝隨微風而來，黃昏在地平線上隱約出現，這些皆被賦予不同色彩，黑夜被神秘寧靜裏住；它們對我們耳語「全然愛人−神」(the Absolute Beloved)的私會；領導我們往超自然生命之路，並為那些聽得到的人提供天堂旋律組曲。黑夜持續啟示萬物如同圈子交織著，這些神秘呢喃有時變成深刻的演說，萬物聽到這些非文字或言語佈道時，不禁啞口無言，驚愕地站著。因此，我們從來不會希望齋月離開，然而它還是會走，彷彿與我們享受歡愉時間賓客般離去。如同任何事物，它一次次地來去而且開齋節的到來如同此月份裡收穫滿滿的貴族。[65]

簡言之，齋月有助於建立深層和平，它對 Gülen 的助益遠超越因禁慾加劇的生理需求。

1960 年代的 Izmir，信仰與非暴力伊斯蘭傳統連結的理解是需要的，因為很少見。世俗主義份子試圖把伊斯蘭去政治化；而許多穆斯林，尤其那些將被

---

[63] For instance, see "Raucous, Solemn Rites Mark Muslim Celebration of Eid al-Fitr," *Phillipine Daily Inquirer*, August 31, 2011.

[64] Gülen, "Being Shaped by Ramadan," *The Fountain*, 25(Jan-Mar 1999).

[65] Gülen, "The Month Overflowing with Mercy," *Ramadan* (NJ: Tughra Books, n. d.), pp. 10-11.

貼上「伊斯蘭主義者」標籤者正藉由重新政治化對抗之。結果兩者皆陷入化約論的陷阱，兩者都把政治想像成國家安全的終極保證，甚至救贖。Gülen 的齋月奉行與相關教誨皆指出為伊斯蘭與其事務奉獻的生命本身比政治更重要，姑且稱之為「絕對摯愛–神」的關係。也許因為他在 Izmir 經歷的政治紛擾所致，Gülen 爭辯說：

> 齋月以充滿魅力美好的禁食出現在地平線上，封齋、Tarawih 禮拜、開齋餐、黎明前的封齋飯等帶來天堂氣氛。即使當各種緊張狀況陸續出現，當暴力與攻擊過度，矛盾被視為美德，當凜冽寒風吹著群眾，齋月以靈魂重整培養安穩之心、感受與思維，以及減緩困難與艱辛來散發其影響力。穆斯林因此對這個月份表現出嚴肅敬意，這是人所能察覺的和平與溫馨時刻。因此，儘管每個人的逆境不同，但若給予應有的意志力，並帶著信任衷心祝福，打開心門面對此特殊的時期，並懷著真誠信念、敬畏，那麼它將以祝福擁抱我們。氣怒、暴力與狂暴將休止，平和與和解的氣氛將四處瀰漫。[66]

在 1960–70 年代間的許多地方，這種將宗教與和平連結的教誨正是對被暴力撕裂社會的尖銳對照。對 Gülen 而言，齋月並非只是一些理念性計劃，而是相當務實，其基礎是跨政治的信任。因此 Gülen 建議那些聽他講道的人：

> 為將這些齋月的理想付諸實行，信仰者（例如居住公寓裡的穆斯林家庭）無論他們的生活哲學為何，必須邀請左鄰右舍開齋；同樣地，在學校和大學教書或在其他機構上班的穆斯林，可以將其餐桌開放給每個人，對社會各階層一視同仁，以此促進社會和平。我們應該善用這個蒙福的月份，儘量邀請客人共用開齋飯。這些晚餐必須擠滿各行各業的客人，而非豐盛的菜餚。眾所皆知，真主的使者宣稱：「兩人的餐食應給三人用，三人的給四人。」[67]

齋月能培養好客之德，去除自我偏見。對 Fethullah 而言，齋月是 Hizmet 最好的季節。

然而，為了社會利益與其身體嚴酷考驗，落實好客之道以結交新朋友，對 Gülen 來說，齋月終極目標是提升靈性知覺，它需要專注、力量與紀律。這個

---

[66] Gülen, "Ramadan and Softening Hearts," The Broken Jug, 10 July 2013, at https://www.fgulen.com/en/fethullah-gulens-works/thought/the-broken-jug/36142-ramadan-and-softening-hearts.

[67] Ibid.

月對穆斯林最大目標，就是遠離那些使人干擾對覺察真主的思維或行為。例如，有位 Gülen 的學生撰寫他後來幾年（即 1999 年移居費城後）的實踐狀況。他記得在 2011 年時，Gülen

> 在整個齋月裡實踐 I'tikaf（冥思或避靜，一般是在最後十天才進行），不曾離開他的樓層。他停止看報紙，即使當他得知世界上的重要事件時，總是以古蘭經的語言來回應，他只將其心智、靈性保持與真主溝通及忙於作為真主之僕的義務。他在清晨與傍晚時發表古蘭經詮釋的講道，並拒絕述及古蘭經以外的任何事務。倘若有人提到敘利亞政權的壓迫，他會以禱告來回應，假如有人提醒他過去發生的事，他會以阿拉之名回答，如果有人提及未來的可能性，他說「阿拉至知」。沒有一件事能轉移他進行心靈封齋的狀態。[68]

　　顯然，如果人人皆避靜，那就不可能結群參加社會運動。不過，這種追求心靈成長的強度在許多宗教傳統中都是常見的。基督宗教的僧侶發願清貧與寧靜，印度教徒與佛教徒的禁慾者也都到森林中隱居。齋月是長達一個月的非暴力功課，也是 Fethullah 在 Izmir 時與之後每年生活中最重要的事。

Zakat（天課）與其對立面：組織 Mütevelli 與被捕

　　令人難過的是 Fethullah 的這種避靜很快變成非自願的，而是強迫性。當 1960 年代被緊接新十年取代時，發生在 Izmir 與土耳其全境的衝突益加白熱化。革命工人聯盟(Confederation of Revolutionary Workers' Unions)在 1970 年春發起了常態性罷工，與反共團體爆發了正面衝突。全國大學校園與年輕人皆深受政治影響，分成對立兩派。暴動有時是反美；而往往根源勞工、管理、軍方與政府間理念的深沈分歧。當時總理 Süleyman Demirel 所主導的政府在基礎建設的發展中有小小的進展，但也顯現他的顢頇。例如，1970 年的國家預算晚了三個月才呈交。但 Demirel 卻能生存，他經常改變政策立場，更換盟友。他最有名的一句誇張話就是 Dün dündür, bugün bugündür，意為「昨天是昨天，

68　Balcı 2011.

今天是今天。」[69] 而當暴動在 1970 年逐步升溫時，解決的彈性全失，這種狀況在 1970 年 12 月與 1971 年 3 月達到顛峰。12 月時，安卡拉大學發生學生暴動，有些人炸掉勞工黨總部與 Demirel 的轎車（他當時不在車內）。然後，另一群學生在安卡拉的 Hacetepe 大學與警方展開槍戰。Demirel 於是下令逮捕兩百名左翼的學生。3 月 4 日，左派學生報復性地綁架四名美國士兵要求贖金。他們認為 Demirel 是美國政府的傀儡。至於美國當時狀況是其反共立場而深陷越戰泥沼，越戰也是在 1971 年走向白熱化。

　　回到土耳其狀況，警方強攻安卡拉大學的一間宿舍以解救美國士兵，但卻在過程中殺害了兩名學生。1971 年 3 月 12 日，軍方終於介入。那事件被稱為「備忘錄政變」(Coup by Memorandum)。高階將軍們發佈備忘錄對政府做出數個要求，令 Demirel 無可選擇地下臺。但也因這麼做，他解救了自己免於前次政變下的首相的命運，前首相 Adnan Menderes 是被吊死的。將領們接著下達戒嚴令，關閉報社與停刊雜誌，並在接下來數月內逮捕上千人，包括政客與社團領袖、學者與公共知識份子、左派與右派、共產份子與穆斯林。而 Fethullah 與一些追隨者也在被捕行列。[70]

　　這段簡短敍述狀況發生在故事前夕。Gülen 在 1971 年成為軍事政權的目標，此種情況的造成與其教誨或實踐無關。誠然，那些將領們曾讀過與研究的教誨或實踐中並無任何對土耳其共和國之安定造成威脅。造成 Gülen 成為他們眼中釘的原因是當時有一群人付出自己的時間、天賦與資金支持他。簡言之，他是政治上的威脅，即使 Gülen 本身一直否認其政府目的。支持 Gülen 的個人土耳其語稱為 Mütevelli，他們雖是非正式組織，卻為商業組織的基金會賦予伊斯蘭觀點，也可說 Gülen 將現代模式的財政支援「伊斯蘭化」。在過程中他已預測到資本主義的此種變貌，Muhammad Yunus 與其他人稱之為「社會商業」(social business)或「社會企業」(social enterprises)。[71] 第五章將更細節地論述其組織化過程。在此必須瞭解財務資源如何被連結在 Hizmet 的相關計劃。Gülen 幫助現代土耳其人重新理解伊斯蘭功課的第五項—Zakat，通常被譯

---

[69] Kinzer 2015.
[70] This narrative follows closely that of Çetin 2010, pp. 27-30.
[71] See, from among many examples, Yunus 2007.

為「施捨」、「捐款」或「善舉」。

　　伊斯蘭史學家 Greg Barton、Paul Weller 與 İhsan Yılmaz 在其所編重要文集 *The Muslim World and Politics in Transition: Creative Contributions of the Gülen Movement*（變遷中的穆斯林世界與政治：Gülen 運動的開創性貢獻）的〈導論〉中有簡短敘述，即使這是後見之明：

> Gülen 鼓勵商人以同理心捐款作為在許多國家創校與其他商業的播種資本。此呼籲是立基於伊斯蘭 Zakat，穆斯林每年至少必須捐出其財產的 2.5%。傳統上穆斯林會將其 Zakat 捐給貧困家庭，或運用它來蓋清真寺與伊斯蘭學校；Gülen 卻重新詮釋此傳統，鼓吹大家捐錢成立世俗教育機構，提供學生與其他社會事業經濟資源，並稱之為 Zakat，因此可視為一種敬拜行為。[72]

　　事實上，說這是重新詮釋 Zakat 並不完全正確。

　　伊斯蘭歷史上對 Zakat 之目的往往無「世俗」與「宗教」的區別。例如，在當代的沙烏地阿拉伯，一般稅與 Zakat 都是由財政部徵收，統治者再運用來自財政部的資源遂行其所決定的任何目的，雖然會計部會依照需求設法辨明稅收的金流）。[73] 或許更確切地說，歷史上的歐斯曼蘇丹與王宮貴族也能輕易更動稅金與 Zakat 資金的用途，或是基於結合神聖或世俗因素的慈善目的創造新型態的專款與信託基金。這些信託基金阿拉伯文為 Waqf（複數 Awqaf，基金會），土耳其文則是 Vakıf。這些基金會存在目的是為了支持一些不為歐斯曼政府或營利事業所含括的領域，包含食物、居住、教育與其他「社會福利」等。而管理這些基金會的是一群 Mütevelli。的確，基金會與蘇非道團所聚集的資源無疑地令凱末爾感到挫折。[74] 因此 Gülen 在 Izmir 集合了一些身旁的商人領袖支持 Kestanepazarı 學校與宿舍的工作時，他所要著手的就是在世俗共和國下有機地發展基金會以重建或「更新」Zakat。事實上，重要的是現在那些商人領袖主動熱心地參與 Zakat；而更重要的是被徵集的財源被輸入慈善計劃，

---

[72] Barton et al 2013, p. 5.

[73] See, for instance, the changing way Zakat is woven into the general tax structure in Saudi Arabia at "Ministry of Finance Introduces New Zakat Implementing Regulations," at *PwC, Middle East News*, April 6, 2017.

[74] See Toraman et al, "Cash Awqaf in the Ottomans as Philanthropic Foundations and Their Accounting Practices."

並由與 Fethullah 友善的 Mütevelli 管理，這種方式給他們財政自主，毋需依賴政府的支持。

　　第五章，將以 Istişare（互助諮詢）概念更完整地探索 Fethullah 的生命與工作（基本上是其成立組織的神學背景）的源起與意義，以及一些他所啟發遍及全世界的社會企業。以下簡短地敘述這些經濟事業在 1970 年代的 Izmir 與其之外的大環境中所具更廣泛的意義作為第二章的結語。1970 年土耳其內部主要經濟緊張情勢是共產主義與反共派之間的問題。這些派系皆有其土耳其在地議題，但卻又反映出更廣泛的全球性的地緣政治上的緊張情勢。當然，歷史上土耳其經常是歐洲與俄羅斯間的文化橋樑與戰場。藉由復興伊斯蘭的 Vakıf 傳統，Gülen 代表社會企業解決了這個緊張，即「自由」或「中央集權論者」；同時是商業回應了伊斯蘭準則而非美國人或俄羅斯人。這個準則提供了一個具有古典利益動機與典型資本論的道德平台。因此，學者 Elisabeth Özdalga 在一篇頗具影響力的論文說明 Gülen 與受他啟發者的獨特經濟倫理，即伊斯蘭版的馬克斯‧韋伯的「入世禁慾主義」(Worldly Asceticism)。[75] Özdalga 試圖指出 Gülen 如何參與伊斯蘭 Zakat 資金管理的做法，以此反映基督宗教改革家如路德與喀爾文運作新教徒累積資本以便過好生活同時又行善；[76] Gülen 當然是透過伊斯蘭方式在現代土耳其完成了此動員。[77] 更進一步類比，史學家 M. Hakan Yavuz 視 Gülen 與廣義的 Hizmet 運動為「土耳其的清教徒」。這當然是為討好的描述。Yavuz 更具體地說：

> Gülen 的目標是要強化穆斯林的自我意識，加深社會共同用語與實踐的意義，透過教育與網絡增強被排斥的社會群體，以及為社會與心理問題帶來公正與和平的解決途徑。作為一位社會創新者，Gülen 關注公領域比私領域多，並致力將伊斯蘭與其網絡轉為社會資本。Gülen 運動並不是要為土耳其邊緣群體建構一系列的反動式動亂；更確切地說，那是一個方興未艾

---

[75] Özdalga 2000, pp. 83-104.
[76] 大部分人已忘了路德經濟理論的社會面向，才導致了那種新自由主義政權之意志堅強的自由市場資本主義。關於致力恢復路德所想像的那種社會責任經濟學。參見 Lindberg and Paul Wee, 2016.
[77] Özdalga 2000, pp. 83-104.

努力運用新經濟與社會空間的中產階級運動。[78]

誠然，他在 2003 年下筆時很樂觀總結說：「一個穩定的土耳其必須以伊斯蘭價值與凱末爾主義政治制度間的平衡為前提；而 Gülen 運動提供了達成此平衡的方法。」[79]

事實上，1971 年 3 月 12 日的諸多事件可能預示了這是 Gülen 在土耳其的命運。Zakat 所具備之慈善與建立和平的潛力與軍事政變的暴力正是南轅北轍。Gülen 在 1971 年 5 月 3 日遭到逮捕。如同一份資料所報告的，當時情況很不尋常：

> 有一天，Gülen 回到家，他看到警察已經在他家裡。他們對他說：「歡迎！」為了稍微止飢與瞭解他們的真正意圖，Gülen 問：「如果我吃一點東西會遲到嗎？」這話暗示他有可能會被拘禁很久，結果那警察回說：「填飽你的肚子，沒人知道你何時會回來。」[80]

這時候 Gülen 已從 Kestanepazarı 的簡陋小屋搬到由 Güzelyalı（Izmir 的另一個區）的 Mütevelli 所建的新宿舍，但警察早已在追蹤他。Gülen 住在 Erzurum 的弟弟 Sıbgatullah 回憶此痛苦經驗：「他們在 1971 年的政變中拘禁 Hodjaefendi。我的兩個弟弟 Mesih 與 Salih 同時也被關進監牢，他們是在一場 Sohbet 中被抓的，後來被釋放，但 Hodjaefendi 被羈押了六個半月。有一次我請了兩天假，帶我父親去 Izmir 的監獄探望他。我兄弟在監牢裡，你還能怎麼辦？」[81] 當面對一位無辜遭到迫害者，他的弟弟也只能說：「你還能怎麼辦？」Sıbgatullah 記得很清楚。Gülen 的未審羈押一直到 1971 年 11 月 9 日才結束。

他被依土耳其刑法第 765 號第 163 條起訴，美國律師 James Harrington 稱之為「相當空洞模糊地指控他『宣傳』暗中破壞土耳其世俗政府，以宗教政府取代世俗政府」。[82] 更具體但不明確，該起訴書宣稱 Gülen 的罪行是意圖「改變土耳其政權的社會、政治與經濟基礎，依此目的利用人民的宗教感受建立一

---

[78] Yavuz, "The Gülen Movement: The Turkish Puritans," Yavuz and Esposito 2003, pp. 19-20.

[79] Ibid., p. 47.

[80] Alptekin, pp. 51-2.

[81] Irmak TV, Geçmişten İzler (Traces from the Past), "Interview with Sıbgatullah Gülen, Episode 1," May 29, 2014.

[82] Harrington 2011, p. 97.

個協會與秘密社團」。[83] 當然，他是一位佈道家，一位教師。很少有佈道家或教師不宣傳理念的。眾所皆知，佈道家總是要人聚集，企圖吸引民眾的感受以改善社會。關於腐蝕世俗主義的指控，Gülen 即使不是虔誠的穆斯林，也沒什麼不對。他遵從伊斯蘭五項功課的非暴力傳統。若當一位虔誠穆斯林必須違反世俗社會的生活，多數土耳其人則多少都是有罪的。Gülen 在 11 月獲釋後，持續在愛琴海的各個場合佈道，但他的案子尚未塵埃落定，只是延到未來再判決。最後，拜三年後的特赦所賜，那訴訟中止。但那不確定的三年卻預示了Fethullah 未來十年所要面對的困境。諷刺的是，那也是 Hizmet 運動成長的十年。此成長因 Hodjaefendi 的遭受壓迫而實現。這成長的發生乃因為 Fethullah為土耳其穆斯林明確地表達他們多人所經歷的苦難，而他也提供他們如同佛陀曾在其自己的環境中走出苦難的方法。因此，Fethullah 生命的第三章必須繼續談論實踐性同理心的問題，或更詩意地說續談「Hodjaefendi 的眼淚」這個主題。

---

[83] "Edirne, Kırklareli, and finally Izmir," Fethullah Gülen's Life, at https://www.fgulen.com/en/fethullah-gulens-life/about-fethullah-gulen/biography/24656-edirne-kirklareli-and-finally-izmir.

第三章

愛琴海，1971-80：淚與同理心

　　1970 年代對土耳其共和國的許多男女而言，有一個哭泣的好理由。戒嚴意謂公民生活在可能被逮捕的恐怖中，因為任何社群活動皆可能威脅到軍事政權。即使有這種氣氛，生活仍得持續。人民吃、喝、笑、走路、說話與禮拜如常，過著尋求慰藉與尊嚴的生活。諾貝爾獎得主 Orhan Pamuk 的小說 *The Museum of Innocence* 之故事即從 1975 年展開，精確地捕捉了那個時代土耳其的狀況。這也間接地點出這十年間 Fethullah Gülen 生命與影響的一些動力。Pamuk 在小說中描述一位年過三十的土耳其富家子 Kemal 與稍年輕的店鋪女孩 Fusün 之間的愛情。Kemal 的愛情是一部複雜的羅曼史。即使 Fusün 已嫁他人，Kemal 對她仍無法忘懷，開始收集所有可回憶 Fusün 的紀念品，保持他存在的愛。這些收藏最後成為了 The Museum of Innocence（純真博物館）。[1]

　　為何從 *The Museum of Innocence* 可瞭解 1970 年代 Fethullah Gülen 之生命與意義，原因是 Gülen 如 Kemal 將自己奉獻在愛的事物與實踐上。就 Gülen 的例子，這意謂無論土耳其政治發生什麼，他仍會耐心與熱誠地繼續教導 Hizmet 的事。他試著引導人民參與 Müspet Hareket（positive action 正向行動）。在 Kemal 的例子，Pamuk 如此寫著：「當街頭上正上演著激烈的國族主義者與共產主義者間的衝突時，我並不想用那衝突的描述來打斷我的故事，除非所目睹的是冷戰的延續。」各個地方都如同鏡子般反映著土耳其的困境。因此，Kemal、Fusün、Fethullah Gülen，以及在這十年間成千上萬逐漸受 Gülen 教誨吸引的人，皆能代表 1970 年代被冷戰衝突撕裂，但仍盡可能好好生活下去的土耳其男女。Kemal、Fusün、Fethullah Gülen 與受他啟發者努力實現他們為自己、彼

---

[1] See my earlier essay, "Fragments of Empire: Lessons for Americans in Orhan Pamuk's 'The Museum of Innocence,'" *Public Theology*, May 10, 2010.

此與神的愛。Fethullah Gülen 不願因深陷政治泥沼中而中斷其他對教導與佈道的呼籲。相反地，他致力引導人民回到那些最基本的關係與傳統以減輕痛苦的做法。這也意謂引導人民如何去減輕他人的痛苦（如同一位作家試著透過文字減輕痛苦）。Pamuk 在一次訪談中這樣說：「有一種蘇非適合這種對世界的愛。我能感受 Kemal 作為愛人者對其摯愛的關注，因為那也彷彿小說家對眾世界的關注。最後，身為小說家，在某種意義上，就是用文字去愛這個世界，擁抱這個世界。」[2] 以 Gülen 為例，他也愛「神」(the Beloved)。而他在 1970 年代所提供給土耳其人民所擁抱的並非只是「一種」蘇非之道，特別的是那份愛是透過佈道與教導呈現的。人民聚集在聆聽他的講道，若 Hodjaefendi 沒有長途跋涉拜訪他們時，他們就來他這裡，他們搭乘客運從此國家各角落到 Izmir 聆聽他的訓誨。他們把清真寺外的街道擠得水洩不通，他們若無法進入，就聽擴音器的聲音。他在講道時哭了，人們也跟著哭。

　　Gülen 的這十年在軍事政變陰影下開始。戒嚴法庭宣判要在 Sinop 軟禁他，但遭上訴法庭駁回，直到 1974 年的特赦法，該訴訟才終止。儘管被訴訟綁住，Gülen 仍保持忙碌的計劃。[3] 這十年內他與愛琴海、馬爾馬拉地區如 Edremit、Manisa 與 Bornova 馬不停蹄地演講，其講道錄音帶（自 1966 年許多同情他的人所錄製的，特別是 Cahit Erdoğan）流傳於全國。最後他展開了全國之旅。他在許多土耳其名聞遐爾的地方佈道，包括 1977 年在伊斯坦堡的 Sultanahmet 清真寺（即藍色清真寺）。Gülen 在這座雄偉的敬拜建築裡佈道時，有些政治人物也參與，包括當時的首相 Süleyman Demirel。除了由於他佈道家的聲名已逐日升高，Hodjaefendi 於 1960 年代末的方案在 1970 年代時也開始開花結果，這些成果大部分人投注在幫助年輕人，正在興起中的許多中產階級土耳其人士設法為他們的孩子提供好的世俗教育，同時也培養他們成為虔誠的穆斯林，這是一個奇怪平衡。而 Gülen 的教誨提供了一個宗教與務實之道。因此 Gülen 身邊的人開始在大學校園旁蓋宿舍，Hodjaefendi 於 1960 年代末所住的宿舍即為其一。此外，他們也開始舉辦夏令營，如 Hodjaefendi 曾在 Bursa

---

[2] Gardels 2011.
[3] Harrington 2011, p. 97.

所發起的。這些營隊與宿舍有雙重目的，當許多虔信穆斯林察覺到共產主義或國族主義意識型態已滲入政府營運的學校時，他們提供年輕人與其漸漸齊行的父母一個伊斯蘭選項。他們提供場所讓穆斯林青年繼續世俗教育，成為具科學認知的讀者、作家與思想家。這成功的第一步迅速傳遍全國，且在短期內便引發其他方案的開展，最知名者即大學預備課程以及提供給有需求學生的獎學金。這兩項後來開展的事務與宿舍（以及下一個十年中所發展的學校）皆成為 Mütevelli 工作中最有效的管道，他們在每個 Hizmet 落腳處動員籌募基金與發展商業

　　當所有活動風起雲湧時，對 Gülen 而言卻是孤寂之時。1972 年，Gülen 出獄後，旋即回到 Erzurum 短暫拜訪家人，那是悲喜交集的會面！他的父親確實老了，而且兩年後就過世。同樣地，他母親也思念知名長子；她在丈夫 Ramiz 於 1974 年過世後搬到 Izmir 以接近兒子。1973 年，Gülen 再次去朝聖，這次是一位朋友委託他代替其年邁的母親履行朝聖，一個常見的伊斯蘭傳統。通常第二次朝聖者都會覺得麥加的光芒似乎不若第一次去時燦爛，少數記載呈現 Gülen 重返聖地的反思。1977 年，Gülen 訪問德國，在一個快速發展的土耳其社群演講，此次是 Hizmet 踏出安納托利亞的第一步。由於土耳其政治尚未平靜，十年內換了十多位總理，Gülen 因而經常表現出深沈的悲傷。他的聲望日隆，但很多方面在自己國土形同陌生人，阿拉伯文稱此現象為 Ghurba（異鄉人）。Fethullah Gülen 與 Hizmet 成員的生命與 Ghurba 的妥協是透過所謂實踐性同理心以呈現的。對那些 1970 年代聽 Fethullah Gülen 演講者如 Kemal 與 Fusün，他們經常透過 Hodjaefendi 的眼淚得以解除陌生感。

異鄉人

　　若說 Gülen 在 1970 年過著如異鄉人的生活，並非全因他在自己國家彷彿是陌生人，而是他決定過著如隱居生活，遠離一切世俗喜樂，包括婚姻在內。1961 年，他在 Edirne 時，一週兩次對一個純婦女的集會講道。有一則軼事記述他在當地任職初期，在住宅區租了一間公寓。他經常待在清真寺教學或研讀

到很晚。當他步行回家時，經常經過一些正在戶外納涼的鄰里婦女。極有可能些許不適感流過他心中，因為不久他就開始住在 Üç Şerefli 清真寺的一間斗室。另一段軼事則描述 Gülen 在 Edirne 有婦女在的集會時如何表現一絲不苟的謙卑。從古至今，為了呈現女性的端莊，婦女在禮拜時總是被指定在清真寺的陽臺或後排，這很常見，除非她們是參加全女性的聚會。因此當 Gülen 一週兩次對 Edirne 婦女演講時，據傳他也要求婦女們將眼光從他身上移開，他也承諾不會注視她們。[4]

　　許多人要為 Hodjaefendi 安排適合的伴侶，而他的這種道德顧慮應是可理解的回應。Gülen 的幼時玩伴 Hatem Bilgili 提及那時有許多人、家庭都想讓他定下來，包括他的雙親。Bilgili 記得：

> 1961 年我去了 Edirne。Fethullah 父親 Ramiz 在經學院外給了我一封信。他說：「把這封信交給 Fethullah。」又說：「他想和誰結婚，我都會安排。如果她很累，我會用我的雙肩把她背來，如果我累了，我會把她背在背上。我不會問 Fethullah 任何事。」所以我去找他，給他那封信。Fethullah 看了。然後他寫了封回信，我看了告訴他：「這太失敬了。」他注視著那封信，撕了它，然後寫了第二封信。我又指出其中的失敬之處，他又撕了它。在寫完第三封信後，他對我說：「如果你對這封信再說什麼，我會打斷你的骨頭。」但我記得最後那封信。他在那封信中向他的親戚們致敬，我還記得特別的話。那段話給我從未有的感動，至死都會記得。Hodjaefendi 寫說：「我已與今世及其有關的一切仳離。我今生唯一的目標就是按照古蘭經生活，然後幫助其他人愛上古蘭經。這是我唯一的目的。」[5]

　　這樣的強度在這個故事中恰到好處地帶有幽默感。Fethullah 不需要打斷 Hatem 的骨頭。一則關於幾年後相親的記載帶有更多的幽默。Fethullah 的弟弟 Sıbgatullah 回憶：「家母認為只要我們讓 Fethullah 結婚，就能使他留在 Erzurum。有好幾個家庭來拜訪我父母，請求將其女兒嫁給 Hodjaefendi。最後，家父到 Izmir 去找 Hodjaefendi，對他說他們要他結婚。Hodjaefendi 說：『如果你們真要某人結婚，那就讓 Sıbgatullah 結吧！』Fethullah 的這步棋奏效了，Sıbgatullah 續道：「家父最後同意了。他跟我說：『Hodjaefendi 把他的順位讓給你。』」所以

---

[4] Alptekin 2012, pp. 20-2.
[5] Interview with Hatem Bilgili, Erzurum, August 3, 2015.

我結婚了，現在我們有九個孩子。Masha'allah！」[6] Masha'allah 的阿拉伯文意為「神所欲的已經發生了」。但當穆斯林為了某事感謝神時經常會用這句話，類似「多麼好的福賜」之意！

　　然而「異鄉人」是 Fethullah 的宿命。過去伊斯蘭中有未婚的學者與 Shaykh（蘇非大師）如 al-Bistami（卒於 874 年)、al-Tabari（卒於 923 年）與 Ibn Taymiyyah（死於 1328 年），所以 Gülen 的「異鄉人」經驗是有先例的。[7] 事實上，此辭彙在伊斯蘭有極深的共鳴，它是一些蘇非思想學派中的一種「被選擇」生活方式的特徵。選擇不結婚可能是為另一種疏離做好自我準備的方式，例如被送入牢裡或被穆斯林同胞背叛。Gülen 的父親 Ramiz 無疑地曾經歷過離鄉，他可能曾教他兒子此觀念。Abdullah Birlik 的父親是 Gülen 最早且親近的追隨者之一，他憶及當 Fethullah 在 1971 年深陷囹圄時，Ramiz 曾到 Izmir 出席他的審判。Birlik 繼續這個故事：「有一天在法庭上，到了見證起訴的時間，二十三個宗教官員被召來。他們都在說謊。Ramiz 真得很難過。這些受人敬重者竟然對關於他們父子的事說謊。然後家母看到 Ramiz 很難過，她於是問他：『你為何難過？』Ramiz 回說：『今天在法庭上有個信仰市集，大家都把信仰賣了（拋棄）。』」[8] 那種異鄉人之感在 1970 年的土耳其太普遍了。

　　事實上，自從共和國建立以來，這早已成為文化的一部分。當政府接管宗教，可以理解宗教官員（至少他們之中有一些）感受到一種壓力，即必須提供政府其政策所需。除了 Gülen，另一個抵抗「信仰拋棄」者就是 Saʻid Nursi (1877-1960)。之前曾提到他，現再重新檢視他。Nursi 是庫德人。在土耳其，庫德人身份經常製造許多紛爭。Nursi 一生中的大半時間都在監獄裡或流亡中渡過。根據史學家 Yvonne Haddad，Nursi 的生命對 Gülen 正是如何將「陌生」轉化為正向積極的表率。Gülen 從 Nursi 學到「如何能在陌生與充滿敵意的環境中克服所經歷之深沈孤寂與疏離感。」Nursi 有句話對 Gülen 影響很深：「生存、尋求真主之慰藉與確信的佳徑就是試圖生活在真主中。在此過程中，陌生與疏

---

[6] Irmak TV, Geçmişten İzler (Traces from the Past), "Interview with Sıbgatullah Gülen, Episode 2," June 4, 2014.

[7] Interview with Ahmet Kurucan, Hasbrouk Heights, NJ, September 8, 2017.

[8] Irmak TV, Geçmişten İzler, "Interview with Abdullah Birlik, Episode 1," March 11, 2014.

離的經驗會轉變成 Uns（友伴關係）。」[9] 換言之，若一個人的摯愛是神，缺乏世俗之愛就只是一個過渡現象。永恆之愛令短暫的疏離變得可以忍受。

　　然而，在物質世界裡愛神絕非本能。Gülen 描述 Ghurba 的方式認同那是挑戰，Gülen 寫說：「字面上是一種外國人、無家可歸、孤寂、分離的狀態，以及在自己國土是陌生人。就蘇非術語，Ghurba 即是拋棄迷人的世界以感受通往「全真者」(the All-True)、「全被需求者」(the All-Desired)與「被探尋的獨一者」(Sought One)之道的連結，雖被今世的迷惑包圍卻仍過著奉獻給後世的生活。[10] Gülen 知道有些穆斯林認為蘇非思想在正統伊斯蘭中缺乏立論，因此聲稱古蘭經與先知行誼皆提到 Ghurba，指出先知穆罕默德曾經歷它，其門徒亦然。穆罕默德當時必須生活在無靈性與不知其狀態者之中，想必早已感受到疏離。他與追隨者在遭受邪惡犯罪者的傷害時，即知道什麼是疏離。當他們在必須忍耐信仰粗鄙無知，只知耍嘴皮與忽視仁慈與憐憫教誨偏執者的冷嘲熱諷時，即已知道什麼是孤寂。[11] Gülen 的聽眾從其自身經驗中可提出足夠的類比例子。更確切地，Gülen 引用權威聖訓集 *Sahih Muslim* 說：「伊斯蘭一開始時是無助的，與無助者及那些被視為怪異局外人一起，而它也將回到同樣狀況，然後那些無助者將之復興。當所有人正在處於腐敗與破壞時，福音給了嘗試改善時代的局外人」[12] 當代人對此則聖訓的回響也相當熱烈。真正的伊斯蘭並不在傲慢者與掌權者中，而是在怪異的局外人。而對這些靈性菁英而言，Ghurba 成為勇氣與力量的來源。誠如 Gülen 所結論：「凡感受分離而提升至親近真主者並不覺得自己是全然孤單。」[13]

　　Gülen 對 Ghurba 的經驗與理解，可以另一個更為人知的蘇非思想觀闡明之，即 Fana Fi'llah（消融於神）。一些西方人很難理解 Fana，如同無法理解佛教與印度教的「無我」與「涅槃」對個人本位主義的文化具相當的挑戰；而人可以全然成為宇宙終極「權力」（神）親近者，即消融在愛河中的景象，就不

---

[9] Haddad, "Ghurba as Paradigm for Muslim Life: A Risale-i Nur Worldview," *The Muslim World* 89(No. 3-4): 299, as cited by Yasin Aktay in Yavuz and Esposito 2003, p. 144.

[10] Gülen 2011, p. 70.

[11] Ibid., p. 71.

[12] Ibid.

[13] Ibid., p. 72.

難理解了。1970 年代 Fethullah Gülen 佈道時，即清楚地闡述 Fana 的概念，那些聽道者也如此理解。Gülen 說：

> 消融者理解到「神之存有」(Divine Existence)如無邊際的海洋，所有非神的事物有如那片海洋中的一滴水，雖然無法辨認是海洋的水滴、太陽的粒子或是鏡子的反射像，皆以深深地沈浸在真主的存有。[14]

舉凡經歷過此種宗教經驗者，可能會

> 表達伴隨真主所受的恩典與興奮的感知，時而哭泣吶喊，時而失去自我暈厥，時而陷入狂喜手舞足蹈，藉以表達對「神之存有」與「獨一性」、歡樂愉悅的感知。這一切皆發生在靈性的旅程途中。[15]

因此 Fana 與忘我的表達可能是 Ghurba 的一部分，Ghurba 成了 Uns 關係。而許多人聲稱 1970 年代所聽到的 Gülen 佈道就是這種經驗。

佈道家的 Gülen

Ahmet Tekin 是聽眾中的一位，在許多地方聽過 Gülen 演講，但特別記得在 Bornova 的演講。Bornova 是 Izmir 數間大學所在的大學區。Gülen 在 1976 年被指派到那裡服務。那裡，固定聽他講道的聽眾中，大學生有相當的比例。Tekin 回憶：「甚至後來 Bornova 清真寺蓋好後，我們也從未在禮拜中見到年輕人如 Hodjaefendi 佈道時的狀況。」而 Gülen 佈道時的情境就是 Ghurba 的實質展現。他記得戲劇性地說：「當 Hodjaefendi 要開始做禮拜時，哭泣聲遂如同交響樂般此起彼落，彷彿可以看到天使在他身後」。更精確地：

> Hodjaefendi 每當提及阿拉或先知時都會哭。清真寺人山人海以致無法跪拜。我們會碰到彼此的腳。正當 Hodjaefendi 說「Allahu Akbar」（真主至大）時，嗚咽就開始了。他逐句誦唸著經文時，嗚咽聲也不會停止。當 Hodjaefendi 開始哭時，其他每個人也跟著。我們會哭，因為他哭了。我不瞭解那種情緒，任何人都很難瞭解。[16]

---

[14] Ibid., p. 150.
[15] Ibid., p. 151.
[16] Interview with Ahmet Tekin, Turkey, July 28, 2015.

不難理解眼淚會成為 Gülen 公共人物的特徵。

持平而論，眼淚不是從 1970 年代才開始的。1955 年，在 Korucuk 的村子誕生了一位 Imam 名叫 Necdet İçel。儘管該村與 Gülen 於 1938 年誕生的村子同名，但卻不是同一個。1966 年，當 İçel 十歲時，他參加了 Fethullah Gülen 在 Izmir 的第一場佈道。他回憶說：

> 我與我家人到 Izmir 市中心的 Şadırvanaltı Mosque，Gülen 在那裡佈道。在他講道之前，有些人經常會在清真寺裡哭泣，但佈道者本身從不哭，然而 Gülen 的確哭了，因此人人稱他為「哭泣的佈道家」。他在討論先知與其門徒時哭泣，也在討論伊斯蘭世界悲慘狀況時哭泣。在他第一次節慶（Eid，指伊斯蘭兩大節慶：一個在齋月結束時，另一個在朝聖時）禮拜與佈道後，人們走向他自我介紹，並想親吻他的手（一種土耳其肢體語言，用以表示恭敬與榮耀），但 Gülen 會收回他的手以示謙卑。因為我當時不過十歲，Gülen 允許我親他的手，也因為我來自 Korucuk 的同名村子，Gülen 親吻我的頭，並邀請我小學教育結束後進入古蘭經學校。[17]

這是個難忘的介紹，而 İçel 後來的確繼續跟隨 Gülen 研習。

作為他的學生 İçel 有足夠的機會聆聽 Gülen 講道，多年後他開始識別出 Gülen 成為公共演說家的幾個特徵，包括他的眼淚。Gülen 總是做足準備。他有時會為單一的演講就研讀五百頁的《古蘭經》詮釋與神學著作。Gülen 是一位 Hafiz，能背誦整本《古蘭經》，因此他可以融會貫通，隨意找出適當的參考資料。因為他所受到的訓練是「蘇非之道」，İçel 認為 Gülen 特別喜歡伊斯蘭傳統的詩。例如 İçel 跟 Hodjaefendi 研習時，曾與他一起從 Izmir 到 Erzurum，車程大約十八小時。他記得 Gülen 在旅途中「從頭到尾都在吟詩」。Gülen 驚人的記憶力經常受到學生與同事們注目。Gülen 講道時沒有筆記。一般土耳其佈道家通常會看筆記，但 Gülen 卻與那常見的做法相反。尤有甚者，Gülen 佈道時「從不說不信者或政府或任何人的壞話。他試圖不去講人的是非，而是談論伊斯蘭之善」。此種強調正向行動的佈道風格不同於一般的佈道家方式；一般佈道家深以為有義務釐清道德與教義。

另一位 Gülen 早期的學生 Mehmet Küçük 也幾乎用一樣的語言描述 Gülen

---

[17] The interview is recorded in Valkenberg 2015, p. 80.

佈道與教導方式。根據 Küçük，Gülen 從不說任何有關他人的負面話語。[18] 文字記載並非那麼支持這種宣稱，Gülen 在論述中明白提及 Hizmet 反對者。[19] 而他敦促將慈善廣被也是事實，他在未來幾年也不在對話中排除任何先入為主的群體。即使 Gülen 是出身於俄羅斯人最害怕的 Erzurum 地區，他也不會排除最可能在其講壇上阻止他的共產主義份子。Yusuf Pekmezci 補充說，Gülen 經常說連共產主義份子都必須愛。[20] 顯然這種心胸開放、不獨斷的態度也適用在包括國族主義或右翼的意識型態。Küçük 記得 Gülen 所帶領的一次 Sohbet，那次參與者包括一位與右派極端國族主義組織 Grey Wolves（灰狼）有關的學生。Grey Wolves 在 1980 年代曾因涉入數十件政治暗殺而被指控。當 Sohbet 進行到一半時，與 Grey Wolves 有關的年輕人發難了：「我們必須殺光所有共產主義者！」而另一位參與讀書會的學生則回應說：「如果你昨天就那麼做的話，我今天不會坐在你旁邊。」[21] 那種交流成了 Gülen 教學課堂上的重要故事。簡言之，他的佈道與教導不只是淚水，還包括反詰式方法，強調關注大於反對。

　　然而，對那位在第二章提到的裁縫師 Alaattin Kırkan 而言，人民是透過 Hodjaefendi 的淚水才更走向伊斯蘭。Kırkan 所講的轉化故事早已在 1970 年代的土耳其各地被傳誦，而且出現許多不同版本。Kırkan 記得 Gülen 節慶演講的地點是 Izmir 市中心的 Hisar 清真寺，一座十六世紀的優美建築。Kırkan 邀請了一位一生中從未禮拜過的顧客一起去。那位客人很害怕，是他的第一次進個清真寺。以下是 Kırkan 精彩的故事：

> Hodjaefendi 站在講道台(Kürsü)上，我朋友坐在我後面的第二排。當 Hodjaefendi 開始解釋一場早期穆斯林的衝突時，從清真寺後方傳來哭聲。我朋友拍拍我的肩膀說：「後面那個人一定是位密契行者。」在 Hodjaefendi 面前我們無法如常地移動，於是我觸碰他的膝蓋表示瞭解。接下來，我們左邊的一些人也開始哭了。然後我朋友觸碰我的肩膀說：

---

[18] Ibid., p. 87.

[19] See, for example, Gülen, *Muhammad, the Messenger of God: An Analysis of the Prophet's Life*. Tr. Ali Ünal (Clifton, NJ: Tughra Books, 2010). 這本著作於 1993 年在土耳其首次出版。書中提到道德的界線，說謊、崇拜偶像與先知所代表伊斯蘭的正向行動形成鮮明對比。

[20] Interview with Yusuf Pekmezci, Izmir, July 29, 2015.

[21] Valkenberg 2015, p. 87.

「有另一個聖者！」這堂課是如此奇妙，講道中沒人不哭，連我的朋友都哭了。講道高潮時，Hodjaefendi 正在講述的故事是關於先知門徒中的一位母親 Sumayra。當 Gülen 說到 Sumayra 曾對她父親、丈夫及兩位兒子說若先知出了事就不要從戰爭中回來。然後她聽到戰場消息，先知已成了烈士。她騎上馬到戰地去，有人躺在地上氣若猶絲。有人說：「Sumayra，這是妳父親。」她回答：「忘了我父親吧！先知在哪兒？」他們也跟她說她的丈夫在那裡，她說：「這不是找父親或丈夫的時候，先知在哪裡？」然後他們指著她的男孩們，他們傷得很嚴重。她再次問：「先知在哪裡？」在這之後，一位門徒告訴她：「妳擔心什麼，他正在前面！」她於是下馬，走近先知並親吻地上說：「我找到您了！讓時間停止吧！讓創造停止吧！」當他告訴這故事時，Hodjaefendi 捶著胸，說：「噢！若此心會停。此心會停，此心會停！」然後他彎下腰，哭了幾分鐘。那時我轉身看我的朋友，他也哭了。當我們走出清真寺時，我用手臂環住我朋友問他：「所以，你也是那些聖者中的一位嗎？」他說：「這真是位好 Hodja，他不只自己哭，還讓所有人都哭了！」從那天起，我在那場講道中得救的朋友變成了終其一生都在哭泣的人。[22]

在此，「終其一生都在哭」是對蘇非教義 Ghurba 的隱喻，Gülen 力行之。畢竟，這特別講道所教授的是很難之課，對先知之愛可以比任何夫妻伴侶、父親或兒子之愛更深厚。此種愛令許多人灑淚。

當然，一個人在其他人的陪伴下以淚水宣洩也會找到 Uns，有目標社群中的友伴關係。Esra Koşar 記載了 Gülen 佈道的巨大影響力，有助於釐清 Hodjaefendi 的眼淚是如何導致熱情的實踐。Koşar 是在安卡拉長大的，透過 Gülen 在愛琴海地區廣為流傳的清真寺講道錄音帶認識他。她問說：「我很納悶他為何哭？」很多人都有此問題。Koşar 花了幾年找答案，最後終於知道，很容易地瞭解那件事。他是在為伊斯蘭今世的狀況而哭。我們並不知每個主題。人類不當真主的僕人，這使真主失望。Hodjaefendi 的淚水代表了 Hizmet 的缺失。為了更進一步解釋，Koşar 回憶一位他在安卡拉認識的老師。這位老師充滿了恨。她繼續說：「Hodjaefendi 不發怒，他的講道反而充滿了熱情與愛。」她支持此聲明的證據就是 Gülen 的眼淚是從自我批判的覺知所引發、鼓動而出。她替 Gülen 解釋，「看看我們自己，不要對我們周遭的人發怒，不要責備

22　Interview with Alaattin Kırkan, Izmir, July 29, 2015.

他人；看看我們自己，我們何為在這裡？」那正向的方法充滿了希望，專注於有意義的生活，此點吸引了她跟隨 Gülen。[23]

　　Gülen 從在 Edirne 服務以來就一直被警察跟監或入獄，當一個人處於這種情況就可能不易找到希望；而 Gülen 卻透過伊斯蘭長久以來的口述傳統來達到希望的溝通。[24] 先知穆罕默德經由天使 Gabriel 所開始接受的第一道古蘭經啟示是一道命令：「誦讀吧！」。在伊斯蘭講道傳達訊息不只是挑動個人情緒的工具，也是組織社群的核心工具，這點穆斯林與新教徒的做法很。然而若以為因情緒帶動人去聽 Gülen 講道那就錯了，能令人與發展中的 Hizmet 運動持續產生關係的絕對遠比情緒多，人民並不只基於同理心才建立機構。[25] 相反地，從那些聆聽 Gülen 在愛琴海地區講道者記載中浮現的是他促進深沈情緒與務實行動間的平衡，即所謂的「實踐性同理心」。Gülen 的眼淚代表了穆斯林的遭難；但他的佈道亦給穆斯林正面具更大公義與和平之具體行動走出痛苦。藉由 Hizmet，Ghurba 變成了希望。

　　但如 Gülen 所認知，Hizmet 是真伊斯蘭的落實。不令人訝異地，Gülen 在愛琴海地區期間開始以一些非連慣性的主題佈道，即持續幾星期的《伊斯蘭101 問答》系列。這種系列在一些基督教會的講道是很平常的，但在穆斯林佈道家中就不常見。例如 1975–1978 年間，Gülen 針對 Iman（信仰）單一主題連續講了一百二十週！Gülen 自然地在這系列中考慮到的古蘭經文本與相關主題廣而多元，例如 Tawhid（神之獨一性）與諸先知的本質。[26] Gülen 顯然認為信仰或託靠神（或彼兩者間）單一主題之重要性是足以長時間去思索的。他另一段長達二十週的系列主題是禮拜。Gülen 在朝聖主題就花了五週，以作為伊斯蘭功課四十八週長系列的一部分。第三個簡單範例佈道系列讓聽眾聽了近

---

[23] Interview with Esra Koşar, Hasbrouck Heights, NJ, March 27, 2017.

[24] See on this theme Ergene 2008.

[25] 這裡與美國宗教史上信仰復興運動者的類比很適當，凡是能駕馭情緒的轉變與建立持久機構者才能不屈不撓，許多人無法做到。參閱經典作：William G. Mcloughlin Jr., *Modern Revivalism: Charles Grandison Finney to Billy Graham.*

[26] A helpful list of sermon titles and topics can be found at "1975 Yılı Vaazları," Fethullah Gülen [Turkish version], at https://fgulen.com/tr/ses-ve-video/fethullah-gulen-hitabet/fethullah-gulen-hocaefendinin-vaziligi/3586-fgulen-com-1975-Yili-Vaazlari. Similar lists are available for all the years of Gülen's preaching until 1989.

五十週，其主題是 Tebliğ（傳達、傳教）的倫理，即真誠無私、去惡揚善。這些講道系列每一場皆包括了一些非連慣性的闡述，Gülen 皆以強烈情緒與眼淚分次傳遞。同樣地，他闡述時不用筆記或手稿，但卻如學者般謹慎。之後，人們將那些講道錄音與抄錄漸漸地出版。Mehmet Yıldız 是 Bornova 的教師，認為 Gülen 吸引他的主因是佈道家在講壇上的學術訓練、靈性、實用性與情緒皆是均衡的。「Gülen 一直是知名佈道家」，那時（1976 年）Gülen 任職於 Bornova，而 Yıldız 也剛好在該地工作生活。Yıldız 憶及：「當 Hodjaefendi 在週五下午做 Vaaz（講道）時，清真寺前的廣場在講道開始前幾小時就擠滿人。」Yıldız 接著為 Gülen 吸引許多人的原因提供一個簡短的註解。他說：「我必須承認在 Gülen 的講道發現一些我從未經歷過的事物，即知識、Ruh（靈魂）、行動，以及眼淚。」[27] 無論內容為何，Fethullah Gülen 獨樹一格的精神糧食在全土耳其迅速流行起來。有一批關於 Gülen 講道與教導的錄音帶收藏最後被做成十一張 DVD 與二十二張 CD。這些收藏的大部分講道即他在 1970 年任職愛琴海地區時期。[28]

　　Gülen 的佈道改變人生命是無可爭議的，主要證據就是那些透過 Hizmet 找到生命目標者的故事。而 Gülen 影響力另一面無疑地就是受他啟發的人不會採取負面行動。Gülen 的佈道使一些年輕人免於偏激與暴力傾向，其中一位就是 Mehmet Doğan，他有文學與電影研究學位，知道 Gülen 的存在是在 1970 年代早期，那時正在 Antakya 教書。他說：「我聽說了 Hodjaefendi，並認為他是一般的 Hodja 而不想聽他講道。」Doğan 強調一般的 Hodja 也會像 Gülen 佈道時多愁善感。他記得有一位 Hodja 會大聲尖叫，拍打講臺，聽者也跟著那樣。但 Doğan 是受過高等教育社群成員，會閱讀著作西方的知識份子如沙特、黑格爾、馬克思等人的著作；但這些 Hodja 卻什麼都不讀。所以一般人不會聽他們的。」Doğan 在 1976 年轉調 Adana，他有一位同事是 Gülen 的學生。Doğan 看到這位同事令人印象深刻的圖書室，感到驚訝。他續說：「好吧，給我一些 Gülen 講道的錄音帶。我開始聽這些錄音帶，並發現 Gülen 認識東方，也認識

---

[27] Valkenberg 2015, p. 88.
[28] Ibid., pp. 100-103.

西方。他本不是我所認為的刻板人物。土耳其具影響力的知識份子兼詩人 Sezai Karakoç（生於 1933 年）曾說『認識西方與東方的人將會到來！』而當我聽了 Hodjaefendi 的演講時，我認為『這是此人！』」那份認知使 Doğan 不再偏激。他說他曾被導向伊朗正採取的方向。伊朗有高度受過教育的世俗人口，卻在 1979 年發生了革命，建立伊斯蘭共和國。Doğan 續說：「我是極端的人，我們是『獨一』的信仰者，稱其他人為非信仰者。」此種缺乏同理心的二分法正是宗教製造暴力普遍存在的方式。[29] Doğan 解釋說：「我完全不拜訪我的親戚，因為他們全是不信者。」Doğan 總結說：「然而 Gülen 傳遞一個不同的方法，透過教育、勸說教導對話、和平以取代爭鬥與戰爭。」Doğan 輕聲笑說：「務實上，這意謂 Gülen 讓我去愛我的岳父。更抽象的是我學到不要把人分類，而是擁抱每個人。」事實上，Doğan 與其岳父養成一起聽 Gülen 講道錄音帶的習慣，他說：「當我們在聽的時候，我岳父會抽著煙說『這個人有兩隻翅膀！』」[30] 這個形象在 Hizmet 運動變得很重要：「以兩隻翅膀飛翔」意謂著將頭腦與心（伊斯蘭與科學、一個人所擁有的傳統與對其他傳統的尊重）緊抓一起。實際上，這句話成為 Hizmet 進行宗教對話時的主要隱喻。[31] Doğan 之後成為 Fatih 大學創校成員之一這將在第四章明敘。

　　因此，儘管 Fethullah Gülen 在 1970 年代中期曾入獄並長期遭到警方監視，他依舊名聲響亮，但他的職務並未改變，是佈道家兼教師，單身住在一間宿舍，將生活奉獻於實踐伊斯蘭。他通常會努力將聽眾的注意力從其個人轉至試圖溝通的訊息，這意謂至少在一個場合他抽離群眾。1970 年代中葉某時期，他在 Bursa 的大型電影院中佈道（如他在咖啡店佈道的創新）。在談話中，他的話語會得到掌聲；但 Gülen 會停下來，要求群眾不要鼓掌。當掌聲再次打斷講演時，他會忽然說：「再見」，然後離開舞臺。有一則資料解釋 Gülen「認為掌聲是在讚美他；但他要的是他解釋的內容可全然被注意與理解」。[32] 要轉移此

---

[29] See from among many others R. Scott Appleby 1999, and (for a more popular study) Kimball 2009.
[30] Interview with Mehmet Doğan, Istanbul, August 4, 2015.
[31] Burnett and Yıldırım 2011.
[32] Alptekin 2012, p. 45.

種吹捧當然是不容易的。Gülen 曾說名聲是有毒的蜂蜜，[33] 但它還是蜂蜜。因此 Gülen 對蘇非之道的 Ghurba 的承諾仍會持續下去。他受到成千上萬人的推崇，不得不去注意那爭先恐後聽他演講的廣大群眾。然而，他在自己的土地上依舊是位異鄉人。

Ramiz Gülen 的去世

　　Fethullah Gülen 的父親 Ramiz 在 1974 年 9 月 20 日過世，他應俗回 Erzurum 奔喪，不久前他才回去過，也許早已預感那是一場道別探訪。他們父子關係很親近，但仍是傳統父權式關係。因此，當 Fethullah 要從 Erzurum 返回愛琴海地區任職地前，他是徵詢了父親許可才行動的。Fethullah 在 6 月 29 日剛獲得一份政府宗教局指派的工作去 Izmir 郊區的 Manisa 當佈道員，故他回 Erzurum 是在那兩份工作之間的空檔。根據至少一份記載，Ramiz 試圖延後其子離開，要求再多留幾天。最後，老 Gülen 的態度軟化，據說他告訴他出名的兒子：「去吧！在這裡只有一雙眼睛等你；但那裡卻有上千雙眼睛等你。」[34] 無疑地，那是父母的祝福，也可能是 Fethullah 父親對他的遺言。幾星期後，Ramiz 過世了。

　　因此，Gülen 的 Ghurba 經歷又加深了。身為長子，母親與其他手足的安康是 Gülen 必須承擔的既有責任。由於他的地位越來越高，他也覺得一些誘惑可能會離間他們的關係。他在父親過世後聚集家人，明確地要求他們保證會維持 Ramiz 所珍視的健全道德，不會「出賣」伊斯蘭。Gülen 的兄弟 Sıbgatullah 回憶當時的情景：

> 家父過世後，Hodjaefendi 回來 Erzurum。他告訴我把兩個舅母、家母、家族長輩，以及所有家族成員找來，告訴我把他們全都帶到我的屋子裡，他要跟他們說話。我開車去載他們，把他們帶到我家。於是 Hodjaefendi 給了個關於信仰與宗教以及日常生活的 Sohbet。他說：「你們要團結，共同買土地，為每人蓋一間小屋，住在一起，那你們就會知道生病時要去哪裡。」

---

[33] Interview with Nicole Pope, *Le Monde*, 28 April 1998, as cited by Ergil 2012, p. 130.
[34] Ibid., p. 55.

諸如此類的話。然後他問他們：「我是你們的什麼？」我們說：「你是我們的兄長！」他問家母，她說：「你是我兒子！」他問我姨母，她們說：「你是我們的外甥！」然後他說：「我正走在一條道路上。我無法從這條路回頭，我走在阿拉的道上。我對今世無所期待，而我也要求你們不要從我這裡期待什麼世俗物質。」然後他對家母說：「如果您可以要他們去工作賺錢供養照顧您，但不該從我這裡有任何此種期待。因為我，他們（官方）會把你們關進監獄，他們會跟蹤你們，可能傷害你們。你們必須做好面對這一切的準備，未來這些都會發生。如果你們現在沒有準備好，你們會問：『這一切從何而來？』就是現在，它已來了。而如果你們想說：『我沒有那樣的兄長！』我還是會繼續走我的路，而你們也會繼續走你們的。」[35]

　　他們全都流淚了，這對任何家族團結是個考驗。Refia 剛失去一起三十九年的伴侶，Fethullah 與 Sıbgatullah 及其他手足才剛埋葬了父親，舅母失去她們的兄長；而 Fethullah 卻堅持要他們放棄從他名聲獲利的期待。然而，如 Sıbgatullah 所憶：「我們對他說：『你是我們的心、靈魂。無論你說什麼，我們都會遵守，我們都會無論你會發生什麼事做準備。』」那應該是個充滿力量的時刻，但 Sıbgatullah 續說：「『不要從我這裡期待任何世俗物質』只是他原則中的一個；而在真主的幫助下，我們也從未從要求他任何世俗物質。他的名聲，他名聲中的任何好處，我們也從未因為他的名聲對任何人要求什麼，一點都沒要過。」[36] 當然我不能很確定地從我的觀察確認這個說法，但他家人所言是真。Gülen 童年的家不在了，他的大姊住在離 Izmir 不遠的普通公寓裡，他的小弟 Salih 則住在 Erzurum 的簡樸街屋。他們都顯示保證他們的承諾。令人難過地是，Fethullah 對未來磨難的預言事後都成真。Hodjaefendi 的眼淚將繼續流下去。

他為何哭？眼淚乃無言詩

　　至於他為何哭，Gülen 有其答案。不令人訝異地，他的第一個答案是神學因素，他簡單說：「我想真主將我創造成那樣。」。第二個答案則是社會因素。

---

[35] Irmak TV, Geçmişten İzler (Traces from the Past), "Interview with Sıbgatullah Gülen, Episode 2," June 4, 2014.
[36] Ibid.

他說：「我成長於一個充滿支配、壓迫的地方。每當我憂心地想起那段過往就心有戚戚焉，這令我心軟如孩童。」[37] 而 Gülen 對「為何哭泣」這個問題最完整的答案也許是在他生命後期(2012 年)一場 Sohbet 的發言，他在那場合中也展現了講道中的說故事。他講到一則聖訓：「有時若一顆悲傷心哭了，真主即會對全世界降予慈憫。」Gülen 一開始說先知時代社會中充斥不幸與邪惡，但人們卻很習以為常。同樣的狀況發生在今日人身上，他自身都經歷過。他分享幾年之後回到童年時期的村莊的情景說：「在城市裡住了一段時間後，我去拜訪住在鄉下的叔父。當我把頭從門縫探入時，我說味道怎麼那麼難聞，叔父的孫子們聽到全都開始嘲笑我。我小時候在同一間屋子待過約一個月，從未覺得困擾。」人要理解痛苦、不幸與邪惡並非神的意願。Gülen 續說：「的確，人無法瞭解應該與『創造者』面對面的獨特地位，而事實上總是處於位置下。」理解痛苦是治療痛苦的第一步，而有此領悟時很少不流淚的。對 Gülen 而言，理解痛苦的確是領悟神的啟發至關重要之入門。神要人先以不同的方式去瞭解，再從他所處的困境中獲救。Gülen 引用柏拉圖續說：

> 若有一個人在井底或土牢中，當他因痛苦而察覺他的情況與感受時，就會試圖用不同的方式逃離，最後因真主的恩典而達到目標。即使他沒有工具，他也會試著以手當爪子爬出來。他奮力向上，挖了兩個洞讓雙腳可以插進去，依此一步步持續往上挖，一段時間後他就出了井；但若那個人故意居於井底，完全沒有察覺自己的情況，那絕不會做此努力。[38]

Hodjaefendi 的眼淚是要喚醒其他穆斯林察覺共同的苦難，激勵他們耐心一步步掘出自己的路。當然，此教訓並不只侷限在穆斯林身上，畢竟佛陀所教導的第一個真理(Noble Truth)即此簡單的主張：「生命是受苦。」

但是若 Gülen 就此停步也就不會有後來的 Hizmet 運動了，正如若佛陀不曾教導走出痛苦的方法，之後也不會有佛教了。要將痛苦轉變成在今世的實踐性目的是個挑戰。Gülen 聽眾中最踴躍的成員依舊是年輕人，他們有時

[37] "Why Does He Cry?" Fethullah Gülen, at https://www.fgulen.com/en/fethullah-gulens-life/about-fethullah- gulen/biography/24660-why-does-he-cry, citing "Interview with Nuriye Akman," Sabah Daily, 1/23-30, 1995.

[38] Gülen 2014c, pp. 41-3. See also the original Turkish text in this link: http://www.herkul.org/kirik-testi/mahzun-kalblerin-aglamasi/.

缺歲月的磨礪或挫折。這可能導致他們過度誇大自己的遭難，以為最近所忍受的極度痛苦是前人從未經歷過的。而 Gülen 在之後幾年裡，除了佈道也展開了另一個方案，即接觸年輕人。在週五（有時在週六或週日）晚上禮拜後，沒上課時 Gülen 會主持開放給公眾的問答時段，參加者多數是他的學生。聽眾在聚會開始時會投遞問題，然後 Gülen 會從箱子裡抽出問題的紙籤。Alattin Kırkan 記得 Hodjaefendi 在這些集會開場時會說：「我不是 al-Ghazali（穆斯林最著名的神學家），我也不是無事不曉。如果我能答，我會回答，如果不能，我會研究，下週再回答；但我不回答兩種類型的問題，即政治性的，因為這裡是清真寺。我也不會回答關於特定個人的問題。」[39] 既然土耳其政治動盪不安，兩種議題必須小心翼翼處理，這是原則。由於土耳其年輕人經歷的許多痛苦皆有政治因素，故問題往往間接地觸及土耳其社會的不安狀態。Gülen 如履薄冰地避免表現對政黨的偏袒。而 Muhammad Çetin（社會學家與 Hizmet 參與者，曾在 2011 至 2015 年間任職土耳其國會）回憶 Gülen 在這些早期的問答聚會中一直聲言反對無政府、暴力與恐怖主義，這些主題亦在他後來的寫作直持續出現。[40] 這些問題範圍很大，Kırkan 報告：「我算過，五年來大約有一千二百個問題。」[41]

　　持平地說，1970 年代的土耳其青年分享了 Gülen 的 Ghurba，他們在他那裡感受到一種志同道合的精神，即使 Hodjaefendi 已年近不惑。在後來的一次訪談中，記者 Nevval Sevindi 就 Gülen 本身的遭難提出一個尖銳且有點主導性的問題：「您已在您的生命中遭遇諸多困難，您是如何看待那些扼殺您心中歡樂、使您粉身碎骨為目標的事件呢？」Gülen 答說：

> 我一直試圖當有用的人。前人也已因這任務而遭受巨大的痛苦。當你的內心有理想時，這些事就會發生。即使在孩提時代，我的靈魂中就已擁有蘇非修道中心的光與空氣。我從來就無法將一個小民族與偉大的歷史調合。我總是與這種可能被視作烏托邦的感覺一起生活，有時我會流淚為這些絕望的人發聲。我觀點中眼淚是無言或無聲的詩。[42]

---

[39] Interview with Alaattin Kırkan, Izmir, July 29, 2015.
[40] Çetin 2010, p. 36.
[41] Interview with Alaattin Kırkan.
[42] Sevindi 2008, pp. 48-9.

在 1970 年代，聆聽 Gülen「無言詩」的人與日俱增，他們加入他的行列，以找尋道路從陷入的各種深淵中爬出來。

換言之，一場為了 Fethullah Gülen 在講道中呼籲的服務奉獻的運動正逐漸茁壯。但在那十年間的時間，Hizmet 社群都是在土耳其政府下低調發展。當無政府主義者、共產主義者、國族主義者與伊斯蘭主義者再次走上街頭時，政府掙扎著與他們結合。土耳其各地都有受 Fethullah Gülen 啟發的志工低調默默地開始建立機構，將 Ghurba 的痛苦轉變成具 Uns（友誼）的社群。他們透過實踐性同理心以正面行動建立和平。如經常性的發生，Hodjaefendi 的眼淚開始灌溉希望，希望也起於年輕人的主動。

生活緣由：年輕人的實踐性同理心

為何 1960 與 1970 年代年輕人在社交中活躍於全球？導致年輕人的抗議，街頭遊行與意識型態衝撞的不只是嬰兒潮，隱藏在風起雲湧之抗議下的是一種微妙且邪惡能發動年輕人的潮流，那股潮流已流動了數十年。歷史上，戰爭一般是成人的職業，殺戮與死亡是成熟個人的特權；但在二十世紀卻改觀了。在越戰(1955-75)中陣亡的美國士兵，其平均年齡大約二十三歲，而其中 61% 還未滿二十一歲。[43] 土耳其在 1970 年代的情況則有點不同，軍方對年輕人生活影響力依舊強大。自 1919 年起，土耳其每位年滿二十歲的男性青年必須服兵役，因此 Fethullah Gülen 在 1961 至 1963 年間曾分別於安卡拉與 İskenderum 服役。現在，無論在美國或土耳其，兵役有很討論處。保衛國家可視為高貴職業，但在不同情境軍事文化的研究皆顯示大部份人類必須被訓練去殺人。[44] 而與在軍中服役有關的訓練經常強調犧牲是為了國家。直言之，軍事是在訓練年輕人「為了一個緣由殺人與死亡」。因此，當年輕人多方式抗議其逐漸淪為殺人與死亡的代理者而受到傷害時，也許也就沒什麼好驚訝的。

---

[43] 那個人口潮一部分是受到義務徵兵（徵兵制）的助長，且一直持續到最近。美國海軍在 2017 年的募兵年齡不過剛好超過 19 歲，雖然相較於 1970 年代，所有軍種分支中個人平均年齡皆有緩慢地上升，一部分是由於徵兵制不再，以及永久役的專業軍階也逐步增加。

[44] See, for example, Lt. Col. David Grossman 1996 and Neitzel et al 2012.

　　此外，也毋需驚訝的是傳統宗教，如伊斯蘭也會提出為國家犧牲的選項。的確，Fethullah Gülen 與 Hizmet 運動也提供年輕人此選項。他鼓勵年輕人不要把同理心與為想像的土耳其國家社群的光榮犧牲連結。因此，Hizmet 透過服務人性的信仰與理性使得年輕人以不同模式勇敢地投入。他們不會因殺戮或死於戰場而感到光榮。他們不會死，也不因必須殺人的經驗而心理受到創傷；但他們仍須奮鬥，必須擊敗敵人，是以精神武器作戰，主要敵人是個人的自我。這仍然是令人興奮的遠景。受本位主義控制的軍隊相當可觀，任何一個國家皆存在，它們是無知、貧窮，甚至是暴力本身。加入軍隊經常會為士兵帶來利益，而具戰士精神的年輕人願意參與 Fethullah Gülen 所宣揚的奮鬥也會帶來利益，如 Gülen 所敘，伊斯蘭並不只是致力利他。年輕穆斯林可透過 Hizmet 過著充滿具挑戰且充實滿足之有意義生活逐漸明晰顯現，他們能因一個緣由而活。

　　當然，Ghurba 的疏離或孤寂感可比喻為生命的幽谷與陰影。因此，Fethullah Gülen 與其朋友在 1970 年代所提供給年輕人的是一連串的方案，強調一種非主流的隱喻—光。一般稱第一個方案為 Dershane（學生宿舍），但在一篇頗具影響力的文章中，Gülen 曾將這些學生宿舍描述為 Işık Evler（光之家）。[45] 如果年輕人當面臨 Ghurba 陰影的恐懼或誘惑時，想透過參與政治或國家主義的暴力來解決這種孤寂，那麼 Işık Evler 就會成為他可以學習為緣由而活的中途之家。當然，他們可以透過如光的伊斯蘭來做；而他們也會透過嚴格 與具競爭力的參與世俗學習（另一種光）行之。事實上，宿舍最初也不過是有補助的公寓或租賃房屋，年輕人在那裡一同生活相互支持。在那十年間的後幾年，Hizmet 的人興建全新大樓容納想來 Izmir 學習的中學、高中或學院學生。那種想法當時很流行，很快地，Işık Evler 或 Dershane 在土耳其所有大城市中心比比皆是。這些 Dershane 即成為促進 Hizmet 運動成長的主要途徑之一。年輕人住在一起，一同學習，都為了 Hizmet。

45　Gülen, "Işık Evler[Light Houses](1)," Fethullah Gülen, at https://fgulen.com/tr/eserleri/gunler-bahari-soluklarken/Isik-Evler-1. 這篇文章最初在 1991 年出版，但其中的隱喻可回溯更早之前。

Yusuf Pekmezci 記得第一間宿舍就是 1968 年動盪不安的時代中在 Izmir 的 Bozyaka 區蓋的。在那個時代環境，富人有房有車，窮人住在貧民窟裡，充滿紛爭、階級衝突。學生從其他村鎮來 Izmir 卻沒地方住，雖然有政府資助的宿舍，但那裡一直存在意識型態衝突。Pekmezci 回憶：「Gülen 這麼說：『所以我們來開辦宿舍吧！』所以我們開立了宿舍。我們在每間宿舍安排一位高年級生，他們會訂下嚴格規矩：『你們要在八點離開，下午五點回來。』1968 年的第一棟宿舍是要提供給大學生。我們把房間租給他們。那種模式很快就遍及全國。父母會在學生回家時說：『我沒有教出這麼好的孩子！』」[46]

這些是 Mütevelli 管理的私人宿舍，募款必須謹慎。一位訪談者回憶說：「假如士兵抓到你在募款，他們會把你丟進監獄。所以募款要很謹慎，別讓士兵們抓到。我們那時只有五到十個人。」Pekmezci 記得他 1968 年一離開國營的 Kestanepazarı 學校時，就開始為各種教育事業募款，包括最後的宿舍：「我們為中等與高等教育設立 Akyazılı 基金會。我們獲得政府認可去找有錢人對他們說：『您有教育孩子的職責。』他們就幫忙了，把錢放在銀行。我們每月給學生獎學金。」[47] 因此那群志工彼時必須戰戰兢兢活動，以免引起地方警察的憤怒；但至少他們在政府官方層面是合法的。然而，統治者的監督無時不在，政府機關的懷疑也是常態。

那時群體的規模很小。Pekmezci 還記得：「我們成立一個管理組：我們四個，第五位是 Hodjaefendi。」Gülen 只參與一開始的 Mütevelli 會議。最初開始做 Hizmet 的小商人並不是菁英，他們是裁縫師、傢俱店老闆、工廠作業員。Hodjaefendi 之前曾在 Kestanepazarı 的初中與高中教學，但這是他第一次大膽參加實質的社群管理與企業家事業。把這種分散的團體組成具凝聚力能運作的基金會並非簡單的任務。Pekmezci 記得，「真的，那四位在他身邊的人都不是受過教育的。」[48] 但他們花了一段時間募款，然後蓋了宿舍。

當 Mütevelli 在其他社群如雨後春筍成立後，Gülen 要定時與他們會面就不太可能。很自然地，在旅行時 Gülen 會與有興趣的人會見討論他們的計劃；

---

[46] Interview with Yusuf Pekmezci, Izmir, July 29, 2015.
[47] Ibid.
[48] Ibid.

而他們也會來 Izmir 與他商量。Tahsin Şimşek 是 Izmir 的一位成功的不動產經營者，他很早即成為 Mütevelli，曾自疑是否能放下事業去當 Imam。他記得：

> 1972 年，Hodjaefendi 坐進我的車子，目光向下。我自忖，既然 Hodjaefendi 是 Hafiz，那他可能自我誦讀。但 Hodjaefendi 接著抬起頭說：「Tahsin 先生，如果您把某人放進山洞裡兩個月，不給他肉，在那兩個月他從未脫離與真主關係，之後從山洞出來時會有特殊能力，甚至會飛！他看到外面的人卻無法與他們連結；他甚至可以飛上星座，但人們會說他瘋了，無論如何，不接受他為一份子。」他續說：「Tahsin 先生，去飛，當個普通人，這些都不重要。具勇氣者是可以與他人生活一起的人，共有悲喜。所以 Hizmet 必須藉由與人共同生活進行。」這是我的第一堂課，他講的是我。[49]

Şimşek 留在商業界累積了相當大的財富，當然這無損於他蓋宿舍與建學校的努力。

學生宿舍在建構運動中扮演了重要角色。在許多學生宿舍建蓋的年代（約 1972-78），Gülen 早已教授學生古蘭經將近十年了。他以前的學生中有許多從宿舍剛蓋好時就一直在宿舍裡當學長。一位史學家描述：

> 光之家在吸引更多學生參加 Gülen 運動中扮演了重要角色。Gülen 對待這些光之家就彷彿 Ibn-i Ekram 對自己的家（Ibn-i Ekram 是先知門徒，他把家變成隱修、研習與教導中心），並經由此努力賦予他們以及與他們同住者相同的歷史性宗教任務，以表達伊斯蘭理念。運動的成員以神聖空間看待這些家，在那裡建立私人認同與信任，並付之實行。[50]

在一次訪談中，Gülen 明確表達宿舍的存在是為收容年輕人，以免他們遭受無信仰與腐敗的影響。這些收容所就是光之家。Gülen 說：「我希望這些人在以伊斯蘭理想照亮其環境下互助，並幫助每一個青年創造其人格。」[51]

「照亮」的比喻很重要。在《古蘭經》24 章 35 節，真主被描述成「光」──「阿拉是諸天與大地之光。」Gülen 的闡釋是：「是真主將萬物從空無的黑暗帶到光明的存有，令宇宙成為展示與深思其旨意的書，以提供我們的眼睛光亮，振奮我們的心之意義滋養我們的意識。」簡言之，神是光，光指向神。對

---

[49] Irmak TV, Geçmişten İzler, "Interview with Tahsin Şimşek, Episode 1," December 31, 2014.

[50] Yavuz, "The Gülen Movement: The Turkish Puritans," Yavuz and Esposito 2003, p. 32.

[51] Ibid.

人類而言，連在平常自然現象中辨認神之無所不在都是精神發展的重要面向。Gülen 寫說：「當我們思及萬物在真主的光芒中，萬物（可見或不可見）皆被照亮，萬物皆在談論其『創造者』與『維持者』。」[52] 例如，閃電在蘇非思想中是重要現象，可作為一個跡象與隱喻。Gülen 說：「閃電彷彿令人暈眩的光線擊中了眼睛，提醒人『萬物之摯愛—神』(All-Beloved)的大門已然微啟。」如 Gülen 所延伸的解釋，通往「神」的這道入口具令人驚嘆的意涵。他說：「我們回憶以下 Ibnu'l Farid（十二世紀的埃及蘇非行者）的詩句，一首充滿驚嘆的詩：『來自西奈山眩目的電光閃耀了嗎？（或遮蓋 Layla 臉龐的面紗已部分揭開了嗎？）』」Gülen 在此提及伊斯蘭文學中的一位著名人物 Layla。從很多方面來看，Layla 與 Majnun 的愛情故事正是 Orhan Pamuk 關於 Fusün 與 Kemal 故事的九世紀版本。Majnun 愛上 Layla，但他無法與她結婚（她和別人結婚了）。Majnun 因對她永恆的愛而發瘋（他名字的阿拉伯文確是「瘋狂」之意）。與此同時，Layla 對 Majnun 仍維持沈默但難以理解的熱愛。Majnun 寫給 Layla 無數的詩，最後他在其生命走到盡頭時對她朗誦。對 Gülen 而言，表面上 Layla 就是文學中的這個被愛的人。但另一層面與蘇非思想的闡述，Layla 也是「那真正的摯愛者—全能真主」的代表。Layla 是神的投射，總是躲避一個人的擁抱，但卻也總是愛著。Gülen 以神學闡釋 Layla 的「閃電」：「所以當人生活在形體與肉體慾望的暗夜裡，Layla 開始一步步表現她自己，並將結合的希望送進許多人心中。最後，凡是因渴望與她結合而愛火焚身的人，其心中的黑夜會變成白天。」[53] Layla 一步步地向那些尋求她的人打開表現自己。此種啟示的確就是閃電。如 Gülen 所延伸的，「啟蒙」(enlightment)就是啟動商人去蓋「光之家」的渴望，以及啟動年輕人在中生活與工作的渴望。這兩種渴望也是對真主的渴望。

　　此時，Gülen 也較務實地寫出其心中對學生宿舍的看法。他說：

> 光之家是人缺點被療癒地方，是製作計劃與方案培育勇敢具信仰者的神聖空間。Sa'id Nursi 自己曾說：「獲得真正信仰的人能挑戰宇宙。」

---

[52] Gülen 2014d, pp. 210, 212.
[53] Gülen 2011, pp. 44-5.

這再清楚不過了。今日，征服世界可被理解為如古代在馬背上、手上持劍、腰上繫短彎刀、背箭筒的方式；而是藉由手拿《古蘭經》以理性檢視人心。這些從這裡培育出來具靈性與真理的士兵將傾注真主所給予的光，以啟迪空虛的心智，協助他們在征服精神與物質世界的道路上發展。由此可知，這些屋子是工作台或學校，那些依支配時下流行概念形塑自己而失去方向，充滿困惑的世代如今卻能在那裡，透過有意義的生活而獲得療癒，並重返其靈性根源。[54]

雖然 Gülen 的軍事用詞鮮明，但卻用之顛覆軍事主義。透過 Hizmet，年輕人聲稱非暴力征服世界的緣由，不需殺人與犧牲性命，而是以有意義的生活蓬勃發展。

如此語言看似十足的理想主義；但實務上，學生之家正是今日美國大學校園中司空見慣的各種特殊學生宿舍或公寓的早期實驗。現今多數大學校園中都有專給運動、工程、德國研究主修生等的宿舍。Gülen 預知年輕人渴望與心智相近且有目標之同儕共同生活的渴望。他也察覺這些宿舍能成為守護保守穆斯林免於被腐蝕且家長一定會感謝的中途站。有一個現象 Gülen 或許沒有預見，但事後證明可為範例，就是專業化宿舍也能成為卓越競逐的溫室，在學術與宗教生活上皆然。早期大部分的學生之家都很小，到至今仍是，即五、六個同性別的學生同住一個家或公寓。想成功的那種同儕壓力很大，生活在學長姊的關注與與鼓勵。如另位史學家所言：「因此，保守與虔誠的父母鼓勵其男孩女孩住在大城市的光之家。」[55] 年輕人遂蜂擁而至。

1973 年，在 Izmir 大約有四或五間這種學生之家。İrfan Yılmaz 在 1970 年代初正在唸大學，他當時就住在其中一個家。Yılmaz 也是在光之家第一次接觸 Nursi 的 *Risale-i Nur*。因為在公共場所閱讀 *Risale-i Nur* 會使人緊張與猜疑，故每當 Yılmaz 在公共場所時都不得不以報紙包裹該書。他並非特別虔誠者，會在星期五去禮拜，在齋月時封齋，但即使只做到這種基本的伊斯蘭功課，他仍被敵視。換言之，土耳其社會不鼓勵人民實踐信仰。但 Yılmaz 遇到一位住在學生之家的年輕人 İbrahim。İbrahim 邀請 İrfan 去參加 Sohbet，那次的講者

---

54 Gülen, *Prizma*, Vol. 2 (Istanbul: Zaman, 1997), p. 12, as cited by Yavuz 2003, p. 33.
55 Ibid.

正是 Gülen。當 Hodjaefendi 抵達時，群眾都興奮起來。İrfan 事後回想說當時有點被這種熱情嚇到而溜走。在這第一次與 Hizmet 成員短暫相遇一年後，他參加 Gülen 所主持有關科學與宗教的會議，而他努力地留下來，然後認識了 Hodjaefendi。他朋友邀他去 Gülen 在 Bornova 的講道，他也參加了。之後當他拿到學位並開始修習動物學碩士後，他被要求去當與光之家有關的高中生家教。他憶說：「我說：『好』，當然，這是義務的。」。他是物理、英文數名家教中的其中一位。他記得：「這是 1977 年，我們替學生上課；但並非所有人都已完成了自己的學業。我們中有人仍是學生。但還是有用。我們協助 90%的學生進入大學。Hodjaefendi 說：『看，就是有效！』」[56]

曾經在其中一間宿舍生活過五年的 Mustafa Özcan，把學生之家比喻為「虔誠家庭的高速公路」。根據 Özcan，那些家不單是遠離「腐敗性」影響的安全之地，當這些家被開設時，就等於為虔信者提供教育孩子的機會與成為整個社會的一份子。左派份子與國家主義份子之間的激烈紛擾令父母不願將其孩子送進最好的大學。Özcan 說：「因此，當 Hodjaefendi 介紹了這個提供大學生住宿的主意時，即為虔信家庭開闢一條融入社會之路。這個『創新』自然地同時也招惹了極端穆斯林群體的憎惡。」革命仍是許多年輕穆斯林偏好的選項。但是虔信青年進入全土耳其最好的寄宿學校與大學卻「轉變了整個制度」。[57]伊斯蘭與研習科學間的高速公路已為穆斯林青年開闢。

女子宿舍雖然較遲開設，但爾後十年間卻以倍數迅速增加。Yusuf Pekmezci 補充說，當教育平等機會在土耳其共和國正式存在後，事實上在那段時間婦女並未受教育。Pekmezci 說有些女性去了父母無法控制的世俗學校，而其他婦女根本沒繼續受教育。Pekmezci 無疑地為更多人說話：「她們可能會誤入歧途，我們不要我們的女兒涉入，解決之道似乎很明顯，因此我們開設女子宿舍。青年男女必須分開住不同的宿舍，但當然一起唸書，在大學裡是混班上課的。」Pekmezci 回憶說：「壞的事情還是會發生；但女子宿舍一般而言已為虔信穆斯林父母親提供良策，他們冒險讓女兒繼續受教育而感到比較安心。」安納托利

---

56 Irmak TV, Geçmişten İzler, "Interview with İrfan Yılmaz, Episode 1," April 1, 2015.
57 Interview with Mustafa Özcan, Wind Gap, PA, May 11, 2015. Tr. Osman Şimşek.

亞中部長大的 Esra Koşar 是這些女學生其中一位，唸大學時住在安卡拉的學生之家。她說她父親是保守的人。言下之意，保守主義對許多女孩而言往往是接受高等教育的絆腳石。Koşar 認為問題在於「移動」，女生必須到他方唸書，如果不能移動，就無法受教育。Hizmet 的女子宿舍開啟了那扇門。她說：「我許多朋友來安卡拉，只因為這裡有 Hizmet 宿舍，許多人對這些地方有深厚的信任感，Hizmet 已成為許多許多女生發展生涯的橋樑。」[58]

　　宿舍廣受歡迎，學生選擇它，家長喜歡它，商人支持它。自然而然地，這個動能的各方面都能找到對自己有利的元素。社會學家 Joshua D. Hendrick 含蓄地主張學生尤其期待特定的益處。例如 Hendrick 提到 Osman 的故事，他在1978 年還是高中生時就搬進其中一間新宿舍（地點不確定）。Dershane 有新床鋪、新書本與最先進的建築。然後，1979 年在光之家學長的督促下，Osman 到Izmir 旅行。他在那裡所遇見的事促使他全心參與 Hizmet。他回憶說：

> Gülen 社群中 80% 是年輕有行動力的大學生。那是我第一次看到他(Gülen)。我們在 Izmir 都有去聽佈道，我們也拜訪學生住的地方。我們理解他們是何種學生。我們受到兩件事影響。第一件是 Hodjaefendi 的人，另一件是我們在該運動成員家中所見到的人，他們都是相當優秀的楷模。我的意思是我們發現他們的生活非常具靈性。他們非常友善，非常有靈性，那些家庭卻現代，他們都未婚，但家庭裡非常現代，我們很驚訝。[59]

　　如評論所指出，非 Hizmet 的學生宿舍可能沒秩序、很雜亂、沒有好好維持。反言之，全世界的每個大學城總呈現一個共同模式，即房東往往不願把房子租給學生。無論如何，除了一絲不苟與現代的生活條件，Osman 還在他自己的學生宿舍接受免費家教，那是由一位「學長」安排的。他們指導他在國考（土耳其版的學測[SAT]或美國大學測驗[ACT]）獲得高分。Osman 因此得以在安卡拉讀大學，這是他當初所沒想過的事。Hendrick 認為現代的家居、免費的家教與專注力行的監督者對 Osman 進入 Hizmet 居功甚厥。隨著時間推移，Osman 也成為了老師，當上 Hizmet 相關機構的管理者。如果學生能從該方案預期到這種益處，家長顯然也會喜歡那個主意，把孩子送到一個安全的地方，

---

[58] Interview with Esra Koşar, op. cit.
[59] Hendrick 2013, pp. 86-7.

也一定會感謝其後代有一條事業路來支撐生活。捐獻者獲得的益處就是其品格的提升，進而導致更多捐獻者出現，最後其善行將在末日得到阿拉的福賜。

即使人出於利己或經濟動機參與 Hizmet 學生宿舍，這並不排除其他的動機。多數人對生命主要的抉擇皆有多重原因與經濟簡約因素。因此，假設人只因經濟原因做抉擇，那絕對是簡化了其他原因。無論如何，學生宿舍的動機是為了開闢受教育之道，而教育實乃通往兩方向的高速公路。人獲取知識以幫助其克服無知的痛苦，藉此改善自己。而一個人若會期望，教育也會在人群中點燃分享知識的渴望，並為他人好好運用知識。在這些受 Gülen 啟發的途徑，正反方向都有車流。而後者的可能性（即同理心的實踐）更是受 Gülen 啟發的學生之家所致力倡導的。學生在無數的土耳其寄宿學校與大學能獲取科技技術，而受 Gülen 啟發的學生之家則提供學生一個將其迅速發展的技術用於減輕他人痛苦之道。年輕人可以為了一個緣由而活。

夏令營與「黃金世代」

Gülen 與友人在 1966 年發起的夏令營顯然也有類似目標。之後的十年間，除了 1971 年政變後外，夏令營仍持續舉辦。Yusuf Pekmezci 再次涉入此事。Pekmezci 輕描淡寫地說：「Hodjaefendi 決定辦夏令營，我們以為如童子軍的活動，要與小朋友一起去參加童子軍嗎？然後 Hodjaefendi 說：『與一群年輕人穿上軍裝並不會立即吸引之前在街頭打架的人。當年輕人（多數是中學生）夏天去外面時，就會忘記他們所學的一切。因此，我們來辦個夏令營吧！』」換言之，Gülen 心中所想的更像是一所設於大自然的夏日「學校」，而非傳統的營隊。

而設在大自然裡也有其根本原因。美國哲學家 William James 在他 1910 年的短文 "The Moral Equivalent of War" 中建議，假如年輕人在青春歲月期間遭遇自然世界之艱苦考驗，則將成為更強健的公民。[60] 年輕人在大自然中會學習，而且因為生活在蠻荒中，他們必須從事繁重的工作，因此獲得關鍵性技巧，

---

[60] James 1910.

將其侵略性的衝動轉化成團結。在荒野中，年輕人會發現貫穿大自然的美麗，而且他們也會遇到挑戰，從挑戰中習得諸如忘我與無私的本質。Fethullah Gülen 不太可能知道 James 的文章，然而他為中學生發起夏令營的直覺卻有相似的動機。Gülen 曾提到：「大自然遠比一大堆物質或堆積如山的東西豐富，它有令人尊崇的特殊處，因為它展現真主美的屬性。」這種展現能刺激人行動，甚至「達到倡導生命熱情使他人活著為所有造化服務的程度」。那些營隊因此達成 Hizmet 的目的。它們透過集體勞動連結心與頭腦、學習與愛。Gülen 續說：「如一代大師 Sa'id Nursi 所宣稱，教育的理解即是在科學與知識中看到心智的光，在信仰與美德中見到心靈之光。」那些營隊是科學生活方式的小實驗室，但參加的學生仍會研讀伊斯蘭。Gülen 解釋該理論說：「這種（組合）令學生有了向上提升的一對翅膀，提供很多事物，拯救科學免於淪為唯物論與致命武器；而它也拯救宗教避免與智識與生活斷絕關係，甚至免於成為個人與國家間構築圍牆的狂熱機制。」[61] 似乎所有受 Gülen 啟發的教育活動如夏令營致力於青年的添翼，匯集了自然與養育、科學與文化塑造；它們若非相對於戰爭的道德，至少也是「生命禮儀」(rites of passage)。

　　Gülen 舉辦營隊的意圖並非做輕鬆的保母，營隊是他在 1977 年促進「黃金世代」方案方法之一。此崇高標準無疑對有志穆斯林青年充滿吸引力，有誰不想成為那其中一份子呢？那個黃金世代是：

> 不受外在影響力的正直個人能夠獨立於他人的管理。當他們充份地運用現代設備時並不會忽略傳統與靈性價值。他們全然熱愛真理，值得信賴，在各處支持真理，總是準備在必要之時離開其家庭。他們會運用大眾媒體，試圖在社會中建立公義、愛、尊敬、平等均衡的新力量。他們運用力量為權利服務，絕不因種族膚色而有歧視。這些新人類將統合深厚靈性、多元知識、健全思維、科學氣質，以及睿智的積極態度。他們絕不滿足於其所知，持續擴充知識：自我、大自然及真主的知識。他們將成為以愛擁抱人類、並準備在必要之時為了他人的福利犧牲自己的利他主義者。他們將視科學與宗教為同一真理的兩面，絕不變成反動份子。他們絕不投機，因他們將成為發起塑造事件的歷史動能。這些新人類將克服自我意識與思想、

---

[61] Gülen 2006c, pp. 83-4.

以及其他人的心靈思想，他們將發現未知的。[62]

　　如此充滿啟發的言語具有被濫用的潛在性，恐怖份子在短短幾年後即以之合理化其犯罪行為，並啟動自殺炸彈，造成更多的殺戮與死亡。Gülen 所著重的比起恐怖份子並無多大差異。他努力動員年輕人為緣由而活，而非去死。無疑地，他運用具動能的言語吸引年輕人，且的確生效。然而，他的目標不是要他們回應任何敵人，當然也不是去殺人或死亡。相反地，年輕人將學習愛上求知，以克服服自我。他們將犧牲自己去擁抱人類，而非把人炸死。他們甚至透過「自我、大自然與真主的知識」，使力量服務權利。這些都是夏令營的崇高目標。終有一日，第一批參加者中將有幾位在 Hizmet 運動成為領袖，在那裡能為了一個理想確實活著。

　　Yusuf Pekmezci 也是其中一位。他不是學生，但他是募款讓營隊得以實踐的一位 Mütevelli。他描述當時情況：

> 第一次營隊是在 Izmir 附近 Bursa 地區舉辦的。該營區沒電，故 Hodjaefendi 得從井裡打水然後把水倒進容器。他不會要求學生幫他，但學生有時去幫，反正他們很尊敬他。只要需要的地方，Hodjaefendi 也會煮飯、打掃、工作。

　　當然，Gülen 更常做的是教誨。他讓年輕人熟悉古蘭經詮釋與神學，也討論世俗議題題。Pekmezci 續說：

> Gülen 是所有營隊背後的啟發，但我從未見他命令任何人，他會帶頭做任何必須做的。有一天我問他：「Hodjaefendi，我們是一般人，從言語的教育來理解，但您是用行動來教導。每當有事您就第一個去做。所以，請告訴我們需要做什麼，您不說，我們就會做錯！」Hodjaefendi 回答：「我難道要因為你而打斷我自己的習慣嗎？如果有事情需要做，那你為何還要等人來命令你？就去做吧！如果你第一次做錯，再嘗試時就會修正了。」[63]

　　這就是運動服公司廣告代理商在適當時間製作商標時所會教的事，即就去做吧！

　　Mustafa Özcan 還是學生時，曾在營隊開始後的第二個夏天參加。之後，他每季都參加，直到 1975 年。他記得他們是因為 Gülen 說服了一些商人舉辦

---

[62] Gülen 2006f, pp. 81-3.
[63] Irmak TV, Geçmişten İzler, "Interview with Yusuf Pekmezci, Episode 2," Sep. 17, 2014.

夏令營來支持孩子。在大自然的安排對 Özcan 很重要。他說：「在大自然、山上感覺像是在放假，但實際上是在工作，仍然在學習。」Gülen 開辦夏令營的構想吸引了來自土耳其三十個不同城市的年輕人，如同 Özcan 所記得的，營隊社群組成是原生的，很快就大受歡迎：

> 家長們喜歡這主意。那些學生夏天受教育後，回到其城市，產生對 Hizmet 更大的興趣。凡是有一些宗教敏感度的人，至少當他們聽到這些方案時，即對營隊感興趣，因為若不去營隊，他們的夏日時光不會有意義地渡過。[64]

再次地，為緣由而活意謂有意義地發費時間。

Mehmet Küçük 也曾於 1960 年代晚期，在 Bursa 參加過好幾年的營隊。他回憶：

> Gülen 將六十位學生帶到兩個大帳篷，而他自己則睡在他們旁邊的小帳篷裡。第二年，我們搭蓋小屋。我們沒有食物，但村子裡的人會提供。既然我們都不是來自於富裕的家庭，Mütevelli 則支付費用。那時政治情況相當緊繃，附近有許多無政府主義者與共產份子，警方甚至不允許宗教聚會，因此我們必須保持警戒，以防有人來傷害。一開始，只有 Kestanepazarı 古蘭經學校的學生來，但後來其他學生也加入。[65]

因此除了大自然帶給營隊的人危險，年輕人與 Hodjaefendi 也須與政治敵人與警方週旋。İsmail Büyükçelebi 記得士兵每天固定來營隊檢查「秘密活動」。學生學會把 Resale-i Nur 藏起來，甚至把床鋪捲起疊在一起，好讓數量看起來比較少。儘管來自警方或士兵的危機四處可見，但營隊卻一直擴大，在前三年從六十人增加到一百二十人，再增加至二百七十五人。[66]

雖然更常見的危險是來自大自然的變數。İsmail Büyükçelebi 記得有一次營隊的水源是來自一處泉水，那泉水偶爾會乾涸。一旦乾涸，蒼蠅便會暴增，令人受不了。Büyükçelebi 記得他的朋友 İbrahim Kocabıyık 建議使用殺蟲劑，在該情況下一個可以理解的選擇。但 Büyükçelebi 記得 Gülen 連這類殺生行為都拒絕。Gülen 說：「我們無權對這些動物做任何事。」學生們懇求說：「不是

---

[64] Interview with Mustafa Özcan, Wind Gap, PA, May 11, 2015.
[65] Valkenberg 2015, p. 87.
[66] See for these numbers Hermansen 2007, p. 72.

它們走，就是我們走。」Büyükçelebi 記得 Gülen 說：「我們移走營隊。」他們
這麼做了。Büyükçelebi 回憶說：「這不太容易，我們必須蓋新廚房、廁所、化
糞池等等。很難。但我們做這些辛苦的工作沒有傷害到任何事物。」[67] 對
Fethullah Gülen 而言，建構和平不應只是古蘭經的教誨，如一句格言所云；建
造和平甚至連一隻蒼蠅都不傷害。

　　這種對非暴力的落實或許有如一份過度謹慎的禁忌清單：不要這，也不要
那。但對 Gülen 而言，出於同理心努力與他人互動以表現和平，卻更常被直接
置於更具爭議的 Jihad 下。「Jihad 的字根是阿拉伯文的 j-h-d，」Gülen 解釋說：
「Jihad 意謂用盡個人所有的力量朝反對者走去，抵抗每一項困難。」更精確
地說：

> 隨著伊斯蘭到來，Jihad 發展出一個特質，即在真主道上奮鬥。這是我們
> 今日通常會想到的意思。這種奮鬥發生在內在與外在兩端。內在的可被描
> 述成努力達成人存在的本質；外在的則是令其他人達成存在本質的過程。
> 前者是大 Jihad，後者是小 Jihad。前者是在克服自我與存在本質之間的障
> 礙，以得到靈智與靈性幸福，甚或神智與神之愛。後者是在移除人與信仰
> 間之障礙，如此人才能自由選擇方法。某種意義上，小 Jihad 是物質的，
> 大 Jihad 是靈性的奮鬥，是人內在世界與自我(nafs)的奮鬥。人的自我具有
> 破壞力與負面的情緒和思維如惡意、怨恨、嫉妒、自私、自負、驕矜及浮
> 誇等，會使人無法至臻完美，必須對之宣戰。[68]

　　如同夏令營之目的，Jihad 主要不是反對什麼；而是 Gülen 周邊年輕人正
被強化在真主道上奮鬥，努力達成人的存在本質。因為 Jihad 概念被極端份子
誤用，或被恐懼伊斯蘭者誤解，之後的篇章中將有機會論及 Gülen 其 Jihad 教
誨面向。現在所清楚的是 Gülen 把年輕人集合在夏令營，使他們在大自然中學
習，從事大 Jihad，這甚至也可稱為「愛的 Jihad」，如此就夠了。至於警方與
軍方懷疑他們在做另一種 Jihad，那就是他們的問題了。

---

[67] Interview with İsmail Büyükçelebi, Wind Gap, PA, May 12, 2015.
[68] Gülen 2006c, op. cit, pp. 62-3. 這個教誨可追溯到 1998 年，它反映了 Gülen 生命中源自蘇非
　　主義永恆不變哲理的基礎。

家教中心與獎學金

　　試圖帶領年輕人為緣由而活的 Hizmet 運動，如今已擴展到夏令營與學生之家。尚有兩個創新直到最近仍是該運動的重要元素也是從這時期開始的，即家教中心與獎學金計劃。家教中心也被稱為 Dershane（學習之家，有如「補習班」或「大學先修班」）。這些讀書中心幫助高中生準備土耳其大學考試。美國的學生可以一年考好幾次學術能力測驗或大學入學測驗，但土耳其不同。土耳其大學入學考從 1960 年代末成立以來即有好幾個不同的名稱，但最早的名字聽起來似乎不祥—ÖSS(Öğrenci Seçme Sınavı)，即學生選取考試。[69] 此不祥的名字倒是很恰當，因為該考試是很多學生進入高等教育的障礙，若不認為腐敗，就是帶有偏見。許多人認為此制度是用來嘉惠世俗主義政治與軍事菁英的小孩，藉此保護其特權，而非肯定繼續教育的價值。競爭很激烈，1970 年代，每一個土耳其大學的名額大約會有四位申請者。因此 Hizmet 志工仿效夏令營與宿舍模式開設補習班與家教中心。不同於其他例子，這個方案看似非由 Fethullah Gülen 所發起，而是由學生之家中成功、非正式的家教事業組織發展起來。這對 Hizmet 運動未來是重要的歷史進程。Gülen 可能非常認同那些家教中心，但找不到他發起的明證，也實質進行得很好。學生在晚間或週末上 Dershane，課程通常十個月到一年，而短期內與 Hizmet 有關的研讀中心即在競賽中獲致好評，這對年輕人而言不啻是最高榮譽，這有如之後幾年汽車保險桿上貼紙對此制度的評語：「一百八十分鐘＝一輩子？」。總而言之，這樣的成果每年都被國家報紙報導一次，於是家教中心的數目倍數地急遽成長，2010 年時土耳其境內已超過三千五百間。[70] 不過並非所有家教中心皆與 Hizmet 有關，因為其他企業也視家教中心為一條收入潛在趨勢。Hizmet 研習中心的畢業生在包括土耳其最高學府的大學裡佔有相當多名額。

　　由於它的成功，家教中心也不意外地成為學生之家招募資優學生的中介。

---

[69] "Student Selection and Placement System," at https://en.wikipedia.org/wiki/Student_Selection_and_Placement_System.

[70] "The Dershane Prep School Debate in Numbers," Daily Sabah, November 19, 2013, at https://www.dailysabah.com/business/2013/11/19/the-dershane-prep-school-debate-in-numbers.

關於 Hizmet 內部招募網絡出現的情形，學者 Coraline Tee 有所記載。它將中學到青春期時段間整合一起，例如家教中心亦開始協助中學生參加菁英高等學校的入學考。Dershane 經常是 Hizmet 圈子中招募學生的第一個接觸點。Tee 寫說：

> 這個招募網絡經常在學生讀大學前即已開始。參加 Gülen 學校或 Dershane 的學生經常提到他們如何受到學長姊（通常是教師）的指引，到城市裡與網絡中的學生之家熟悉大學的研習。與已接觸該運動及 Gülen 教誨的人保持連絡是該網絡熱切關心點。[71]

這樣的關切一方面似乎很功利主義，一種確保收入與永續性的方法；但另一方面也是利他的，開放機會給學生而不排除他們。兩者皆為其中一部分。

1970 年代以降的十年間，協助年輕人準備國考的類似事業已傳至世界上其他區域，這種事業在那些地方有其意義，著名者如中亞與歐洲。例如，在德國的學校是從該國龐大的土耳其社群開始的。它們效果卓著，不只是補習中心，更是文化融合的橋樑。Bayram Balcı 在 2014 年寫給卡內基國際和平基金會(Carnegie Endowment for International Peace)的短文中如此報導：

> Gülen 運動在歐洲的教育網絡也包括上百間提供中學生家教的 Dershane，幫助他們改善學術表現，並協助大學入學考的準備。這些機構經常提供週末課程協助來自非特權社會背景的弱勢小孩，其所接納對象並不限於土耳其移民家庭。Dershane 藉此協助那些弱勢年輕人上大學，同時也幫助土耳其移民融入其客居社會。[72]

既然 Gülen 的機構那麼重要，土耳其政府會在 2013 年開始關閉它們與沒收資產就毋需驚訝。政府矛頭早就已指向 Dershane，當時 Dershane 所服務的學生超過一百萬人。當然，那時候也早已有數代人受益於 Hizmet 的理念。若說那些畢業生不能形成一個「黃金世代」，他們則已形塑成土耳其知識份子菁英。他們開始在世界上的許多地方紮根。學長姊們已在土耳其境外定居，土耳其政府當然很難關閉那些以服務學生、學生家長及其客居國家為目的的計劃。

---

[71] Tee 2016, p. 42.
[72] Balci, Bayram, "The Gülen Movement and Turkish Soft Power," Carnegie Endowment for International Peace, February 4, 2014.

第五章將更詳盡地追蹤一些這類故事。

　　獎學金計劃從 1960 年代末、1970 年代初便推出，涉及幾個不同方案。有需要的學生能獲得經濟上的補助或獎學金，住在學生之家，參加營隊，或在家教中心學習。那些補貼往往是全面性的，且低於市價的租金或家教費。雖然獎學金以需求為主，那些款皆來自生活供應與建學校的資金，即 Mütevelli。社會學家 Helen Rose Ebough 以 Izmir 第一所 Hizmet 學校—Yamanlar 為例，解釋 Hizmet 的募款方式（這故事下一章將細述）：

> 一位伊斯坦堡的富商是主要貢獻者。他曾轉述一個故事，關於為了蓋第一間 Gülen 所啟發的學校所開的募款會議。Gülen 先生做了一場激發人心的演講。他說幫助有需要的學生很重要，然後舉了歷史上先知及其門徒生命的例子。我在那次演講中看到人們開支票，給現金，捐獻一些金戒指與手鐲。那個場景令我深受震撼，人們如此毫不遲疑慷慨地給予。我想，這第一次的衝擊就是讓我想成為其中一員的原因。然後我看到那些計劃很成功，於是就成為該運動的一份子了。他繼續詳述另一個影響他貢獻的例子。他看到有家庭的藍領工作者，每月只賺些微錢，卻把 20% 的收入捐出來支持一位有需要學生的獎學金之一半或四分之一。他明白這些人可能是搭公共交通公具，但卻捐錢幫助學生。之後他參與募款會議，看到人們為 Gülen 啟發的計劃募款，有人捐出汽車鑰匙，捐出金手錶，婦女提供其珠寶來支持學生。一位 Izmir 的人以推車賣 Lahmacun（土耳其肉餡比薩）來為附近小鎮蓋小宿舍募款。他目睹越多這類捐獻的例子，他盡其能支持那具價值計劃的動機就越強。他承諾拿出薪水的三分之一擴展其生意，三分之一來扶養家庭，而剩下的三分之一則捐給 Gülen 的計劃。[73]

　　這種跨階級的實踐性同理心很快就比贊助獎學金更能發揮效用，它發展成以教育為中心的運動。年輕人能依靠經濟上的支持與安全的家居，家長得以在教育費與孩子福利喘息。至於有資源者，甚至小康者也能因為緣由貢獻而感覺良好。

　　如史學家 Carter Vaughn Findley 的貼切敘述，就各方面而言，土耳其的平民百姓從 Fethullah Gülen 在 1970 年代所啟發的 Hizmet 運動中找回他們的聲音，並回頭去與經常為他們發言的菁英對話。[74] Gülen 與其最親近的友人所發

---

[73] Ebaugh 2010, p. 60.
[74] Findley 2010, p. 341.

起的倡導（宿舍、營隊、家教中心與獎學金計劃）皆有助於土耳其的民主化。
Gülen 與其追隨者一直為那些被排斥的群體創造參與公民社會的機會，對正興
起的中產階級與虔信穆斯林尤其是。不意外地，這位平民主義者的召喚引發了
世俗菁英的反擊；但改變是系統性的，且勢無可擋。Fethullah Gülen 的一生中，
土耳其（如世界上的多數地方一般）已快速地現代化。科技令農業變得更容易、
有效率，使工人往城市移動。土耳其自 1920 年代起就實施義務教育，提升識
字率到無可預期。而嬰兒潮成為全球現象導致的人口爆炸使年輕人同時是土
耳其的潛力與問題。軍方濫用這股潛力使問題惡化。全世界的年輕人其實都在
問：「難道為一個緣由而死是唯一的選項嗎？」急遽成長的 Hizmet 運動卻指出
了另一條路。年輕人可以為了一個緣由而活，甚至能活得比他們本身的存在還
久。較晚才加入 Hizmet 的 Osman Şimşek 很瞭解此重要動能，他說得很好：
「與其作一位烈士， 我們的渴望是活著當一位穆斯林，不只是渴望，來變成
我們的愛。」[75] 那些已學到為愛而活的年輕人，有許多（包括 Fethullah Gülen
自己）皆已邁向中年，即使他們自己不是「黃金世代」，卻也可以幫忙培養。

學長姊：弟兄姊妹情誼中的實踐性同理心

　　顯然並非所有，甚或非大部分，受 Fethullah Gülen 吸引的個人皆會跟他力
行獨身主義。事實上，大部分的 Hizmet 志工參與的同時也在扶養家庭。自然
而然，參與任何一種青年運動的邊際效益就是年輕人會遇見另一位年輕人。因
此毋需驚訝，有些 Hizmet 年輕人會通婚。他們中有些與 Gülen 較親近者，會
尋求他的祝福。而當他們開始有孩子時，少數中的少數人會請求 Gülen 替他們
的孩子命名。[76] 簡言之，家庭生活是 Hizmet 運動急遽發展中的一個極有力面
向，這也是 Fethullah Gülen 教誨與佈道中經常出現的主題。

　　Gülen 曾指出：「一個國家最為肯定基礎就是家庭，物質與精神的愉悅充
滿其中，因為這樣的家庭是培育具美德個人的神聖學校。」Gülen 說「家庭是

---

[75] Interview with Osman Şimşek, Wind Gay, PA, May 12, 2015.
[76] Interview with Esra Koşar.

神聖學校」非常引人入勝。許多美國人或歐洲人會對土耳其人在進入家門前脫鞋的習俗感到訝異。當然，這也是進入清真寺前的做法。Gülen 所做的就是闡明土耳其人含蓄的日常習慣—家如清真寺，是神聖地。而 Gülen 將此連結往前推：家是神聖的學校。這無疑反映出他本身在村子裡所受的教養，父母是他的啟蒙老師；但他也清楚地想讓孩子有正式的學校教育，有互惠的同伴關係。因此，若一個國家中的家庭如學校般光明與繁盛，反之也使學校如家庭般溫暖，這已做出最大改革，保證了未來世代的滿足與快樂；這種快樂並不立基於懲罰或革除負面本質。Gülen 教導改善一個社群只能藉由提昇年輕世代素質，而非消滅壞人。這看似常識；然而，實務上、歷史上，受畏懼驅使、懲罰性或高壓性的教育環境在土耳其是很平常的。於是 Gülen 以心理學的內省鼓勵新興的 Hizmet 家庭：「若孩子與年輕人是在一個熱忱受到更尊重的感受所刺激的氣氛下長大成人，他們將擁有強健心智，展現出美好倫理道德。」[77]

　　這是一帖樂觀的藥方。但在他家庭如同神聖學校的觀點中，Gülen 對「國家」的用詞是重要的。無疑地，Hodjaefendi 生命中的此時刻是傾向（若沒有受限）在土耳其境內發展事業。有些學者錯誤地簡化 Gülen 用詞，而將他描述成一位純然「國家主義者」。[78] 誠然，Gülen 一生皆在表達其對原鄉土地的愛與關心。Gülen 的房間中有幾十個小陶罐裝著來自土耳其許多地方的土壤，佔據了他在賓州退隱中心裡書櫃的三層。因此，Gülen 是鼓吹壯大土耳其，他曾說：「我們為以國家之名所行之善行與善意鼓掌，並支持為此服侍的幸運者。」[79] Gülen 在別的場合書寫或談論歐斯曼人，甚至塞爾柱突厥人（安納托利亞更早前統治者），以此表現高的國家自豪感。他誠實地指出：在不同的程度上，每位土耳其人在定義上皆為國家主義者。國家主義者是凱末爾在二十世紀的改革中明確方針之一。但它產生了破壞性。M. Hakan Yavuz 與 John L. Esposito 以強烈但精確的語言說：「凱末爾意圖建立一個同質性的土耳其國家，他所用的方式卻是掃除希臘人與其他基督宗教社群，以及否定庫德人的文化權利，這

---

[77] Gülen 2006d, pp. 38-9.
[78] See, for example, Sarah El-Kazaz 2015.
[79] Gülen 2006d, p. 92.

反而破壞了土耳其社會的多民族特點。」[80]

　　相對於凱末爾由上而下與單一性的國家論，Gülen 甚至在早期的教誨與佈道即尋求「從下而上」改革與強化土耳其文化，且從個人、家庭開始。由此可知，他認為土耳其的遠景必須是多種族與多元文化的綜合體。倘若 Hizmet 是從多元不同特質的個人開始，則其成員的家庭（遑論土耳其民族）又如何全是同文同種呢？誠然，當 Gülen 開始逐漸由下察覺此種改革形式的潛能時，其觀點隨即成為更具世界性與全球性。這並非意謂他早期觀點是原生狹隘。他教導一個以對話與諮商為特點的社會典範，並付諸實現。而該典範所反映的正是一位唯一出國經驗就是朝聖的土耳其人所詳之事。然而，他提供土耳其人的是一個由家庭展開的社會模式。而最重要的象徵意義是那模型中沒有土耳其傳統文化中的父權架構。對 Fethullah Gülen 與 Hizmet 運動發展而言，最重要的家庭意涵是兄弟姊妹情誼。如同歷史與神聖經典所顯示的，兄弟、姊妹未必如一般人所理解的一致，姊妹、兄弟甚至有戲劇性的不同傾向。因此在 Fethullah Gülen 的運動裡，姊妹與兄弟的異質性與彼此抗衡的聲音不只是存在，還很受歡迎。

　　有關 Hizmet 資料中的語言無處不存在，從 1970 年代開始被廣泛地使用於日常生活中。社會學家 Joshua Hendrick 描述宿舍是：

> 依年紀、經驗定義的權威系統運作，每棟學生宿舍一開始都會有一位內部男性權威人物—Ağabey（「兄長」，類似「學長」[Abi]女性則是類似「學姊」[Abla]）。兄弟或姊妹的工作是管理學生事務，督促學生讀書，推薦閱讀材料，組織讀書會，為客居的高中生管理家教課，以及負責學生之家與其他更大網絡間的聯繫。這一切是在寬鬆的權威配置系統下運作。[81]

　　值得注意的是 Hendrick 的認為此「鬆散的配置」網絡反映了 1970 年代普及土耳其各地的 Gülen 最早追隨者所發展出來的關係模式。當宿舍、家教中心與獎學金制度證明其價值後，具經驗、熟悉度高的兄弟姊妹即成為領袖。他們擔任「學長姊」，將其接受到的傳遞給下一代。此即所推廣、維持 Gülen 遺緒

---

[80] Yavuz and Esposito, "Introduction," Yavuz and Esposito 2003, p. xviii.
[81] Hendrick 2013, p. 108.

的方式：一個運動是如何傳播的。

將人與 Gülen、Hizmet 緊密綁在一起的重要「線索」─個人關係是不可能的重要性。換言之，若該運動有獨具魅力的領袖，那也是「共享的」個人魅力，四處擴散，在地化成兄弟姊妹般的愛。Hendrick 稱之為 Ferhat 的一位參與者即抓住了與這些大學長姊建立關係的力量，這種力量在 1970 年代變得明晰：

> 他的學長 Sayid 來自美國。您知道，Sayid 有如我的偶像。我們跟他正式學英語。在八、九年級時，他參加我們班。他是如此不同的人，有一種我無法解釋的感染力。我的意思是我們的每位教師都與眾不同。他們不是典型的一般俗人，各自不同。但對我而言，Sayid 有如偶像。我甚至試圖使自己像他那樣演講，像他那樣走路，我也試著像他那樣穿衣服。後來我瞭解我的許多朋友也跟著做。

Ferhat 計劃研讀商業，但 Sayid 鼓勵他改唸英語以準備當教師或譯者。Ferhat 記得他學長說：

> 我們必須有夠資格真正的譯者，我推薦你去任何你想去的大學之外文系唸英國語文。若入商業行政管理，你可能為自己的益處而做事。但你若可以當一位真正好的教師或譯者，這可能真得會是好的服務。

對 Ferhat 而言，未來計劃的改變並不容易，他記得決定時哭了。然而 Hendrick 寫下了結論：「由於其學長的『忠告』，Ferhat 主修了英文，並成為譯者。Ferhat 為何要放棄夢想，聽從學長的建言呢？他解釋說他這麼做是因為 Hizmet 與自我犧牲有關。」然而如 Hendrick 最後所記的，對 Ferhat 而言，犧牲也會帶來回報。Ferhat 說：「其實這使我整個生命變得更美好，我覺得我是一個更大群體、服務社群中的一份子。」[82] 自 1970 年代起，土耳其各地都有類似這種因學長姊而使生命變得「更美好」的故事流傳著。

不只是男性，婦女與女孩也不例外。劍橋大學研究員 Coraline Tee 訪問了曾在伊斯坦堡學生之家擔任「學姊」的 Ayşe。那幾乎不是很理性化或嚴謹階層的處理。Ayşe 開始說：「課程結束後，我所有家友都離開了，其他 Hizmet 的人可能不想我獨自留下，所以叫我去，說：『恭喜！你已被選為學姊。』因為我一直在做所有行政工作，如附帳單之類的事，我並不知道推舉這事正進行

---

82 Ibid., pp. 113-14.

著！」Ayşe 的生命在她被自動遞補為學姐後有了方向。她最初被指派照顧兩名學生。這件事進行很順暢後，她又被指派到更大的學生團體，搬到伊斯坦堡的另一個宿舍。從頭到尾，她都會接觸更資深的「學姊」。她回憶其中一位：「她總是隨時準備好幫助別人，與我的學生談話，告誡他們要如何對我說話，或如何循規蹈矩。同樣地，在金錢上，假如有人需要，她會支援。她也是研讀文學的學生。無論你去哪裡，都有一位學姊能幫你。我相當幸運，因為我真得很喜歡我的學姊。」[83] 這些關係也都是有組織地成長。它們的特質如信任、增加責任感與互助始於 Gülen 與其學生的交流方式，這種精神被傳遞到聽他佈道者身上，再透過商人、Mütevelli 運作。然後，此信任關係再經由學長姊的努力在宿舍與家教中心散播。

有趣地是，當這些網絡隨著 Gülen 的名聲日漸擴展時，這事實上也使得 Gülen 甚少直接涉入活動。追隨者習慣於想像 Hizmet 裡有 Sheikh（長老、導師）模式的階層領導權，每件事都導向 Fethullah Gülen；這其實無法在歷史記載中找到太多證據。兄弟與姐妹們的彼此照顧使 Hizmet 有自己的生命，他們永續的網絡不需太多上層的介入。一位受益於「學姊」且擔任「學姊」的女士如此說：「我在 Hizmet 裡遇見的年長『學姊』會實踐 Ihlas（誠信無私）。」他們的誠懇正直不需等待總部的命令，他們的動機來自於他處。這位女士說：「他們做事只為了真主，取悅真主。他們是榜樣，無私奉獻。」尤其當她回想自己在 Trabzon 讀大學時，有一位良師益友的學姐。她記得這位榜樣如何以熱情擁抱世界，從不考慮自己—無我。一位無我的榜樣顯然樹立了一個高標的，而這模式不斷重覆著。這位女士還記得另一位「學姊」，她們曾一起在 Eskişehir 工作，她也是虔誠無私。她也為了取悅真主而工作，她同時也是知識淵博的知識份子，具學者風範。她是使我如此熱情地與 *Resale-i Nur* 連結的人，我們一起研讀。因此，無我、取悅神而為、知性傾向描述了作為學長的理想，當然此理想的達成有不同的程度。當這位年輕女性成熟並成為學姊時，她發現那模式是如何地廣佈。有一個方法她稱之為「Hodjaefendi 途徑」：

你提供他們一些職務讓他們管理，以此學習，行而知之。這是我的學習。

---

[83] Tee 2016, pp. 39-41.

由於你關心他人內心的掙扎，你會瞭解你。因為你在修癒他們的靈性，你就會知道如何修癒自己。如 Mevlana Rumi 所言：「關心他人就是為自己鋪路。」[84]

　　一個正在運作的弟兄姊妹網絡，從地方發展起來，自己自足，將同理心付諸實行，受 Gülen 啟發卻又幾乎不依賴他的決定。1970 年代跨越土耳其，Fethullah Gülen 試圖在 Hizmet 成員之間發動的「Hodjaefendi 模式」正是這種兄弟姐妹網絡，這也是在未來十年用以保護 Gülen 自己的模式。

連結科學與宗教的實踐性同理心

　　1970 年代中，想作為恪守信仰的穆斯林並非易事。能將社會困境展現的戲劇性社會處境就是宗教與科學的關係。基督宗教徒在調和達爾文理論與信仰時的麻煩穆斯林也免不了。科學與宗教關係在土耳其並不像西方所宣稱的戰爭般，但兩方的確都有誤解。最世俗主義的科學家對宗教不屑一顧，認為是迷信；而最極端的宗教人士將頭埋在土裡，不願正視科學真實。在土耳其，官方立場是世俗主義，會製造出更多的熱，並非光。例如 İrfan Yılmaz（1970 年代時他正在 Izmir 研讀動物學）回憶學期間的一場意外，正好可瞭解 Fethullah Gülen 如何陳述此問題既定脈絡。İrfan 是虔信男孩，記得祖母喜歡提醒他神是萬物創造者。Yılmaz 續說：

> 但在中學，物理老師說「大自然造成落雨。太陽使水蒸發，而後乾燥。」他在課堂上做實驗，然後說：「我來造雨。」他將茶壺加蓋加熱說：「孩子們，看到了嗎？我在造雨，這裡沒有神！」我插嘴說：「萬物都是阿拉造的。」然後老師回說：「孩子，你看，不是那樣！」然後我再次插話。我很頑固，每次插嘴都說：「神造它的。」於是他說：「這個人未來會很偏執，他母親可能還在戴頭巾。」所以那是我們成長的環境。然後全班送我一個名字 Yobaz—偏執者。[85]

這種痛苦與同儕、老師的孤立是許多恪守信仰穆斯林年輕人在世俗政權

84　Interview with Emine Eroğlu, Hasbrouck Heights, NJ, Feb. 7, 2017.
85　Irmak TV, Geçmişten İzler, "Interview with İrfan Yılmaz, Episode 1," April 1, 2015.

下共同經驗的一部分。信仰與科學關係經常是鎂光燈的焦點。

　　因此 1975 年，當 Gülen 在 Izmir 的大學區 Bornova 服務時，即安排了一系列科學與宗教的研討會，特別把焦點放在達爾文主義。一整年間，研討會在土耳其境內各地重覆進行如：安卡拉、Çorum、Malatya、Diyarbakır 與 Konya 及其他城市。Yılmaz 還記得第一次在 Izmir 參加會議的情景。他回憶說：

> 我朋友邀我參加這場會議，一些其他朋友卻說：「忘了這位 Hodja 吧！他只是小學畢業，如何能解釋每件事？」所幸我去了，而且坐在第一排。的確有意思，不同的視野。他所講的重點生動，完全切中要點。甚至有時候成為我與 Hodjaefendi 間的笑話，這已是四十年前的事。我問他：「您從哪裡學到這些？那時並沒有任何對抗達爾文主義的書。所以 Hodjaefendi 閱讀了有關達爾文主義的書，從那些支持達爾文主義的書中找出反辯論證，並熟讀之。那天我從心底瞭解了達爾文主義。[86]

　　然而，即使反對「達爾文主義」，Yılmaz 並未擁抱反科學觀點。誠然如其表現的，他日後成為一位編輯，他的雜誌正是明確地探索信仰與科學的相互關係。

　　1975 年會議反對的是以達爾文主義馬首是瞻的科學；而該會議同時也反對以「伊斯蘭主義」概括一切的特定宗教。一如過往，Gülen 尋求的是中庸之道，他批判唯物論者或實證科學，但也批判反科學的宗教。對 Gülen 而言，如 Georgetown 大學的 Osman Bakar 在一篇具意義的論文闡明宗教真理與科學真理不同類別，但兩者皆為神學真理之形式。兩者相互連結乃為顯現神之榮耀，當兩者發生衝突，人必須學習更多。這種途徑實質排除了把所有現象全視為唯物論相互作用的哲學推理。這並不意謂不要研究唯物論的具體內容細節；而是人不能把所有生命簡化成唯物論的相互作用。在日復一日的實踐中，Gülen 建議穆斯林科學家與世俗科學家應該去做同樣實驗。物理學、生物學與遺傳學不會因為是信仰虔誠的穆斯林就有所改變；但一位虔誠的穆斯林可以從不同的角度進行那個實驗。而成為一位虔誠穆斯林也會有不同的目標應用在實驗中習得的，以及例如有些東西會限制實驗所學的應用，這也許就是不應發展的任何科技（無論武器或其他機制）以傷害人類或環境。

---

[86] Ibid.

Gülen 在一篇文章中所提到的可能就是反映他在 1975 年會議中所分享的一些重點：

> 眾科學中主要議題的宇宙是展現真主屬性的場域，而具神聖性。宇宙中萬物皆是全能真主的訊息，要人類去研究以擁有祂的知識。因此，宇宙是神信息的集成，或如穆斯林賢哲所稱由神之「意志」與「權力」屬性所昭示的「創造的神聖經書」(Divine Book of Creation)。由神意志發佈的話語——古蘭經是宇宙以言語形式呈現的對應，正如宮殿與被用以書寫描述它的紙之間沒有衝突，宇宙與古蘭經之間亦無衝突，這是對同一真理的兩面表述。[87]

很清楚地，這是 Yılmaz 在嚴苛教師下所經歷的對蔑視神的尖銳批判，如 Bakar 所云：「Gülen 聲稱現代科學方法論無法深入理解『存在本質』。很多領域的真理超越科學所能理解。」[88]

若這扭轉了唯物論科學或「科學至上論」的形勢，這也開啟了對「拒絕」研究科學之穆斯林的批判。誠然，穆斯林基本上應該可以培養最好的科學家，這是因為「對真理之愛能給予通往科學研究的真正方向」，而穆斯林受命要熱愛真理。Gülen 指出，在 Avicenna(Ibn Sina)與 Averroes(Ibn Rushd)的時代，穆斯林是世界上最先進的科學家。倘若沒有中世紀穆斯林思想家，現代科學可能不會出現。回顧此遺產，Gülen 指出對神的信仰事實上可以是最積極的科學研究動力與目標。確切地說，這種積極性必須認清在古蘭經包含許多科學真理隱喻的同時，它並不被視為科學或科學解釋之書研讀。[89] 世界廣大，瞭解它需要許多方法。最後，那些源自神的所有方法也將引導人朝向神。但在過程中需要信仰去辨認真理，就如同科學實驗的可信度也需要信仰。對 İrfan Yılmaz 以及許多參加 1975 年會議的其他人而言，這是相當令人振作的。換言之，Yılmaz 學到的不只是從心底拿掉達爾文主義，更深入地，他學到科學與古蘭經不是相互矛盾的，問題在於人們。[90] 人類的詮釋在兩種神的啟示間製造衝突。Gülen 為 Yılmaz 指出一條和平之道，那條道路比他從獨斷的祖母或老師所經歷的都

---

[87] Gülen, *Understanding and Belief: The Essentials of Islamic Faith* (Konya/Izmir: Kaynak Publishing, 1997), p. 363, as cited by Bakar 2005, p. 363.

[88] Ibid., p. 365.

[89] Gülen, *Understanding and Belief*, p. 333, in Bakar, p. 368.

[90] Interview with İrfan Yılmaz, Istanbul, August 2, 2015.

更和平。

　　Yılmaz 受到 Izmir 會議啟迪後決心親自見 Gülen。他記得 Gülen 告訴他：「去找尋留在大學的方法。維持當一個科學人。信仰者必須在這些領域裡。在我們的社會中宗教與科學間的衝突不斷，你必須彰顯宗教與科學並不衝突。」[91] 四年後，在 1979 年，Yılmaz 開始編輯 *Sızıntı*，這是第一份重要刊物，之後 Hizmet 的許多媒體計劃皆源於此。Sızıntı 字面意思是「漏」、「滲」或「滲流」，但此刊物名稱的隱喻是指大自然微妙力量如何反映神的偉大。Gülen 說過：「人如一滴水，凡輕視你的人從不認為你有一天會成為瀑布。」[92] *Sızıntı* 並非浪漫詩意，它要將尖端科學帶給大眾，其所運用的各種方法在在展現科學與宗教的相容性。Yılmaz 解釋說：「它參考的範例是 *Scientific American*，但沒有唯物論。」*Sızıntı* 在 1979 年 2 月創刊號的焦點是其封面畫—義大利 Bruno Amadio 的「哭泣的男孩」(Crying Boy)。與這幅畫並列的是 Mehmet Akıf Ersoy 的詩句：「你自己可能沒有憐憫心，但對你的孩子會沒有憐憫嗎？」創刊號印了六千本，但 Gülen 預期得更多，他告訴 Yılmaz：「Inshallah（真主同意），這以後會到十萬本。」[93] 當土耳其政府在 2016 年 7 月關閉該雜誌時，其發行量已超過 80 萬。[94] 三十年後回首，當時的主編 Arif Sarsılmaz（İrfan Yılmaz 的筆名）回憶說：「土耳其三十年前遭遇無政府的災難，我們有青年誇大實證主義與唯物論思想的問題，是誤解世界運作方式的結果。信仰與理念根深蒂固地低落；但隨著時間，可看見我們接納科學的方式已為年輕人創造出正面的影響。」[95] *Sızıntı* 的成長與內容將於第四章討論。

---

[91] Ibid.

[92] Gülen, *Truth through Colors* (Izmir: Nil, 1992), as cited by Marcia Hermansen, "Who Is Fethullah Gülen: An Overview of His Life," Marty 2015, p. 38.

[93] Interview with İrfan Yılmaz.

[94] "131 Media Organs Closed by Statutory Decree," at http://bianet.org/english/media/177256-131-media-organs-closed-by-statutory-decree. *Sızıntı* 並非唯一，失敗的政變所引發的不幸還降臨在包括十六個電視頻道、二十三個廣播電臺、四十五家報紙、十五家雜誌，以及二十九間出版社上，許多但並非全部皆與 Hizmet 有關。關閉媒體的根本緣由是 Erdoğan 在失敗的政變後宣稱「國家進入緊急狀態」。

[95] "*Sızıntı* Celebrates 30th Year as Magazine of Love and Tolerance," at http://fgulen.com/en/home/1323-fgulen-com-english/press/news/26507-sizinti-celebrates-30th-year-as-magazine-of-love-and-tolerance.

1977 年傳道之旅：行遍土耳其與前往德國

因此，在 1970 年代中期的土耳其當一名恪守教義的伊斯蘭弟兄或姐妹很困難，但也未必如此。事實上，Gülen 的地位越來越高，使得他有國內外演講的機會。1977 年是特別好的一年。1977 年 9 月 9 日他在伊斯坦堡的 Sultanahmet 清真寺講道，清真寺擠得水洩不通。聽眾中包括有首相 Süleyman Demirel 與國務卿 İhsan Sabri Çağlayangil。Gülen 講道的主題是「利他主義精神」。他指出利他主義根植於責任感。一個人除非真的聆聽他人，當然包括聆聽神，否則絕不是真正的利他主義者。唯有透過利他主義，一個人才能理解「人的義務」。沒有人是純為自己存在的。伊斯蘭要求為他人而存在，而且到最後為他人存在才是生命值得活下去的原因。[96] Gülen 於 9 月 30 日在安卡拉再次在達官顯要前重複該次講道，內容大同小異。然而，這一場講道只是那年的諸多場次之一。他連續好幾個星期的講道都談同一主題。一月與二月的一系列講道全都在 Bornova 的中央中央清真寺(Central Mosque)，主題是古蘭經的實證科學。該系列也關注道德生活與人格發展，並以一場關於古蘭經與歐洲文明的講道終結。接著，三月與四月，仍在 Bornova，Gülen 給了數週關於家庭與兒童教養的系列演講。那些主題一直重複在前文所提到的「家庭是神聖的學校」，以及先知建議以相互性與多元性（而非父權）作為家庭生活模範的例子。從夏季到秋季，Gülen 講道主題是「伊斯蘭中的婦女」，他在齋月時中斷了系列佈道，因為他去了伊斯坦堡與安卡拉，除此，他仍繼續在這些講道中已發展的家庭相關主題：不應阻礙婦女完全融入土耳其社會。伊斯蘭並非強化婦女權益的障礙，而是載體。

接著在十二月，Gülen 旅行到德國，12 月 9 日在柏林佈道，主題是先知穆罕默德（願主賜他平安）。12 月 10 日在同城市以道德責任感為題講道。然後他去了布萊梅、法蘭克福、漢堡、科隆與慕尼黑佈道或參加 Sohbet。在每一地

---

[96] Fethullah Gülen's Official Website [Turkish], "1977 Yılı Vaaz ve Konferansları," at http://fethullah gulenmovement.net/tr/ses-ve-video-tr/vaizligi/fgulen-com-1977-Yili-Vaaz-ve-Konferanslari.

方除了與受他啟發者互動也與純粹好奇這位出身鄉間的土耳其「名人」見面。
Gülen 在 12 月 16 日飛回 Izmir。這比其原先預期的行程早了一點，因為那段
旅程並未如預期中順遂。一些與土耳其政治伊斯蘭主義潮流有關的土耳其人
反對 Gülen 出現在德國，Gülen 也不喜歡對抗，而來自 Erzurum 的佈道家也思
鄉了。如他所說：「我從未離開土耳其與我的朋友那麼久。」那些朋友中有二
十幾位在 Izmir 的機場等候他。他回憶：「我不會忘記那次溫暖的迎接，我們
互相擁抱。我回到 Izmir 就彷彿一隻回巢的快樂鳥，我現在與朋友在一起了。」
[97] 在這些年中與他最親近的朋友包括 Kemal Erimez、Mustafa Birlik、İlhan
İşbilen、Cahit Erdoğan、Bekir Akgün 以及 Mustafa Asutay。[98]

儘管思鄉，Gülen 還是很喜歡這趟德國之旅，其成果對 Hizmet 運動具有
長期的意義。雖然有些磨擦，但每個城市總有些聽眾是準備好來聽他講正統且
現代的伊斯蘭，一種符合許多自 1960 年代移民至德國土耳其人經驗的融合。
如同史學家 Rainer Münz 與 Ralf E. Ulrich 清楚指出的，在 1961 與 1977 年間，
成千上萬的土耳其人在德國政府的邀請下移民至德國。土耳其人受到職業吸
引，而德國與土耳其共和國也在 1961 年簽署了協定。1973 年，移工僱用達到
巔峰兩千六百萬，在西德有 12%的全額移工中土耳其人就有六十萬五千人，
是最大的單一群體。[99] 哭泣 Hodja 的話語在土耳其移民者間口耳相傳，Gülen
因此才會在每個演講地方受到人群歡迎。他鼓勵這些土耳其人採取中庸之道，
即融入德國社會，堅定平和地實踐其伊斯蘭信仰。幾年後 Gülen 回想那些他必
須旅行海外的機會，1980 與 90 年代有好幾次，包括 1999 年去美國那次決定
性拜訪，他觀察到：

> 經由拜訪美國與其他許多歐洲國家，我瞭解這些社會的美德與宗教角色。
> 伊斯蘭在美國與歐洲比許多穆斯林國家還興盛。這意謂自由與法律對個人
> 的伊斯蘭信仰是必要的。更進一步說，伊斯蘭不需要一個政府才能存在。
> 相反地，它需要受過教育與經濟富足的社群才能興盛。某種程度上，是社

---

[97] Ibid.
[98] Interview with Mustafa Özcan.
[99] Münz and Ulrich, "Changing Patterns of Immigration to Germany, 1945-1997," Migration Dialogue, "Research and Seminars."

群而非國家需要一個全然的民主體制。[100]

　　無疑地，這對 Fethullah Gülen 而言是與日漸進的見解，但是 1977 年時，他還未生活在一個完全的民主制度下。

土耳其的政治動盪、另一次政變與甘地式飲食

　　即使環境不佳，他仍持續每日活動，就彷彿小說中的 Kemal 與 Fusün，甚至更像上百萬生活在壓迫下必須找尋方法度日的其他土耳其人。此時社會又再度被全面性的暴力撕裂。根據一位史學家的記錄，1977 年政治動機所導致的殺戮造成兩百三十個人死亡。同年在 Taksim 廣場的勞動節集會，有三十九個人死於一位槍手攻擊。如那次事件所暗示的，許多暴力皆來自於右翼國家主義群體。最惡名昭彰者乃以共產主義份子或類共產主義份子為目標的 Grey Wolves，但是共產主義份子也非無辜。1978 年，一整年的暗殺或屠殺事件達到一千兩百件。最糟的事件是發生在十二月，將近百位土耳其的 Alevi 信仰者遭冷血大屠殺，他們在政治上大都傾向左派。[101]

　　在那個環境中，對來自 Erzurum 的佈道家而言，直接踏入政治效忠肯定有吸引力，因為如此能動員上千位曾聽他佈道的人。Doğu Ergil 戲劇性地描述那件事：

> Gülen 吸引越來越多的群眾，被迫做出重要抉擇。他要當一位公民領袖嗎？他要去管理人民的日常生活嗎？而也許最重要的是，他要在社群裡扮演政治角色嗎？或他要採取另條路，只演講靈性訊息，啟發他人在日常生活的宗教與倫理中做出個人選擇？Gülen 選擇第二個，他把生活用於闡述人如何與其「創造者」建立直接關係的議題，並以之為其思想的基礎。他教導真正的信仰是人際關係中發現真正自我的關鍵。當他說愛人類即是愛「造物者」時，意指透過愛才可與他人溝通。他強調藉由寬容與對話就可他人更親近。他相信能做到這點者就是真主所愛的僕人。[102]

　　İrfan Yılmaz 的回憶較沒那麼戲劇性，只是個人的觀察，他說：「我很幸運

---

[100] Yavuz, "The Gülen Movement," as cited by Valkenberg 2015, p. 95.
[101] Zürcher 2017, p. 263.
[102] Ergil 2010, Kindle 199-206.

沒有變成好鬥之徒。我們全都害怕共產主義份子會來，很多人都投向國家主義（右派）運動。」1979 年，這種伊斯蘭主義者與右翼政治思想間的結盟即在土耳其鄰國伊朗引爆革命。相反地，Yılmaz 憶說：「Hodjaefendi 總告訴我們不要上街頭，不要造成無政府狀態。無政府狀態純是由見不得這個國家好的權力所引發的。若你想幫助你的人民，就去讀書。」[103]

Saʿid Nursi 曾說：「我求真主庇護免遭撒旦與政治傷害。」[104] Gülen 採取相似的途徑。Gülen 在回顧這些年時說：

> 有許多人在土耳其被殺了。這個群體殺了那個人，那個群體殺了另個人。有些人試著藉殺人以達其目的。人人皆是恐怖份子。在彼端的人是恐怖份子，在此端的人也是恐怖份子；但人人卻為同樣行為貼上不同的標籤。有人會說：「我以伊斯蘭之名行之。」另一個會說：「我為我的主人與人民行之。」第三個人會說：「我在對抗資本主義與剝削。」這些全都是耍嘴皮。古蘭經談到這種「標籤」是毫無價值之事。但人卻繼續殺戮。每人皆理想之名殺戮。[105]

相反地，Gülen 努力建立為理想而活的弟兄姊妹社群。那些為 Hizmet 奉獻的人知道，如同他在之後的訪談裡所言：

> 當無政府狀態在我們的國家蔓延時，我呼籲冷靜與控制怒氣。儘管受到死亡威脅，我仍呼籲欽佩我的人繼續為和平工作。「假如我被暗殺了，即使你們會氣怒，我仍要求你們把我的屍體埋葬，然後在我們的社會裡尋找秩序、和平與愛。無論發生何事，我們信仰者必須是愛與安全的表率。」[106]

這就是 Hodjaefendi 在 1970 動盪不安的年代始終傳遞的訊息。那是最差也是最好的時局，沒有比面對死亡威脅更難的事。然而，日常生活裡 Gülen 不再有更多朋友了。因此，儘管威脅四伏，Kemal、Fusün 與百萬名同樣的土耳其人，以及來自 Erzurum 的佈道家皆持續在 Ghurba 與友情關係、孤獨與社群之間奮鬥，Hizmet 繼續成長。中等與高等教育基金會促使其他機構的出現。

---

[103] Irmak TV, "Interview with İrfan Yılmaz".
[104] See Kuru and Kuru 2008, pp. 99-111.
[105] Gülen 2006f, p. 189.
[106] Interview with Safa Kaplan, *Hürriyet Daily*, 4/21/2004. Sarıtoprak, "Gülen and his Global Contribution to Peace-Building," International Conference Proceedings: Muslim World in Transition—Contributions of the Gülen Movement 2007, p. 635.

1979 年，醫師基金會成立了。同年另一個教師基金會也在籌備中。商業團體如雨後春筍般地支持 Hizmet。他們中的名流後來皆成為 Kaynak 的股東，一個結合二十個不同公司的企業集團。[107]

而在那段時期，大家擁有的是與弟兄姐妹一起禮拜、讀書、講話及飲食的單純樂趣。İrfan Yılmaz 記得在 1978 年經常每週與學者會面閱讀 *Resale-i Nur* 的情況。Hodjaefendi 有一次參加在 Yılmaz 家舉行的 Sohbet。他說接下來的那週，弟兄們在原先固定時間外撥出兩小時。Yılmaz 憶及：

> 那一天 Hodjaefendi 為我們下廚。我們坐下來，有馬鈴薯湯。然後是馬鈴薯肉，接著是馬鈴薯沙拉、肉餅(köfte)、馬鈴薯派，還有另一道馬鈴薯的菜，最後是甜點，它上來前我猜測應該也是馬鈴薯，但我無法品嚐。我們的一位朋友問 Hodjaefendi：「這道甜點真得很好，它是什麼？」然後我插嘴問道：「這是馬鈴薯甜點？」Hodjaefendi 說：「是的！我們剝了一大袋的馬鈴薯！今天是甘地式飲食。」甘地(Yılmaz 解釋)經常用一種食物烹煮。[108]

對比甘地並非巧合，其相似性不只是烹調風格，Gülen 與甘地一樣皆從事非暴力，而他也如甘地般因此受到死亡威脅。

1970 年代的十年過後，Gülen 尚未面臨死亡；但另一次軍事政變卻來臨。土耳其政府的動盪不安加重了經濟問題。失業率高達 15%，通貨膨脹達到三位數，在一些地區出現食物短缺現象。[109] 1979 年 12 月，一群軍事將領再次向 Bülent Ecevit 與 Süleyman Demirel 發佈備忘錄。他們倆分別是土耳其兩大政黨 Justice Party(Adalet Partisi/AP)與 Republican People's Party(Cumhuriyet Halk Partisi—CHP)領袖。那十年大多時候間總理權位皆由 Ecevit 與 Demirel 分贓。就之前的歷史，尤其對 Demirel 而言，這份備忘錄不啻敲響了政變的警鐘。兩位政治人物在幾個月內設法先發制人壓下危機。1980 年 9 月 12 日， Kenan Evren 將軍在清晨四點下令坦克車開上土耳其街頭，然後接管國有媒體宣佈政變。基本緣由很平常，即為保護國家一統與重建凱末爾世俗主義。接下來的事件變成眾所熟悉的土耳其模式，以刑求關押為特色的軍事法庭吊死了大約五

---

[107]　Kaynak Holding, "History," at http://kaynak.com.tr/en/default.aspx.

[108]　Irmak TV, "Interview with İrfan Yılmaz".

[109]　Broder 1979.

十人。據稱 Evren 吹噓說：「我們吊死左派份子，也吊死右派份子，以示公正。」
110

現在，Fethullah Gülen 早已與高層少有所接觸。軍事干預顯然已如山雨欲
來之勢。Gülen 在政變前的最後一次佈道是在政變前一週，1980 年 9 月 5 日。
他那時請了二十天假，原因是生病，並獲准，那時間點是有利的。儘管如此，
他的家在政變當天仍遭到搜捕，但他不在場。Gülen 接著請了另一個四十五天
的假，那不夠。逮捕狀上有他的名字，他被軍事集團關入大牢是遲早的事。接
下來的六年，他遠離人群，不在講臺與任何公共場景出現。

在軍事干預的整整十年中，Gülen 失去了父親，但在佈道與教誨專業獲得
了如日中天的名聲。他經歷了獄中的 Ghurba，並隨著朋友圈的擴展，也經歷
了友情。他的眼淚使得許多人一樣落淚，他啟發了那些最親近者建立一連串的
機構：基金會、宿舍、家教中心、獎學金與出版業，將 Hizmet 理念付諸實行。
這些機構拯救了青年，使他們成為兄弟姐妹，為一個緣由而活。運作各種方案
的是「實踐性同理心」，對別人感同身受，並運用科學與伊斯蘭舒緩痛苦，進
而培養出「黃金世代」。這應該是可行的，而所有成功引來的抗爭也日益熾烈。
Gülen 在一次訪談中解釋：「我的目標是在社會中建立和諧、和解與穩定。」
即使國內許多事務出現問題，Gülen 仍對未來的正面集體行動抱持希望：

> 若我們握住某人手以尋求兄弟情誼，若我們尋求友誼與寬容並以之作為自
> 己的目標，那我們必須對所說、所聽與所行小心地認同，否則我們只會有
> 巴掌而達不到目標。長期來我們遭受不同的痛苦與殘酷的事。但阿拉給人
> 或社會最大的禮物是以患難與共的形式降臨。若人團結一起，患難與共，
> 我則希望阿拉給他們額外非凡的禮物。111

爾後的數十寒暑，儘管麻煩不斷，卻是患難與共、非凡之禮的幾年，建構
和平將繼續，但那也是傷痛與殘酷的幾年！

在一個充滿不信任的社會裡，Gülen 宣揚所有善的基礎，即實踐性同理心
的信任，憐憫：

> 憐憫是存在的開始，沒有它萬物一片混沌。萬物透過憐憫而存在，再藉由

---

110 Kinzer 2015.
111 Sevindi 2008, p. 25.

憐憫繼續存在於和諧中。萬物涉及憐憫與具憐憫。因此，宇宙是一部憐憫交響曲，各種聲音皆宣揚憐憫，這不可能是無可理解的，而且圍繞萬物的廣大慈悲也不可能不被察覺。那些不察覺的人是多麼不幸啊。人類有責任表現對所有生命存在的憐憫，以此作為人類的必然素質。一個人表現越多憐憫，就越受到讚揚；反之，一個人越訴諸謬誤、壓迫及殘酷，就越可恥、蒙羞，成為人類之恥。[112]

　　此假設將在接下來的十年得到驗證。看似簡單的憐憫真能產生 Fethullah Gülen 所追尋的患難與共嗎？或壓迫者會佔上風嗎？

112　Gülen, *Towards the Lost Paradise* (London: Truestar, 1996), pp. 40-2, as cited by Zeki Sarıtoprak, "Gülen and his Global Contribution to Peace-Building," p. 642.

第四章

伊斯坦堡，1980-1999：抑鬱與對話

　　幾世紀以來，它只是以「此城」(The City)為人所知。[1] 1980 年，當 Fethullah Gülen 將伊斯坦堡作為其主要居所時，那始終被太陽熱吻、雲霧繚繞、輕煙裊裊、風吹雪襲、天空鑲滿繁星的城市，已見證了千年的軍事衝突。它凝視著千年來希臘、拉丁、阿拉伯、歐斯曼與現代土耳其戰艦，看著生男育女、家庭紛爭、生意往來；聽詩歌與蘆笛抑揚頓挫的音樂，觀賞人民喝茶、吃烤肉與抽水煙。無數的清真寺在它的山丘上星羅棋布，山丘地勢跌宕起伏，往下進入博斯普魯斯海峽，一條彎曲如血管般混雜著深灰綠、黑藍色水域，兩塊大陸生命之血漂浮其上。伊斯坦堡其中包括 Üsküdar、Beşiktaş 與 Eminönü 等區的街道與人行道鋪著鵝卵石的小徑、柏油路及混凝土路，隨著巷弄上上下下。一到侷促的街角，盡是停放的汽車與行人，沿著寬大馬路上下起伏的是鬱金香。在市中心，電車與公車喧囂而過。然後，有遺址：石造水道不知從哪裡冒出來，也不知往哪裡去。方尖碑、貯水池或羅馬浴場如今已然乾涸，徒留塵土，雜草蔓生。而高速公路與小街盤繞的拜占庭城牆早已被幾百年的苔蘚與塵土掩蓋，彷彿監看著熙來攘往與雜遝之城的幽靈衛兵。

　　Orhan Pamuk 在他的回憶錄 *Istanbul* 一書中，曾指出「此城」最獨特的 Hüzün（憂鬱本質）。Hüzün 與 Ghurba 都是阿拉伯文，它喚起的不只是孤獨與放逐，還有更強烈的憂鬱情緒，在絕望之際隱約逼近的懼怕。Pamuk 提及：「在寒冷的冬日早晨，當陽光突然落在博斯普魯斯海峽時，稀薄的水氣開始從水面上升，如此強烈的『憂鬱』，你幾乎能觸摸到，看到它彷彿一層薄霧籠罩著人們與景觀。」如同 Fethullah Gülen 在土耳其的最後日子，當一個人住在斷崖殘壁中，經歷的不只是觀光客所能感受到的懷舊，還有已放棄綿綿不絕的渴望。

---

[1] MacCulloch, 2011.

換言之，人會覺得心痛：「在伊斯坦堡，過往文明的光榮遺跡隨處可見。無論它多麼破損，多麼地被忽略，或被醜怪的水泥建築所包圍，此城偉大的清真寺與其他遺跡、以及每條小街角落小小的拱門、噴泉與鄰里的清真寺中些許帝國餘暉皆能使居住其中的人感到心痛。」[2] 如同 Ghurba 可以透過伊斯蘭的實踐將之轉化成 Uns 關係，Pamuk 認為憂鬱的心痛感也能打開具深度、想像力、創造力的 Cemaat（社群）。Pamuk 說：「伊斯坦堡所感染的『憂鬱』並非不治之症，或被悲傷忍耐的永恆貧困，甚或是笨拙費解，須以黑白來評斷看待的失敗。伊斯坦堡的『憂鬱』帶著光榮就如人們群居社群中。」[3] 共同的「憂鬱」能激發團結，但這種團結非持續性的。弔詭的是，人必須在伊斯坦堡擁抱自己的內在，人必須自己放棄心痛去發現自己受他人擁抱。這種伊斯坦堡居民間的社群橋樑如橫跨博斯普魯斯海峽的鋼筋水泥怪獸。Pamuk 說：「只有當英雄們回歸自我，臣服於歷史與社會強加在他們身上的情況時，我們才擁抱他們；而且那時刻全城也會擁抱他們。」[4]

　　1980 年政變之後，將近六年時間 Fethullah Gülen 回歸自我。但這段時期後，他受到史無前例地愛戴，似乎是整個城市都愛戴他。他的退隱是被迫的，是歷史與社會情況強加於他。更確切地說，他的退隱是由於軍事政權的政治迫害。而之後人民對他的愛戴也是由當政者所推動的，那位相對友善的治國者是 Turgut Özal，他在 1983–1989 年間擔任總理，1989 年擔任總統直到 1993 年逝世為止，他的去世很不對時。Gülen 於 1986 年回歸公共生活後，Hizmet 的成長也有超越政治的理由，正是 Gülen 把「憂鬱」轉變成社群的能力助長了 Hizmet 的擴展。它的確戲劇性地擴展，受 Fethullah Gülen 啟發的社群建立學校，開拓社會企業，並舉辦國際性跨宗教的公共對話，這在土耳其共和國是史無前例的。透過這些努力，Gülen 的教誨與個人活動亦受到了大眾輿論的檢視。如此檢視使來自 Erzurum 的男孩付出代價，他的慢性心臟病與糖尿病在「此城」期間加重了。他在政治奇幻中苦撐了六年，眾目睽睽下躲藏，被警方追捕，但同時他卻固定教導，與「學長姊」們商議，催促那些受他啟

---

[2] Pamuk 2006, Kindle Edition, loc. 1201-04.
[3] Ibid., loc.1252-55.
[4] Ibid., loc.1266-68.

發者去拓展已建立的機構與代理者。1986-1996 的十年間，他是伊斯坦堡高
階社會顯要者。他不只是佈道家與教師，更是公共知識份子，他所推動的伊
斯蘭協助許多穆斯林建立神聖與世俗社群之間的溝通橋樑，那種溝通相當繁
雜。Gülen 為此經歷超過二十年的正反面心理戰。經過從 1997 年開始的另一
回合政治迫害後，他 1999 年移居美國時身心方面都不是健康人，但那段時
間也是他生命中最有成效、最和平的時期。

　　親友至交皆知 Gülen 在退隱六年中的居住地其中一處是間簡樸水泥樓房
的小公寓，位於 Üsküdar 區附近的 Altunizade，屬於伊斯坦堡的亞洲區。那是
Hizmet 的宿舍，有教室與學生房間。Gülen 的房間在五樓，而「五樓」的指稱
很快成為一種隱喻，意謂 Gülen 在其一生與工作中，如何將伊斯坦堡的「憂
鬱」轉變成深沈的個人平和，以及全土耳其受到召喚前來的人所擴展出來的人
際網絡，其實就是社群。[5] 如前文所記載，該社群投注在知識、非暴力與實踐
性同理心。而 Gülen 在伊斯坦堡的歲月中也以支持宗教對談、Hoşgörü 聞名，
後者經常出現在其佈道與教誨用詞中。Hoşgörü 一般譯為「寬容」，但實際意
涵遠比字面意義所要傳達的多。Hoşgörü 的理解可以是 principled pluralism（制
約性多元主義）。一個實踐 Hoşgörü 者完全生活在自己的傳統中（自我約束），
但卻容忍他人可以極端不同的方式生活（多元包容）。[6] Gülen 所宣揚的
Hoşgörü 與 Hizmet 的生活方式是相對的（個別意見皆可能是正確的），亦即
Hizmet 成員實踐的伊斯蘭提供一個平台讓各種歧異都能參與存在，並透過對
話將之轉變成為具生產力的合作。Gülen 經常引用 Saʿid Nursi 的一句話說明：
「文明人的勝利透過說服而贏。」意即當 Hizmet 人遇到分歧時會基於互相尊
敬去說服他人。身為穆斯林，一旦知悉自己站在何處，就可能不帶評斷，當然
不帶暴力地接受歧異，於是歧異為對話創造了條件；而對話幫助人學習帶著比
從前更大的和平與公義共同生活。這是學術對 Hoşgörü 的定義，制約性多元主

---

[5] 關於與 Gülen 非常親近者如何努力定義自己是社群、運動或其他用詞，參見 Walton, "The
Insitutions and Discourses of Hizmet, and Their Discontents," Marty 2015, pp. 50-65.

[6] 所謂的「制約性多元主義」意義類似 Simon Robinson 對 Hizmet 人「多元認同」(plural identity)
的指稱，一種以伊斯蘭為基礎的認同，但對世界多元性持開放態度。See Simon Robinson,
"Building Bridges: Gülen Pontifex," Marty 2015, p. 91.

義。在神學上，Hoşgörü 也意謂「看待別人如同神看待他們」。神在萬物之上，以仁慈之眼看一切，誠如穆斯林在公共活動時宣唸 Bismillah-ir Rahman-ir Rahim（以至仁至慈真主之名）的意涵。Fethullah Gülen 所明言的正是神眼中的 Hoşgörü 面向，此面向在 1990 年代引導了許多 Hizmet 成員去邀請不同文化與習俗的人進入社群。於是，Fethullah Gülen 在伊斯坦堡的歲月裡，透過 Hizmet 將「憂鬱」轉變成 Hoşgörü；而透過對話，憂鬱也變成了服務性社群。

眾目睽睽下躲藏

　　1980 年軍事政變前不久，Gülen 在 *Sızıntı* 的社論標題是〈和平〉。文章一開始即說：「在我們的歷史中，和平就像一位遙遠的愛人，一有機會就提到它，但我們從未與之結合。儘管沒有，我們應該傾全力幫助人們建立一個無論是全國或全球性的和平社會。」這話有如陳腔濫調，但在土耳其政治文化環境裡，社會一直瀕臨破碎分裂，Gülen 的「和平社會」其意涵當可理解。如他在 1979 年所描述，和平包含了政府、商業、教育機構與司法制度。和平不只是沒有衝突，更是可信靠性社群的存在，它能注入生活各面向並轉化之。如 Gülen 所想像，和平「是從個人開始，然後在家庭獲得迴響，再從家庭深入社會各部分」。此方法很簡明，伊斯蘭會鼓舞個人發展出強固的家庭，家庭再貢獻於公民社會。這聽起來是無傷，但對 1970 年代土耳其的一些人而言，這對世俗政府似乎是長久的威脅，起因是伊斯蘭並不在政府的控制下。Gülen 重申：「我們必須記得，若我們的目標是透過良善與美麗、希望與安全獲致和平，我們的工作必須從個人開始。」[7] 這頗有顛覆性。政變後的前幾年，當 Gülen 退出公共生活時，他有足夠的機會來塑造這種建立和平的方法。他加深自己與人的關係，培養信任以發展社群，這稱之為深層和平。

　　Kenan Evren 的軍事政府延續先前土耳其共和國戒嚴政權，共產主義者、反共產主義者、宗教領袖、記者、學者與其他知識份子全以威脅國家安全之名被逮捕。一些資料推估約有十萬人被拘禁或入獄，大多數是在政變發生後幾天

---

[7] "The Society of Peace," [*Sızıntı*, August, 1979], Kurt 2014, pp. 27-29.

內即遭到逮捕，最後也被釋放。接下來幾年，那些案件透過軍事法庭起訴，將近兩千人面臨死刑，有五十名最後被處決。[8] Gülen 自己則遭到定期監控，成為搜捕對象。多數情況下，他運用策略逃避追捕。他已故的小弟 Sıbgatullah 回憶說：

> 1980 年的政變後，他被列在監控名單上。他們把他與無政府主義者的照片一起張貼各地。他們說他要建立立基伊斯蘭法(Shari'a)的政府。他們說他是共和的敵人。但他在佈道中總是說共和是最佳政府形式。我們後來才知道無政府主義者的名單建立時間。他們說也把 Hodjaefendi 放到名單上以使他們（左派份子）高興。那是我所知道的。但他們抓不到他。他有時停留在 Erzurum。我也去過伊斯坦堡當他的廚師三個月。沒有人知道他待在哪裡。[9]

無人知道他待在何處，但有許多人仍努力想拜訪他，其中一位是 Zafer Kesmez。這位商人回憶說：「在 1980 年代，沒有人知道 Hodjaefendi 住在哪裡，雖然我會定時見他。他在伊斯坦堡，但我這裡的朋友不能見到 Hodjaefendi。他們說：『我們知道你定期見他，帶我們去，我們想念他！』」事實上，他記得一次旅行，Gülen 帶領 Sohbet，有一百人參加，Kesmez 即其中一位。當他們抵達時，Gülen 對他打招呼說：「你是阿拉給我的仁慈！」他記得他聽到這份恭維後時只是謙虛地想著：「我知道我不是什麼神給的仁慈，但如果有誰是，那就是 Hodjaefendi。」Gülen 在 Sohbet 中要他坐得近一點。然後他建議他提供一位入獄弟兄家庭一些經濟支持。正因他可以成為神給另一個人的仁慈，他才說「你是阿拉給我的仁慈」。他也記得當他開車去伊斯坦堡時，他在車裡唱歌：「風吹壞了我的枝葉，我的人何罪之有？」事實上他唱了五遍，然後停下來，與他同行的一位朋友要求他再唱一次。接著，在那次的 Sohbet 中，如他所記得的，Gülen 自己開始唱同一首歌。他回憶說：「我不知道他怎麼做的，我們在車子裡的人沒有一個曾離開過彼此。」換言之，Hodjaefendi 某種程度上反應了他喜愛的歌。除了其他更明確的教誨，這種巧合正堅固了人們對 Gülen 的精神信任。有一百位學生出席，也指出雖然 Gülen 應該要避開警方，

---

[8] Çetin 2010, p. 37.
[9] Irmak TV, Geçmişten İzler (Traces from the Past), "Interview with Sıbgatullah Gülen, Episode 1" May 29, 2014.

如 Kesmez 所說，他依舊「在其自己的場所公開教導」。[10]

從私人實踐到公共壓迫，Fethullah Gülen 生命中所遭遇的緊張情勢從 1980 年 9 月一直持續到 1986 年 4 月。在 1995 年 *Sabah* 訪談中，Gülen 被問及「他們為何要在 9 月 12 日的政變後追緝您？」而他的答覆解釋了一些人如何對伊斯蘭神學與實踐蓄意或非蓄意地充耳不聞：

> 有位專欄作家煽動人民反對我，那是我在 Bornova 的最後幾場講道的一場。我談的是 Shariʿa al-Fitriya。真主有兩套律法：一是來自「祂的話語屬性」(His Attribute of Speech)，是宗教原則—Shariʿa，狹義地指伊斯蘭的政治律法。另一則來自「祂的意志與權力屬性」(His Attributes of Will and Power)，是管理世界與生活原則—自然法則，是科學所關注的。在伊斯蘭辭彙裡稱為 Shariʿa al-Fitriya。尊守這兩種律法人類將在今世與後世繁盛，若反對之則會走向毀滅。穆斯林世界之仍落後西方，正是因為反對 Shariʿa al-Fitriya。
>
> 我向會眾解釋此觀念，鼓勵他們做科學研究進展。但是隔日一位專欄作家寫了這件事，宣稱我為 Shariʿa 作宣傳。
>
> 這件事受到公訴處官方調查。之後，這個單位瞭解其中誤會，於是向宗教事務部主管單位報告，該單位說不須採任何行動。但我猜，就像今日有些人對 Shariʿa 之詞很敏感，Izmir 戒嚴法指揮官也對那詞反感，他監控我。情況變得很困難。當然，有些人支持我，但很難讓軍事當局聽進去。[11]

他們不理會時，便會派警察突襲「五樓」。Gülen 必須整理包袱，偷偷從後面的台階溜出去搭車逃避追捕。他開始逃亡。

有時他前往 Erzurum，總是受到歡迎，可與家人或朋友蹲坐地上（安納托利亞東北部的一種低調文化）。Sıbgatullah 回憶他在 Erzurum 蓋了間房子，沒人知道，那是他兄長 Fethullah 安全之屋。Sıbgatullah 憶說：「在這些旅行中，有一次 Hodjaefendi 待在這裡很久，我們會在早上開車去拜訪週遭城鎮，然後與我們認識的士兵打聽消息以躲避巡邏。在這些雷達監測不到的郊遊中，有一次我們拜訪 Van，塞爾柱時期(the Seljuqs)留下來的遺跡與其他社群。有一次去

---

[10] Interview with Kesmez, July 28, 2015.

[11] "Being Pursued," Fethullah Gülen's Life, at https://www.fgulen.com/en/fethullah-gulens-life/about-fethullah-gulen/biography/24659-being-pursued. The original interview was with Nuriye Akman, *Sabah Daily*, 1/23-30, 1995.

Erek 山，Saʿid Nursi 曾住過那裡。Hodjaefendi 真得想去那裡，為了進入山區，我們必須渡過一條河。Hodjaefendi 掉進河裡，身體全濕。他說：『欲速則不達。』」[12] 在另一次尋訪，Fethullah 及其弟拜訪了 Erzincan 一處軍事基地，幾位 Gülen 的學生正在該基地服兵役。Sıbgatullah 憶說：「我去了那裡，Hodjaefendi 站在我後方。我要求見那兩位學生。但有些人看到他說：『噓！他是被通緝的，保持安靜！』」[13] 保持安靜很重要，但 Gülen 顯然願意冒險拜訪學生，甚至是去軍事基地。[14]

　　他在逃亡時仍持續與全國的「學長姊」保持連絡。Şerif Ali Tekalan 即為其中一位。Tekalan 是醫生，後成為 Hizmet 成員，是 1996 年在伊斯坦堡設立的 Fatih 大學校長。之後將簡介建校故事。Tekalan 報導，Gülen 在這些旅行中會與「一小群」人見面，有人會留宿 Hodjaefendi 一夜或更多。Tekalan 知道這些旅行中有一次去安卡拉，還有一次去 Kayseri，Tekalan 在 1980 年代時曾在那裡任助理教授。Tekalan 記得當 Gülen 拜訪 Kayseri 時（不是在 1984 年就是 1985 年），他鼓勵蓋更多的宿舍與家教中心。Tekalan 之後見證了這些計劃的實現。Hizmet 甚至就是在那個宗教保守的城市發展起來的。[15] 還有另一次搭飛機離開伊斯坦堡去 Izmir，Abdullah Birlik 記得 Gülen「在半夜」抵達他家。Birlik 憶說：「那五、六年時間是很艱難的，有人被粗暴的警察虐待，而 Gülen 則是逃亡。那誰來照顧他呢？」Birlik 解釋說 Hizmet（那時）已經擴大了，Hodjaefendi 需要的時候就能待在朋友的家裡。[16] 1980 年代中期的一個場合，在一場他無法證實的意外事件中，警官可能已追到 Gülen。Haluk Ercan 是名曾在不同時期服務於愛琴海地區各大城市的警官。他對 Hizmet 很友善。當他一接到調往 Burdur（土耳其西南方城市）的指派令時，即很驚訝地發現在他到達

[12] Irmak TV, Geçmişten İzler (Traces from the Past), "Interview with Sıbgatullah Gülen, Episode 1" May 29, 2014.

[13] Irmak TV, Geçmişten İzler（Traces from the Past）, "Interview with Sıbgatullah Gülen, Episode 2," June 4, 2014.

[14] 訪視學生是教師例行工作的一部分，而每個土耳其男性皆需服大約兩年的兵役。在土耳其文化中，若有人生病或服兵役，拜訪他們表示關心是文化傳統。因此，Gülen 出現在該軍事基地，並非要做不尋常，或啟人疑竇的事。

[15] Interview with Şerif Ali Tekalan, Izmir, July 27, 2015.

[16] Interview with Abdullah Birlik, Izmir, July 26, 2015.

之前 Hodjaefendi 居然在車站被捕了。Ercan 回憶說：「他在獄中一天一夜。當我見到他時，他因為監獄的條件而狀況不佳。我讓他清洗，並為他拿藥。」[17] 一天後，總理 Turgut Özal 透過內政部長 Galip Demirel 下令釋放 Gülen。Özal 與 Gülen 都是蘇非行者，他執政時期默默支持 Hizmet。Gülen 沒逃亡時經常待在「五樓」，先前的學生、新學生、宿舍「學長」和「學姊」、「學園」的家教們，以及各個基金會的 Mütevelli 皆會去拜訪他。如今，這些人在土耳其建立了一個包含主要城市與小城鎮的廣大網絡。其中一位是 Nurtan Kutlu，她記得與一群學生去拜訪五樓的 Gülen。雖然那次會見可能是發生在 1990 年代，但卻反映了早年的模式。她說：「我在 Fırat（其中一個家教中心，全名是 Fırat Eğitim Merkezi，簡稱 FEM，此機構以主要捐款者命名）擔任志工。我也是學生，唸的是歷史。我才剛進入大學。」她記得當時受邀去見 Hodjaefendi 的感受很緊張。她成長於一個世俗家庭，對 Hodja（指的是教士）的印象是「神聖不可侵」。她回憶說：「但 Hodjaefendi 不同，他很親切、和藹、斯文，不是一般的 Hodja。他問我在做什麼，但我說不出話。我很畏怯！那次會面改變了我的心。我必須閱讀有關他的資料。因此我開始讀他的書。在我與他會面後，我更有動機想去瞭解他與他的想法。」[18] 這樣的故事在這二十年中上演了無數次。一次簡單的會面可以改變一個人的一生。

　　Gülen 在「五樓」時大部分時間花在年輕時起即全然實踐的禮拜傳統，也固定閱讀。如他在另一次 1995 年的訪談中所解釋的：「只要時間許可，我會儘量閱讀，無論主題是否為宗教，我試著每日閱讀不少於兩百頁。」[19] 他追溯閱讀的熱愛源於其家庭：

> 我童年時在家讀了有關先知門徒的英雄事蹟。我讀了許多書，例如有一本是關於 Abu Muslim al-Khorasani，可視為伊斯蘭早期傳奇。後來，大約十八到二十歲時，我較喜歡讀法學與哲學的書，有些書是前導性的，而且一直如此。當我服兵役時，我有一位睿智上司，其蘇非思想知識淵博，且東

---

[17] Interview with Haluk Ercan, Izmir, Hisar Mosque Bazaar, July 27, 2015. 根據 Alp Arslandoğan 與 Ahmet Kurucan，Gülen 的獲釋與總理 Turgut Özal 有關，為了此事他起訴了至少兩名部長。那件插曲在 Hizmet 集體記憶中相當有名。

[18] Interview with Nurtan Kutlu, Hasbrouck Heights, NJ, March 11, 2017.

[19] Özkök 1996, as cited in Fethullah Gülen's Life, "Revelation with Literature and Music."

伊斯蘭世界與西方古典書籍都讀過。他忠告我閱讀西方古典，這促使我去閱讀許多知名西方作家的著作，如羅素、巴爾札克、杜斯妥也夫斯基、普希金、托爾斯泰、存在主義者與其他的。[20]

　　雖然那份書單明顯傾向法國與俄國作家，但事實上 Gülen 認為有位德國人特別重要，而且他還記得那個人有趣的軼事。他說：

> 雖然羅素強烈地批評康德倒置哲學史，康德仍是重要的哲學家。康德在土耳其神學界是無人不知的神學家。事實上，在我所參加的佈道師與 Mufti 考試中，他們問：「哲學家康德在其書 *A Critique of Pure Reason* 中將智慧分成實用性與理論性的。他說理論性的智慧無法認識神，但實用性的可以。你如何理解此觀點？如何評論它？」凡是沒研究哲學的人就無法回答這問題。事實上，我一位與試的朋友顯然就不瞭解該問題。他開玩笑地問我：「此康德是什麼？」我以開玩笑地回說：「把一些糖加入熱水，攪拌均勻，再擠點檸檬汁進去，你就會有一杯『康德』了。」（此種飲料在土耳其稱為 kant）[21]

　　撇開幽默，被迫退避「五樓」對 Gülen 而言至少是可以忍受的，因為可以閱讀。在 Gülen 的思想裡可以發現更多對康德理想主義的回應。

　　Gülen 也在伊斯坦堡時期裡寫作、閱讀詩歌與其他文學。他並非如 Pamuk 般文學人，但在 1997 年的訪談中他清楚地指出本身所喜愛的一系列作家。他大方地說：

> 我喜歡所有具天份與藝術的作品，但我特別喜歡某些人，因為他們在思想領域的份量很重。莎士比亞、杜斯妥也夫斯基與普希金令我嘆為觀止，而在土耳其也有幾位文學家的詩歌散文我很欣賞。無論如何，在詩歌領域中我欣賞 Yahya Kemal、Mehmet Akif 與 Necip Fazıl。在散文與詩歌兩領域中，我還必須提到的是 Sezai Karakoç。在 Tanzimat（十九世紀的歐斯曼改革期）及其後的世代中，Namık Kemal、Şinasi、Rezaizade Mahmut Ekrem 與 Refik Halid 都很好。Tevfik Fikret 的文字不難閱讀。西方作家中，我還喜歡巴爾札克。雖然他被視作現實主義者；但他的 *Lily of the Valley* 卻表現出其浪漫主義。伊朗詩歌與法國文學之間有相互比擬之處。在我讀過的波斯文學中，我想提的是 Sa'di、Hafiz、Nizami 與 Anwar。[22]

---

[20] Can 1995, as cited in Fethullah Gülen's Life, "Revelation with Literature and Music."

[21] Ibid.

[22] Sevindi 1997, as cited in Fethullah Gülen's Life, "Revelation with Literature and Music."

其他藝術也能令 Gülen 在「五樓」的生活更有樂趣。不同於其他穆斯林的
是，Hodjaefendi 欣賞音樂。他說：「我十六歲之前住在 Erzurum，那時我一直
與蘇非音樂的樂師有連絡。眾所皆知蘇非或我們的古典音樂出自蘇非靈修中
心。頌歌與類似的詩歌吸引我去聽古典音樂。例如，我喜歡聽 Itri 與 Dede
Efendi。我也欣賞 Haji Arif Bey，覺得他有如聖人。」Gülen 也對西方古典音樂
有些認識。他特別喜愛的是莫札特與貝多芬的交響樂與協奏曲，他認為他們的
音樂是真正嚴肅、高貴與豐富的。[23] 因此，那些藝術令退隱生活沒那麼孤寂，
甚至為憂鬱的情緒帶來尊嚴。

「五樓」：Gülen 教誨來源與方法

Gülen 在「五樓」的時間大部分花在教學。Ergün Çapan 寫了篇有助理解
的文章，列出 Gülen 這段伊斯坦堡的時日中所淬練出來的文本與方法。[24] 不
意外地，Gülen 的教誨正常地按照伊斯蘭學的六項古典領域：阿拉伯文文法、
古蘭經詮釋、聖訓研究（包括先知生活、其門徒、他與非穆斯林關係）、Fiqh
（伊斯蘭法學）、Kalam（系統神學）與 Tasawwuf（伊斯蘭密契主義）。Hodjae-
fendi 如何進行這每一項領域，簡單幾句話即可闡明 Gülen 在「五樓」的時日
裡如何與學生互動。理解那些互動有助於理解 Gülen 退隱的生活反而使他被
「此城」接納。Gülen 的課都是兩到四小時，上課時間一般是在晨禮與晌禮之
間。有時學生們會在早餐前集合開始上課，休息吃東西，然後再上完剩下的時
間。有時早餐之後才開始上課，上的時間會長達整個上午。偶爾也會在下午上
課，有時甚至在晨禮前一小時就開始。Gülen 一向睡得很少，這是廣為人知的
特點。

Gülen 曾謙虛地描述通常教學方式：「我與我朋友討論書。」事實上，Gülen
因材施教。他經常在學生還在發展時先講課，待學生見解成熟時即針對問題帶

---

23 Özkök 1996, at Ibid.
24 Çapan, "Fethullah Gülen's Teaching Methodology in His Private Circle," *Mastering Knowledge in Modern Times: Fethullah Gülen as an Islamic Scholar*.

領深入討論。Gülen 教學方式始終是 Çapan 所指出的「臨在文化」(culture presence 意謂「以身作則」)，他的學生能從他的在場體驗獲益；他們見識他寬廣的視野與熱忱，並受其影響力感染。一個人從那氣氛中受益的程度端視其個人接受度、意圖、專注力與能力。無疑地，任何學習皆須憑個人意圖、專注力與能力，而「臨在文化」意謂不被量化，或許可傳達個人魅力、莊嚴、能量，甚至 Hüzün。無論如何，上 Gülen 的課一開始必定是提及真主之名，讚美與榮耀祂，然後為先知祈禱祝福。例如，開場禱告慎重地以「主啊，請增加我們的知識！」開始，而接著繼續請求賜給系列屬性：「信仰、確信、信任、順服、信賴、可靠度、平靜、誠懇、忠誠、忠貞、靈慧、感情、寬容、貞潔、智識、智慧、記憶，以及我們對祢的信任，我們熱切可望與祢會面，我的真主啊！」以此延續：「我們請求祢賜予完美與永恒的健康、幸福與平靜心。把祢的力量與能力降臨於我們，噢，至仁至慈的神啊！」[25] 即使神是憐憫的，Gülen 還是期待學生做好準備再來上課。意謂著學生已預習指定的篇章（通常四、五十頁），並盡可能依照要求或需要查了字典與詮釋。如此，他們才能帶著準備好的問題在課堂做出貢獻，分析式閱讀(analytical reading)是受鼓勵的。

　　Fethullah Gülen 在伊斯坦堡與其他地方所有課中相當一部分都涉及誦讀。學生需大聲誦讀古蘭經文或教材，有時以記憶誦讀。根據 Çapan，Gülen「對誦讀的正確很敏感，尤其是古蘭經文或聖訓篇章」。他強調正確的發音，曾說：「人可能不會正確地講阿拉伯語，但不能不精確地誦讀古蘭經。」Gülen 會聆聽誦讀，若有學生出錯或停住了，他會輕聲地插嘴糾正或鼓勵。任何老師皆知，這種批判然後鼓勵的能力不是輕而易舉的。誦讀繼續後，Gülen 偶爾會打斷，然後提及重要的詮釋者或參考資料，其中有些會成為下次上課的作業。如 Çapan 所云，Gülen 歡迎提問，他經常回應一則陳述，即先知所說的一個好問題是知識的一半。」[26] 當學生確實提出問題後，Gülen 會總結學者們對此主題的一般看法，然後表達自己的詮釋，尤其會談及最新的情況。那些課程內容最具吸引力的部分是 Fethullah Gülen 的解讀與詮釋。若回溯伊斯蘭歷史，可發

---

[25] Ibid.
[26] Tabarani, Mu'jam al-Kabir, 25/7; Ajluni, Kashf al-Khafa, 1/179.

現發展獨立或創新性詮釋對穆斯林思想家而言是微妙技巧，即所謂的 Ijtihad。行使 Ijtihad 者稱為 Mujtahid，一個光榮的稱謂。Gülen 向來拒絕此稱謂加在他身上。但事實上，Ijtihad 正是他實踐宗教的特質，他也擁有 Mujtahid 的資格。[27] 因此，不令人訝異，「五樓」的學生會針對一個問題進行一長串的追溯過程後，仍傾向 Gülen 所做出大膽的個人詮釋。[28] 每一次這種對話皆是古代真理與現代大環境之間另一座言語橋樑。簡言之，透過教學，Gülen 試圖使其學生繼續參與課堂，並且是主動地。他鼓勵學生多閱讀，發展出處理尖銳文本與觀念所帶出的挑戰，介紹給他們各種不同的想法、方法、議題與辯證，協助他們對所有知識採取全面性的途徑，教導他們不自我局限在單一專業知識領域，而是同時也熟悉其他的學科。[29]

通常學者們可能喜歡細節，一般讀者則可能從 Hodjaefendi 所採用的系列文獻與教學法的體會中受益。Çapan 注意到 Fethullah Gülen 在文法上幾乎會對每一群學生教導有關阿拉伯文法結構的書。Gülen 要求學生背誦這些書的某些部分，例如 *Amthila*（範例）、*Bina*（結構）、*Maqsud*（意義）這三本是歐斯曼時期最著名的三本阿拉伯語文教材。其中 Imam Birgiwi（卒於 1573 年）的兩本文法書亦是 Gülen 授課時的主題。據 Çapan 所言，學生努力背誦 Baha al-Din Abd Alla b. Aquil（卒於 729 年）的 *Alfiyyah*（一千句語法）。當學生背了三、四十句時，挫折很大，他們會要求先暫停，因為很難再背下去。Fethullah Gülen 後悔地說：「背誦令人筋疲力竭。」姑且不論後不後悔，這種調整也指出了一位老師會主動聆聽學生，以及願意因應他們的能力做調整；而且還是有十七本不同的文法書是 Gülen 長年使用的。當 Gülen 帶領研究課時，字典是經常不離手的。據述，Gülen 說：「我不知道你們的狀況如何，我每天都會使用字典查字。」[30]

---

[27] See, for how Gülen meets the classical attributes of a Mujtahid, İsmail Acar, "A Classical Scholar with a Modern Outlook: Fethullah Gülen and His Legal Thought," in Mastering Knowledge in Modern Times: Fethullah Gülen as an Islamic Scholar.

[28] See also Yılmaz, "Ijtihad and Tajdid by Conduct: The Gülen Movement," Yavuz and Esposito 2003, pp. 208-237.

[29] Çapan, op. cit.

[30] Ibid.

　　至於古蘭經詮釋與聖訓研究資料，Çapan 所收集的清單超過二十冊。其中當然有 Bediüzzaman Saʿid Nursi 的古蘭經詮釋，另外還有兩冊是著名 Nasir al-Din Abd Alla b. Umar al-Baydawi（卒於 1286 年）的著作，其詮釋言簡意賅。Gülen 也教授 Abu al-Fida Ibn Kathir（卒於 1341 年）三冊著作，該書以古蘭經經文、聖訓、先知第一代與第二代門徒的傳統詮釋古蘭經文。有趣的是 Gülen 雖教授 Sayyid Quṭb 的六冊巨著 *Fi Zilal al-Qur'an* (In the Shade of the Qur'an)，但他卻清楚地表示不同意 Quṭb 的政治意識型態。最後，古蘭經詮釋著作中，Gülen 經常教授的還有 M. Elmalılı Hamdi Yazır（卒於 1942 年）所寫的九冊鉅著（以土耳其文撰寫）*Hak Dini Kur'an Dili*。 Gülen 曾說包括阿拉伯文著作在內，沒有可與 Yazır 的版本相比擬。[31]

　　在聖訓集中，Gülen 反覆教授知名的六大聖訓集及其詮釋版本：*Sahih Bukhari*、*Sahih Muslim* 以及四本 *Sunan*。Ali al-Muttaqi（卒於 1567 年）的十六冊聖訓集 *Kanzu'l Ummal* 是嚴謹的著作，有四萬六千則聖訓。Gülen 並不迴避挑戰，曾在齋月期間教導學生十冊，並在之後六個月教完剩下的六冊。七個月中學四萬六千則是相當大的閱讀量，而 Gülen 也強調瞭解這些與先知相關故事之傳遞鏈的重要性，包括辨別傳述者及其名字的正確發音，以及傳述者的生平與思想細節，這在伊斯蘭文化學術傳統中已不復見。[32] 後文將可見到這種對先知門徒的重視是 Fethullah Gülen 在伊斯坦堡歲月中很重要的一部分，也是他身為伊斯蘭學者的獨特遺緒。

　　因此對在伊斯坦堡的「五樓」加入他的每一個群體，Gülen 至少會教授一本伊斯蘭法學的書，因為他認為不理解法學無法成為學者。就伊斯蘭的強調倫理道德，學者心態必須夠精確；但研究伊斯蘭法學也會使學生遇到麻煩。畢竟使 Gülen 在那段時期長久離開講壇的正是統治者切割伊斯蘭法的意圖。Gülen 在其歲月中研讀了不少於數十本不同的伊斯蘭法學著作，包括土耳其宗教事務局委員會所印製的 *Diyanet İslam İlmihali*（土耳其伊斯蘭教義問答），這本書將近年來 Hanafi 法學派思想編輯成法規。Gülen 與其學生一同研讀的還包括

---

[31]　Ibid.
[32]　Ibid.

幾本阿拉伯文的伊斯蘭法學著作。他們通常會先用阿拉伯文唸一次，然後再由
學生譯成土耳其文，即使已經可以體會原文意義。如第一章所提，Gülen 終其
一生都清楚地認同主流的 Hanafi 法學派，但有時他也尊重引用其他學派的著
作。在伊斯蘭法學議題上 Gülen 對學生強調的是 Fatwa，即那些由公認權威穆
斯林學者們所發佈有關法律事務的解釋。此事在 2001 年 9 月 11 日後更形重
要，當時 Gülen 回應譴責 Osama bin Laden 與其他穆斯林合理化自殺攻擊的
fatwa。

　　學者們把 Gülen 在伊斯坦堡所教導的皆歸於西方學術的神學領域，而伊
斯蘭所理解的 Kalam 或神學屬於次學門(sub-discipline)，Gülen 曾明確以伊斯
蘭信仰系統中之理性與敘事證據論述它。此次學門中也有幾種公認的思潮已
發展了數百年（不應與第一章中提的不同法學派混為一談）。這些潮流特別重
要，因為伊斯蘭沒有等同天主教教會的階級制度，如修士、主教、樞機主教與
教宗。伊斯蘭信仰群體之間也沒有與基督教對等的公會機構。穆斯林似乎是以
Kalam 作為區別的依據。為了與基督宗教做更大的比較，這有如一些基督宗教
徒認同四世紀的尼西亞教義，而有些則不認同。又如同有些基督宗教徒認同十
六世紀的路德派；但大部分則否。類似流通的差異也存在穆斯林之間。在這種
情況下 Gülen 通常教授 Maturidi 神學，這是廣泛連結各種順尼學派傳統的神
學。Gülen 的教學中最喜歡使用一位 Maturidi 神學家 Sa'ad al-Din al-Taftazani
（卒於 1390 年）的 *Sharh Aqa'id al-Nasafiyyah*。[33]

　　最後，在密契主義方面，Fethullah Gülen 在伊斯坦堡教學的每堂課至少使
用一種蘇非文本。因他受教於如「Alval 的 Imam」的蘇非大師，Gülen 能夠使
用廣泛的資料，包括 al-Qushayri（卒於 1120 年）的名著 *al-Risala al-Qushayriy-
yah fi Ulum al-Tasawwuf*，把蘇非思想的實踐與古蘭經、先知傳統做連結。[34] 至
於其他蘇非經典，Gülen 還教授印度的 Imam Rabbani（也稱為 al-Sirhindi，卒
於 1624 年）的兩冊書 *Maktubat*、Harith al-Muhasibi（卒於 857 年）的著作 *al-
Ri'aya li Huquq Allah* 與 Abd al-Rahman al-Jami（卒於 1492 年）的 *Nafahat al-*

---

[33] See Elder 1950. For a more recent commentary on the Commertary see Rudolf 2014.
[34] Knysh 2007.

Uns。Gülen 曾宣稱蘇非思想是伊斯蘭的靈性生活，若不提蘇非思想，其教授的論述即不完整。還值得注意的是，Gülen 所教導與力行的蘇非主義保存著伊斯蘭正統學科，而不是被許多穆斯林視為異端的一些奇特或密傳儀式與教義。[35] 他有自己的蘇非主義著作 *Emerald Hills of the Heart: Key Concepts in the Practive of Sufism*。

「五樓」：理解傳統與自我的深層平和

在五樓時期的 Fethullah Gülen 退出公共生活同時也與專業的學生加強研究。退出公共生活反而使他更能深入浩瀚的伊斯蘭學術。如 Çapan 所云：

> Fethullah Gülen 在教導學生時對自伊斯蘭初期至現代學者們的詮釋與途徑皆相當尊重。他對先知第一代門徒與後繼的追隨者、思想學派創立者，以及偉大精神人物如 Abd al-Qadir Jilani、Hasan Shazili、Ahmad Rifa'i、Shah-i Naqshiband、Imam Rabbani、Sa'id Nursi 等人的闡釋與途徑展現其敬意。他經常強調人必須抱持敬意思索那些闡釋與途徑，不論那些學者屬於任何伊斯蘭學派。更進一步說，必須對信仰本質投以至高的關注，他會謙卑地表示：「Ibn Kathir 的觀點是如此，但 Ibn Qalil（小人物如他自己）的觀點是那樣」或「卑微者的詮釋或觀點是這般。」[36]

此即 Gülen 對 Ijtahad 獨立思考的告誡，他所宣稱的獨立思考並非權利，亦非產生新知識的職責。反之，Ijtahad 是將傳統延展到現今的一種可能性。若 Hoşgörü 是 Gülen 在伊斯坦堡時期生命與著作的核心面，則它必包括對那些在他之前 Mujtahid 的敬意。雖然 Gülen 鼓勵學生以現代適應性思考，他期待學生對過往能有相似的尊重。他認為：

> 在他課堂上的學生應有以尊重學者為基礎的詮釋與途徑，也不與宗教基本規範扞格，因為每個人在都是 Ibn al-Zaman（時代之子）。每個時代都有可以詮釋與根據當代情況詮釋的條件。每位穆斯林皆有責任去仔細理解當代的跡象，備妥工具將其所相信的價值付諸實行。同時，最重要的是不輕視、

---

[35] Çapan, op. cit.
[36] Ibid.

侮辱學者，說他們不瞭解這些事。[37]

簡言之，如同好的史學家，Gülen 試圖透過教導與學生共同努力與過去對話，而非自演獨白戲。

因為所有虔信逝者都是他對話的對象，Gülen 從不缺對話群體。無論政治壓迫多所限制他，他總能與朋友討論書籍。更廣泛地說，其 Cemaat 事實上並不受限制，而且還跨世紀。因此，Gülen 的被迫內在轉向也為 Hizmet 的基礎深化提供深遠的機會。正如他自己被迫轉向，出現 Gülen 將該運動轉向個人。Hizmet 被覆蓋蘇格拉底的披風下：

> 自我察覺的控制是身為人類至關重要的特質；但諷刺地是，這也是許多人所忽視的。究竟有多少人具自我審視的習慣，可以每天探究自我內心深處，重新發見自己？有多少人能辨識出自我的弱點、力量、失敗與成就呢？蘇格拉底經常反覆唸著所刻在阿波羅神殿上至關重要的「認識你自己！」這曾在無數智識學派中被宣稱過的古老格言也在蘇非傳統中有其神聖面向：「凡認識自己者也認識其主(Lord)。」我納悶有多少人能實踐此崇高內涵？我很懷疑不會有很多人。

> 社會、理性與意識是人類生命中的重要面向，缺一不可。潛力如此，當命運為意志鋪好路時，就能超越世界的每件事，歷史已證明如此。每個人皆擁有內在動能，能夠驅策超越自我，甚至超越所有造化。若將此神秘潛能指向其源頭，就會穿越有限，賦予人類有生之年意義。

> 今日，人類可以控制雷電，看到次原子微粒，觀察數百萬光年以外的現象。儘管現代人擁有全然天賦，還是遭難，因為曲解了自我。[38]

深層平和端賴自我省察的個人。這種人也理解察覺自我的缺失，只要願意就可認識其永恒存有的主。理解少可能會令混亂與遭難持續下去。

Gülen 退居「此城」中心的「五樓」將近六年。[39] 當代文化研究有一個與地方相關的定律。不令人驚訝地，長年來「五樓」對 Hizmet 成員的意義並非只是單純的公寓，如 Farid al-Ansari 在他有關 Gülen 生命的聖徒傳歷史小說所言：

---

[37] Ibid.

[38] Kurt 2014, pp. 13-15. The original was in Sızıntı, May 1993.

[39] 「五樓」一詞出現在 Hizmet 的時間比 Gülen 在伊斯坦堡的時期更早，可追溯至 Hizmet 在 Izmir 的 Bozyaka 宿舍。

「五樓」是 Fethullah 個人進入靈性之境後貯藏所收穫的寶庫，是 Hizmet 或慈善服務的社群溝通交流中心。除非是安全性的必要，他不會離開「五樓」。對他而言，「五樓」就如 Cave of Hira（穆罕默德第一次接受真主啟示之地）或 House of Ibn Arqam（早期穆斯林社群遭迫害時的庇護所）或 Abu Talib 的山谷，一處在參加外勉強稱得上難民營的地方，崇高先知之叔父 Abu Talib 在那裡提供他三年苦難期間盡可能的保護。Gülen 在「五樓」找到了退隱處與啟示、他的流亡與囚牢、他的門徒與群眾。月復一月，他待在那裡，他的神聖空間，從不離開，除非他接到訊息指示或警告要他必須離開前往他處，他才會去他其他的小房間。Fethullah 在「五樓」努力復興土耳其的宗教。[40]

　　雖然 Gülen 在土耳其復興宗教到什麼規模是值得討論的，但即使在 Hodjaefendi 隱居在「神聖空間」時期，Hizmet 依舊在全國開展，這是無庸置疑。

　　雖然平淡無奇，但為確認前文所談的概況，伊斯蘭學者 Marcia Hermansen 認為「五樓」不只是字面意義，那是宿舍頂樓。Gülen 認為「五」這個數字本身不是概念，它可能是十五或五十樓，高度或崇高的概念才是重要。對崇高的察覺造就了那個時代，在種種困難下被年長學生們牢記的時代。「五樓」因此代表著一種靈性退隱的經驗，代表了 Gülen 從地平線上看到未來計劃之靈感的利機。那是他最深刻的思索與自我探究時期，也是該運動發展成形與受啟迪的時期。[41] Hermansen 更進一步指出，一個「神聖空間」在 Hizmet 成員之間也催生了一段「神聖時代」。Gülen 在退隱時期展出一種共同的歷史感，集中在 Gülen 本身奮鬥敘述的集體歷史。對許多人而言，「五樓」只是以數字談論 Hodjaefendi 不被國家安全機構找麻煩的方式。

五樓——深層平和如信賴

　　留住五樓雖無詩意，但最重要的是 Gülen 在伊斯坦堡的時期裡，他的被信賴與日俱增，他們看著他無所畏懼或不帶反動地回應壓迫，不厭其煩地實踐那

---

[40] Al-Ansari 2013.

[41] Hermansen 2005. See Hermansen, "The Cultivation of Memory in the Gülen Movement," 2007, p. 71.

些從一開始即界定其人生的原則與功課。一方面是全然地一以貫之實踐其所
宣講的；另一方面務實地產生結果。因此有位伊斯坦堡商人在一次訪談中對社
會學家 Helen Rose Ebough 說：「Gülen 運動的人將他們的想法化為計劃，告訴
我們要如何達成。人民相信他們，如果他們要求一個計劃，則他們會期待『造
物主』給予，而非那些造化，這就是為什麼我相信他們會成功。」[42] 當沒有與
事實行為連結實，這種對「造物主」的信賴可能很天真。但 Ebough 說：「在我
所訪談的每一個地方社群的成員時，他們展現對 Gülen 的信賴與彼此的信任。
這份信賴是深層和平的基石，也是 Hoşgörü 之有制約性多元論的制約面。信賴
神、內在平和被轉化該社群實際作為者們的信賴。或又如 Orhan Pamuk 所言：
『唯有當英雄們退回他們的內心時，我們才擁抱他們』。」

　　1980 與 1990 年代二十年間，那種「擁抱」逐漸發生，但最先出現的地方
並非「此城」。Tahsin Şimşek 解釋說：「在那段艱苦的流離歲月裡，Hodjaefendi
一直在路上，其個人原因是藉此可以全國各地拜訪人。這也成為 Hizmet 擴展
的途徑。」[43] 因此，受到拘留和監控本來是一種倒退卻轉變成正面地在全國建
立社群。Gülen 的傳記這裡的敘述反映出整個土耳其社會與人口的大變遷。從
省級城市 Erzurum 移動至 Edirne 再移動至 Izmir，最後伊斯坦堡，Hodjaefendi
一生中發生的事也以類似方式發生在其他許多土耳其人身上。而 Gülen 的例
子與明確的教學皆有助於他們對應這些變動。記者 Kerim Balcı 說受 Gülen 啟
發者是「內在受驅動者」，他們正從週邊往中心移動。Balcı 聲稱在他自己國家
中看到不同的世界，這對一些土耳其人而言是震驚的經驗。他們開始瞭解身為
鄉村居民者，大體上他們早已被「趕出」土耳其的現代化了。對有些人而言，
加上 Gülen 在這個方向上敦促，這種疏離感會產生深刻動機盡量改善他們自
己。[44] 對他人而言，Gülen 再次扮演一個動機，使他們接受其疏離感，並將之
轉變成專心改善自己以趕上同一世代的人。

　　Balcı 本身的故事即為一例。他成長於黑海附近完全脫離城市生活的山村，

[42] Ebaugh 2010, p. 61.
[43] Irmak TV, Geçmişten İzler (Traces from the Past), Interview with Tahsin Şimşek, December 31,
2014.
[44] Interview with Kerim Balcı, Istanbul, August 5, 2015.

十二歲時進入 Samsun Anatolian High School 就讀，一所位於黑海渡假城市的知名寄宿學校。在那裡，他開始聽到 Hodjaefendi，然後開始閱讀 *Sızıntı*，發現那份雜誌有他所稱的「高級土耳其文」風格。而如他所記得，其社論強而有力，那些文章總是 Gülen 寫的，即使他在逃亡中。Balcı 成長於一個國家主義家庭，但他早已開始做禮拜，所以在 Samsun 的清真寺的週五聚禮中容易被認出來。他開始接受邀請至該地的 Işık Evler 參加 Sohbet。幾次後，學長們開始拜訪他，問他需求，於是開始聆聽廣為流傳的 Hodjaefendi 講道錄音帶。Balcı 也在 Hizmet 的 Dershane 家教中心獲益良多。幾年後的 1986 年，入學 Boğazıcı University（土耳其最好的學校之一），該校專門訓練世俗化菁英。

　　Balcı 簡單地說：「我學著信任 Hizmet 的人，開始覺得我是一個新家庭中的成員。我一直想要的歸屬感如今就在那裡我覺得平靜、平和。」疏離感被社群感取代。這種歸屬的平和感促使他嘗試回饋：「我發現我自己在做『學長』們對我做的事。我開始問其他學生有沒有問題，我挑選具農村背景的學生。」Balcı 認為這表示 Hizmet 教導的不是理論，而是實務。1992 年，Balcı 在 Gülen 公開演說的場合擔任志工，負責在 Gülen 的出入口把關。Balcı 說：「這給了我與資深『學長』們見面機會，最初並未認出他們所有人，因此我以身體阻擋一些跟著 Hodjaefendi 的人。」儘管有這些失誤，Balcı 逐漸受到認同，成為 Hizmet 裡備受信任的志工。畢業後，他開始準備各種 Hizmet 倡議與活動的傳單，有時用的方式還引發辯論，甚至爭吵。那時他剛認識印刷界，後來一直從事那個產業，直到他在 2016 年失敗的政變必須逃離土耳其為止。他最後落腳英國，繼續活躍於 Hizmet 各種活動中。Balcı 總結說：「一般而言，我們是從周邊往中心移動的人，這些人是從內心受到 Gülen 教誨的驅動，然後同時被水平地驅動移居至新的地方，又被垂直地驅動與各種 Hizmet 中心與機構產生關聯。」[45] 這種機動性就是一種打造和平的方式，也是 Gülen 在其教學事業早期即已預見的。他期待與鼓勵一個正在發展的「黃金世代」。這些個人將會是非暴力且有文化素養的鼓吹者，將倡導一個更富同理心與公正的土耳其。這些人中將包括如 Kerim Balcı 那種從外圍被驅動前往中心的人。

45　Ibid.

設立學校—Yamanlar（頂尖者）與 Fatih（開拓）

在 Fethullah Gülen 啟迪下所出現的 Hizmet 運動，事實上不太有階級制度，強調的是這則小故事所提的「動員」，Balcı 使用另一詞彙「信任」。儘管信任很難量化，但卻是至關緊要的因素。在整個 1980 與 1990 年代，Gülen、學生與廣泛的 Hizmet 運動之間的關聯都很寬鬆。人來來去去，Gülen 不再（或鮮少）佈道，沒有組織化的流程。但多少令人驚訝的是在 Izmir 近郊的 Bozyaka 區有一間建立於 1976 年的宿舍，Gülen 的友人在 1982 年將之改成高中，命名為 Yamalar。Tahsin Şimşek 是其中一位籌組者，他說 Gülen 扮演了驅動該計劃的角色。他記得有一天在 Bozyaka 與其他商界領袖開會，Gülen 說：「我們把這建築變成高中吧！」那句話像一道寒氣吹入了那個房間，彷彿冰凍了。因為這個計劃在那時並未受到一些董事的歡迎，更別提要花很多錢。然而，Gülen 堅持了三個月。Şimşek 說：「最後，我對我朋友說，『我愛你們每一個人，但 Hodjaefendi 一直催問這學校的事。我們不能快一點嗎？』過了一個小時，Hodjaefendi 進入房間，看著我們的臉。我對我朋友 Halit 說：『去安卡拉，取得設學校許可。』那件事才開始有進程。」[46]

有一個背景故事或情境顯示 Gülen 捉摸不定的磨人功夫。1982 年 11 月 5 日土耳其共和國通過新憲法。Turgut Özal 的 Motherland Party（祖國黨）政治上佔上風，1983 年一面倒地贏得國會多數席次。隨著 Özal 及其政黨的得權，Hizmet 成員得以相信對他們在公共生活貢獻的指責可能趨緩。社會學家 Muhammad Çetin 解釋說：「Özal 自由主義的一個層面即鼓勵伊斯蘭在公共生活中的角色。Özal 瞭解伊斯蘭是多數土耳其公民的信仰系統與價值，將之從公共生活中排除徒增尷尬與矯揉做作。他在 1986 年說：『對良知自由的限制反而孕育了狂熱主義。』」[47] 以那種態度為背景，如 Şimşek 般的 Mütevelli 其

---

[46] Irmak TV, Geçmişten İzler (Traces from the Past), Interview with Tahsin Şimşek, December 31, 2014.
[47] Çetin 2010, p. 40.

Yamanlar 高中計劃的落實可想而知。這不意謂壓迫已結束，軍方依舊在。但地平線上已出現了一絲曙光。

　　Gülen 本身對學校遠景是崇高的，要培養學生有如守紀律軍士、博學醫生、具靈性 Tekke（蘇非聚會所）成員、健康運動員，[48] 其崇高企圖心實踐的程度比他想像的更完整。幾年之內，Yamanlar 吸引了來自土耳其各地的菁英學生。那些學生在科學奧林匹亞競賽與運動比賽中表現優異，而且也都進入土耳其最卓越的大學。2008 年，Yamanlar 將教育計劃擴大成跨不同年齡層的十個校區。根據社會學家 Joshua D. Hebdrick：「從那裡即將畢業的初中生在（高中入學）菁英高中入學考試成績比任何其他土耳其學校來得高，有兩位學生還得到完美的一百分。」[49] Dr. Ali Yurtsever 是該校 1990 年代的行政人員，他記得 Hodjaefendi 個人也協助蓋那所學校。Gülen 的態度是否小心翼翼不得而知，但 Yurtsever 確實記得 Gülen 拒絕了一位沙烏地阿拉伯贊助者的錢，因為他希望那些學校是完全由本地發動的。他甚至帶捐款人在夜晚去守護那建築，如此他們才會持續保持關係。[50]

　　一個類似的關係也在伊斯坦堡進行，後來導致 Fatih 高中在「此城」設立。Hendrick 語帶吹捧描述了那個軌跡，但也是實情：

> 在伊斯坦堡一個叫 Fatih 的保守區，Fethullah Gülen 的追隨者把已存在的私人宿舍轉成全新的教育機構。1982 年，就在 Yamanlar 設立後不久，Çag Öğretim İşletmeleri（Era/ Age Educational Enterpriese 時代教育企業）成立了 Fatih Koleji（學院）。第一年，Fatih Koleji 就把高年級班學生的 85%送進土耳其各優秀大學。1980 年代末，一些在土耳其大學入學考表現最好的學生都是 Fatih Koleji 畢業的。2007 年，Fatih Koleji 是全土耳其最知名的私立教育機構之一，旗下管理六間小學、三所高中與五間宿舍。誠如 Yamanlar 的例子，伊斯坦堡 Fatih Koleji 的學生與全安納托利亞許多與 Hizmet 有關的私立高中學生在 1990、2000 年代間持續囊括全國與國際科學、數學競賽獎牌。[51]

48　Valkenberg 2015, p. 197.
49　Hendrick 2013, p. 137.
50　Valkenberg, "Interview with Ali Yurtsever, Izmir, August 9, 2009," as cited in Valkenberg 2015, p. 198.
51　Hendrick 2013, pp. 137-8.

　　Hendrick 提出一個問題：他們是如何做到的？學生們傾向歸功學校，但 Hendrick 的答案是 Fatih Koleji、Yamanlar 以及土耳其許多其他學校與公司皆透過社會網絡連結數十個補習教育機構。這些補習教育機構（家教中心）提供學生特別的服務、學費減免，並對他們特別關注，因為他們屬於社群(Cemaatın Içinde)。[52] Hendrick 略為諷刺推測這些「專業獎勵」超過了學生「參與全國性之信仰復興」的渴望。而這對少許人而言可能是真的，對天才學生的獎勵孕育出成功。但對其他多數人而言，他們所擁有的意圖其實不只是出於經濟上的考量，若他們不是被驅使參與一場「全國性的信仰復興」，他們至少已與 Gülen 的一生與思想同步。這類學生可能成為「黃金世代」的一份子，他們接受稱為「社群」存在的基本緣由。與該社群相關之學校在很短的時間內雨後春筍般出現，如像 Yamanlar 與 Fatih Koleji 的例子，與 Hizmet 相關的學校網絡有安卡拉的 Samanyolu、Erzurum 的 Aziziye 與 Van 的 Serhat。

為取悅真主而成功

　　無論學生與其家長支持這些學校的動機為何，設立學校者的基本理念具神學性質，教育孩子即為服侍神。以 Gülen 為中心的社群是神學性社群，即使它在法律與企圖的教育目標、成就都是世俗的。當然，學生有想成功的動機，而學生努力獲獎或贏得競賽也當然會為自己與父母帶來影響，這與該社群也有關係。此即為何學生總是習慣性地把成就歸功於老師的努力，這是人際關係，也是社群，遠比一個人的自我成就重要。西方讀者很難理解這點，尤其是在以個人主義與爭取特權脈絡環境中被培養的美國人。就學生本身而言，這至少是史學家可以相信的，他們並非只為世俗物質的成功而努力，而是要實踐蘇非思想、教義中 Rıza-i İlahi（真主的喜悅）所含蓋的事物：「為真主的喜悅」求成功。[53] Yusuf Pekmezci 出席 Yamanlar 開幕時談論 Gülen 以及人們受他吸

---

[52] Ibid.
[53] For the voices of the student themselves, see especially Tittensor 2014.

引的原因：「他不在乎錢或財產，他只在乎『真主的喜悅』。」[54]

　　神學家 Pim Valkenberg 指出 Rıza 一詞在 Gülen 蘇非主義書籍第一冊是最長的條文。此詞彙字面可譯成「順從」但如許多蘇非主義概念，此字彙有悖論性質。「放棄自我」與控制慾（這是描述[真主的]喜悅的一個方式）可以打開心，進入更具深度、創造性，甚至歡樂。因此，如 Gülen 所定義：「Rıza 意謂對一切不幸不表仇恨或反叛，甚至平和地接受所有『命運』的呈現而絕無怨言。」這正是 Gülen 在「五樓」所體驗的深層和平；而顯見地，他很快將之轉變成在全土耳其境內的深度對話。如同其伊斯坦堡的教導，Gülen 對 Rıza 的描述耐心地帶讀者走過各家穆斯林權威對此概念的觀點，然後他加上自己對古蘭經關鍵經文的詮釋：

> 所擁有的回賜或位階莫大於真主的喜悅，只有全然順服於真主意志的人才能得到。「真主應許男女信士的是諸河流過其間的天堂，永居其間。那是天堂中被祝福的居所，而更大的福澤則是真主的喜悅，那是至大的勝利。」(9：72)因為是真主眼中最高境界，真主的喜悅也是人類追求的終極目標，是最榮耀的先知穆罕默德（願真主賜福他）、所有的先知聖賢以及透過真誠、確信、信靠、順服與信心考驗的純潔學者們的目標。他們已克服萬難和障礙，並承擔了許多難以忍受的痛苦與折磨。[55]

　　奉獻給「真主之喜悅」的生命很明顯地不一定是擁有個人生命的安樂。

　　當然，回想 Gülen 對康德的欽佩，這種理想主義充其量是沒有行動支持的豪語。隨著在 1980 年代建立學校，家教中心與其他社會企業亦出現戲劇性的擴展。Turgut Özal 曾攻讀工程學與經濟學，並在美國待了一年，還曾在世界銀行工作。他在受 1960 年代研究過 Naqshbandi 蘇非思想，並受到影響。他為理解 Gülen 所做的準備可能比之前任何共和國的領袖還多。他們即使沒有更親近，卻也逐漸友好。事實上，Gülen 在 1992 年曾在美國拜訪 Özal。那時 Gülen 正進行其首次（也是唯一）勉強稱得上是世界之旅的行程；而 Özal 正在休士頓住院治療，在那裡可以得到土耳其沒有的特殊醫療照顧。無論如何，根據史學家 Carter Vaughn Findley，Özal 在 1983–1993 年間執政時比從凱末爾以降的

54　Valkenberg, "Interview with Yusuf Pekmezci, Izmir, August 6, 2009," Valkenberg 2015, p. 163.
55　Gülen 2013a, p. 115. See also Valkenberg 2015, pp. 163-5.

任何人更具意義地重新教育土耳其政治。Findley 說：「在經濟上，Özal 以出口
導向的成長政策取代 1930 年代的內部導向與進口替代政策，以適應私有化的
全球趨勢。」[56] 簡言之，Özal 將土耳其調整成新自由經濟國家，但也開啟了
裙帶資本主義之路。下一位即將戲劇性地改變共和國的領袖 Recep Tayyip
Erdoğan 仿效的就是那些模式。更精確地說，Özal 是以 Muhammad Yunus 之後
所定義的社會企業途徑形塑土耳其，亦即 Özal 努力推動的是令商業同時為私
人目的和公共利益服務。他任認為融合伊斯蘭倫理與現代資本主義可以使人
民行善獲利。在那些努力中，Özal 發現 Fethullah Gülen 與 Hizmet 成員可以作
為肯定的盟友。

　　第五章將更全面地探索 Gülen 生平與 Hizmet 發展的商業面向，但在此有
必要提及紮根於 Özal 時期的活動。Yamanlar、Fatih Koleji 與其他從幼兒園到
中學的建立已然存在。一般而言，Özal 鬆綁了政府對教育的束縛，允許私人
教育企業的發展，從幼兒園到大學都有。例如，在 1980 年代，土耳其大學數
量從十九所增加到二十九所。[57] 顯然此政策與 Hodjaefendi、Hizmet 所展開的
努力合作無間。學院與菁英高中的入學標準（先前較偏向支持世俗菁英）亦改
採更客觀的準則（從此以考試為準則）。隨著結構性變動而來的是對自凱末爾
以降即遭到官方壓縮伊斯蘭教育的開放。事實上，政府已認可「義務」指導伊
斯蘭基本教義作為世俗教育課程的內容。一般很難高估現代土耳其建立者之
遺緒所導致的斷裂究竟有多大。因此 1984 年，全土耳其新成立了三十四所
Imam-Hatip 初高中，這些學校是用以訓練宗教人員與佈道教師的。而這些學
校的許多畢業生無論男女也都會繼續接受世俗化的中等教育。雖然女性不被
認同為帶領禮拜者（除了在女性專屬的禮拜聚會），她們仍能在許多地方為信
仰服侍，而許多家長也喜歡送女兒去讀宗教立學的學校，覺得有安全感，女孩
在那裡能同時接受標準世俗課程與古蘭經及其他伊斯蘭學科。也有些與
Hizmet 有關的學生會進入 Imam-Hatip 學校，而支持這些新倡議的宿舍也紛紛
設立。一般而言，Hizmet 相關學校的課程與運作仍是世俗性的。它們收學費，

---

[56] Findley 2010, p. 354.
[57] Çetin 2010, p. 37.

但也受到慈善捐款者的資助。[58]

　　隨著土耳其學校急遽的增加，Dershane 亦隨之增多。1984–2002 年間，當家教中心被併入土耳其的教育制度作為補習機構時，從一百七十四增加到兩千一百間。[59] 漸漸地，數十家與 Hizmet 相關的機構開始實行一種代理機制，並經常以 Fırat 作為名義。Fırat 很快又與一個名為 Sevgi Çiçeği Anafen 的姐妹組織結合，Anafen 是 Ana（安納托利亞[Anadolu]的簡稱，是專為人文學科而設的一些學校）與 Fen（強調科學課程的學校）兩個名稱的結合。後者的組織主要是為青少年提供家教。2007 年，Fırat 是伊斯坦堡最受讚揚的補習教育公司，在「此城」即有四十七個分校，全土耳其則有上百家；不過並非所有這些備考中心的學生都直接與 Gülen 的社群相關。Hendrick 說了一個故事。Lale 最初在她家鄉安卡拉時，並不想與 Gülen 相關的學園有關係。反 Gülen 的敵意在土耳其首都相當高漲。然而 Lale 在對另一家家教中心失望透頂後終於在 Gülen 相關的研習方案裡找到自己。她在那裡找到認真的同儕，並獲得住在附近的 Dershane 或 Işık Evler 的大學生的額外協助（包括一對一家教）。最後她考試獲高分，繼續在卓越的 Boğaziçi（海峽）大學研讀。[60] 她個人的成功正是數十位「為真主之喜悅」而實現成功者所培育出來的。

新媒體的努力

　　除了倡導教育，受 Gülen 啟發的社群在 1980、1990 年代開始打造新媒體。首先是 *Zaman* (Time)日報，在 1986 年 11 月 3 日創刊發行。根據一份資料，

> 在這之前，其他穆斯林企業家曾有此計劃，但都無疾而終。在那段時期，Hizmet 學校、宿舍與「學園」持續發展，這些機構有支持者也有敵人。土耳其的媒體只有單一色彩。記者受到 Cumhuriyet（共和國）的培養，全為左派、無神論者。因此，當時的確會有志願者意圖從事。然後，發生了什麼事？其他報紙無法製造假新聞了，因為現在我們的特派記者遍布各地，那時我們有一份報紙與一個電視頻道（Samanyolu TV 建立於 1993 年）。

---

[58] Ibid.
[59] Hendrick 2013, p. 135.
[60] Ibid., p. 141.

你必須將 *Zaman* 想成糾正假新聞的工具。[61]

　　當然，沒有新聞是中立的，但土耳其的媒體尤其值得懷疑。有些流傳在土耳其媒體的故事直接與眾所皆知的事實牴觸，尤其是宗教事務。因此，一般而言「假新聞」意謂意識型態上偏見的報導。*Zaman* 的出現代表傳統印刷媒體面貌與報導已出現選擇性。一位與我聊天的編輯描述 *Zaman* 在 2009 年的政治方向是「中間偏右」，這對其成立以來一以貫之（2016 年被政府關閉充公）的政治方向應是確實的。不意外地，*Zaman* 對伊斯蘭很友善，它以強調 Gülen 與 Hizmet 消息與專欄（包括一些 Hodjaefendi 自己撰寫的）為特色。但若因此為它在 1980 年代早期的努力貼上「伊斯蘭主義者」的標籤就太強烈了。1990 年代時，該報戲劇性進一步提升其專業度，例如事實查證。*Zaman* 也在 1995 年推出網路版，是土耳其所有報紙中第一個上線的。這些計劃的發起人都是 Gülen 的一些學生，全畢業自美國與土耳其的專業新聞學科，他們是受 Gülen 鼓勵推薦去研讀新聞學。專業度的提升自然使訂閱量大增，1986–2007 年期間，該報的訂閱量提升了十倍，據說超過一百萬，成為土耳其最受歡迎的報紙。[62]

　　Gülen 在成立 *Zaman* 中所扮演的個人角色一向模糊不清。在一次訪談被問及發起設置報紙時，Gülen 拐彎抹角地說 Hizmet 無論何時何地的成長都是所有人聚集討論與啟發自己，以 Hoşgörü 看待彼此的結果。[63] *Zaman* 成為推動 Hoşgörü 的工具，因此成為打造「黃金世代」廣義和平之努力的一部分。致於那一世代，Gülen 說：「一般而言，在與人的心智、心靈與感覺保持連絡、溝通的努力中，這些新男性和女性試圖使用大眾媒體在人之間建立公義、愛、尊敬與平等的新平衡。他們會極力屈從『正確』，但不因膚色或種族歧視他人。」[64] 這些不是一般報紙應有的目標。大眾傳媒有時會流於粗糙的商業主義，而在土耳其更常見的傾向是變成宣傳工具，大眾傳媒歷史早已指出這類目標是不可能完全實現的。而對自由與批判性媒體的期望卻破滅，當該報在 2016 年

---

[61]　Hendrick 2013, pp. 183-4.

[62]　Oğurlu and Öncü, "The Laic-Islamist Schism in the Turkish Dominant Class and the Media," Balkan et al 2015, p. 281.

[63]　Yavuz 2013, p. 141.

[64]　Gülen 2006f, p. 82.

被關閉時，支持者在街頭上舉著「自由媒體不能被噤聲」的標語。時間會證明一切。

在伊斯坦堡自 1986 年起，其他的媒體新方案也迅速跟進。Gülen 的佈道從 1960 年代開始即被製成錄音帶與錄影帶廣泛流傳。當 Gülen 在 1989 年重返公共生活後，那些媒體的擴充可以解決最令 Hizmet 人煩惱的群眾控制問題。根據一位事件參與者提供的資料，清真寺被擠得水洩不通，不是每個人都能聽到他的聲音。因此有必要正確地告知聽眾。Gülen 的刻板形象到處流傳，因此需要一連串選項同時提供朋友們最新消息，並向其他人傳遞精確的資訊。雖然很方便，市場仍需要這項措施，可以從電視，透過各種不同的製作，向對更多人演說。Cihan News Agency 也因此成立，由 Gülen 所啟發的電視、廣播電台與平面媒體記者所組成的一種「附屬媒體」。大部分記者寫作生產力驚人，他們之後是 Gülen 相關媒體企業集團的 Feza Publications 撰稿與工作者。Feza 與 *Zaman* 皆成立於 1986 年；事實上，*Zaman* 是 Feza 集團的一個公司。Cihan News Agency 則成立於 1994 年。它在 2016 年 7 月被政府關閉前，約有五百名男女員工，並且在中亞、中東、巴爾幹半島、歐洲、南美、非洲與遠東（包括加薩與喀布爾等全球熱點）皆有分部或通訊記者。[65]

的確，在幾年內，Hizmet 成員建立了一個令人嘆為觀止的私人媒體新方案部隊。一位觀察家把那樣的擴增精簡描述：

> 除了 *Zaman*，Gülen 運動還開播了一個全國性電視頻道—Samanyolu，以及很受歡迎的廣播電臺如 Dünya 與 Burç。該運動也出版 *Sızıntı*（科學月刊）、*Ekoloji*（環境相關雜誌）、*Yeni Ümit*（神學刊物）、*Aksiyon*（週刊）與 *The Fountain*（英語宗教刊物）。Gülen 活動的目標在於透過教育、大眾傳媒與金融網絡塑造凝聚力強且有紀律的社群。在美國該運動建立了在出版界很活躍的 Blue Dome Press。

所有這些機構皆與 Hizmet 運動有關；但卻無一實質地為該運動所有。更精確地說，這些媒體公司是受 Gülen 啟發的個人擁有營運的。Gülen 本身對其營運並不扮演直接角色。他當然知道它們，並經常出現其中，他通常認同其工

---

[65] Hendrick 2013, p. 187.

作是以伊斯蘭友善的模式在公領域裡出現的專業媒體企業。但這些方案的成
功也指出了 Hizmet 走出「五樓」的動力。「此城」正開始擁抱 Fethullah Gülen。
必須注意的是，所有這些在土耳其的出版公司皆已在 2016 年被 Erdoğan 政權
關閉了，但有些仍繼續在海外營運。例如 Blue Dome Press 開始出版 *Çağlayan*
（瀑布）雜誌。

重返佈道、麥加庇護所？

　　Gülen 亦在 1986 年經歷了另一些事件，使得設立這些媒體倡議變得可行。
最顯著的即 Turgut Özal 準備中止或廢除軍方對 Gülen 的指控。那些指控使他
逃亡與脫離公共領域六年。Gülen 在被免罪之後首次以佈道者身份公開現身是
1986 年 4 月 6 日伊斯坦堡的 Büyük Çamlıca 清真寺的開幕。該場講道所發展
出來的主題成為他在之後十年公開演講的主調，即先知穆罕默德（願真主賜他
平安）的生平與其對穆斯林信仰的重要性。那場講道的焦點是穆罕默德的
Mi'raj（夜行登霄）。[66] Mi'raj 是古蘭經中的故事（第 17 章 al-Isra，意為「夜
行」），聖訓對此亦有相當詳細的敘述。那故事提及穆罕默德在某夜進行靈魂與
身體之旅，他是到達耶路撒冷後升上天堂。在這段上天堂之旅中，穆罕默德獲
得真主對每日五次禮拜的規定。Lailat al-Mi'raj 是伊斯蘭最重要的節日之一，
而 Gülen 於 1986 年演講的那天正是 Lailat al-Mi'raj。一個帶著些許傳奇劇感
覺的資料精確說明了該晚演講的精神，Gülen 在講台上，一如以往雙眼含著淚
水，他一方面興奮地談論著真主與祂所至愛的使者，另一方面他又身處於與他
分離多年的人群前。那清真寺的氛圍使人精神頗為沈重。[67] 無論精神是否沈
重，那的確是個歷史性場合，也為 Gülen 接下來的十多年設定了主題與主調，
更多的佈道與教誨既是重回公共生活的戲劇轉捩點，也指出其思維與影響力
中嶄新或更加深化的軌跡。先知的行誼啟發 Gülen 推動 Hoşgörü。

---

[66] https://fgulen.com/tr/ses-ve-video/fethullah-gulen-hitabet/fethullah-gulen-hocaefendinin-vaizligi/3
578-fgulen-com-1986-Yili-Vaazlari.
[67] Alptekin 2012, p. 59.

　　同樣地，1986 年，Gülen 做了第三次，也可能最後一次到麥加的朝聖。其旅伴顯示其公共形像已相當改善。伴隨他的不只是親近的學生與商人，還有土耳其國會議員 Arif Hikmet。Gülen 至少在一個場合談及他與這位國會議員互動的故事。他開始說：

> 我來敘述一件發生在先知聖城巡禮的插曲，那氣氛相當震撼。我發生了一些事情：我每天早晨向真主禮拜，說七次：「我的真主啊，拯救我免離獄吧，隨著虔信者進入天堂吧！」不會有信仰者不希望進入天堂的。然而，在這個環境中，我捫心自問：「假設他們邀請你從七道門的其中一道進入天堂，哪一個你比較喜歡？進入 Rawdah（在先知墓旁的清真寺地區）或天堂？相信我，我以真主發誓，對自己說：『這個地方（即鄰近先知陵墓的地方）對我而言更重要。我已有對導師磨踵頂禮的機會，在他的門前我寧願成為被鏈著的奴隸也不要世界上任何事物。我不想錯失此機會。』」
>
> 我相信這是每位信仰者的渴望。當我蒙福而有此良機時，我與 Arif Hikmet 先生在一起，他那時是土耳其的國會議員。他告訴我，他承諾當踏過邊界進入麥地那土地時，他會如驢子般在泥上打滾，這位偉大人物信守他的諾言。每當我想起這件插曲，我就無法不熱淚盈眶。[68]

　　這個敘述中有許多事繼正續著，它一方面指出 Gülen 對先知及其相關聖地的殷切投入，他願意進入天堂前先接近那地方。另一方面亦指出 Gülen 的旅伴是一位有格局的人，甚至是「偉人」，在先知聖地時以示範性儀式紆尊降貴。最後，它具有神學觀點：作為先知的「奴僕」，甚至自認為「笨蛋」反而是自由的。若願意，此深層自由可透過社群與先知實現的。畢竟，提供所有人的「先知之道」即是伊斯蘭，一條包含天堂在內的真理、善良與和平之道。

　　Gülen 朝聖時需要這種深層自由觀，因為當回到土耳其時，他在法律上的問題幾乎不曾結束，即使 Turgut Özal 介入依然。Gülen 還在沙烏地阿拉伯時即得知消息（也許是透過他與國會議員的接觸得知）又有一項針對他的司法案開始了。不意外地，這案件又與指控他「腐蝕世俗化主義」有關。它主要涉及一位名為 Mehmet Özyurt 的行為。Özyurt 當時在土耳其東南的 Diyarbakır 擔任 Imam，1976 年時他曾在 Bornova 擔任 Imam，Gülen 當時正在那裡佈道，兩人相當親近（1988 年 Özyurt 死於交通意外時，Gülen 曾為文悼念他）。如同 Gülen，

68　Gülen 2010, p. xx.

Özyurt 也有多次被當局拘禁的記錄，之前在 1983 年時曾被逮捕。1986 年 7 月他在 Diyarbakır 工作時，再次被捕，同時被捕的還有兩位與 Gülen 親近的人，Yahya Kaçmaz 與 Ahmet Kuş。有記者報導他們三人計劃在土耳其建立「伊斯蘭聯合共和國」，很荒唐的指控。然而由於 Gülen 與他們三人有關，政府隨即發佈搜捕令通緝他。很不幸地這已成為土耳其的普遍模式，即使是微不足道的關聯也能成為犯罪依據。[69] 自然地，這道通緝令很可能使他重返故土充滿挑戰。

　　當這消息傳到在沙烏地阿拉伯的 Gülen 耳中時，他與其旅伴及旅館主人討論。他返回土耳其一定面臨被逮捕的命運，他已經六年都謹慎地避免此種狀況發生，他也以為 Özal 的介入會使他免於恐懼。根據一項資料，Gülen 那時有留在沙烏地阿拉伯的機會，假如他當時接受了邀請而成為麥加或麥地那的永久居留學者，則 Hizmet 的未來該是相當不同，推測這種事很有趣。可想像地，他會過舒服的生活，而且一位具穆斯林寬容心的佈道家在強硬派的沙烏地阿拉伯的心生活一定可以做許多好事。但另一個可能性也出現，或許這份邀請也是誘惑，Gülen 可能會被沙烏地政權吞沒，不是合作就是被迫成為無用之徒。無論如何，假如 Hodjaefendi 留在他所摯愛先知的土地上，那麼所見到 1986 年之後才開始出現的與 Hizmet 相關的全球性活動是否能夠開展實在令人懷疑。因此如一份資料所載，Gülen 回覆提供他在伊斯蘭最神聖之地為家內容大約如下：「不，非常感激您提供機會，但我若不回去，更表示我承認被指控的罪名，而我也步上了為人服務的道路。安納托利亞人們正等著我，我必須回去。」因此，他離開了。他從陸路經由敘利亞步行回去。有資料記載他穿越敘利亞邊境進入土耳其的 Kilis，然後隱姓埋名到相當友善的（或至少很熟悉的）Izmir 城向警方自首。他在 Izmir 經過簡短的陳述後就獲釋了。不久，那些對他的指控也全被駁回。那是十二月，在這之前，Özyurt 與其他人也被宣判無罪。[70]

　　對 Gülen 與 Hizmet 的人而言，1986 年的情勢似乎已逐漸好轉。Turgut Özal

---

[69] On this incident, see "The Late Mehmet Özyurt," at https://fgulen.com/tr/turk-basininda-fethullah-gulen/fethullah-gulen-hakkinda-dizi-yazilar-do-syalar/fethullah-gulen-web-sistesi-ozel-dosyalar/14224-fgulen-com-merhum-mehmet-ozyurt.

[70] Ibid. For the circumstances of the offer to stay in Saudi Arabia, see Alptekin, pp. 57-8.

依然是總理，而 Hizmet 亦在全國發展；但麻煩依舊不斷，煽動性言論的指控隨時會出現，而總是有人相信那些言論。結果 Hodjaefendi 一度覺得再次噤聲，退隱到「五樓」（以及土耳其各地的安全之家）才是審慎之道。他一直到 1989 年才重新公開佈道。然而，這十年為 Gülen 打下許多土耳其人信任他的基礎——深層和平。就在該基礎上，Fethullah Gülen 透過 Hizmet 將 Hüzün 轉變成 Hoşgörü。

佈道最後幾年：與先知對話

　　Gülen 回國後最後一次公開佈道時間的安排終於造成他在五十一歲時的傷害。從 1989 年 1 月 13 日到 1991 年 6 月 16 日超過兩年的時間，在土耳其三大城的清真寺裡他至少每週佈道一次，更常是一週兩次。他最常登上的講台是伊斯坦堡亞洲區 Üsküdar 的 Valide 清真寺，該地離「五樓」不遠。但接下來的數月間，他也會在 Sinan 十六世紀傑作的 Süleymaniye 清真寺、Fatih 清真寺以及位於「此城」市中心十七世紀華麗的 Sultanahmet 清真寺（藍色清真寺）佈道。1990 年代初期，他越常在後面的那些地點講道，而在伊斯坦堡的週五聚禮佈道、Izmir 的週日佈道同樣漸成常態。他在 Izmir 通常是在 Hisar 與 Şadırvanaltı 兩個知名的清真寺佈道。Gülen 所到訪演講的其他地點還有伊斯坦堡的 Fatih 清真寺、安卡拉的 Kocatepe 清真寺（在 1990 年 3 月）以及 Erzurum 的 Ulu 清真寺（1990 年 6 月）。最後那個地方實乃愉悅的返鄉經驗，如今是受邀的光榮賓客，而非亡命途中的人。[71]

　　這些都是土耳其最有名的清真寺，光是 Kocatepe 清真寺就能容納兩萬四千人。無論哪裡，只要是 Gülen 佈道必定是人山人海。擠不進去清真寺的人群只好站在週邊街道上。在 Izmir 的 Hisar 清真寺則會在寺外架設影像螢幕與擴音器以便人們可聽看 Gülen 演講。也因為這種熱情，情況變得不安全，炸彈威脅司空見慣，Gülen 不斷遭受死亡威脅。根據社會學家 Muhammad Çetin 的研

71　"1990 Sermons," at https://fgulen.com/tr/ses-ve-video/fethullah-gulen-hitabet/fethullah-gulen-hocaefendinin-vaizligi/3593-fgulen-com-1990-Yili-Vaazlari.

究，在 1990 年代初，警方破獲了許多邊緣伊斯蘭主義份子與其他想要暗殺 Gülen 的小型意識型態群體的陰謀，而這些群體也在聚集聆聽 Gülen 的群眾中安插奸細以製造不安。[72]

　　這種不穩定加速了 Gülen 在 1991 年從公開佈道永遠退休；而在十八個月的密集佈道與教誨活動，Gülen 引導了許多追隨者將注意力放在先知穆罕默德上（願真主賜他平安）。從 1989 年 1 月 13 日到 1990 年 3 月 16 日的六十一週，Gülen 佈道主題皆與先知穆罕默德及其門徒有關。然後，1991 年 6 月，Gülen 在伊斯坦堡的 Ebedi Risalet Sempozyumu（以先知為主題的研討會）做了專題演講，任何在乎此主題者是不會錯過這場研討會的。Gülen 過去的佈道總專注在特定主題，這次是史無前例的。Fethullah Gülen 顯然認為 1980 年代與 1990 年代的穆斯林會透過對先知生平的鄭重探究而受惠。

　　先知穆罕默德的議題幾乎不會是講道系列或研討會的爭議性選項。而 1979 年的伊朗革命已顯示出伊斯蘭與先知的遺緒是可被應用在公共生活，藉以限縮人民的選擇與強制實行「神意民主」(Mullah-cracy, theocracy)。如 Gülen 所闡述，追隨先知穆罕默德不是顯示伊斯蘭過去光榮之主要途徑，而意謂穆斯林事實上應是實踐 Hoşgörü 之引領者，亦即看待所有他人如同真主以仁慈之眼看待他們，即開放選項給人民，而非限制他們，這就是引領民主。Gülen 聲稱先知促使其最親近門徒在穆斯林 Ummah 的早期歲月以正面行動加入他，即是 Hoşgörü。Gülen 宣揚透過 Hoşgörü 伊斯蘭在早期具光輝傳統的時代中快速成長。透過 Hoşgörü，Gülen 也協助其他穆斯林理解 Hizmet 是活躍於更公正與和平的現代世界。繼此系列講道後，1990 年代期間新的合作關係極速廣佈於土耳其與全世界：數十個教育新方案與機構、新成立一些社會企業，以及大型的公共跨宗教對話活動。Gülen 對先知的關注產生了排山倒海的能量，「此城」看似已完全接納了他。當然，如 Gülen 在該十年末自我放逐美國所暗示的，其真相更為複雜。那時全世界的學者與外交人員皆注意到那股集體能量，開始稱之為「Gülen 運動」。

　　Gülen 本身很排斥此名稱。對 Gülen 而言，Hoşgörü 不算是他的主意，它

---

[72] Çetin 2010, p. 45.

是先知穆罕默德的遺緒。Hoşgörü 是締造和平的核心教義，也是伊斯蘭最攸關的價值觀。雖然 Gülen 在 1990 年代佈道的新焦點即強調穆罕默德的行誼典範，在其生命中熱愛先知與門徒絕非新鮮事。他最老的朋友 Hatem Bilgili 說，當他生活在 Erzurum 時，他會夜訪認同先知與其門徒已故學者與蘇非導師的墓。Bilgili 憶及：「在他離開 Erzurum 前一年(1958)，我看到 Hodjaefendi 開始拜訪附近的墓園。他常去那裡不管是否有名學者或蘇非導師的墓，他為他們禱告。這是在夜晚時分，他衣著單薄，而天氣真得很冷。我為他擔心，因為那個地區有狼。有天我看到他把頭靠在一個墓碑上，有如在說『起來吧！』他似乎做連結。他已走遍整個 Erzurum，拜訪已故學者。」[73]

　　那些蘇非聖者中有一位是 Gazi Abdurrahman。歷史說 Gazi Abdurrahman ibn Abu Bakr 是先知穆罕默德門徒(Abu Bakr)之子，他生活在 Umayyad 朝（以敍利亞為中心）第二任哈里發 Yazid（卒於 683 年）執政時期。雖是穆斯林，Yazid 卻以在 Karbala 殘殺先知外孫 Husayn 及其家人臭名後世。許多先知家族與其門徒家族的成員因此逃離了阿拉伯半島，到包括安納托利亞在內的遙遠國度，Gazi 即為其一。他的墓位於 Erzurum 外圍的高山上，至今仍是虔信者拜訪的要地。Gülen 年輕時夜行所拜訪的其中一個地方就是這裡。值得指出的那地點正是野狼出沒之地。

　　這些 Gülen 熱愛先知及其門徒的細節不只是有趣軼事，更指出 Gülen 所瞭解的先知在伊斯蘭值得強調的幾個重要面向。其中一個是先知穆罕默德曾經參與戰事，是位軍事領袖。Gülen 在講道中生動地敍述那些征戰的戲劇性細節，而且更經常著墨先知與門徒的「非暴力」與締造和平途徑。Gülen 指出：「真主的使者從未想要建立世俗化國度，因為他被派來引導人類獲得兩世的救贖。他的目標是要振興人類，而非殺害。」[74] 這句「振興人類，不殺他們」近乎常識的格言正好符合 Gülen 熱愛先知與其門徒的另個面向。對一些學者而言，這在過去（現在也是）正是多少具爭議性的面向。

　　事實上，對這些學者而言，關注先知門徒與蘇非導師可能會引發「以物配

---

[73] Interview with Hatem Bilgili, Erzurum, August 3, 2015.
[74] Gülen 2010b, p. 251.

主」（Shirk，將人神格化）的危險。伊斯蘭學者 Annemarie Shimmel 即注意到，儘管整個穆斯林世界對先知穆罕默德的崇敬高，一些穆斯林認為尊崇蘇非聖者就是迷信。[75] 夜訪蘇非導師陵墓以及把自己的頭靠在其墓碑上，一般並不會取悅一些正統派穆斯林學者，反而受到怒責。因為對他們而言，這種崇敬方式有可能導致近似偶像崇拜的危險。事實上，那些批評聖人崇拜的聲音是少數，心態通常較傾向強硬路線的 Wahhabism 與 Salafism；但他們的聲音很大，且有時充滿暴力，可能已經威脅了 Gülen 與親近他的人安全。死亡威脅對 Gülen 早已不是頭一次。但如同美國人與歐洲人已注意到 1980 與 1990 年代一些穆斯林準備誅殺「異教徒」，Gülen 也察覺到其他土耳其人的心態。[76]

　　Gülen 將注意力轉向先知穆罕默德所面臨的另一個危險是懷舊與進步之間的逆向關係。對擅於批判的西方讀者而言，Gülen 有關先知與其門徒的一些話聽來就像是對古歷史誇大其辭。例如，他說門徒與其後兩代的時期是真理時代。在最早的三代中偉大正直者備出。[77] 今日，這可能是真的，七世紀並不是偉大正直者的唯一時代。同樣地，Gülen 也引用一則廣廣受證實的聖訓說：「最好的話語是真主的經典；最佳途徑乃穆罕默德之道。最劣的事是違反先知行誼的創新，每個創新都是偏差。」[78] 所謂「創新」(Bid'ah)意旨錯誤、異端或謬誤事物，而非任何新創意。當此種「神學」觀點被忽略時，這類文句的狹隘詮釋就有可能阻擋人在 Hoşgörü 中前進。

　　Gülen 在先知議題上最後一個風險也反映他所不願意發生的趨向，但該趨向卻在現代伊斯蘭中與世俗共和國內廣傳。獨裁主義的誘惑是存在的，Gülen 曾宣說：「使者命令門徒們絕對服從其行誼。」更戲劇性的是，他說：「先知之道即真主之道。若行誼為先知之道，凡拒絕它者，本質上就是拒絕服從真主。如先知所說：『凡遵從我者，就是遵從真主；凡不遵從我者，就是不遵從真主。』」

---

[75] Schimmel 1975.

[76] Zeki Sarıtoprak reports the death threats to Gülen from an "Interview with Safa Kaplan in Istanbul's *Hürriyet*, 21, April, 2004," in "Fethullah Gülen's Theology of Peacebuiliding," in Yılmaz and Esposito 2010, p. 175.

[77] Gülen 2010b, p. 378.

[78] Ibid., p. 336. Gülen cites Muslim, "Jumu'a," 43; Nasa'i, "Idayn," 22; and Abu Dawud, "Sunna," 5, for his statement, p. 417.

[79] 1990 年，Gülen 在土耳其境內的影響力已達到前所未有高度。他本身並未要求其學生或受他啟發者順從他，他們隨時都可以不同意他，隨時皆能走自己的路。很多人也都這麼做了。但另一方面，厚顏無恥的政治領袖可能會採用與安排大家奉承領袖，並強調服從，藉此保證人民忠誠於其所宣稱的絕對服從。一位土耳其共和國未來的總理與總統在二十一世紀的第二個十年，對獨裁主義的誘惑妥協，從而導致悲劇性結果。

團結者：推動Hoşgörü的先知穆罕默德

在 1989–1991 年間有關先知的公開佈道與教誨中（大部分已收集在 Ali Ünal 的單冊譯本），Gülen 並未詳述強調懷舊與服從的部分，他比較強調的是伊斯蘭締造和平的內在。誠然，其講道絕非懷舊或不經思考的服從所造成的阻礙行為；反之，它促使人主動在全土耳其與全球做服務。Gülen 所宣講先知生平的重心在於先知為穆斯林提供 Hoşgörü 的典範，Gülen 將此論述往兩股寬廣軌跡發展。第一條顯示穆罕默德一生中如何表現 Hoşgörü，以幫助穆斯林建構社會學家所稱的「連結社會資本」(bonding social capital)。而如第一章所見，整個社會科學在最近幾十年廣泛運用「社會資本」的概念，以強調社會關係如何為個人與社會產生豐富的益處。[80] 結合性社會資本如其名稱所傳達的，一個群體藉由深化理解、信任、團結等強化連結。Gülen 在 1990 年代關於穆罕默德的佈道就是要培養與加強宗教的這種凝聚力。他邀請土耳其穆斯林投資，並受益於先知及其門徒的團結方式。簡言之，先知的 Hoşgörü 能鼓勵穆斯林彼此信任、共事。第二條展現 Hoşgörü 的軌跡屬於「橋接性社會資本」領域。這種社會關係引導人在正常關係的外在層面，在背景、興趣明顯不同人之間鍛造新夥伴關係與網絡。如 Gülen 所闡明，穆罕默德一生很清楚地推動建造這種跨越一般差異的橋樑。簡言之，先知的 Hoşgörü 鼓勵穆斯林信任非穆斯林，並與

[79] Ibid., p. 320. Gülen here cites Muhammad 'Ajjaj al-Khatib, Al-Sunna Qabl al-Tadwin, 160.
[80] Tristan Claridge, "Explanation of Types of Social Capital," Social Capital Research, February 13, 2013, at https://www.socialcapitalresearch.com/explanation-types-social-capital/.

之共事。Hizmet 成員也清楚地接收了這些訊息，依照行事。在二十世紀的最後幾年與二十一世紀的前十年，受 Fethullah Gülen 啟發者整合出引人注目的能量和效率。

　　Gülen 有關穆罕默德作為團結者的教誨有七個主題。先知是誠實的、值得信賴、溝通者、堅持不懈、外交家、睿智、教育家。這七個主題每一項都值得詳加關注，是值得瞭解穆罕默德一生的面向，而且揭示 Gülen 與 1990 年代持續成長 Hizmet 運動有關的思維與生活的細微差別，這是如何使一個運動成長的藍圖。因此，Gülen 聲稱「誠實是先知本質的基礎」。Hodjaefendi 以古蘭經直言闡釋：「信主的人啊！你們應當敬畏阿拉，你們應當與誠實的人在一起。」(9：119)這種「人」包括了與穆罕默德共同奮鬥此犧牲的門徒，也包括那些記錄先知言行（聖訓）者。對西方讀者而言，一些這類「真理」似乎言過其實。例如，許多聖訓描述先知的預言，那些預言若非看來與歷史發展相符，就是對歷史發展做非常有創意的詮釋。然而在伊斯蘭的世界觀裡，這些文獻的作用在於團結穆斯林。它們傳遞一個單純的社會真理，像記載事實一樣強而有力：「誠信總是帶來救贖，即使它導致某人的死亡。我們因誠信而死只有一次，但每個謊言都是不同種類的死亡。」更簡單地說，稍微不同的是「誠信是先知本質的核心。」[81] 先知的誠實意謂穆斯林也是真實言者。早 Gülen 幾年，甘地將他在印度的運動描述為受 Satyagraha（堅持真理）驅使的運動。無論是否有意，Gülen 正帶著 Hizmet 成員在一個類似平台上行事。

　　其次，講真話的人值得信任，穆罕默德在信任的基礎上致力建構伊斯蘭。Gülen 教導：「先知本質的第二個屬性是 Amana，這是阿拉伯文，意指『值得信任』，與 Mu'min（信仰者）同字根。信仰者意謂值得信賴者。」在一個被意識型態衝突撕裂的文化中，這項實用智慧是相當重要的。Gülen 舉例：「先知穆罕默德對所有真主的造化是完全信任的。他很忠誠，從不欺騙任何人。」當然，他的信任特質始自誦讀古蘭經中神的話語。穆罕默德是 Ummi（未受教育的），然而當真主視他為可信任者而將古蘭經降賜予他時，他盡其可能如實傳達給人們。Gülen 所提的例子清楚地說明人們信賴先知是因為他注重甘地所稱

---

[81] Gülen 2010b, pp. 43-46.

的 Ahimsa（非暴力），即非暴力地對待一切有生命的造化。例如，Hodjaefendi 說一個聖訓故事，一些門徒在征戰的返途中發現了一個鳥巢中有雛鳥，便將雛鳥拿出來愛撫。母鳥回來時見到鳥巢已空，便開始悲傷地在附近盤旋。於是穆罕默德出來處理這件事，他命令他們立刻將小鳥放回母巢中。Gülen 說：「這樣的命令意思是表示值得信任此特質的代表者是不會傷害所有具生命的造化。」[82]

　　須知，對 Gülen 而言，Ahimsa 的意義其實與防衛性戰爭相同。畢竟連甘地都曾勸告印度人民以自我防衛為目的比怯懦丟人現眼更具美德。[83] Hodjaefendi 以相似的方式講述了敘利亞穆斯林軍隊指揮官 Abu 'Ubayda 的故事：

> 當拜占庭皇帝出兵要奪回 Homs 時，Abu 'Ubayda 決定撤離該城，因其軍隊人數大大不如對方。他召集非穆斯林人民宣佈：「我們之前向你們徵收保護稅，因為我們必須保護你們。既然我們現在無法保護你們免於拜占庭的襲擊，我們要退回所徵收的稅。」他們執行了這件事。基督宗教徒教士與猶太教 Rabbi 對穆斯林當局很滿意，他們聚集在教堂與猶太會所，祈禱神能使穆斯林軍隊大獲全勝。

　　這似乎無法相信，但事實上拜占庭人對敘利亞基督宗教徒並不友善，拜占庭人視之為異端。而猶太人有足夠的理由提防基督宗教徒的統治者，因為之後幾世紀將會說明一切。Gülen 的觀點卻比歷史觀點更寬廣，這與穆斯林如何對待他人有關。穆斯林統治者不會介入被征服者的宗教、語言或文化。假如他們這麼做，他們的領土上早就沒有其他宗教信仰者了。Gülen 所言正等同土耳其的極端宣稱：藉由「削減」在歐斯曼蘇丹治下曾經存在的宗教多元性，把土耳其建立為共和國。反之，先知的值得信任性致使伊斯蘭前幾世紀的穆斯林統治者成為各種宗教與文化之值得信任贊助者。因此，信仰者視全宇宙為兄弟姐妹情誼的搖籃，且感受到與萬物的連結。信任乃信仰的基石。[84] Gülen 指出信賴

---

[82] Ibid., pp. 66, 70. Gülen cites Ibn Hanbal, 1: 404, for the story about the birds.

[83] See Mahatma Gandhi's writing…, "Peace, Non-Violence & Conflict Resolution: Gandhi's Views on Nonviolence-Between Cowardice and Violence," at http://www.mkgandhi.org/nonviolence/phil8.htm.

[84] Gülen 2010b, pp. 70-3.

也是所有好政治的基礎。Gülen 不久就有機會將此理論付諸實現，培養與猶太人和基督宗教徒的信任。但 Gülen 藉由將此橋樑的搭建連結到先知行誼，其先進的計劃看似又與歷史傳統連上。

根據 Gülen，穆罕默德一生推動團結的第三個方式是其指揮官的角色。如同真主以太陽的光與熱展現其憐憫，祂亦透過眾先知向人類展現仁愛與憐憫。祂揀選穆罕默德作為祂對眾世界慈憫的展現，以建立仁愛與憐憫永恆的訊息。簡言之，穆罕默德是要傳達 Hoşgörü。Hoşgörü 實作上就是憐憫與仁愛，關係上亦然。最重要的，這意謂諒宥。因此 Gülen 說：「當先知在 Uhud 戰役受重傷時，有些門徒要求他祈求真主咀咒敵人，但他反而為他們禱告，說：『真主啊！請原諒我的人民，因為他們不知道。』他這麼做時整個臉都是血。」這種生動地講故事的方式是 Gülen 佈道慣有特徵。諒宥也是 Hodjaefendi 佈道的固定主題。例如，他敍述穆罕默德與 Wahshi（一位衣索比亞奴隸）的故事。Wahshi 曾在 625 年的 Uhud 戰役中殺害穆罕默德的叔父 Hamza；而他的皈依伊斯蘭是透過諒宥達成的。按照 Gülen 說的故事，穆罕默德開始與 Wahshi 通信，而 Wahshi 回覆說他犯下了經典中所說的每項罪行：崇拜偶像、性放蕩、謀殺。Gülen 以 Wahshi 的口吻問道：「這樣的一個人真得還會得到原諒成為穆斯林嗎？」當然，答案是可以。而這個答案也透過先知的另一封信傳給了 Wahshi，信裡即包括 Gülen 所教導聽眾的這句古蘭經經文：「你說：『自我犯過的僕人啊！你們不要對阿拉的慈惠絕望，阿拉的確饒恕一切罪過，祂確是寬恕的，大慈的。』」(39: 53)[85] 先知將 Hoşgörü 傳給了世人。

穆罕默德一生還有另一個面向與諒宥一樣是他傳達神啟示的特質，同時也是 Hodjaefendi 所要強調的，即堅持。眾所皆知，穆罕默德開始宣揚伊斯蘭時面對相當多的阻礙。根深柢固的部族忠誠阻礙他將阿拉伯人統一在獨一真主下的努力。他面臨了他人的輕視與更糟的狀況。Gülen 描述他的一生：「羞辱、嘲笑與折磨未曾威懾住他。」有些 Gülen 的聽眾可能也曾面臨上述所有情況。Gülen 本身也曾經歷被羞辱、嘲笑與警方的粗魯對待。然而 Gülen 簡明有力地說：「儘管使者不屈不撓，仍必須忍耐殘酷與越來越嚴重的嘲笑、屈辱、

---

[85] Ibid., pp. 75-82.

挫敗與排擠。」若穆罕默德堅持不懈，那 Hizmet 成員也需如此。穆罕默德不只展現外在勇敢，更深刻證明了「誠實正直」。Gülen 指出個中寓意：「凡是想以話語影響他人者必須實踐其所宣揚的。」結果是必須採取「有原則的行動」來體現 Hoşgörü。Gülen 宣說人類是主動的，必須被導向那些建立其生命真正目的之活動，如真主所制定與先知所傳達的。真主不會創造人只為了使他們成為悲觀的遁世者、（或是）沒有理性與靈性的活動者或沒有精神反思行動的理性主義者。[86] 先知所實行的伊斯蘭是「中庸之道」，自始至終在在避免走上極端，而追隨先知的穆斯林無論如何也都會堅持不懈。

　　第五項是穆罕默德的外交手腕。Gülen 在此之意為穆罕默德會針對聽他訊息者的情況調整其所要傳達的。如 Gülen 所言，必須根據人的程度傳達訊息。[87] Hizmet 的各種媒體的努力深植於先知那句簡約話語。因此，如 Hodjaefendi 所說的故事，以 Hudaybiya 協約鞏固阿拉伯半島內的和平後，穆罕默德開始與阿比西尼亞（即今日的衣索比亞與厄利垂亞）的基督宗教徒國王通信。他在信中開頭即道「平安」，如同穆斯林見面或聯繫時一定遵行的招呼。然後，先知肯定：「耶穌是神的精神，是祂的話。」Gülen 清楚指出這是在兩人間「強調一致觀點」的方法。耶穌是神之話語當然是基督宗教的核心信仰。如同 Gülen 所敘，在先知與阿比西尼亞國王之間這層關係建立的，國王接受了伊斯蘭，雖然他聲明他的位置不能主動宣稱為穆斯林。先知接受了這個妥協，而衣索比亞迄今仍是一個以基督宗教徒為主體的國家。若一個人不反伊斯蘭，則通常可能被視為伊斯蘭信仰者。一位實踐 Hoşgörü 的好穆斯林也是好的外交家，內外在皆是。[88]

　　先知 Hoşgörü 的第六個特徵是智力。Gülen 所指的並非是狹隘的理解能力，而是理性、睿智、智力、健全判斷力與聰慧之綜合體。這些令人生畏的屬性點出聰明才智是先知本質的特徵，且反映如 Gülen 所言神之睿智：「真主透過重重帳幕展現『祂的名字』。」這意謂人們希望眾先知「揭開」或向他們呈

---

[86] Gülen 2010b, pp. 82, 88, 76.
[87] Ibid., p. 86.
[88] Ibid., pp. 84-5. Gülen cites Bukhari, "Bad'u al-Wahy," 6, for the story about the diplomatic effort with the Byzantines.

現真主的意志。Gülen 宣稱這種聰明才智主要體現在穆罕默德簡約言詞，他要
表示的不是簡約，而是古蘭經文詩意之美。簡言之，先知是因應各種情況來發
言。Gülen 詩意地詮釋先知生命中顯見的這種智性：「據說夜鶯會將植物與花
卉的感激傳達給那『全供給者-神』(All-Provider)。同樣地，真主的使者也在人
類的『花園』裡歌頌對真主的讚美，並以其迷人謳歌宣佈祂的誡律(His
Commandments)。祂的言語令所有人類心房裡的鮮花朵朵盛開。」[89] 簡言之，
Gülen 從先知身上所見到的與對其聆聽者所建議的是如同道德睿智或美學智
慧能將社群團結的屬性。

　　更進一步說，遵從穆罕默德「言詞簡約」之典範，意謂穆斯林能摒棄一切
無用之物，專心關注重要事物。Hoşgörü 的意義在於看待他人如真主看待人類，
但並不意指人必須持續做徒勞之事，即使那些事是合法與道德的。當那些做法
流行這尤為真確。倘若人類可以如真主看待造化般看待他物，則可推知真主會
看到人類，而那「慈愛憐憫的獨一神」(the Merciful and Compassionate)絕不願
看到人類精力花在無益的追求。Gülen 解釋說：「真主的使者說：『好穆斯林的
表現就是能摒棄無用之物。』這樣的人行 Ihsan（完善），意謂崇拜真主如同看
到祂一般，即使完全清楚看不到祂，但神隨時都看得到人類。」[90] 「完善」是
蘇非思想的重要元素，Gülen 將之定義為心的行動，這意指依據真理標準思考、
提升行善益事之意圖，然後力行之；且盡可能禮拜，並意識真主的監看。[91] 在
Gülen 所提供聽眾相關諸多例子中，一個有趣的例子涉及蘇非陵墓巡禮的習
慣。Gülen 將其教誨與適當聖訓集連結：「Bukhari 與 Muslim 皆傳述了真主使
者說：『在不幸的時刻才應該表現出耐心。』」Gülen 然後說了這故事：

> 真主的使者在他傳教早期曾禁止人走墳，因為當時人還在奉行一些非伊斯
> 蘭的行為。但在這種行為消失後，他開始鼓勵其門徒走墳，並力行之，因
> 為此舉能鼓勵人見賢思齊，為後世奮鬥。
>
> 真主的使者某次到麥地那走墳時，看到一位婦女難過地在哭泣，抱怨自己
> 的命運。當他努力安慰她時，她沒認出他，於是生氣地叫他走開，因為「你

---

[89] Ibid. pp. 91-119.
[90] Gülen 2010b, p. 105.
[91] Gülen 2013a, p. 135.

不知道降臨在我身上的是什麼不幸！」但當她後來知道他的身份時，她追上他，發現他在家裡，然後求他原諒。真主的使者告訴她：「在不幸的時刻才應該表現耐心。」[92]

誠然，此言簡意賅諺語指出了實用的智慧。若一個人深陷自殘、受傷、鄙棄或不幸可能會相當強烈，內心則彷彿撕裂般痛苦，甚或假如他計劃報仇：「不幸的是我」或「災難降臨他人」，他就會被這一切淹沒。但是透過「完善」，他能瞭解到讓麻煩過去，不要對它有反應，繼續專注於重要事，這條通往和平的道路比沈溺於攻擊或計劃報仇更為聰慧。

和平是先知生命中所呈現出智慧的至高層面，如 Gülen 所詮釋：

> Bukhari 記錄了真主使者曾說：「穆斯林口舌與雙手皆提供人平安。」這則簡短聖訓傳遞了許多真理，其中最重要的是以 the Muslim 而非 a Muslim 描述概念或規範。我們的先知以此方式將大家的注意力集中在完美穆斯林群體的品格上，而非那些名義上的穆斯林。
>
> Muslim（穆斯林）此字衍生自 silm（安全、和平與救贖），意謂渴望與給予和平、安全與救贖的人。因此，穆斯林是一群體現和平，不造成任何人麻煩的人，所有人皆能從他們獲得安全，他們也是最值得信任的和平與安全代表，努力帶給他人和平、安全與救贖，致力於散播其內在的平和與快樂。
>
> 我們的先知提及控制手之前先控制舌頭，因為誹謗、流言蜚語與侮辱所造成的傷害經常比外在的暴力還嚴重。若人能戒言語上的侮辱，就更能輕易地戒絕外在的侮辱。進一步說，對抗外在暴力的自我防禦經常比對抗流言與誹謗容易。因此真正的穆斯林總是克制其舌頭與手，如此其他人就能從他們那裡獲得安全。[93]

重要的是 Gülen 不僅將此則聖訓套用在穆斯林身上，更延伸至「他者」。他心中所秉持的「團結」並非以代罪羔羊或敵人為代價換取之。

Gülen 強調，最能概括先知一生的特徵是其教育家角色。這毋需驚訝，因為 Hizmet 長期把重心放在教育上。以強調先知的教育家典範，Gülen 試圖以建設性行為團結聆聽者。Gülen 建議：

---

[92] Gülen 2010b, pp. 105-6.
[93] Ibid., p. 104. Gülen cites the specific reference in Bukhari, "Imam," 4.

一位教育家的完美端視其理念的偉大與否，以及其聆聽者質與量層面。先知穆罕默德甚至在歸真前，所派遣的教育家與精神領袖業已向四處傳播從他所學得的，從埃及到伊朗、葉門到高加索都有他們的足跡。在之後的數百年，不同傳統、習俗與文化族群皆奔向伊斯蘭。一位教育家的偉大也端賴其原則的持續性。接受伊斯蘭與採那先知原則者遍佈世界各地，這是無可否認的。[94]

這段對先知教育事業的描述正是 Hizmet 成員未來數十年所要完成藍圖。受 Gülen 啟發者與在一些案例直接受他差遣者，將從土耳其被派遣至世界各地建立學校的網絡。

當然，Gülen 在 1989–1991 年間所做的許多有關先知的講道也強調穆罕默德的生命中能連結穆斯林的其他面向。先知是慷慨的，這點無疑地鼓勵金錢上支持服務活動。而先知行事低調，從未認為自己比他人更偉大。Gülen 引用另一則聖訓令人振奮的故事補充，他回憶聆聽者的反應：「曾經，一位婦女看到（穆罕默德）吃東西，批評說：『他吃東西像奴隸。』使者回答：『會有比我更好的奴隸嗎？我就是真主的奴僕。』」[95] 此種自我貶抑不也是許多訪談者、許多學生所傳述關於 Gülen 的特質嗎？先知也是「和善與忍耐」的人，這是任何人都很難質疑的；而且更有爭議的是先知的完美無瑕，完美無瑕是伊斯蘭眾先知（從亞當到耶穌）的屬性。而根據 Gülen，完美無瑕的意思並非只是符合一些肆意外在標準；完美無瑕（阿拉伯文的'Isma）主要意指「保護、拯救與守護」。[96] 穆罕默德完美無瑕指的是他保護、拯救、守護伊斯蘭，亦即他保護、拯救、守護從真主所得可信任的的啟示，而他也是可信任的。

倡導Hoşgörü的先知穆罕默德是和平締造者

若 Gülen 關於先知 Hoşgörü 的講道意圖以信任團結穆斯林，其中最令人驚奇的就是巧妙駕馭「橋接型」社會資本的方式。Gülen 關於先知生命的詮釋促使穆斯林試圖建立與其鄰居間更公正、平和的新關係。之所以如此，既非出

---

[94] Gülen 2010b, pp. 185-6.
[95] Gülen 2010b, p. 298. Gülen cites Haythami, Majma', 9: 20 as the Hadith under consideration.
[96] Ibid., p. 120.

於意識型態上對「西方文明」的擁護（如同凱末爾所意圖的），亦非出自深嵌於新自由經濟計劃中人權的空談（如土耳其最近領導者們所意圖的）。而 Gülen 的說服土耳其穆斯林過 Hizmet 的生活規劃，主要是從對穆罕默德生命詮釋組織性發展而來的。此規劃成功的速度有如伊斯蘭發展的速度，說明了宗教可以是締造和平的基礎。Gülen 所提出的種種方案標誌了許多古典社會變遷的進程：宗教自由與尊重多元、平等對待女性、終結種族主義。但無可否認地，它們全都是在伊斯蘭的基礎上創造出來的。

　　伊斯坦堡是 Gülen 大部分講道的重要地方。來自 Erzurum 的男孩如今站上土耳其最大的舞台。Gülen 曾說「此城」獲得其崇高的地位並非透過一些關於伊斯蘭的狹隘詮釋，而是在歐斯曼帝國治下的伊斯坦堡早已具有先知本身的 Hoşgörü。而先知的 Hoşgörü 包括宗教自由與多元性。Gülen 清楚地說，穆罕默德自然想要所有人都成為穆斯林，而他也盡其所能去勸說他們。但 Gülen 強調先知也尊重差異，先知尤其致力尊重猶太人與基督宗教徒，即「經書子民」(People of the Book)。觀察 Gülen 如何巧妙地邀請聆聽者認知穆斯林與猶太教徒間深廣關係是很迷人的一件事。當他這樣做時，所處的大環境是一些穆斯林（受到 Wahhabism 與伊朗革命的狂熱影響）認為猶大教與基督宗教是異教。然而從伊斯蘭最根本來源的古蘭經與先知行誼(Sunnah)，Gülen 認知穆罕默德之前的眾先知有無可反駁的共同血統，這連結了穆罕默德與猶太教徒與基督宗教徒的共同祖先。Gülen 介紹了一件事：「有位門徒曾請真主使者談論他自己。他說：『我是那位亞伯拉罕所祈禱要來的，也是耶穌福音中所談到的。』」[97] Gülen 在此論證了穆罕默德是聖經中 Torah 與 Gospel 中所預言的先知。猶太教徒與基督宗教徒必須很掙扎地接受這種解釋。而 Gülen 在講道大環境中努力傳達的遠比文本與歷史因果的文義對照更為嚴肅。如他在其另一本出版品中所言，他想努力地釐清一點：「更重要的是人類最引以為豪的人物（即先知）賦予每個人價值，無論是穆斯林、基督宗教徒或猶太教徒，這比任何都重要。」[98]

---

[97] Ibid., p. 9. Gülen cites Muttaqi al-Hindi, Kanz al-'Ummal, 11: 384.
[98] Gülen 2006f, p. 43.

與猶太教徒對話

　　Fethullah Gülen 在 1990 年代開始實踐先知式溝通。他主動與猶太教徒及基督宗教徒建立關係。事實上他在生涯展中早已如此做了，甚至在他被指派到 Edirne 與 Izmir 最早時即已與猶太教徒和基督宗教徒會面。[99] 但這些對話的努力要到 1990 年代時才廣為流傳，受到歡迎。例如，1997 年，Gülen 前往美國接受醫療時，在紐澤西州與 Anti-Defamation League (ADL)的主任 Abraham Foxman 與副主任 Kenneth Jacobson 會面。Anti-Defamation League 當然是防範與反對反猶太主義最有名的機構。在那次會談中，根據 Jacobson 的報告：「Gülen 談論對伊斯蘭、猶太教徒、以色列的溫和態度，並表達合理非極端的觀點。那是一次非常友善且好的會面。」幾個月後，Jacobson 再次與 Gülen 見面。這次是在伊斯坦堡，隨同前來的還有 Conference of Presidents of Major American Jewish Organizations 的一些代表，有些土耳其的猶太教徒與穆斯林領袖反對此次會議。Jacobson 記得：「這件事就像昨天才發生過。各家電視臺的攝影機都在那裡彷彿是場高階會議。我們會談，而這又是另一次愉快的會面。我們收到禮物。再一次地，Gülen 以溫和的態度談論。他表現的自己就像是一位關心且與以色列和猶太教徒保有良好關係的人。」[100] 這為 Hizmet 成員與猶太社群間建立了更寬廣的對話基礎。

　　一個更重要的會議發生在 1998 年 1 月，Gülen 在齋月期間公開與猶太商人 Üzeyir Garih 與 İshak Alaton 一起開齋。[101] 他們兩位是 Alarko 股份有限公司（土耳其的商業集團，從事承包、能源、工業、貿易、旅遊業及不動產發展）股東。[102] 根據記者 Mehmet Gündem 所寫的 Alaton 傳記，Garih 與 Alaton 被 Gülen 的誠懇與對對話、民主的承諾說服後，即支持 Hizmet 活動。[103] 甚至如

---

[99] Interview with Alp Aslandoğan.
[100] Aviv 2010, pp. 101-114.
[101] Çiçek 2016.
[102] Alarko Holding, at https://www. Alarko.com.tr/en/homepage.
[103] Gündem 2014.

以色列 Bar Ilan 大學的學者 Efrat E. Aviv 在 2010 年的報告中所言，

> Alaton 在伊斯坦堡與 Gülen 見過幾次面，他們也會固定電話連絡。Alaton 在世界各地的廣闊人脈幫助了 Gülen。根據他的說法，第一次與 Gülen 會面是由他的商業夥伴 Üzeyir Garih 居中牽線，而會面的性質並沒包含商務（據傳他們討論了哲學與神學）。無論如何，Gülen 向 Alaton 尋求協助，因為 Alarko 集團在土庫曼的 Ashgabat 蓋機場，而 Gülen 擬於土庫曼設立學校。他們倆幫助 Gülen 的第二個例子是 1990 年代早期在莫斯科時，第三件例子則是在開普敦，當時 Alaton 是南非名譽總領事。[104]

　　如這段所述，Gülen 的眼光在 1990 年代已超越土耳其共和國邊界，他的人脈與支持者亦然。Alaton 於 2016 年以高齡 89 歲去世前，Gülen 一直與他維持友好關係。

　　在與 Garih 與 Alaton 共享開齋飯後不久，Gülen 即計劃與以色列 Sephardic 派大 Rabbi–Eliyahu Bakshi-Doron 會面。這種歷史性對話的安排並不容易，這是以色列大 Rabbi 第一次到土耳其進行正式拜訪，也是第二次拜訪穆斯林國家。致力拉攏這兩位 1990 年代的宗教領袖會面的是當時 *Zaman* 派駐以色列的記者 Kerim Balcı，他的牽線失敗。直到以色列大使館的文化參事 Zali De Toledo 協助邀請，事情才緩轉，更何況當時土耳其宗教局長 Mehmet Nuri Yılmaz 一開始也掣肘這次會談，因為 Gülen 沒有任何官方頭銜，所幸他最後放寬。1998 年 2 月 25 日，Bakshi-Doron 與 Gülen 終於會面。各方自有各自關注焦點，以色列外交部希望 Gülen 能以穆斯林的身份在土耳其發聲以平息猖獗的反猶太主義。Bakshi-Doron 與 Gülen 也各有想法，Zali De Toledo 回憶該場會議：

> 首先，我在大約十五個電視麥克風前為 Bakshi-Doron 與 Fethullah Gülen 翻譯。那場會談在 Gülen 於伊斯坦堡的住所（「五樓」）舉行。Rabbi 與 Gülen 引用了 Torah 與古蘭經，我幫他們翻譯。之後，我們換地方安靜地開會，在場者有 Bakshi-Doron、Fethullah Gülen、Gülen 的助理、Bakshi-Doron 的助理 Rafi Dayan、總領事 Eli Shaked 與我。Bakshi-Doron 為伊朗猶太教徒請求協助，他說有許多寡婦與丈夫失蹤的婦女（agunot 字義是「被繫住或被鏈住的」，指被其婚姻「鏈住」的猶太婦女）被留置那裡，但卻無 Rabbi 幫助她們。Gülen 說他與伊朗沒有連絡，於是該話題就結束了。Gülen 對

---

[104]　Aviv 2010.

在以色列開設學校感興趣，那也是他與大 Rabbi 見面的原因。[105]

事實上，Gülen 明白地提出要蓋兩所學校，一所在東耶路撒冷，另一所在約旦河西岸，但是以色列政府沒興趣。許多年後，設立學校的期盼才在西岸接近實現。[106]

儘管如此，一座歷史橋樑已建立。Gülen 終其在伊斯坦堡的時間都在與全球、土耳其的猶太社群培養良好關係。他在這十年間數次與土耳其當時的大 Rabbi David Asseo 與其代表 Ishak Haleva 會面，尤其是 Haleva，曾對 Gülen 推動 Hoşgörü 的方案表示感謝。Haleva 肯定 Gülen 在猶太社群與各刊登攻訐猶太教徒之激烈內容土耳其媒體居間的調停。[107] 無論是過去或現在，土耳其煽動者都有可能挑撥反猶太主義者團結起來對抗一個代罪羔羊。然而，在 1990 年代的土耳其，Haleva 卻相信 Gülen 能凝聚土耳其各個宗教少數群體的聲音。猶太教徒、基督宗教徒與穆斯林少數群體（尤其是 Alevi 派）全應享有實踐其宗教傳統的自由而不受甘擾或敵視。這將是一場艱苦的奮鬥。

Gülen 與土耳其及全球猶太社群進行會談的意向，不單純是產生贊助者的務實目的，而是奠基在原則上，更明確地說，是奠定在先知生平上。Gülen 多次引用一則聖訓回憶說：

> 人性的自豪（先知穆罕默德）有一天在猶太送葬人群經過時起立。他身旁的一位門徒說：「噢！真主的使者，那是猶太人。」眾先知之尊（穆罕默德）沒有改變態度，臉上亦未出現任何表情，答說：「但他也是人啊！」但願那些不知他這些面向的追隨者，以及對那普世訊息一無所知的鼓吹人權者能聽到！[108]

Gülen 對此做了兩種批評。他批評不按照先知尊重猶太教徒的穆斯林，他也批評不承認伊斯蘭是鼓吹人權基礎的世俗主義者。但 Gülen 對追隨他的穆斯林提出清楚的警告：「我對這些話沒什麼好補充的，但無論如何還是要再補充一點。如果我們是講這些話先知的門徒，我們不可能有不同想法。因此，對

---

[105] Ibid., pp. 107-8.
[106] At one time, Hizmet was planning to provide the schools for Rawabi, a planned city for Palestinians in the West Bank. See Schwartz 2016.
[107] Aviv 2010.
[108] Gülen 2006f, p. 44.

那些反對最近以對話與 Hoşgörü 之名發起活動的人而言是有意的，若他們重新審視輕忽或頑固的情況。」[109]

　　這些評論有相當真實的目標。儘管 Gülen 實務上與有原則地倡導穆斯林與猶太教徒間的對話與合作，但他卻被少數人指控為反猶太，還有許多人指控他淪為以色列的工具。致於反猶太主義的指控，Hodjaefendi 承認此思想曾經出現，還有其早期生涯中不經意的宣稱曾煽動了對猶太教徒的 敵意。他在 2013 年《大西洋雜誌》(The Atlantic)的訪談中說：「我在 1990 年代的宗教對話過程中曾有機會去深入瞭解非穆斯林信仰，然後我發現我需要修正我早期的發言。」他說：「我誠心地承認我曾誤解一些經文與先知的話。」Gülen 續說：

> 我瞭解，然後宣稱，我們在古蘭經或先知傳統中所發現的批評與譴責並非針對某個宗教團體的人，而是任何人都可能有那些特質。[110] 在一些案例中，我的話被過度引用。有人居心叵測，從我的演講與文章中斷章取義，而不管其前提或情況。我對宗教對話的努力被批評成弱化了穆斯林對猶太教徒與基督宗教徒的看法。我從未做過任何我認為先知穆罕默德沒做過的事。他是一個當麥地那猶太居民的送葬隊伍經過時會起立以表示尊敬死者的人。[111]

　　一如平常，Gülen 在此指明問題在他自己，而非傳統，同時也為自己辯護那些選擇放大煽動性言論者是忽略他與猶太教徒進行宗教對話的其他宣稱與實務做法。簡言之，若先知是 Hoşgörü 的典範，就如先知是 Gülen 的典範，則與猶太人維持良好關係也將是可能且必須的。

　　例如，在討論先知的完美時，Gülen 花在講述猶太先知的時間與講述穆罕默德的時間一樣多。如 Gülen 所定義，先知亞當、諾亞、亞伯拉罕與約瑟夫都是完美的，能保護、拯救與守護信徒。Gülen 以自己的話闡明穆斯林與「經書子民」的成熟思想，在此爰引一段，這是他在 1996 年的專欄所寫的：

---

[109] Ibid.
[110] 例如參見 Gülen 有關《古蘭經》2: 90 的詮釋：「所以他們（不服從的猶太教徒）因惱怒而被阿拉惱怒。」Gülen 2014d, p. 29. Gülen 在 1990 之後的詮釋承認這一說法有以偏概全的危險，並認為這是特定一群人在特定脈絡下對特定行為說的話。
[111] Tarabay 2013.

有些人聲稱古蘭經有關基督宗教與猶太教的表述很尖銳。當我們處理這個主題時要非常小心。古蘭經詮釋有一個規則：為有關特定人物的經文做結論時，必須就歷史背景很清楚地確定該經文的討論是專指那些人的。

從此角度來切入問題，譴責與非難猶太教徒與基督宗教徒的經文都是針對某些人，或那些因錯誤的信仰與行為而應受譴責者。例如，在 al-Baqarah 章一開始，在肯定信仰者值得讚美的態度與行為時，古蘭經說：「不信者，無論你警告他們與否，都是一樣的，他們都不信主。阿拉已封閉了他們的心與耳，他們眼上有一層翳膜，他們將遭受重大的刑罰。」(2：6-7)這段經文是關於生活在先知還活著時冥頑不靈的不信者，它包括不論哪個時代或地方抗拒古蘭經引導的所有不信者。因此首先，對猶太教徒與基督宗教徒的尖銳批評是有關經文所直接指涉者，以及具同樣態度者。並不是確切地指從那時到現在的所有猶太教徒與基督宗教徒。

其次，古蘭經的嚴苛是因為一些所謂的猶太教徒與基督宗教徒以宗教思想與信仰作為敵對的緣由與資料依據。並非針對哪一個基督宗教徒或猶太教徒，古蘭經是在追蹤錯誤行為、不正確思想、對抗真理、創造敵意與不值得讚美的特質。而聖經對同屬性的宣稱甚至更強硬。古蘭經表述即使看似對某些人很尖銳，但在適切的警告與恫嚇後，立即出現極為溫和的語言，以喚醒眾人的心靈朝向真理，並在其中種下希望。此外，古蘭經關於一些非穆斯林這種態度與行為的批評與警告也適用於那些信仰未能免於從事上述相同行為的穆斯林。先知與闡述古蘭經的人也都同意這個論點。

宗教意謂團結因誤解而分開的人。伊斯蘭與東正教有許多相同面向，但也有少許歧異。兩者皆相信神、眾先知、天使、後世與神聖經典，所有穆斯林皆相信耶穌與聖母瑪利亞，許多道德與律法原則是相同的。由此可知，這兩個宗教間的衝突是因政治或其他目的產生的誤解或濫用所造成的。古蘭經宣稱：「讓我們以共同諾言團結起來：敬拜神，不以物配主，不捨棄真主，不要各立神。」(3：64) 這段呼籲提及了造成分裂的問題而提出警告：不要因為誤解或其他原因而離開神，要謹防那些使用宗教分裂人類的人。當我們之間有上百座共同的橋樑時，強調歧異就是錯的。當人們確實瞭解這樣的事，伊斯蘭與東正教則將會為人類關係做出正面的貢獻。[112]

這種將宗教連結到締造和平的表述與行動，在 1990 年代的土耳其還是相當令人驚嘆與耳目一新的。

---

[112] Gülen, "Jews and Christians in the Qur'an," 05/24-25, 1996, at https://fgulen.com/en/fethullah-gulens-life/1315-fethullah-gulens-speeches-and-interviews-on-interfaith-dialogue/25142-jews-and-christians-in-the-quran.

　　過去，土耳其世俗主義者將所有宗教都丟進暴力迷信的垃圾桶中。土耳其伊斯蘭極端主義者複製了暴力反猶太教與基督宗教偏見中最壞的用語。Gülen則努力表現先知的中庸之道。伊斯蘭開啟有原則的和平，並賦予他人履行其信仰的宗教自由，他說：「對待非反對者的『有經書之人』時，我們無權以暴力行事，或想著如何消滅他們。這樣的行為是非伊斯蘭的，與伊斯蘭的規範、原則背道而馳，甚至是反伊斯蘭教義的。」多元主義可以與先知的 Hoşgörü 並行不悖。Gülen 繼續說古蘭經宣稱：

> 對於那些沒有因為宗教而與你們交戰，也沒有把你們逐出家園的人，阿拉沒有禁止你們善待他們、公平對待他們。阿拉的確喜歡公平的人。(60: 8) 這段經文是在 Esma 問先知她是否應該與其多神信仰的母親見面時出現的，當時 Esma 的母親要從麥加到麥地那來看女兒。那經文指出此種會面是完全可以接受的，她也可以為她行善。所以你們自己去理解，對待那些相信真主、審判日與眾先知的人你們又該持何種方法？處理社會對話與寬容的古蘭經經文有好幾百段；而在建立忍耐與寬容間的平衡時，我們必須謹慎。對眼鏡蛇慈悲，就是對被眼鏡蛇咬的人不公。[113]

　　伊斯蘭是中庸之道，保護信仰者，也認同多元性。

與基督宗教徒對話

　　當然，對穆斯林而言，基督宗教徒幾百年來有如眼鏡蛇，最有名的就是十字軍東征時期。Gülen 在 1990 年代試圖與基督宗教領袖會談的歷史意義已超越其與猶太教社群的會談。那些會談很戲劇性，且在 1998 年 2 月 9 日與教宗若望保祿二世會談時達到高峰。基督宗教徒與穆斯林之間非正式會談早已行之有年，但 1994 年 Journalists and Writers Foundation–JWF（記者與作家基金會）的成立有如注入活水。該組織在 1995 年 2 月 11 日贊助跨宗教的開齋晚餐，活動在 Polat Renaissance Hotel 舉辦，一間位於 Marmara 海邊優雅的五星級飯店。參加者是「此城」的各界菁英，人數超過一千名。不論任何意識形態

113　Gülen, "Dialogue with the People of the Book, Jews and Chirstians," August 25, 1995, at https://fgulen.com/en/fethullah-gulens-life/1315-fethullah-gulens-speeches-and-interviews-on-interfaith-dialogue/25141-dialogue-with-the-people-of-the-book-jews-and-christians.

或宗教信仰者皆能參加。記者 Ayşe Önal 在 *Akşam* 報導說：「當我受邀至 JWF 所舉辦的開齋晚餐時，我以為該是五、六十人的規模。但是我一踏進 Polat Renaissance 飯店就瞭解這晚餐的規模在土耳其是前所未見的。」這晚餐與眾不同處在於其多元性。猶太教徒、基督宗教徒與穆斯林全聚集一起。世俗化主義者與順尼、Alevi 穆斯林共餐，希臘與亞美尼亞基督宗教徒一起與土耳其伊斯蘭的代表們開齋。好幾位婦女也受邀參加這個活動。有些打扮花枝招展，有些戴頭巾穿長袍。Ayhan Songar 教授也回憶那場令人印象深刻的活動：「有超過一千名作家、藝術家、學者。當開齋的時刻漸漸逼近時，每個人都很安靜，彷彿不願打斷那神聖的一刻。就算交談也是輕聲細語。迴蕩在整個大廳中的是從擴音器中傳來的甜美蘆笛聲，它添加了心靈愉悅。Rumi 彷彿出現了，而那蘆笛『正抱怨著分離』。」Mehmet Altan 是大學教授，也是常為 *Sabah* 寫文章的記者，他說：「我看到這場會議時很驚訝。我們可以把它看作是所有人內心渴望的多膚色、多元聲音、多元土耳其的典範。」[114] 那活動在各方面都是在介紹「真實的 Fethullah Gülen」，一位力行先知 Hoşgörü 特質者，而許多人迄今卻只聽過對他醜化的宣傳。

　　Gülen 如專題講者講了半小時，他首先分享他曾反悔此齋戒義務，因為多數穆斯林堅持封齋時，糖尿病患的他卻被齋戒所困。他開齋後必須花上幾小時讓血糖穩定，恢復正常。然而他仍向閣員與國會議員、藝術界中被啟迪者、各宗教的成員致敬，感謝 JWF 的努力。透過他們的活動，例如所演講的這場晚餐，已用自己的雙眼見證了彼此毋需害怕，所有人皆能與他想見的人見面。如果今日都未能走到一起，這就表示人被自己的揣測所扼制，忽略了重要的人類責任。這份責任（JWF 所展現出來的努力）就是要履行 Hoşgörü。該基金會在土耳其是 Hoşgörü 的代表。事實上，它也自認是寬容的。每當提及該基金會時，也會馬上提到寬容。Gülen 事實上還指出「羨慕」也使得其他致力於 Hoşgörü 的組織在土耳其興起，他非常感謝這個發展。但他也釐清了 Hoşgörü 不只是世俗美德，它源自先知行誼典範，而且是伊斯蘭的核心價值。Gülen 向飯店大廳

---

[114] These reflections are gathered together in Ali Ünal and Alphonse Williams eds., *Advocate of Dialogue: Fethullah Gülen*, 2000, pp. 208-212.

聽眾說：「當先知即將前往後世時宣佈：你們要信任『經書子民』的猶太教徒與基督宗教徒。」Gülen 接著舉出其他穆斯林履行 Hoşgörü 的例子，包括 Salah-al-Din，說 Salah-al-Din 曾去探望十字軍 Richard I 的傷，這則故事可能是假的，但無論如何卻能為 Gülen 的觀點辯護：「我們都是創造這種文化者的後代。」

　　這是一條召喚出土耳其人與穆斯林自豪的大道，以啟發穆斯林本質中「更好的天使」。但 Gülen 也在總結那場「此城」菁英雲集的談話時提出警告與挑戰。他說：

> 就在此時，土耳其社會內部已被衝突扭曲了，正在等待寬容。一但找到它，以這視野向它踏出一步時，它會以三步來回應。但也很明顯地是，一個特別衰弱的邊緣人大聲吵嚷，胡言亂語地宣稱其衰弱，卻又試圖藉由四處破壞來表現自身的強盛，他會暗地攻詰寬容，企圖破壞對話之橋。

　　Gülen 在此清楚地指出 Hoşgörü 是座橋樑，它也可能累積激發敵意的資源；但無論未來的考驗、代價與試煉為何必須「打不還手，罵不還口」。如果對方試圖毀滅一切，仍要維持不被擊破，並以愛與熱情擁抱每個人。以愛對待彼此，則將走向明天。[115] 非暴力乃 Hoşgörü 的實務表達。

　　Songar 教授在這個活動中確實見到 Rumi 遺緒。Gülen 在後來的一場訪談中喚起 Rumi 的遺緒，作為其制約多元性對話活動的基礎。Gülen 說：「運用 Rumi 履行 Hoşgörü 的表述就如指南針，一隻腳穩定立在信仰與伊斯蘭核心，另一隻腳則與許多國家的人站在一起。其內心深處世界是充滿愛的，經常與真主有所聯繫，同時也是社會的主動成員。」[116] 這種典範就向旋轉的蘇非行者，在 1990 年代啟發了許多人。類似的齋月晚餐也在 1996 年 1 月 27 日很巧地與 1997 年的同時間，兩場都是在希爾頓飯店的展覽廳。1996 年的活動主要邀請數位基督宗教徒與猶太教徒講者：Georges Marovitch（梵蒂岡的伊斯坦堡代表）、Kati Pelatre（天主教社群精神領袖）、İsa Karataş（土耳其基督教長老教會社群發言人）與 Fotis Ksidas（希臘總領事）。根據其中一位基督宗教徒參與者所言，那活動證明了「清真寺與教會攜手」可以推動和平的途徑。另一位則

---

[115] Ibid., pp. 201-205.
[116] Sevindi, "Fethullah Gülen Ile New York Sohbeti," in Ali Ünal and Alphonse Williams, 2000, p. 207.

運用古典的隱喻法說明：「我們都同在一艘船，若船漏水，我們都會沈下去。」伊斯坦堡 Phanariot 希臘區牧首(the Phanariot Greek Patriarch)，同時也是君士坦丁堡普世牧首(Ecumenical Patriarch of Constantinople)的 Bartholomew 也參與。他說：「Hodja Fethullah Gülen 與我相互敬愛。對我們所有人而言，他是和諧與寬容的表率，是所有人類崇高道德的模範。」簡言之，那晚上餐會是場 Hoşgörü 盛宴。[117]

　　牧首的評論為 Gülen 最初與重要基督宗教領袖間倍受矚目的幾場公開會談搭了平臺。1996 年 4 月 4 日，在 Bartholomew I 的要求下，Gülen 與之會晤，進行了短暫對話，地點也是 Polat Renaissance 飯店。記者 Gengiz Çandar 在 *Sabah* 報導：「當我昨天讀到 *Zaman* 關於 Hodjaefendi Fethullah Gülen 與希臘東正教牧首 Bartholomew I 會晤的消息時，我覺得很高興。」Çandar 記得牧首教區曾經飽受伊斯蘭主義媒體的攻擊，並正在尋找可以對話的穆斯林夥伴。他續說：「有一次我與牧首教區官員討論，熱切地推薦他們『絕對要與 Fethullah Gülen 會面』，Fethullah 是代表土耳其『伊斯蘭民眾』的領袖。」根據 Çandar，選擇那間飯店也別具意義：「它是 Adnan Polat 所擁有，Adnan 是 Hodja Fethullah 的 Erzurum 鄉親，他是 Alevi。1994 年那場著名的齋月晚餐正是 Hodjaefendi 向大眾展現其『和好性格』(reconciliatory personality)載具，那場晚餐也在該飯店舉行。」[118] 因此，從地點到參與者在在展現 Hoşgörü。

　　幾年後的一次訪談中，Gülen 回憶：「當我與牧首會面時，他有如下的請求：『我是土耳其公民，希望有機會讓東正教神學院重新開辦，我們可以訓練自己人員，把他們從土耳其派到世界各地。如果教士們是從土耳其與其文化環境訓練出來的，這對土耳其有益。』」這是一個本質上具爆炸性的需求，因為自從 1970 年代的動亂後，神學院就被關閉了，Gülen 有點不知所措。牧首教區從十六世紀即已存在伊斯坦堡，重啟神學院乃使其悠久歷史永存續之途徑。他對牧首說：「我們不應讓這件事成為問題。」土耳其已是成熟的國家，應能不帶仇恨地承受這種多元性。牧首高度地讚揚 Gülen，以此回應其支持的態度。

---

[117] Ibid., p. 219.
[118] "Patriarch and Fethullah Hodja," *Sabah*, April 6, 1996.

他向 *Zaman* 記者說他曾在電視上看過 Hodjaefendi，也曾參加齋月晚餐。但這是他第一次有機會這麼近看他，牧首被其謙卑與之間的投緣烙下深刻印像。他回憶宣稱 Gülen 說話直截了當，而且行為同樣「真實」。[119] 他之後一直與 Hodjaefendi 維持關係到現在。

在成功搭建與東正教世界的橋樑後，1997 年 Gülen 開始一系列與天主教社群的對話。有趣地是，為此揭開序幕的是 Gülen 與天主教紐約樞機主教 John O'Connor 間的會晤。當時是九月，Gülen 在美國接受一些醫療，同時參與一些探索性的對話活動如與土耳其移民社群進行 Sohbet。他們會面的地點是 O'Connor 的紐約辦公室。那次會談導致他十一月在伊斯坦堡與梵蒂岡的駐伊斯坦堡代表 Georges Marovitch 的會面，Marovitch 曾參加齋月晚餐。在 Marovitch 與 Pontifical Council for Interreligious Dialogue 主席 Francis Cardinal Arinze 的牽線下，Gülen 接到教宗若望保祿二世為 1998 年一月的齋月表示敬意的「訊息」。然後，Gülen 在二月第一個星期到羅馬與教宗會面。他在出發前夕，二月四日先與土耳其總理 Bülent Ecevit 見面，可見他是在土耳其政府的祝福下才去拜訪教宗的。換言之，這是一場每個群體體都能進行的「官方」拜會。安卡拉政府認同 Gülen 的遠行，而土耳其駐梵蒂岡大使 Altan Güven 也以官方使節之禮接待 Hodjaefendi。[120]

伴隨 Gülen 的有 Marovitch、幾位重要學生與 Mütevelli，其中還包括至少一位女記者（她並未得到梵蒂岡官員的許可）。面對面會談發生在二月九日。教宗一直到 2005 年才過世，但他在 1998 年時的健康已急速衰退。結果他們沒有延伸太多對話，取而代之地是 Gülen 在與教宗進行短暫會晤後遞給他一封信，信中概括性提及他所希望推動的事。一般而言，Gülen 把他與教宗的對話設定成對 Samuel Huntington 其「文明衝突論」的反駁。Gülen 切入那論述的核心，他宣稱「世界正處於新衝突起點的觀點是那些其權力與持續支配力必須依賴持續衝突者所期待的。」[121] 簡言之，Huntington 並非客觀公正觀察家。

---

[119] Mercan 2017, p. 190. Mercan cites an interview with Gülen in *Milliyet*, January 11, 2005 as the source for the quote from Gülen, and *Zaman*, May 13, 1996 for the words of the Patriarch.

[120] Ali Ünal and Alphonse Williams eds., *Advocate of Dialogue: Fethullah Gülen*, 2000, p. 281.

[121] "Fethullah Gülen on His Meeting with the Pope," interview in *Zaman*, February 13, 1998.

當然，Gülen 承認穆斯林與基督宗教徒間存在著漫長的敵意史，最有名的就是十字軍時代。而他也注意到第二屆梵蒂岡大公會議已開啟了新的對話管道，依此教宗若望保祿拜訪了數個穆斯林國家。以此為基礎，Gülen 給教宗信中所強調的是「古蘭經督促和平、秩序與和諧」、「穆斯林並無意圖征服土地或民族，但決心為世界和平、寧靜秩序與和諧貢獻力量」。[122] 當然，通往此理念的道路就是 Hoşgörü。

Gülen 向教宗提出四項特定行動尤其有趣，但有些難以實行。第一項最急迫，Gülen 建議在土耳其基督宗教歷史地區如 Antioch、Tarsus 與 Ephesus 邀請教宗，並建議依早已安排好的程序與耶路撒冷互訪。這第一項提議的後半部分引起一些土耳其人的憤怒，指控 Gülen 自以為是等同教宗角色的全球穆斯林領袖。Gülen 巧妙地轉移指控，而他在給教宗的信中亦未承認此事。第二個提議日後被實踐。與基督宗教徒、猶太教徒、穆斯林領袖合作的會議組織十年內開始在美國出現。筆者與 Gülen 及 Hizmet 的第一次相識，即始於 2006 年費城開齋飯晚餐的邀請，那次的主題演講是由當時梵蒂岡跨宗教關係部門主任 (Vatican Director of Interreligious Relations) Thomas Michel 神父所發表。而筆者所參加的第一場致意 Gülen 與 Hizmet 的學術會議則是 2008 年在 Georgetown 天主教大學（2001 年在那裡早已舉辦一場會議）。所以，與教宗的會談的確有實質的成果。Gülen 的第三與第四提議則顯得大企圖心。第三個是建立耶路撒冷為國際區，「如此基督宗教徒、猶太教徒與穆斯林等皆能自由地朝聖而不受限制，甚至不需簽證」。[123] 這依然只是美夢。至於 Gülen 給教宗的最後一個提議則是在 Harran（一個在土耳其傳統上與先知亞伯拉罕連結的城市）建立大學。這間神學院將專門設置滿足那三個亞伯拉罕信仰傳統（包括來自猶太教徒、基督宗教徒與穆斯林學校的交換學生）的「綜合課程」。[124] 雖然這觀念聽似幻想，Gülen 也承認可能很有問題，但這種代表那三個「亞伯拉罕一神宗教」的綜合性教育，將在未來幾十年內成為許多神學院的課程元素，儘管沒有一間

---

[122] Ibid.

[123] The full text of Gülen's letter is found in Gülen 2006f, pp. 258-60.

[124] These four points come from Ahmet Tezcan, *Akşam*, 11 February 1998; also summarized in Ali Ünal and Alphonse Williams eds., p. 291.

是在 Harran。亞伯拉罕一神者之間的合作也將是最具影響力之學術研究重心之一，此重心勾勒出通往中東和平的宗教之道（一條尚未被採取的道路），亦即 Rabbi Marc Gopin 所寫的 *Holy War, Holy Peace: How Religion Can Bring Peace to the Middle East*。[125]

　　Gülen 與教宗的會面無疑是他有關宗教對話公共活動的最高峰，但也之後也私下持續與許多其他宗教領袖（另一個吸引人的說法是「任何」其他宗教領袖）會談，間接地參與宗教對話。例如他還在伊斯坦堡時即與敍利亞東方正教領袖如大都會主教 Yusuf Çetin 與 Samuel Akdemir 主教會談。此外，在一次具意義的提議下與兩位亞美尼亞大主教(Armenian Patriarch)Karekin II 與 Mesrob II 會面。Gülen 意欲建立土耳其人與亞美尼亞人的橋樑，包括倡議在亞美尼亞成立 Hizmet 相關學校。如 Gülen 所云：「我們主張『讓我們在同一屋頂下打造明日的知識份子與思想建築師！亞美尼亞人過去是歐斯曼帝國治下最真誠的族群，這些近年來的敵意是人為造成的，對我們毫無幫助。讓我們在你們國家開設學校吧！我們不能在一個縮小的全球化世界裡把敵意擴遠。讓我們把它轉化成友誼吧！』」[126] 無論在土耳其或亞美尼亞，這些話都是備受攻擊的。Gülen 為對話對象與搭建橋樑的努力無一是沒有爭議。而此提議實在是過於遙遠的路，他們至今在亞美尼亞沒有成立任何 Hizmet 學校。

　　這些年來 Gülen 所參與的另一個熱門話題是接觸經常遭受暴力對待的土耳其什葉派 Alevi 少數社群。Gülen 明確表示：「Alevi 派的 Cemevi（聚會或禮拜所）應該被支持。在我們的歷史中，猶太會堂、教堂與清真寺在許多地方皆緊鄰著，這反映了伊斯蘭的精神與其包容性。」[127] 這種態度使他成為眾矢之的，如記者 Rıza Zelyut 在 1998 年 2 月的 *Akşam* 上所言，有些人（大部分是世俗化主義者）咆哮道：「Hodja Fethullah 是誰啊！他正透過把自己與猶太教徒、基督宗教徒並列來救他自己，因為他陷於困境。」另一個攻擊則來自 Zelyut

---

[125] Gopin 2005.

[126] Mercan 2017, pp. 134-5. Mercan here cites an address by Gülen to JWF delivered on August 16, 1996.

[127] Ali Ünal and Alphonse Williams eds., p. 69, citing Nevval Sevindi, "Fethullah Gülen Ile New York Sohbeti" [1997].

所形容的「落伍之翼」(the backward wing)的群體，他們的成員問：「一位真正的穆斯林會接受基督宗教徒當朋友嗎？」當然，他們的答案是否定的。該記者對 Gülen 在宗教對話上的另個努力如此結論：「世俗化主義者、極端的伊斯蘭主義份子與民族主義者都會反對。」[128]

跨宗教傳統與文化的對話使不同信仰群體成為對話的自然夥伴。另一個 Gülen 努力想要含括進來的群體是無神論者，他們在土耳其幾乎沒有任何代表組織；而他經常與一些自認為無神論者的土耳其世俗主義份子互動，至少有些無神論者亦承認 Gülen 是位值得尊敬的人。Yusuf Pekmezci 提說一個故事。他有位 Izmir 的鄰居是無神論者與共產主義者，他向 Pekmezci 誇示：「我若看到 Hodjaefendi，我會殺了他！」那位浮誇的人有一家店鋪，離 Pekmezci 的店不遠。Gülen 在 Izmir 時習慣在街上散步，並在一些店鋪前佇足，以伊斯蘭問候方式向店鋪老闆與員工打招呼。「他會向每個人道 Salaam，無論他們是誰，來自何處？」Pekmezci 道：

他會向每個人問候平安，無論是誰或來自何處？我們很習慣這樣。我們渴望得到他的祝福，就連我們的共產主義鄰居也向他鞠躬致意！因此有一天我說：「大哥（他比我年長），你說你是 Hodja 們的敵人，但你看到 Hodjaefendi 時卻很尊敬他。你這樣不虛偽嗎？」他對我說：「如果你看不出真理與真實面，我有能如何？你難道不知道，若你在尋找人性，它就在此人身上；若你在尋找 Hodja，就是這個人。孩子，此人有美德！你沒看到嗎？」[129]

那些曾在心中將 Gülen 與暴力連結的世俗主義者最後卻有了轉變，類似的故事有好幾個，雖然這是難以 Hoşgörü 搭建的橋。

然而 Gülen 始終認為 Hoşgörü 是先知而不是他所締造和平的方式。神降給先知的啟示建立了伊斯蘭，而且既然

> 伊斯蘭字義上意謂「和平、救贖與順服」，它顯然就是來建立和平的。它首先在我們的內心世界建立平靜，如此我們能與真主、自然環境，然後與整個世界、宇宙和平相處。和平與秩序是伊斯蘭基礎，試圖傳播個人與群

---

[128] Mercan 2017, p. 292. The citation to the original column cites *Akşam*, 13 February 1998.

[129] Irmak TV, Geçmişten İzler (Traces from the Past), "Interview with Yusuf Pekmezci," September 10, 2014.

體的和平氣氛。它儘可能戒絕武力，否定不義，禁止喋血：「凡殺一人者猶如殺死全人類；救活一人者猶如救活全人類。」(Q 5: 32)

此即 Gülen 從有關先知的佈道與教誨發展出來的對話平台。那些講道透過宗教對話得以實踐，並成為其餘生與全球 Hizmet 運動的顯著特色。

提倡女權與 Refia Gülen 的逝世

在 Gülen 的築橋計劃中，另一個從他的先知研究與佈道中顯現，但卻或許令人有些驚訝的面向即女權的呼籲。他回溯最早與最令人肯定文獻資料敦促土耳其與所有穆斯林推動女權。Bernadette Andrea 認為，Gülen 對溯源伊斯蘭根源的承諾令人覺得諷刺，也與現今穆斯林社群中不可質疑之父權傳統規範產生衝突。如 Andrea 所理解，如此做法使 Gülen 成為「謹慎追隨先知穆罕默德之道倡議女權的冠軍」。[130] 女權的倡議可回溯先知傳統推動之。

Gülen 在這方面的主要例證是先知與其妻子們的關係。西方人對猶太教與基督宗教悠久歷史中多妻現象視而不見，或理所當然。但他們卻將指向先知的多妻婚姻（他終其一生共有十三位妻子），認為是醜聞。Gülen 直接談論該問題。他開門見山說：「一些對伊斯蘭的批評指控先知的人格是有缺陷的，但那些批判若非因不理解這些婚姻的緣由，就是想將他描繪成自我放縱者。」[131] Gülen 續說：「事實上，穆罕默德與其第一位妻子 Khadija 結婚時才二十五歲，她是位寡婦，大他十五歲。而穆罕默德在接下來的二十三年中都只有一位妻子。穆罕默德在 Khadija 世時前都未曾娶其他妻子，即使當時的社會認知與傳統皆允許多妻。」當 Khadija 在無預期情況下過世，留下穆罕默德與六個孩子，他維持了五年單身，直到他五十三歲時才再娶。在那時，他最親近門徒之一的 Abu Bakr 將女兒 'A'isha 許配給他。直到最近如史學家引用文獻深入探討，促成婚姻的往往不是浪漫的愛情，而是家族或部族聯姻與政治。[132] 先知的幾位

---

[130] Andrea, "Woman and Their Rights: Fethullah Gülen's Gloss on Lady Montagu's "Embassy to the Ottoman Empire," Hunt and Aslandoğan 2006, pp. 145-164.

[131] Gülen 2010b, p. 171.

[132] See for example, Coontz 2006.

妻子皆來自他希望改變或招安的部族與地區。例如，他與三位被放逐的阿比西尼亞基督宗教寡婦 Umm Habiba、Sawda bint Zam'a、Hafsa，以及一位猶太人寡婦 Safiyya 結婚。Gülen 對穆罕默德的每位妻子進行相似的解釋，指出他的婚姻如何幫助他鞏固伊斯蘭內部的聯盟。中世紀的基督宗教國王也做同樣的事，即使他們在理論上是一夫一妻制。Gülen 也指出，先知的幾個婚姻解除婦女陷入赤貧情況。[133]

先知不只富有謀略與騎士精神，這在中世紀足以為理想。Gülen 卻對其聽眾強調穆罕默德的平等主義。他聲稱：「『使者』如同朋友般與妻子們論事。」Gülen 特別強調他與其第一位妻子 Khadija 的關係，其次是與 'A'isha 的婚姻。他認為穆罕默德與 Khadija 婚姻的特點是「親密、友誼、互敬、支持與慰藉。Khadija 是先知的朋友，在相當程度上分享他的愛好與理想。他們的婚姻倍受神祝福，他們琴瑟合鳴共同生活了二十三年。每當穆罕默德遭遇暴行與迫害時 Khadija 都是他最親愛的同伴與助手，他深愛著她。同樣地，Gülen 認為 'A'isha 是聰慧睿智的女人，具備推動先知傳教工作的素質與性格。她也的確成為精神領袖與教師，是聖訓最大權威之一、古蘭經卓越詮釋者，以及伊斯蘭法知識淵博的專家(Faqih)。」[134]

總而言之，Gülen 將先知對婦女與婚姻關係繼續發揚光大：

> 他與其妻子們的結婚是為了提供無助或守寡婦女有尊嚴的生活，與之前的敵人建立某種程度的和諧關係以安撫被激怒或疏遠的部族與給成員尊嚴，為了伊斯蘭去取得獨特稟賦的婦女，在獨一神信仰下的兄弟情誼中建立不同的新人際關係與規範，以家族關係尊敬即將成為他政治繼承者。[135]

這若不是西方式女性主義章程（已超越了父權社會以女與男人關係界定之），它也是在土耳其根深蒂固父權伊斯蘭的大環境踏出「新規範」的一步。

根據筆者為此寫作計劃所訪問的許多女性，Gülen 的平等主義至少比他同時代土耳其男性走得遠，包括敷衍投入女性平等的世俗主義者，以及 Hizmet 裡追隨 Gülen 的許多人。很多記載顯示 Gülen 協助 Hizmet 的一些男人發展平

---

[133] Gülen 2010b, pp. 159-180.
[134] Ibid.
[135] Gülen 2010b, p. 180.

等理念。正如我所訪問的一位女性記者 Sevgi Akarçeşme 所云，無論以什麼標準衡量該運動皆已超越土耳其的規範。Akarçeşme 認為 Gülen 擁有能力把一般安納托利亞的仇外者、種族主義者、性別主義者轉變成認同信仰能對話的可能性、接受他者的人，以及促進女權之可能性者。Akarçeşme 是在 1990 年代中透過 Fırat 家教中心進入 Hizmet 圈子，她能精確地觀察到：「我們不能從火星或金星進口人，再把他們變成 Hizmet 志工。在這種原始的條件下，該運動已製造了奇蹟。」Kerim Balcı 有段時間與 Akarçeşme 在 Zaman 共事，他也證實那個奇蹟發生在他身上：「對我而言，賦予女性權力的事其優勢日益增加，當我追隨 Hodjaefendi 時我以性別平等為原則。」[136] Akarçeşme 也回憶她曾參與一場 Gülen 亦出席的會議，那會議留給她深刻印象。她那時才剛在伊斯坦堡主持一場 World Women's Association 的論壇，該論壇是由 JWF 所贊助。那論壇結束後，幾位婦女要求與 Hodjaefendi 見面，Gülen 於是接待了其中七、八位。她回憶說：「他臉上帶著微笑歡迎我們，然後一群人共同討論論壇的情況，他鼓勵這些倡議。那是場開放性論壇，因此我抱怨女性地位，沒有一位女性願認同已經造成的事實，因此男人總是被看見！」Gülen 聆聽她的怨言，並同情地回答。他並不擺架子，務實地說：「那不是一個晚上就會改變的。」然後他談論 'A'isha 如何精心安排與帶領軍隊，並說：「但願我們會有女性主管。」那位女士結論說：「Hodjaefendi 在女權超越了 Hizmet，而且也絕對超越了傳統的土耳其社會。」[137]

　　Gülen 對女性領導權的鼓吹也可能是間接受到他在 1993 年失怙所啟發的。那一年 6 月 28 日，他母親 Refia 過世，如同其子，她長年受糖尿病之苦。自從 Ramiz 在 1974 年過世後，她即過著夏日在 Erzurum，冬日遷居至較溫暖 Izmir 的生活。Gülen 每年至少會去其中一個地方拜訪她，通常每年好幾次，尤其是 1989–1990 年間他在伊斯坦堡與 Izmir 間巡迴佈道時。Refia 也偶爾跋涉拜訪她兒子，到伊斯坦堡或其他地點。1980 年代，在 Gülen 逃亡時，Refia 在 Izmir 的老舊公寓定期被搜索，因為當局猜測她的兒子可能會躲在那裡，這

---

[136] Interview with Kerim Balcı, Istanbul, August 5, 2015.
[137] Interview with Sevgi Akarçeşme, Istanbul, August 18, 2015.

當然令她苦惱不堪。她擔心兒子的健康，經常一天到晚問她朋友是否有 Hodja 的消息。Gülen 更記得她很有先見之明，有時她會問他一些朋友，並表現出對他服務事業的興趣。倘若她發現他對她的提問不高興，她會改變話題然後跟她身旁的人說：「你們在等什麼？趕快煮茶給這位 Haji！」Refia 稱呼他兒子 Hodja 與 Haji（分別是對教師與朝過聖者的尊稱）同時傳達著深情。Refia 在 1980 年代末去伊斯坦堡拜訪 Fethullah，Gülen 回憶說：「我把頭放在她的膝上，如同小孩般。」當 Refia 糖尿病更嚴重時，她與兒子分享飲食控制的醫學忠告，她也定期告知她的健康狀況，同時也詢問他的狀況。據 Alptekin 的報導，Gülen 記得：「無論我何時去拜訪她，她都會走到我身邊，雖然她已經生病了，撫摸我的腳，然後說：『你的腳好冰啊！』」她在時日不多時要見 Fethullah，他當然就來。她說：「來吧！坐在我旁邊，我就快要走了。」當他們道別時，她請求（或命令）其子「把我如新娘般送走（到天堂）吧！」意為送她到天堂與摯愛的真主相見（這該是值得慶祝的），這是她葬禮的請求。當她斷氣了，Gülen 記得，也許帶著些遺憾說：「我未能在她嚥下最後一口氣時坐在她身旁。我那時已經去伊斯坦堡了。」他曾經擔心無法承受母親離世，哀痛地說：「我無法填滿她離世的空虛。」她的葬禮是在 Izmir 神學院清真寺的晌禮後舉行，葬在 Karşıyaka 的 Örnekköy 墓園。有上千人參加了葬禮，Gülen 親自在墓園帶殯禮。他亦公開地在 1993 年 7 月 7 日的 *Zaman* 上刊登對參加葬禮者的親筆致謝詞。Gülen 說他仍能在其生命中感受她的禮拜。畢竟，她曾教導他做禮拜。而如同許多兒女會有的情緒，他也簡單地表示：「多麼希望我母親可以在這裡。」令人聞之鼻酸。[138]

　　她的離世使 Gülen 成為代表伊斯蘭與土耳其社會完全接納婦女的公開鼓吹者。1995 年 1 月 Gülen 接受 *Hürriyet* 日報 Ertuğrul Özkök 的訪問，他宣稱：

> 在伊斯蘭未受習俗或非伊斯蘭傳統毒害的穆斯林社會氣氛中，穆斯林女性全面參與日常生活。例如在先知時代以及之後的幾百年中，西方世界仍尚未賦予女性的社會地位，那時西方還在爭辯女人是否有靈魂，她們是惡魔還是人類，'A'isha 卻已領導了軍隊。她也是宗教家，人人尊敬其觀點。女性與男性在清真寺一起做禮拜。而且年老的婦女可以在清真寺裡就法律事

---

[138] See Özdemir 2014, and Alptekin 2012, pp. 61-2.

務反對哈里發。甚至在十八世紀的歐斯曼帝國，英國大使夫人也曾語帶欽佩地高度讚揚與論述穆斯林婦女的家庭與社會角色。[139]

那位「夫人」就是 Lady Mary Wortley Montagu，她丈夫在 1716–1718 年間於歐斯曼宮廷任職大使時，發現伊斯蘭律法允許婦女擁有財產，可以訂婚約確保私人權益，免於丈夫控制。學者 Bernadette Andrea 說這些權利英國女人一點都沒有。[140]

Andrea 已研究 Gülen 的女性觀，就如其「反猶主義」觀點是經過演化。他的確堅持倡導女孩教育，堅決反對「把男人的慾望歸錯在女人」的父權邏輯。他在早期著作中也曾高呼「如母親在家的傳統女性位置」，而他也傾向將婦女歸屬於情緒溫和與其他浪漫刻板印象。Gülen 偶爾會將女性主內的崇高角色與西方女性解放做對比，一些西方論述常將她們限縮成「歡愉的對象、娛樂工具與廣告物體」。但較近幾年，尤其是 1990 年代，Gülen 抽離此刻板印象，轉而推動更廣甚至對伊斯蘭而言是極端的陳述。穆斯林男女在共同空間禮拜，而不將女人隔離至獨立的陽臺或側邊的提倡需要具信心的學者去推行。而 Gülen 在此所論述的卻完全是先知的做法：

> 在先知時代，男女同在清真寺裡禮拜。有時候會發生當哈里發在佈道時，婦女指正他的事。例如哈里發'Umar 在一次講道中警告穆斯林：「結婚時給女人的聘金不要超過 500 個 Dirham。」結果群眾中有為女人抗議說：「'Umar！我們應該遵從古蘭經還是遵從您？」'Umar 說：「古蘭經怎麼說？」那女人回答：「古蘭經說：『你們若想休妻另娶，即使你們給過前妻無數錢財，絲毫都不能索取。』(4: 20)難道那無數錢財只有 500 個 Dirham 嗎？」'Umar 說：「我錯了，那位婦女所說是真。」的確，時間與改變的情況都已在次要事務引發改變。女性毋需在清真寺進行主命拜，但如果她們有意願，若沒有禁止合理原因，她們就不應被禁止。[141]

無可否認，這為寬廣宗教傳統留下了警示，也為平權敬拜開了大門。畢竟，

[139] Gülen, "Women and Women's Rights," Interview with Ertuğrul Özkök, *Hürriyet Daily*, January 23-30, 1995.

[140] Andrea, "Woman and Their Rights: Fethullah Gülen's Gloss on Lady Montagu's "Embassy to the Ottoman Empire," Hunt and Aslandoğan 2006, p. 145.

[141] Gülen, "Women and Men Prayed Together at the Mosque," Fethullah Gülen's Thougts, at https://fgulen.com/en/fethullah-gulens-life/1305-gulens-thoughts/25059-women-and-men-prayed-together-at-the-mosque.

無論在歷史上或今日，許多基督宗教教會也曾要求男女分隔禮拜，有些猶太聚會所到現在仍然維持這種傳統。

　　簡言之，根據 Andrea，Gülen 堅稱「女性可擔負任何角色」。[142] Gülen 確實以其言論辯之：

> 關於人性與人神關係，男女之間並無不同。他們在權利與責任上是平等的。女性在宗教、表達、過好生活，以及金融自由等的權利是與男性平等的。司法平等、公正審判、婚婚與建立家庭生活、個人生活、隱私與保護都是女性的權利。她的財產、生活與尊嚴皆與男性的一樣受到保障。是的，女性在法律上是自由且獨立的。[143]

　　不只在法律之前，Gülen 早在 1995 年 *Sabah* 的訪談中即聲稱女性有能力且應該立法，沒有理由說女性不能成為管理者；事實上，Hanafi 法學派主張女性可以當法官。[144]

　　1990 年代時，這種自由是官方認可的，但事實上女性所面臨的限制隨著這十年間襲捲的政治風暴時有時無。在這爭議的議題上，Gülen 於 1995 年的訪問中一如平常簡約，對照與重新導引問題，他把頭巾與男性外觀、衣著的限制做對比。他說：「我認為長袍、纏頭巾、鬍子與寬鬆的長褲都是細節，但穆斯林不應沈溺其中。選擇不纏頭、不穿長袍或寬鬆褲子不應被解釋為削弱穆斯林認同。」[145] 他補充說：「同樣的邏輯可套用在女性問題，女性必須遮蓋其頭髮嗎？此議題不如信仰本質與伊斯蘭五功那麼重要，這是 Furu'（次要）問題。」這在一定程度上是可質疑的，雖然我的經驗中，多數追隨 Gülen 的婦女會選擇遮蓋，並引用古蘭經文（如 24: 30-31）支持其決定。[146] 而 Gülen 指出：「穆罕默德傳教時婦女並未遮蓋頭，且伊斯蘭五功或信仰本質並無明文規定。身為穆斯林向他人傳遞伊斯蘭訊息時應該出於內心的熱忱，優先強調五功那些議

[142]　Andrea, "Woman and Their Rights: Fethullah Gülen's Gloss on Lady Montagu's "Embassy to the Ottoman Empire," pp. 146-154.

[143]　"An Interview with Fethullah Gülen," *The Muslim World* 95 (July 2005), p. 464. Tr, Zeki Sarıtoprak and Ali Ünal.

[144]　Mercan 2017, p. 109. Mercan cites Interview in *Sabah Daily*, January 23, 1995.

[145]　Gülen, "The Beard and the Headscarf Issue," interview with Nuriye Akman, *Sabah* Daily, 1/23-30/95.

[146]　Thanks to colleague David G. Grafton for this citation.

題。」[147] 1997 年，Gülen 接受 Nevval Sevindi 訪問時給了有點微妙的答案：

> 古蘭經文提到婦女的遮羞，但並未特別指出以何種形式。固守某個形式等於限縮伊斯蘭寬廣的視野，且缺乏美學層面的思考。事實上，將伊斯蘭侷限成服裝宗教是錯的。同理，頭巾並非伊斯蘭信仰本質或主要教義之一，因為服飾因素將人視為離開宗教有違伊斯蘭精神，而在這方面強加堅持就是走入極端與強迫，甚至造成怨恨。[148]

2000 年初，Gülen 在另一次 Sevindi 的訪談中將其注意力轉向 1400 年前的阿拉伯文化環境中，先知穆罕默德如何具超乎尋常的女性主義途徑者。他說先知幫忙做家事，他會打掃屋子，縫自己的鈕釦，並試著做自己的雜務；而比這些日常事務更實際的是穆罕默德反對任何對女性的暴力。他從未使用暴力對待任何女性，亦從未惡言相向。Gülen 從先知的生活中截取出來之關於夫妻關係原則簡單一句話：「男人有義務使他們的妻子們快樂。」[149]

當然，能使女人快樂的事物因人而異。對 Tuba Alpat 而言，使她快樂的事是佈道。她本已計劃讀醫學院，而且事實上已朝向成為醫生之途邁進。她 1990 年代時住在 Hizmet 的 Işık Evler 時開始探索 Gülen 的著作。她記得宿舍每日的 Sohbet 都要討論 Gülen 的古蘭經詮釋以及 *Zaman*、*Sızıntı* 及其他資料的文章，當然也有定時的禮拜。於是當她還是學生時，就被要求發表其第一次佈道。她曾在其伊斯坦堡的家帶領女人小組，但她的首次佈道則是在伊斯坦堡 Beyazid 地區的一間清真寺。她解釋：「事實上那是間舊教堂，是我第一次佈道的地方。不若一般 Imam 帶拜，而是在女性禮拜所擔任精神領導。我講的主題是『教育對女性的重要性』。」Alpat 最後沒有從事醫學。她在頭巾禁令再度頒佈時，於 1996 年與其夫婿移民美國。那道禁令迫使她在戴頭巾與繼續醫學院學業之間做抉擇。她的新家在 North Virginia，她在那裡主持 Sohbet，而其夫婿則在從事研究工作。當筆者 2017 年訪問她時，她正準備擔任全職的醫院教牧，這結合了她的研究與職業。

---

[147] Gülen, "The Beard and the Headscarf Issue," interview with Nuriye Akman, *Sabah* Daily, 1/23-30/95.
[148] Mercan，p. 111. Mercan citeds "Interview with Nevval Sevindi," but does not cite location.
[149] Sevindi 2008, pp. 66-7.

擴及庫德族的反種族主義

Gülen 透過關於先知 Hoşgörü 的佈道鼓勵性別平等關係，他也透過同樣的講道與其他 1990 年代的出版品，鼓勵種族間的和平關係。Gülen 說：

> 種族主義是我們這個時代最嚴重的問題之一，每個人都聽過非洲黑人是如何被以特別設計的船，被當作牲口般地被販運到大西洋的另一端。他們被當成奴隸，被迫改變其名字、宗教與語言，甚至連擁有真正自由的希望都拿掉，他們被拒絕在所有人權之外。西方對非西方人的態度一直到近年來仍沒有改變。因此，非洲人即使其後代生活在西方，與非黑人的美國人或歐洲人理論上共享平等公民權，他們仍是次等（或更低等的）公民。[150]

相對於幾世紀前，號稱文明的歐洲人與美國人之不仁道地對待另一個種族，

> 當真主使者（願真主賜他平安與福賜）被培養成先知時，那時麥加同樣盛行種族主義，只是名稱為部族主義。Quraysh 族阿拉伯人自認比較特別，比世界上其他民族更優越。真主使者傳佈神的啟示宣稱沒有一位阿拉伯人比非阿拉伯人更優越，沒有白人比黑人更優越。優越端賴個人正直與否，「你們中最尊貴的人是最敬畏神者。」(49: 13)他亦宣稱即使統治穆斯林的是阿比西尼亞的黑人穆斯林，人們也應遵從他。[151]

除了古蘭經，Gülen 也引用聖訓解釋反種族主義的洞見。他以其佈道的典型節奏說了故事，此故事是穆罕默德對詆譭種族與今日被稱為「仇恨言論」話語的敏感：

> 有一次，先知門徒 Abu Dharr 對另一位門徒 Bilal 生氣，侮辱他說：「你這個黑人女人的兒子！」Bilal 對使者垂淚訴說此事。使者斥責 Abu Dharr：「你難道還保留 Jahiliya（矇昧）嗎？」Abu Dharr 懊悔不已，躺在地上說：「我絕不抬起我的頭（意為「不起身」），除非 Bilal 踩著我的頭過去。」

---

[150] Gülen 2010b, pp. 272-3.
[151] Gülen, "Solution to the Problem of Racism," at https://fgulen.com/en/fethullah-gulens-works/faith/prophet-muhammad-as-commander/24896-solution-to-the-problem-of-racism. Both this translation (unattributed) and the one by Ali Ünal in *Muhammad: The Messenger of God* cite two hadiths, Hanbal, 5. 441 and Muslim, 'Imarah, 37, for the sources about the life of the Prophet.

Bilal 原諒了他，他們和好。此即伊斯蘭所創造的弟兄情誼與人道。[152]

　　訴說這類故事至少挑戰了一些在 1990 年代仍流傳在土耳其與全球許多地方的刻板印象。

　　當然，挑戰刻板印象總比什麼都沒有好；但若無具體作為，種族主義是不可能終結的。有兩項方案可追溯該之前 Gülen 的佈道並非空談。第一項是在非洲開設學校。政治學家 David H. Shinn 在一份出色研究—*Hizmet in Africa: The Activities and Significance of the Gülen Movement* 中追蹤此事。根據 Shinn，第一所 Hizmet 學校是 1994 年於摩洛哥成立的，接著 1997 年在塞內加爾設學校，然後 1998 年在肯亞、坦尚尼亞與奈及利亞。Shinn 明確地指出從 1990 年代到現在，Hizmet 相關學校仍持續在非洲播散發展。而有趣的是，Shinn 無法確定實際數目，由於 Gülen 所啟發的各項計劃皆具有去中心化與自治的性質，[153] 而我的確可以在一項驚人觀察中所拜訪的當地人來回應 Shinn。Shinn 說：「熟識 Gülen 的非洲人在許多場合中告訴我，並非所有人都知道 Gülen 的名字，但有一小部分同事知道。一位南非教授評論說，Hizmet 並非只想吹響其號角而已。」[154] 這種傾向反映了 Gülen 的謙遜。這也解釋為何 Gülen 很容易成為別人揶揄的對象，竟然視工作優先個人事務，即使那些與 Gülen 最接近的人也如此。然而 Shinn 在 2000 年時估計，受 Gülen 啟發的學校在非洲應超過三十所，2010 年數目躍至九十五所，分佈在三十五個不同國家。那些學校含蓋了從學齡前到高中所有年齡的學生，另外還有一間大學，即奈及利亞的 Nile 大學。每間學校皆遵守地主國的世俗課程，導致一些非洲穆斯林抱怨 Hizmet 的學校不足以稱為伊斯蘭的，但那並未阻止它們成長。誠然，它們提供的是許多非洲人所認為在其國家中的菁英學校。例如 Shinn 說 Horizon Education Trust 於 1998 年在南非開設第一所學校，到了 2010 年，申請入學者只有 25–30%通過。類似情況是 Fountain Education Trust 在 2000 年專為伊斯蘭研究而設的學校。這是非洲第一所也是唯一專為伊斯蘭研究所開設的 Hizmet 學校。那些學

152　Gülen 2010b, p. 294. The Hadith cited in Bukhari, "Iman," 22.
153　Shinn 2015, p. 46.
154　Ibid., p. 129.

校的學生並非皆為穆斯林。在肯亞基督宗教徒佔優勢的國家，Light Academy 招收約 75%的基督宗教徒學生，他們來自於各個不同的原住民部族。在奈及利亞的 Lagos 市基督宗教徒佔多數，但在穆斯林集中的城市如 Kaduna，穆斯林學生就佔多數。換言之，一間學校的學生人口反映了該校所在地區的宗教多元性。許多學校是非營利的，在所有員工中會雇用幾十位本地老師與行政者。那些學校經常舉辦國際旅遊去參加競賽（當然，特別是最近常去土耳其），而且也贊助交換學生。例如 2010 年，在南非有兩百多位土耳其學生前來研讀英語或就讀大學。而那些學校也不只是招收該國富有地區的學生，Shinn 說說：「Horizon International High School 的 225 名學生中有 80%來自 Soweto，那是該城最貧窮的地區之一。」[155] 如果教育與交換學生是 Gülen 建議教宗克服宗教間仇恨的想法之一，那麼這種倡議又怎會不值得嘗試以克服種族主義呢？

Hizmet 成員也遵循 Gülen 建議，藉由尋求與土耳其庫德人更好的關係，以先知的 Hoşgörü 終結種族主義。當然在歷史上，先知門徒已將伊斯蘭傳播到不同文化與民族。歐斯曼帝國本是多文化語言的，而凱末爾所建立的土耳其共和國卻立基於冷酷無情的土耳其主義。凱末爾對單一民族共和國的美夢從未被完整實現，但在危機時期強化一統尤其誘人，如 1980 年政變之後。那時共和國內的許多庫德公民遭圍捕入獄，而一系列法律使得庫德人淪為次等公民，甚至說庫德語都犯法，政府的許多理由惹人反感。PKK（庫德族工人黨）成立於 1978 年，之後與土耳其軍隊的零星衝突在 1990 年代逐步上升，發展成內戰，導致數萬生靈塗炭。Gülen 在 1993 年 *Zaman* 的訪談中對其所稱的「東南方的問題」（庫德人地區）謹慎措辭。Gülen 感嘆政府「以暴制暴」的政策是「非常難以接受的」，就連「庫德」這個字都會在一些土耳其人之間引發一些「過敏反應」。此情況必須改變，方有永久和平的機會。

Gülen 不慍不火的發言其實是在一條好路線。一方面，他必須比之前更避免疏遠軍方與強硬派的世俗化份子。對很多軍與世俗派的人而言，庫德人就是需要融入共和國體系的外人。另一方面，若可以在東南方設立學校長久經營，這是 Gülen 所希望的，他需要以伊斯蘭信仰的共同基礎對庫德人訴求，而

---

[155] Shinn 2015, pp. 56-7.

非視同情 PKK 的庫德民族主義者為陌路，這一是支非常精巧複雜的舞蹈。更正向地看，Gülen 希望做的是訴諸於根植古代先知 Hoşgörü 的現代伊斯蘭版本為土耳其與庫德民族主義者築橋，並促使雙方卸下武裝。在 2000 年代初，部分因 Gülen 的提倡，土耳其國會通過修憲減輕一些針對庫德人的非難。此「開放庫德人」包括終止使用庫德語的禁令。事實上，根據社會學家 Mustafa Gürbüz 與 Harun Akyol，至少從 1990 年代中期開始，Gülen 所啟發的人早在土耳其人與庫德人間搭起一些堅固橋樑。[156] 如 Fezalar Educational Institutions–FEI 在 1993 年伊拉克北部的庫德人間展開工作（庫德族群分散於土耳其、敘利亞、伊拉克及伊朗四國邊界處，該區在歷史上被稱為 Kurdistan）。根據 Fezalar 的一位執行長，他說：「受 Gülen 啟發者熱愛庫德人。我們的愛與忠誠早已被考驗很多次；而庫德人也愛我們。」[157] 這狀況令人感到樂觀，那裡的學校也的確欣欣向榮。如 Akyol 所云：「即使在內戰時期(1994-1998)，Fezalar 的學校仍在 Kurdistan Democratic Party–KDP 與 Patriotic Union of Kurdistan–PUK 控制的地區增設分校；而且 1996 年時，私立 Nilufer 女校亦於 KDP 控制區的 Erbil 成立；而 Salahaddin Ayyubi College 也在 1997 年於 PUK 當局所控管的 Suleymaniyah 成立。」[158]

　　那些學校皆企圖在在全世界中最動盪的地區推動和平的建構，Akyol 說：

> 受 Gülen 啟發的土耳其學校正在庫德族社群傳播寬容、對話、民主與多元主義的觀念。他們集眾人之力去看待社會問題，以此推動解決衝突之非暴力之道。擴展 FEI 的教育活動是防止民族衝突的方式，開啟了政治與社會空間。更重要的是，他們展現可以選擇的方法，其的基礎是增進衝突群體間之社會、文化與貿易接觸，進而思考民族衝突解決之道。受 Fethullah Gülen 啟發之土耳其學校已經備妥與設定好瞭解彼此需求的先決條件，這麼做才能建立敵對團體之間的信任。

---

[156] Gürbüz, "Recogniation of Kurdish Identity and the Hizmet Movement," at http://www.gulenmovement.com/recognition-of-kurdish-identity-and-the-hizmet-movement.html.

[157] Aykol, Harun, "The Role of Turkish Schools in Building Trusting Cross-ethnic Relationships in Northern Iraq," Esposito and Yilmaz 2010, p. 326.

[158] Aykol, Harun, "An Alternative Approach to Preventing Ethnic Conflict: The Role of the Gülen's [sic] Schools in Strengthening the Delicate Relations between Turkey and the Iraqi Kurds with Particular Reference to the 'Kirkuk Crisis'," *Conference Proceedings: Islam in the Age of Global Challenges: Alternative Perspectives of the Gülen Movement*, 2008, p. 51.

　　此種從底層、個人開始打造和平的方式，當然是 Gülen 神學的特徵。信任是橋接型社會資本的最重要貨幣，信任是深層和平的基石。

　　2010 年時，伊拉克只有十二所 FEI 學校，包括 2009 年成立的 Ishik 大學。[159]而如同第一章所論，在土耳其東南部庫德族聚集生活的每個大城，其實還有三十六間學校。2009 年，在伊拉克的 Erbil，土耳其與伊拉克的庫德族社群代表與 Gülen 相關的學者與記者們一同參加由 JWF 所贊助名為 Abant Platform 的會議。該會議是有關對話的定期活動。為期兩天的會議結束時，與會者發表了聯合聲明：

> 我們的目標是有動能與健全的溝通管道以終止無對話狀態，而非試圖說服各方在解決方案上達成協議。作為主要原則，我們捍衛任何想法的自由表達與討論，除非那些想法公開訴諸暴力，而且我們期待每個人尊重所有人與群體表達其不同思想與觀點的權利。庫德族人與伊拉克的所有群體皆是我們的弟兄。我們認為與聯邦庫德政府發展友好關係是迫切需要的行動。維持土耳其的民主化過程也是解決庫德族問題的必要之舉。[160]

　　超過兩百人的參加者以「庫德斯坦(Kurdistan)地區政府」一詞稱呼該區行政實體。[161] 2012 年，連土耳其的學校都接受了多元文化與多語教育。如 Akyol 所記：「不同於一般庫德人學校，FEI 學校第一年的課表即包含四種語言的學習，即土耳其語、阿拉伯語、庫德語與英語，因而增進對話機會。」[162]

　　在此雖然過早論述此問題，但對 Gülen 的反種族主義作全面透視是很重要的，因為他實質位階受到普遍誤解或不實陳述。一些出版的言論說 Hizmet 反對庫德人致力於和平的建構；但實情相反，Gülen 支持 2013 年的停火與其他有關「開解庫德人問題」(Kurdish Opening)的倡議。因此 2013 年，Gülen 在最大的庫德語報紙 *Rudaw* 的訪談中，不令人意外地以先知 Hoşgörü 典範觸及庫德問題。Gülen 指出 Sa'id Nursi 正是庫德人，他依 Nursi 的邏輯解釋：

> 我們有相同的信仰，相信同一神。我們的食物來自於同一最高物質提供者

---

[159] Aykol, Harun, 2010, p. 318. Ishik University contionues. See http://www.ishik.edu.iq/.

[160] Aykol, Harun, 2008, p. 51. Aykol cites at http://www.gyc.org.tr/bpi.asp?-caid=445&cid=2366 for the full declaration, which is a dead link.

[161] See Gunter 2017, pp. 259-79.

[162] Ibid.

的神。我們住在同一大地，同在一個太陽下，呼吸同樣的空氣。我們有相同的宗教、尊嚴與歷史。無論土耳其人或庫德人皆身處土耳其各地，分布整個國家。在交通與通訊出現革命性發展、快速全球化的世界裡，在一個發展成巨大聚落的世界裡，歐洲國家在過去相互征伐，永無寧日，如今卻團結一心，甚至要結成政治同盟。這就是今日世界狀況，而我們知道從一出生就是土耳其人與庫德人，無論個人的願望為何。設若我們自己無法掌握要當土耳其人或是庫德人，那麼依個人的土耳其或庫德身份，或所說的語言歧視他人，豈非太奇怪了？這難道對我們所有人不是有害嗎？[163]

這些反詰式問題同時針對著庫德人與土耳其人。

從庫德人觀點觀之，關鍵在於庫德斯坦的 Hizmet 學校是否其實也是土耳其意識型態宣傳的機制。Gülen 的回答是他幾十年來早已在土耳其國內被指控為宣傳家；而在他之前的許多人道主義的和平建立者也是如此。他繼續說：

> Hizmet 運動的目標是改革道德、建構維持和平，以及在尊重當地習俗的前提下提供世界級教育以趕上已開發國家，此目標在伊拉克與庫德斯坦皆然。意識型態宣傳的觀念對我們而言是外來的，我們不懂。我們不輕易把意識型態宣傳與我們以解決衝突、對話、建構共識、為科學紮根、創新技術促進和平與安全為名正在做的事相提並論。Hizmet 的學校已與當地政府建立密切關係，其課程獲得認可，在家長與政府的檢視下，透明公開下實踐。進一步說，每個國家都以合法途徑追蹤這些學校正在進行的事，不會包容任何傷害其人民的事情。因此，無憑無據地指控這些集眾人之力與犧牲所成立的機構，說他們有陰謀是不正平且不合法的。[164]

Gülen 自己使用「庫德斯坦」一詞自有其意義。無論多麼有陰謀、不公平與不合法，假若有人想瞭解為何有些土耳其人會相信那樣的譭謗，即 Gülen 與 PKK 之類的「恐怖份子」合作，就不需往下看。[165]

當然，Gülen 是提倡非暴力、非恐怖主義，以教育作為對抗暴力的終極方法：

> 我們不可能不支持以停止流淚與該地區的流血衝突為目標的努力，最重要的是要有建設性，並放下過去的苦痛。同樣重要的是避免成為因民族或教

---

[163] Kerim 2013.
[164] Ibid.
[165] See, for example "GYV(JWF) slams slanderous accusaations seeking to link Hizmet to terrorist PKK," *Hizmet News*, April 12, 2016.

派任何形式的衝突、打鬥或挑釁的一部分。人民不應為仇恨火上加油，煽動分離主義意識型態。任何可立基於文化與經濟的團結、慈善與合作的機會皆必須付諸實行。

尤其教育機構與公民社會皆在統合文化上扮演重要角色，教育在製造防範實質衝突的社會價值上也有特殊角色。相對於我們現代的經驗，該地區的民族擁有淵遠流長之和平共存的歷史與傳統。庫德人、土耳其人、阿拉伯人、基督宗教徒、穆斯林與猶太教徒經常和平共處。我們需要教育模式與公民社會涵養重新發現與實現促進團結合作的價值。若年輕人能找到一個令人滿意的教育制度，而不用訴諸武力、戰爭與恐怖活動，和平共存則更能實踐。由此可知，教育將會是對付暴力的有效方法。[166]

當然，這種締造和平的方式仍是深植於伊斯蘭與先知教導穆斯林普世公認的「黃金法則」(the golden rule)生活：

我相信真誠與互敬與先知（願平安與福賜降臨予他）聖訓所傳達的特質是對別人的期望如同對自己的期望，「己所不欲，勿施於人」至關重要，尤其是「為別人設想」乃古蘭經所讚美麥地那人的重要特質，這將有助於我們克服仇恨。土耳其與庫德公民社會組織可藉由提供前述價值之基礎，以及推動世人擁抱那些價值為和平做出巨大貢獻。基於此，世人可以攜手建立永續的團結。這是可能的，我們應致力導引至此方向。[167]

這種可能性並不容易達成。2017 年，在土耳其政府的壓力下，FEI 學校易主，庫德私人投資家併購了它們。[168] 無論如何，Hizmet 人所展開的事，其他人皆能從中受益。那種模式可以支撐 Gülen 在 1990 年代所啟發之許多「橋接型社會資本」的機構或代理，也能支持受 Gülen 啟發之土耳其穆斯林早已在土耳其國內開始的許多事業，包括那些學校。那些機構與事業是建立於先知與 Gülen 值得信賴的基礎上，而且將穆斯林帶入宗教對話、女權與反種族主義。Gülen 已藉由聽取過去的 Hoşgörü，使土耳其往前發展。同樣的幾年內，他亦引導其同胞走出土耳其，將 Hizmet 帶到新地方。當 1990 年代接近尾聲時，他自己的健康出現了警訊，即使他所啟發的運動蓬勃發展，他的心卻確實碎了。

---

[166] Kerim 2013.
[167] Ibid.
[168] Al-Qaher 2016.

與世界對話

　　宗教史往往被不同原因失敗的復興改革運動所填充，傳教士只好到異鄉建立新社群。然而他們不是染上不尋常疾病，就是遭受捍衛舊勢力的軍隊所掠，然後被處死淡忘之。或一位密契主義者宣稱一個全新的啟示而贏得了幾年或幾代的信徒。但之後那美麗景象卻被醜聞或不善管理侵蝕，那運動分崩離析，密契主義者也因而被淡忘；或道德改革者傾聽核心倫理中必要的實踐後去組織運動，發展機構重建落實那傳統。但道德改革的嚴苛與狂熱對一般凡俗信眾過於沈重致使改革持續了幾年即告失敗。如果 Fethullah Gülen 一直對 1990 年代「此城」擁抱他的方式持續感到心滿意足，又假如他只將其目光狹隘地放在土耳其的問題上，且觀察土耳其近年來的政治發展，則毫無疑問，到了 2019 年世界上應無 Hizmet 運動。但 1990 年代，尤其是 Gülen 在 1999 年移居賓州時，所發生的事卻給予 Hizmet 與 Gülen 全球性的足跡，讓個人或該運動在動盪的土耳其政治環境中平安度過風暴。當所有機構與方案無論教育、媒體與對話在 1980 與 1990 年代在土耳其萌芽後，十年後，大部分機構與方案也已在各地如歐、亞、非、澳、美國等落地生根。

　　1990 年代，Hizmet 成立了或許是媒介機構中最重要的一個，即前文略提的 JWF。該基金會是在 Gülen 的建議下成立於 1994 年，最初活動即在優雅的伊斯坦堡飯店裡舉辦與贊助齋月對話之夜，這些活動大致上是致力於公共關係。然而 Gülen 對機構之目的遠超過單純的改善公共形象。他在基金會成立時發表的演說表現出希望 JWF 能解決土耳其國內以及全球的分歧，Turgut Özal 在 1993 年驟然逝世，致使歧見加深，危機接踵而至。Gülen 說：「人類分成許多不同且針鋒相對的陣營，如世俗者與反世俗者、民主份子與反民主份子。我相信這段時期間，理性明智者成立的機構當有助於消除這種群體、陣營之間的緊張狀態。」[169] 因此 JWF 將是由「理性明智者」組成的智庫，如同公共關係辦公室。事實上，該基金會要這兩種任務並行實非易事。如同一位史學家所記，一些由 JWF 贊助的活動顯然是為了 Hizmet 的公關而辦；其他活動則是嚴肅的

---

[169] "Honorary President Fethullah Gülen's Founding Speech."

對話，此對話乃有關分歧與異議的知性批判、事實的探問。[170] 根據神學家 Pim Valkenberg，JWF 最後發展出六個「平台」(Platform)：Abant Platform 籌劃一系列關於爭議性話題之公共論壇，International Dialogue Platform 的重點在跨宗教會議，Eurasian Dialogue Platform 贊助前蘇聯與俄羅斯的活動，Medialog Platform 邀請外國記者參加會議，Women's Platform 贊助女性記者、學者與行動主義者的活動，以及 Research Platform。最後那個平台設於 Altunizade（位於伊斯坦堡的 Üsküdar 區）的研究中心，致力出版學者與記者有關 Hizmet 的著作。

在這些方案中，Abant Platform 最具影響力。Abant 位於伊斯坦堡東邊開車數小時可達的湖畔小鎮。1998 年夏天在那裡舉辦了第一次會議，主題是「伊斯蘭與世俗化主義」(Islam and Secularism)，這在土耳其現代史中應是最熱門的議題。與會者是數十位優秀知識份子與記者，皆同意致力降低伊斯蘭主義者與世俗化主義者間的不信任，並提出十點宣言，旨在實質回應 Gülen 關於 Hoşgörü 的遠景：「我們在 Abant 集會者咸信人類對不同生活方式、傾向與喜好，皆非對其國家做出穩健抉擇的絆腳石。無論我們的問題有多大，都能以公民方案解決。」[171] Abant Platform 會議或對話至少每年舉行一次，經常在湖畔進行，有時也會在伊斯坦堡，偶爾會在世界其他地方舉行。其主題包括「全球化」(2002)、「Alevi 教義」(2007)、「庫德人問題」（2008 年在 Abant，2009 年在伊拉克的 Erbil）。2009 年的另一次 Abant Platform 會議是在開羅，主題是「埃及：中東的穩定與土耳其」(Egypt, Stability in the Middle East and Turkey)。Abant Platform 會議次數超過三十場。最後一次在土耳其舉行的是 2016 年 1 月，地點是伊斯坦堡，其主題是「民主在土耳其的挑戰」(Challenges to Democrary in Turkey)。[172] 會議後兩個月內，與 Hizmet 有關的日報 *Zaman* 與 *Today's Zaman* 即遭到政府關閉，此景宛如「民主的挑戰」之悲劇性實現。2017 年，JWF 將主要的辦公室搬到紐約市，其任務仍是促進「透過對話與理解和

---

[170] See Yavuz 2013, pp. 143-151.
[171] "1st Abant Platform Meeting Addresses Islam and Secularism," July 19, 1998.
[172] Akarçeşme 2016.

平共存」。[173] 透過 Hoşgörü 締造和平之事必須讓知識份子（記者、作家與學術界人士）參與，而 JWF 與其 Abant Platform 正是達成該目標的主要途徑。

Hizmet 在歐洲

　　同樣地，早在二十一世紀的動盪前，當祖國的情勢益加險峻時，Hizmet 的學長姊們已去了他們能繼續落實 Hizmet 理念的地方。這波移民部分原因是 Gülen 佈道所啟發的。1989 年 11 月 19 日，就在柏林圍牆倒塌不久後，Gülen 在伊斯坦堡 Süleymaniye 清真寺的講道呼籲志工們前往那些前蘇聯所統治但如今已開放的地區。[174] 南斯拉夫就是其中一處。眾所皆知，這個國家幾乎就在蘇聯垮台同時爆發了一場血腥內戰，波士尼亞穆斯林對塞爾維亞東正教徒與克羅埃西亞的天主教徒的戰爭。兩位受 Gülen 啟發的 Hizmet 志工去了 Sarajevo，進入那個氣爆鍋。他們的故事被生動地記錄在 2014 年 Gülen 及 Hizmet 運動的記錄片 *Love Is a Verb*。那兩個人在 Sarajevo 致力於學校的設立，他們順著汙水管匍匐爬進那遭戰火摧殘的城市中心，[175] 全身上下只有三百美元。他們卑微卻堅強的努力最後開了花結了果。1996 年，內戰結束後的一年，他們成立了一所以 Hoşgörü 促進和平締造的學校。如影片中所述，第一批 Sarajevo 的 Hizmet 學校畢業生中有一位名叫 Sead Ahmiç。根據 Ahmiç，那學校歡迎土耳其、波士尼亞、克羅埃西亞與塞爾維亞的學生；歡迎穆斯林、天主教徒、東正教徒與無宗教者，教導他們不要仇恨。Ahmiç 說：「我從未想過我現在的狀況，若沒有那些學校，我可能一直都在仇恨中。」[176] 一個國家間反覆流傳的故事證明了 Hizmet 的學校大受歡迎，且數目在不斷增加。2015 年，在波士尼亞的幾個城市（Sarajevo、Zenica、Bihac、Tuzla 與 Mostar）中的 Hizmet

---

[173] "Journalists and Writers Foundation," at https://www.idealist.org/en/nonprofit/c623c9029a5c450 68ad0bc84bc10bbf0-the-journalist-and-writers-foundation-uskudar. The website sill lists the Altuniazde, Istanbul address for the agency.

[174] The entire sermon is available on youtube [in Turkkush], at https://www.youtube.com/watch?v =VgAXZuNCwU0.

[175] Hesser 2014.

[176] Ibid., 8: 41-10: 00.

學校超過十二所。管理它們的機構是 Bosna Sema，該機構在 Sarajevo 也設立了一所國際大學。[177]

在一段感人的剪輯中，*Love Is a Verb* 的導演 Terry Spencer Hesser 訪問波士尼亞的 Fatih Sultan Mehmet 交響樂團指揮 Mehmed Bajraktarevic。那樂團也以合唱聞名，他們集合了 Hizmet 學校中許多不同民族與宗教的男女孩。Bajraktarevic 解釋此種透過音樂締造宗教和平的方式是自然地來自本身的伊斯蘭信仰。他的解釋回應了 Gülen 的神學觀，並將宗教、自然、藝術及與平連結。Bajraktarevic 說：「真主所創造的萬物都很美，音樂也是。大自然有音樂，鳥兒鳴唱，水聲潺潺，風聲呼呼。」於此，管絃樂團邀請了「穆斯林、天主教徒與東正教徒一起做音樂。我們只有一個神！」電影原聲帶中年輕人演奏與歌唱的曲子是對 Sarajevo 歌頌，然後漸漸轉成 John Lennon 的 *Give Peace a Chance*。[178] 土耳其人也在阿爾巴尼亞、羅馬尼亞及其他巴爾幹國家做出類似的努力，並迅速獲得大成功，如阿爾巴尼亞首都 Tirana 與第二大城 Durres 的 Turgut Özal 學校，以及在高等教育上獲得高度讚譽位於 Tirana 的 Beder 與 Epoka 兩大學。第一所 Özal 學校甚至在波士尼亞方案之前（1993 年）早已成立。[179]

同樣地，當 JWF 在 1995 年 9 月 19 日舉辦一場特別的慈善足球賽募款活動時，波士尼亞的學校即得到重要的經濟支持。那場比賽在伊斯坦堡的 Ali Sami Yen 運動場舉行，土耳其最受歡迎的一個足球隊 Galatasaray 的基地。當天位於伊斯坦堡之 Mecidiyeköy 的那個運動場擠了超過兩萬個人。Gülen 也以運動可以支持和平的方式發表簡短謝詞。那場比賽的亮點是阿根廷的足球明

---

[177] Toe 2016.

[178] Hesser 2014, 10:15-30.

[179] 嚴格而言，Beder 大學不算是 Hizmet 附屬機構，因為它是由阿爾巴亞境內的許多穆斯林團體集資贊助的，但 Hizmet 志工所扮演的角色則越來越重。See "Turgut Özal Colleges," at http://turgutozal.edu.al/、"Beder University Hompage," at http://www.beder.edu.al/, and "Epoka Uniersity," at http://www.epoka.edu.al/. 到目前為止，阿爾巴尼亞政府一直拒絕 Erdoğan 關閉學校的要求。Paul Alexander, "Turkey on Diplomatic Push to Close Schools Linked to Influential Cleric," VOA, September 21, 2017, at https://www.voanews.com/a/turkey-erdogan-gulen-schools/4010073.html and Besar Likmeta, "Albania Ignores Erdoğan's Tirade Against Gülen," in Hizmet Movement News Portal, May 20, 2015, at https://www.voanews.com/a/turkey-erdogan-gulen-schools/4010073.

星 Diego Maradona，以及土耳其國家隊選手與其他國際運動員。在電視機前觀看球賽者估計有上百萬人。與 Gülen 一起出席的有首相 Tansu Çiller、閣員 Hasan Ekinci、Hikmet Çetin 與 Yıldırım Aktuna。　波士尼亞領導人 Alija Izetbegovic 的夫人 Halida Repovac Izetbegovic、當時的伊斯坦堡市長 Recep Tayyip Erdoğan 亦為座上賓。[180] Gülen 會欣賞運動勿需訝異，全球有數十億人與他一樣熱愛。再以他在 1990 年代締造和平的其他活動為例，不令人驚訝他會安排突顯 Hoşgörü 的運動競賽了。Gülen 說：「運動無疑是一個能影響社會重要力量的來源與溝通工具。運動提供觀眾歡樂，而許多美德也藉由運動展現：一個人技術的精練、與他人共同的團隊感受、有限的競爭、勝利的風度與接受失敗，這一切都是 Hoşgörü 的展現。」因此，運動「能幫助對話與 Hoşgörü 的付之行動；我們所相信極為必要的想法就必須公諸於世，並藉由此途徑行之，這是為了我們自己人民與所有人類的福祉。」[181] Gülen 對運動的興趣並非只是務實，在從那場獲益大足球賽後兩週，即 2 月 2 日，Gülen 以「粉絲」身份到 Edirne 附近的 Sarayiçi 觀賞 Kırkpınar 摔角比賽。這種塗油摔角賽是在一個長滿草的開放場地，由兩位健壯的半裸男子互相搏鬥，一些記載稱之為世界上時間最長的體育競賽。那當然是歐斯曼帝國文化特色，其傳承至少可追溯及 1300 年前。Gülen 的出席無疑是要強調他也是一般的土耳其人，而非只是對話的鼓吹者與著名的佈道家。

　　第三章已提及 Gülen 曾在 1977 年拜訪德國。自然地，1990 年代移民至德國的上千名土耳其人中會有一些是帶著 Hizmet 的理想過去的，他們在整個歐洲都是如此。2000 年時，移居至德國的新移民約有三百萬，土耳其人佔了三分之二；而受 Gülen 啟發者也在那裡推動教育與對話的相關方案。不像南斯拉夫與其他巴爾幹國家的志工只是設立學校，Hizmet 志工在德國推動的是「學習中心」。1995 年，他們在 Stuttgart 成立了第一間 Das Bildungshaus–BIL。[182]

---

[180] Journalists and Writers Foundation, "Soccer Match Raises Money for Children's Education in Bosnia-Herzegovina," September 19, 1995, at http://jwf.org/soccer-match-raises-money-for-children-s-education-in-bosnia-heregovina/.

[181] Gülen 2006f, p. 77.

[182] Demir, "The Gülen Movement in Germany and France," at http://www.gulen-movement.com/gulen-movement-germany-france.html.

類似的中心如雨後春筍般在柏林、法蘭克福、慕尼黑與其他大城出現。儘管課程不同，這些中心仍可與 FEM 在土耳其國內所經營之「家教中心」相提並論。而如同 FEM 的家教中心，它們亦經常由大學生來擔任職員，有些有薪水，但大多是志工。根據社會學家 Jill Irvine，那些兒童、青少年與成人的中心皆提供德語課程，以及英語、數學及科學課程。另外也提供幫助土耳其人適應新文化為重點的「整合型課程」。根據 Irvine，這些課程皆有取得政府授權，包括在六個月內教授六百小時的德語與三十小時以德語教學的歷史課程。2006 年，光是巴伐利亞地區就有大約 100 家附屬 Hizmet 的學習中心。[183]

早在 1995 年，Gülen 即鼓勵住在歐洲的土耳其人在保留穆斯林傳統同時也要努力融入地主社會：

> 我們生活在歐洲的同胞必須脫離舊處境，成為歐洲社會一份子。他們的孩子必須進入大學。他們也須將我豐富的宗教與文化傳給歐洲社會。未來，他們將成為我們今日高度需要的遊說團。過去只有 2%的土耳其移民人口會履行其宗教義務。但今日，40%或可能 60%的青年會規律地去清真寺做禮拜。顯然我們的同胞並未經歷同化的過程；相反地，他們以其信仰與文化使地主社會印象深刻。[184]

德國人對穆斯林的虔誠實踐「印象深刻」仍是充滿爭議的說法。

許多 Irvine 所訪問的年輕人皆表示會被欺侮與騷擾。一般而言，土耳其學生在德國公立學校的表現似乎欠佳，很少會上大學。結果，當有些受 Gülen 啟發的土耳其人在德國進入專業課程後成為成功的企業家時，他們會尋求不同的成功途徑成立私人學校。Irvine 說 2006 年，受 Gülen 啟發者已在柏林、Dortmund 與 Stuttgart 設立私人的大學預科學校。類似的努力也在 2000 年的法國、比利時、英國、愛爾蘭、荷蘭與瑞典進行。當然，除了學習中心與學校，受 Gülen 啟發的 Hizmet 成員亦建立對話與跨文化中心。這些中心贊助文化節慶與交流，努力藉由食物、音樂、藝術與探究凝聚人們。例如，2016 年，筆

---

[183] Irvine, "The Gülen Movement and Turkish Integration in Germany," Hunt and Aslandoğan 2007, pp. 62-84.

[184] Akman, "Hoca'nin hedefi Amerika ve Almanya" [Hodja targets America and Germany], *Sabah*, 1/28/1995, Emre Demir, "The Emergence of a Neo-Communitarian Discourse in the Turkish Diaspora in Europe: The Implantation Stratgies and Competition Ligic of the Gülen Movement in France and Germany," in Weller and Yılmaz 2012, p. 194.

者在布魯賽爾參加了一場「反暴力極端主義：Mujahada 與穆斯林責任」的研討會。那活動由布魯賽爾的對話平台與魯汶天主教大學(Catholic University of Leuven)合辦。與會者來自三十個穆斯林多數人口的國家，他們旁聽或發表論文，我們則在會議主題中帶入對話。[185] 這些 Hizmet 相關對話中心也贊助歐洲的個人至土耳其做團體旅遊；當然，這在 2016 後是不可能發生的。

　　政治社會學家 Emre Demir 是在法國與德國研究土耳其伊斯蘭的學者，他認為 Gülen「整合」歐洲穆斯林的方式正是小心翼翼地在延續傳統與適應地主文化間找尋平衡。西歐與巴爾幹與東歐不同，人民既未以與 Gülen 同等的價值去建立土耳其穆斯林社群，也無簡易途徑建立各種讓 Hizmet 在土耳其茁壯的方案。土耳其穆斯林一方面害怕變得過於「西方」如猶太教徒或基督宗教徒；另一方面，歐洲的伊斯蘭恐懼症又那麼根深柢固地廣泛影響，故 Gülen 及那些受他啟發者必須調和這兩者。Gülen 更努力地規劃「中庸之道」。例如，Gülen 因此鼓吹土耳其成為歐盟成員：

> 我們必須從容地接觸這個世界。我們不會因為全球化、關稅同盟或歐盟的會員資格等的發展失去我們的宗教、民族性與文化，我們堅信凝聚我們的動能很強烈。而我們更堅信古蘭經是依據神的啟示提供解決人類所有問題的方法。因此，若有任何人要害怕，應該是那些一直生活在遠離古蘭經之鼓鼓勵氛圍的人。[186]

　　2016 年後，民主歐洲的逐漸對穆斯林開放後，這條「中庸之道」使歐洲成為 Hizmet 未來永續所在地之一。

Hizmet 在中亞

　　一些受 Gülen 啟發的 Hizmet 志工在 1990 年代從土耳其南方出發到了非洲，有些人往西北出發進入了巴爾幹與歐洲，更有些人往東北進入了喬治亞、

---

[185] See "Countering Violent Extremism: Mujahada and Muslims' Responsibility," at http://www.coun teringviolentextremism.eu/.

[186] Kösebalaban, "The making of enemy and friend: Fethullah Gülen's national-security identity," Yavuz and Esposito 2003, pp. 170-84, as cited in Demir, p. 193.

亞賽拜然與中亞。這些過程不需深入調查，舉幾個例證即可。記者 Hulusi Turgut 在一則 1998 年具影響力的故事中，報導 Gülen 告訴他的話：

> 我們不能把土耳其與世界切割。當它被分割時，就像是樹枝被人從樹上折斷，枯萎而死。我們必須土耳其整合成世界一部分。在這種大整合中最能建立誠懇親近關係的就是中亞國家。一方面是我們來自同一個芽，因此我指示我的朋友們去那裡。可能這只是一個夢想，但忠誠的土耳其人支持這個主意，在中亞設立學校，到目前它們有些是自給自足的。那些蓋清真寺的商人曾想在清真寺開設古蘭經班。我說：「清真寺很好，我們對清真寺有最大的敬意。然而，你們設立學校會更好。」我從未主動參與這些成果。我從未在這世界上要求一棟房子或一個家。我用朋友對我的信任如同信用卡般為教育服務。[187]

　　這張信用卡有非常高的額度。1990 年 1 月 11 日，由十一位 Hizmet 志工組成的第一個代表團訪問 Batum，開始在喬治亞的工作。那代表團與當地商業與宗教穆斯林領袖做為期兩天的會談。他們接著又與喬治亞首都 Tiflis (Tbilisi) 的代表開會。另一個商人佔多數的三十七人代表團在 5 月 28 日從伊斯坦堡出發。他們不只拜訪喬治亞的 Batum 與 Tiflis，還搭飛機去 Kazan（位於俄羅斯的韃靼斯坦共和國），然後向南飛至亞塞拜然的 Gence(Ganja)與 Baku。他們從那裡踏出更大一步到哈薩克、吉爾吉斯、塔吉克、烏茲別克、阿富汗、蒙古與巴基斯坦。那個清單上所有前蘇聯共和國（除了韃靼斯坦外）皆已在 1992 年獨立。而在這些共和國（包括韃靼斯坦），Hizmet 的學校幾乎立即成立。這些學校的基金來自本地企業家與土耳其商業領袖合作的商業所得。無論如何，大部分學校都是在 1993 年成立與開始營運，而且在數月之間即有相當影響力，當時的總統 Turgut Özal 在 1993 年 4 月到中亞拜訪一些企業與學校，這是他過世前最後一次官方拜訪（於 4 月 17 日過世）。這些並不是小投資，阿富汗在 1998 年成立了四所 Hizmet 學校。土庫曼在 1997 年有二十所；哈薩克的土耳其學校在 1998 年有五千名學生入學。蒙古的六間學校分別從土耳其招募了五十位教師，在蒙古招募了三十八位老師。有趣地是，提供這些學校學生三餐「麵包」的就是「麵包」業。有些土耳其商人接管了蒙古的「麵包市場」。整個中

---

[187] Turgut, "Fethullah Gülen and the Schools," *Yeni Yüzyıl*, 15 January-4 February, 1998, as cited in Ünal and Williams 2000, pp. 335-6.

亞的學校皆提供從小學到高中的服務，而在幾年內，也設立了大學，其中包括阿富汗的 Qafqaz 大學、喬治亞的 Internatiaonl Black Sea 大學、土庫曼的 International Turkmen-Turkish 大學，以及哈薩克的 Sülleyman Demirel 大學。[188]

伊斯坦堡的最後歲月與流亡美國

　　如同最後一所學校之名 Sülleyman Demirel 所示，這些方案倚賴社會高階層的支持，這樣的支持極易出現變化，Sülleyman Demirel 不見得一直是 Hodjaefendi 或 Hizmet 的朋友；而 Gülen 在 1990 年代在土耳其顯然有與高官溝通管道。受他啟發者也在全球各地充份利用這種管道帶來的影響力。之前已提過 Gülen 與 Turgut Özal 的真誠關係。類似的見面為 Gülen 在 1990 年代做了注記。例如，他與土耳其第一位（也是唯一的）女性總理 Tansu Çiller 在 1994 年 11 月 30 日與 1995 年 6 月 9 日兩度會面。他在 1990 年代也與 Bülent Ecevit 會晤數次。相關的歷史記載有待進一步檢視官方檔案的史學家釐清完整的故事，而 Gülen 幾乎的確與 Çiller 討論了一個令 Hizmet 欣欣向榮的關鍵步驟，即建立 Bank Asya。就受 Gülen 啟發者參與方案範圍而言，成立共同金融機構以募資與投資就有意義了。光是土耳其境內學校的數量在 1996 年即已超過一百家，而那些校園很多是由對 Hizmet 友善者所領導的建設公司所興建，宿舍與家教中心也是。[189] 土耳其早就有私人的伊斯蘭銀行，但卻無一個能結合伊斯蘭教義與現代金融的最佳運作，Bank Asya 的任務即在此。1996 年 10 月 24 日，該銀行在一個慶典中成立。Gülen 出席開幕，Çiller 亦發表談話，兩個人併肩坐而座。在一張剪綵照片中，Çiller 拿著剪刀，而 Gülen 站在她右後方一點點，笑容可掬。照片中拿著綵帶站在 Çiller 正左方的是 Recep Tayyip Erdoğan，當時的伊斯坦堡市長。[190]

---

[188] Ibid.
[189] See Çetin 2010, p. 44.
[190] See among many possibilities, "Tansu Çiller'den Fethullah Gülen Açıklaması [A Statement by Tansu Çiller about Fethullah Gülen]," 25 July 2016, at http://www.cuhuriyet.com.tr/haber/turkiye /573852/Tansu_Ciller_den_Fethullah_Gülen_aciklamasi.html.

　　如同 Gülen，Erdoğan 宣稱伊斯蘭法理性。事實上，他在 1997 年 12 月曾因追隨 Gülen 而被指控「穆斯林之罪」，尤其是他誦讀幾句威脅要軍事化與動員穆斯林的詩歌後被控「煽動仇恨」。那是在 Siirt 市的集會，Erdoğan 引用詩人 Ziya Gökalp 的詩句：

> 清真寺是我們的營房，
> 圓頂是我們的頭盔，
> 喚拜塔是我們的刺刀，
> 而信仰者是我們的士兵。

　　Erdoğan 之前曾引用過那些詩句，宣稱它們煽動群眾（當然群眾是穆斯林組成的）。[191] 1997 年 2 月 28 日，土耳其發生了一場經常被稱之為「後現代政變」的事件。國家安全會在那天開會，發佈將民選總理 Necmetin Erbakan 拉下台的備忘錄，Erbakan 是伊斯蘭主義福利黨(Welfare Party)領袖。Erdoğan 也是該黨成員。接下來發生的是限縮與削弱伊斯蘭的角色，因為世俗化主義者與軍事領袖認為伊斯蘭在公共生活的影響力已日漸上升，該政策被稱為 The February 28 Process（2-28 進程）。對世俗主義份子而言，凱末爾的宗教與政治間涇渭分明界線已然模糊。新頒佈的政策範圍很廣，最明顯的是學校與大學內的頭巾禁令。另一個不太明顯卻影響更大的是確保政府官員（高級將領或退休將領）透過從國有轉為民營企業所湧出日益增加的贊助，以獲得不當之財。[192] Erdoğan 的妻子戴頭巾，他自己在此「政變」中被捕，在 1999 年時被收押關了四個月，並被褫奪參政權。他在大赦後重回公共領域時誓言效忠民主，卻依舊實施曾導致他入獄同樣的贊助模式與裙帶資本主義。

　　這些後 1997 年的政治發展對瞭解直到最近 Hizmet 歷史以及 Gülen 為何在 1999 年離開土耳其極為關鍵。很多人經常宣稱：Gülen 與 Erdoğan 曾是「盟友」。當然，他們倆彼此認識，偶爾會出席同一場合。事實上，Erdoğan 曾在 1996 年 JWF 的活動中得獎發言，Gülen 當時也在場。[193] 但 Gülen 從未試圖或

---

[191] Friedman 2016.

[192] See Çetin 2010, pp. 48-51, who nicely sketches the history during these years.

[193] See "Tayyip Erdoğan, Fethullah Gülen, Muhsin Yazıcıoğlu ve Barış Manço'nun yıllar öneceki görüntüleri: Gazeteciler ve Yazarlar Vakfı'nın 1996 yılındaki ödül töreninde Erdoğan'ın konuştuğu,

宣稱入什麼政黨，始終強調其目的非政治性，而是公民的，此差別很重要。Gülen 宣稱一個健全的公民社會（無宗教強迫、言論自由與其他人權）與伊斯蘭正統是完全相容的。的確，伊斯蘭是健全公民社會最安全的基石。Gülen 所言所為的確是具政治性意涵。對他而言，其生命早已被政治化了；但沒有任何事蹟顯示 Gülen 的目的與主動支持某位政客或政黨有關；也沒有人曾發現 Hizmet 的策略性計劃是要使 Gülen 成為哈里發或蘇丹。Gülen 終生鼓吹三件事：連結科學與宗教的教育，將資本主義運用在社會公義以消除貧困，以及為解決衝突與建構和平的宗教對話。這三個倡導在他生命里程中越來越強烈、明朗。當他鼓吹這些做法時，信從他的人就會附諸行動。去瞭解 Gülen 政治角色最好的方法就是把他視為一位倡導者，他從對伊斯蘭的研究提出出公民社會意涵，然後演講支持之。他賦予傾聽他的人力量，並信任他們在學校、商業及智庫裡實現那些意涵。另一方面，Erdoğan 一樣堅持其理念，但運用的卻是非常不同的形式：他利用公眾伊斯蘭逐步遂行浮誇與獨裁主義的政治野心，並巧妙地操縱與控制人民去擴張他自己及其裙帶關係，這將在第五章結尾完整說明。

　　Gülen 記得 Erdoğan 在 1990 年代末曾數次要求見他，這個說法很能說明問題。那些見面在 1997–1999 年間的某時候發生於「五樓」。福利黨早已被廢，Erdoğan 正在計劃成立政黨尋求支持，以之重回權位上，該政黨名為 Justice and Development Party—AKP。Erdoğan 沒公開說的是他也期待「服從」。當 2016 年 Erdoğan 佔上風時，Gülen 回憶那些見面，他很清楚 Erdoğan 不是 Hizmet 的盟友。[194] Gülen 並未在那些見面中承諾 Erdoğan 任何事；他記得他表達了「他自己當時的考量」。事實上，Gülen 的猜疑有其依據。在其中一場見面中，Gülen 的一些朋友不經意地聽到 Erdoğan 承認他必須先打敗與剷除 Hizmet；而他之

Fethullah Gülen'in dinlediği video sosyal medyanın gündeminde[Pctures from years ago of Tayyip Erdoğan, Fethullah Gülen, Muhsin Yazıcıoğlu and Barış Manço: The video is of Erdoğan's speech at the award ceremony that Fethullah Gülen attended, sponsored by the Journalists and Writers Foundaton in 1996," at https://www.youtube.com/watch?v=ZhUT0Uc0wpI.

[194] 關於所謂「聯盟」的評論，參見 Yeşilova 2016. Yeşilova 認為「人民長期誇大了這種聯盟關係。真相是 Erdoğan 與 Gülen 只有在 Erdoğan 陳述反映 Gülen 根深蒂固信念的目標時才會走到一起。Gülen 不是 Erdoğan 最大的威脅，但也不是他的主要盟友。」

後極其殘酷地訴諸行動。[195]

　　但在 1996 年，這兩位男人卻一同現身「此城」，其中一人是市長。Gülen 的公開現身視其每況愈下的健康決定，他一些舊識老友也開始凋零。或許他最後在 1996–1999 年間最常見的外出就是參加葬禮。例如，1997 年 4 月，他為 Kemal Erimez 舉行殯禮。Kemal Erimez 是 Gülen 支持者中最富有者之一，1923 年出生於 Samsun，他繼承橄欖、建築業與鑽石業的家業後越來越有錢。身為虔誠的穆斯林，他本會繳納天課；而他自 1966 年在 Izmir 遇見 Gülen 後，即展開了一場持續三十一年的友誼。Gülen 在葬禮上稱呼他 Haji Kemal，說他能與任何人溝通。他幫助興建伊斯坦堡的 Yamanlar 與 Fatih 大學，Hizmet 的第一批學校。Kemal 還提供資金協助 Samanyolu 電視（與 Hizmet 下最大的電視網絡）。事實上 Erimez 還曾搬到塔吉克協助當地學校的發展，同時也幫忙資助烏茲別克與亞賽拜然的學校。就是在塔吉克，當地人給了他 Hajji Ata (Hajji Father)的尊稱。他與 Gülen 一樣晚年時遭受糖尿病之苦；但仍不斷地往返於中亞與土耳其間，帶著代表團一起發展商業以支持學校。他在 1997 年 3 月 13 日過世。Gülen 談論他的朋友說：「我們已失去一位非常重要的人。」Gülen 回憶

---

[195] See "Interview with Fethullah Gülen," *Herkul*, July 16, 2016. See also Mercan, *No Return from Democracy*, p. 5. 在相關訪談中，Hunter Anwer 問 Gülen 關於他與 Erdoğan 之間的「盟友」關係。他的回答得很有力，儘管反映出某種後 2012 年的實情：「就我們之間的政治聯盟而言，從來不存在有一個真誠的聯盟。當他們還在努力成立政黨期間，Erdoğan 先生曾拜訪我，我就那麼一次與他談話過。而當他還是伊斯坦堡市長時，我們也見過面，那時我們為了波士尼亞戰爭中的犧牲者舉辦一場慈善足球賽。所以在那段時期我只見過他兩、三次。但儘管我們沒有實質上的聯盟，外面的人總是將此視為聯盟。這份關係實質只是這樣：他們承諾支持法律、公義，承諾尊重不同的意見，承諾尊重宗教自由，承諾尊重不同的意見與世界觀；而我們的朋友與大部分土耳其人都是在這些承諾上支持他們，如 Sülleyman Demirel 先生（前總理與那時的總統）、Turgut Özal 先生（前土耳其總理與總統）、Bülent Ecevit 先生（前首相）。他們都接受人民對民主承諾的支持、法治及自由。所以土耳其人是立基於這些政治領袖的承諾上在不同的時期支持他們。我們從未加入任何政黨，從未政治化，只是保持我們的思維路線、核心價值（那些也都是人類普世價值），即世界和平、人類團結與和諧，以及對抗貧窮。這些都是我們的核心價值，我們不會偏離它們。假如我們要的話，我們可能早已在政黨中插一腳，可能早已要求國會席次，可能早就要求在內閣或政府中當官；但我們從沒這麼做。他們已按照他們所要的去規劃國會、內閣或政府官位。全世界皆目睹了這一切。所以若你們說我們分開或分裂了，那是因為他們偏離了他們的承諾。我們並未改變我們的位置與核心價值，但他們卻大迴轉。這是發生分裂原因。」"There has never been a sincere alliance between Gülen Movement andErdoğan," [n.d.], at httpe://www.gulenmovement.com/never-sincere-alliance-gulen-movement-erdoğan.html.

每當出現機會 Hajji Kemal 都會說「我會去做」。Gülen 禱告說：「他已過世了，如同一粒種籽進入地下；但一朵風信子卻從其生命中冒出。因此當這位男人死的同時，他的身上卻開出了二十朵花，他所訓練的世代不會什麼都不留給後人。」[196]

　　另外一個例子指出 Gülen 在「此城」除了作為健全公民社會的鼓吹者外，還有更廣的角色。1999 年 2 月 2 日，Hodjaefendi 在電台廣播了一則令人一掬同情之淚的訊息，以紀念音樂家與電視人物 Barış Manço 的死。Gülen 接著參加 Manço 的喪禮。Manço 是家戶喻曉的 Anatolian 搖滾樂的創始人，他的音樂是將土耳其民間吟遊詩人的詞與形像結合西方搖滾樂節奏、吉他與貝斯，並宣稱其音樂受到 1960 年代 Chubby Checker 傳奇與貓王影響；但他留長髮，蓄著 Fu Manchu 式的鬍子，外表頗似 1980 年代在美國被稱為 Hair Bands 的那一類型（如 Van Halen）。誠如 *New York Times* 刊登訃文所言：「他(Manço)是一位引人注目的人物，穿著他自己設計的古怪衣服，手指上戴滿戒指。在 1970 年代時，土耳其只有一家國營電視台，電視台要求他必須剪去飄逸長髮才能在節目中露面。他拒絕了，當局最後大發慈悲，讓他成為另類年輕人文化的首要人物，並以此形象在土耳其電視上露面。」[197] 自此 Manço 經常出現在電視上，包括主持一個將近十年的固定節目。Manço 成了土耳其非官方大使的象徵。為了那個節目，他旅行至數十個不同國家開演唱會，然後把他在世界上的見聞傳回給土耳其人。Manço 受到 JWF 的尊敬。他亦數次與 Hodjaefendi 一同現身。其中一次，Manço 送給 Gülen 一個禮物以推崇其教育記劃。[198] Gülen 在他對 Manço 去世的發言中，不意外地向歌手們大聲疾呼，希望他們對 Hoşgörü 做出貢獻。

　　當這位音樂家無疑地以與 Gülen 努力相容的方式啟發了土耳其時，其實

---

[196]　There is actually a blog set up to remember Erimez. See "Hacı Kemal Erimez/Hacı Ata," at http://hacikemalerimez.blogspot.com/.

[197]　Kinzer 1999, "Barış Manço, Turkish Pop Star and Television Personality, 56."

[198]　See "Barış Manço gives Fethullah Gülen a gift: The late Barış Manço admire Fethullah Gülen's schools in the Far East…[Merhum sanatçı Barış Manço da Fethullah Gülen'in Uzakdoğu'da açtığı okullar dolayısıyla hayranlığını]," at https://www.izlesene.com/video/baris-manconun-fethullah-gulene-hediye-takdim-etmesi/9434899.

他也有感激 Hizmet 的實質因素。*Today's Zaman* 的編輯 Bülent Keneş 回憶一件發生在 2009 年的意外。那故事值得完整地說出，因它記載了 Hizmet 在 1990 年代十年間的成長情況：

> 1997 年，當一群 Gülen 運動者試圖在泰國的清邁市成立第三所土耳其學校時，已故的當紅明星 Barış Manço 剛好在該城。當他得知有間「土耳其浴」的按摩店竟有性交易時非常生氣，因為這種場所居然使用土耳其這個名詞，於是他決定不讓電視台知道此事。由於來得匆促，他忘了在泰國法律管轄下取得拍攝許可。因此當那按摩店老闆的怨言傳出去後，他就被拘禁在他住的旅館裡。Manço 打電話給曼谷的土耳其大使館解釋情況，要求「緊急協助」。大使館官員告訴他因為清邁離曼谷很遠，他們無法提供任何即刻協助。
>
> 正當他在旅館感到絕望與痛苦時，聽到有人敲門。他打開門，竟聽到土耳其語的問候：「但願您能很快地從這痛苦中復原，Barış 大哥。我們聽到您有麻煩。」Manço 在驚訝地開口問對方「您是誰」之前，已感到如釋重擔。來者回答說：「大哥，我們是這裡土耳其學校的教師。我們會幫助您。別擔心。事情會變好的。」
>
> Manço 很快就知道原來土耳其大使館接到其求助電話後，即致電給曼谷土耳其學校的主管並告訴他這個故事：「你清邁的同事能去 Barış Manço 的旅館瞭解一下他的狀況嗎？」他們問。
>
> 清邁土耳其學校的老師們先是拜訪 Manço 與下令拘禁他的法官，告訴他 Manço 在土耳其是有名的歌手，不會對泰國造成任何傷害，因為他是想在土耳其推廣泰國善意的大使。於是對付 Manço 的案子很快就被撤掉。他獲釋後順利地在該城完成拍攝工作。由此可知，Manço 的冒險雖然一開始是場夢魘，但最後卻以歡樂結束，這全得感謝這幾位土耳其老師。我清楚記得 Manço 是如何熱心地在其電視節目中講述這整個國家，他在清邁的冒險，以及及他對土耳其教師幫助的謝意。[199]

Manço 向 Gülen 與私立 Fatih 高中致敬的影片一直到 2017 年之前都能在 youtube 上觀看。[200]

這種不只表現在喪禮的友誼都是 Fethullah Gülen 在伊斯坦堡工作最後歲

---

[199] Keneş 2009.
[200] "Rahmetli Barış Manço Fethullah GÜLEN hakkında ne dedi [What did late Barış Manço said about Fethullah Gülen]," at https://www.youtube.com/watch?v=NmFd2QOK9Rg.

月的標誌，但那份工作已走入尾聲，政治壓迫早已迎面而來，就連伊斯坦堡市長也對 Gülen 採取制裁。因此，1999 年 3 月 21 日，Hodjaefendi 因為所有可能的狀況離開「此城」，這也是最後一次離開。他可能不知道，但他正在向故鄉道別。美國將提供 Gülen 所訪問過的最佳安全住處，但這離開仍是流亡。Hodjaefendi 曾在 1992 年第一次拜訪美國，那是一場迷你世界之旅的一部分。他在 1997 年 9 月也曾返回美國拜訪醫學專家，那時他也與不同對話的對像見面，但他最重要的拜會是與一些已定居在賓州郊區的朋友見面。那些朋友已為第一次夏令營取得土地，而最後將成為佔地二十五英畝的 Golden Generation Retreat and Worship Center（黃金世代隱修與敬拜中心）。賓州的朋友中正好有一位是 Gülen 信任的心臟科醫師，他能提供 Gülen 在土耳其所無法得到的治療。所以按官方說法，而實情也是如此，Hodjaefendi 離開土耳其到美國是為了醫療。

而他也拋開 The February 28 Process 之後的另一個嚴密調查，謠言流竄了兩年。Gülen 早已在土耳其境內與國外針對被指派調查其活動 Military High Commission（高級軍事委員會）的問題答覆了記者。人民對他的指控從他是以色列情報特務局 Mossad 的間諜到他是教宗的秘密樞機都有，而他都一一答覆。[201] 壓力越來越大，大到連 Gülen 的個人自由都受到爭論的地步。因為健康之故，他無法再承受另一次逃亡。因此，他去了美國，為了治療也為了安全。

Gülen 離開伊斯坦堡一個月內，1999 年 4 月 21 日，檢查官 Nuh Mete Yüksel 以 Gülen 威脅「國家安全」的名義提起訴訟。與 Hodjaefendi 一起被列在名單上的包括數十位他的學生與仰慕他的學者、記者與民主運動家。[202] 許多報告

---

[201] 資料來源是一連串令人印象深刻但也很累人的訪談：1997 年 3 月 9 日關於「東南部問題」的訪談、1997 年 4 月 9 日 *Zaman* 的 Ali Aslan 訪談、1997 年 12 月 12 日關於籌組 Military High Commission 調查其活動的簡報、1998 年 1 月 6 日新聞節目 *32ⁿᵈ Day* 所播放的 Mehmet Ali Birand 訪談、1998 年 1 月 21 日 *Milliyet* 的 Özcan Ercan 訪談、1998 年 2 月 27 日訪問 Nergis TV(NTV)，主持人是 Cengiz Çandar 與 Taha Akyol 等。See "Fethullah Gülen's Life: About Fethullah Gülen-Life Chronology," at https://fgulen.com/en/fethullah-gulens-life/ about-fethullah-gulen/life-chronology.

[202] Among them were: Mehmet Çelikel and Ahmet Ak, as well as M İhsan Kalkavan, Latif Erdoğan, Ali Rıza Tanrısever, Orhan Özokur, Naci Tosun, Nevzat Ayvacı, Şaban Gülbahar, Mehmet Deniz Katırcı, İsmail Büyükçelebi, İlhan İşbilen and Mehmet Erdoğan Tüzün. See "July 15 Coup Attempt: FETO's Structure," at http://www.yenisafak.com/en/15-july-coup-attempt-in-turkey/fetos-structure-

接二連三地記錄 Gülen 是如何在土耳其召集穆斯林的「最大集會」，以及秘密操控蓋學校、成立媒體、金融與其他企業。他亦被控鼓勵他的人在政府謀得一官半職，尤其在警察與司法單位。現在的親政府報紙 *Yeni Şafak* 即在 2016 年的文章中記載那段持續過程，記錄非常精確，與其他文章中的「新聞操作」不同：

> 2000 年 10 月，國家安全部情報局局長 Muzaffer Erkan 發了通知給安卡拉第 11 號刑事法庭，該通知標題是「Fethullah Gülen 團體的全國活動總記錄」。該通知強調土耳其的 Gülen 團體組織的財政基礎。該研究被送至檢控總局，其內容範圍延伸到與 Gülen 團體親近的公司、基金會、學校與宿舍，尤其是與公司、學校管理者有關的資訊，全都包含在其中，以強調Gülen 團體的教育結構。[203]

事後證明這種關於 Hizmet 活動的資料對未來的政府自然很有價值。

不過所有針對 Gülen 的指控皆需相當時間才能處理。法庭並不急於處理缺乏證據的宣稱。愚蠢無能的警察將那些事件攤開來檢視，假裝他們正在處理：

2000 年 3 月 8 日：檢查官 Yüksel 向安卡拉國家安全法庭要求逮捕狀。

2000 年 8 月 7 日：法庭（安卡拉第 1 號）拒發逮捕狀。

2000 年 8 月 11 日：重新向安卡拉第 2 號法庭要求。

2000 年 8 月 23 日：Gülen 的案件被轉到伊斯坦堡國家安全法庭。

2000 年 8 月 28 日：伊斯坦堡法庭駁回逮捕狀的要求。

2000 年 8 月 29 日：Gülen 的案件被退回安卡拉第 2 號法庭。

2000 年 8 月 31 日：首席檢察官提出訴訟書。

2000 年 10 月 16 日：開始缺席審判。[204]

這種官僚的操作維持了八年，直到那位首席檢查官因性愛錄音帶（內容顯示一名已婚男子與一名非其妻的女子在一起）被公諸於世後離職，這可憎的循

---

kurulus-en-detail.

[203] Ibid.

[204] This list is a composite from James C. Harrington 2011, pp. 148-154 and "Fethullah Gülen Life Chronology," at https://fgulen.com/en/fethullah-gulens-life/about-fethullah-gulen/life-chronology.

環才暫時被打斷。用以審判 Gülen 的法律是土耳其刑法第 312 與 313 條，與 1999 年短暫拘捕 Erdoğan 的是同一條法律。經過多年的爭論，Gülen 最終被判無罪。2004 年，在軍事法庭已關閉後，高等刑事法庭被指派來審理此案。法庭要求警方鉅細靡遺地提出 Gülen 所從事的犯罪活動，包括使用暴力或武力。當然，那份報告最後指出 Gülen 從未涉及任何犯罪或暴力或武力。安卡拉第 11 號高等刑事法庭於是在 2006 年 5 月 5 日宣告 Gülen 無罪。該上訴又繼續拖了兩年。最後在 2008 年 6 月 24 日到了 Supreme Court of Appeals（最高申訴法庭）。法庭投票結果以 17 比 6 支持無罪宣判，但這很難說是一種解脫。Gülen 早已多次表達回土耳其的渴望與意願。他本想面對關於他的指控，他尤其想再次生活在所熱愛的國家。但他也瞭解要回到這件事很複雜。他的身體每況愈下，早已不再講道。他亦不再擔任那無論如何總是給他困難的公共角色。因此，當美國政府公民及移民局於 2008 年 10 月 8 日發給他「永久居留身份」簽證（I-485 表格）時，那冗長與勞頓的申請過程，以及另一個長期的待定狀態，似乎得到解決。事實上，他是自我放逐；但至少目前他是在安全的地方。

　　Gülen 憂心地離開「此城」，正好為那卓越的二十年活動畫下合適的句點。「五樓」的 Hüzün 與憂鬱已然透過先知關於 Hoşgörü 的教導，轉變成延伸到全球的社群，一個奉獻給 Hizmet 的社群。當 Gülen 的飛機離開伊斯坦堡飛往美國時，他可能會看著窗外，看到飛機以雙翼飛行，然後感謝真主。Rumi 是第一位以「雙翼」來比喻精神生活的人，而 Gülen 將之發揚光大。Gülen 引用 Rumi 之言：「若善行乃身體，則純正之意圖為其靈魂。」「以雙翼飛行」之意就是為善良之因行善良之事。Gülen 評論：「若不以真誠去啟動靈性行為，則全人類的努力依舊是無生命、短暫且最後是無價值的。但凡是以真誠與虔信這對雙翼飛行者，將是帶著神之眷顧飛行，最後將穩當地抵達終點，亦即真主之認可與喜悅。」[205] Gülen 安全地抵達美國，但他在離開伊斯坦堡時並未想到他已來到其人生的十字路口。他早就試圖為了善良之因去行善良之事。他參與宗教對話是秉持想幫助土耳其與他人之真誠意圖，其正向的行動是以其對先

---

[205] See Rumi Forum, "The Wing of the Bird-Gülen on Sincerity," at http://rumiforum.org/the-wing-of-the-bird- gulen-on-sincerity/.

知生命的研究為基礎。先知以取悅真主為真誠的目的，此點引發了 Gülen 的共鳴。然而他現在已年過耳順，身體衰弱，還遠離了他的家園。

　　但 Fethullah Gülen 在其超過六十年的歲月裡，早已學會從事伊斯蘭核心的非暴力做法，如禮拜，可以在每個地方做。他已學到在逃亡同時，在每個地方繼續鼓吹知識、實踐性同理心與 Hoşgörü 中的制約性多元論。而透過日益重要的新媒體，他學到在任何地方幫助朋友發展商業，那既能做好事，也能做得好。因此，1999 年 12 月，Gülen 寫下其也許是最有說服力與延伸最廣有關「宗教對話之必要性」的反思，那篇文章在南非開普敦的世界宗教議會中發表了。其內容不外乎是提倡 Hoşgörü：

> 我們的 Hoşgörü 必須寬廣到無視他人的錯誤，尊敬不同的想法，以及原諒可原諒者。即使當我們無可剝奪的權利遭到侵犯，我們仍應尊敬人類的價值，嘗試去建立公義。

> Hoşgörü，這個我們有時用以取代尊敬與憐憫、寬大與忍耐的詞彙是道德系統中最無可或缺的元素，它也是精神準則的最重要泉源，是完美男女最神聖的美德。在寬容的目光下，信仰者的長處有新深度，延伸至無窮盡，錯誤縮小到無關緊要。事實上，那超越時空的「獨一者」總是透過寬容的稜鏡對待萬物，我們等待著它來擁抱我們及所有造物。善良、美麗、信任及保有美德是這世界與人類的本質。無論發生何事，這個世界有一天將會找到這份本質。無人可阻擋這事發生。[206]

　　所以，Hodjaefendi 在賓州落腳了。那位來自 Erzurum 男孩身體已走了萬里路；而在精神上其專注點仍在。生活不是只有政治或經濟上的成就，生命是要努力取悅那超越時空的「唯一者」。從這個觀點（延伸至永恆的 Hoşgörü）觀之，誰能說 Fethullah Gülen 不會在美國找到那份他在過去二十年所一直期待的「此城」人的擁抱呢？

---

[206] Gülen, "The Necessity of Interfaith Dialogue," The Fountain 3:31(July-Sep, 2000), pp. 7-8, as cited in M. Fethullah Gülen 2006a, pp. 51-2.

第五章

美國，1999- : 全球化的 **Hizmet**

Fethullah Gülen 在美國寫了一首題為 Exile（流放）的詩：

> 我雙目中總有流放詩，
> 每一句帶有西北風的凜冽，
> 我的思緒對這些地方「道別」。
>
> 自我離開國家之日，
> 即埋葬快樂、愉悅的一切；
> 現在，我渴望著那憂鬱時光，
> 流放如雨般持續落在我的眼界中，
> 天空中沒有雷鳴；
> 雨落在冰山般冷冽的街道上，
> 這裡，靈魂不存在美，
> 我們的花園存在我眼中；
> 但那綠的春光何在？
> 起來吧，光！從我心深處升起！
> 我在陌生國境憂心徘徊；
> 揭示我靈魂中的秘密吧！
> 給我你的老歌聲，
> 在這朦朧黎明中，一步步地，
> 餵我飢餓受苦的靈魂吧！[1]

對 Fethullah Gülen，流放美國是種掙扎；而他卻仍懷抱希望生活：「起來

---

[1] 整首詩見於 Sevindi 2008, pp. 149-50 的〈附錄〉。雖然 Gülen 是在 1997 年因醫療到訪美國時寫這首詩，但它卻也預言自 1999 年到最近期間他對土耳其念茲在茲的情緒。

吧，光！從我心深處升起！」這種隱含光芒的希望在宗教史中很常見，經常撫慰那些受難者。例如，Martin Luther King 與其他公民權運動家在獄中時，往往會在唱 *This Little Light of Mine* 這首歌時找到力量。同樣地，當坐牢的刑期延長了，或流放的時間延長了，甚或只是年華老去、青春不再，那道光都可能顯得黯淡：「那綠意盎然的春日在何方？」

Gülen 的故事在 1999 年之後變得較為單純。Hodjaefendi 一抵達美國後，就幾乎不曾離開那廣達二十五英畝座落於賓州 Saylorsburg 之 Pocono 山腳下的 Golden Generation Retreat Center 黃金世代隱修中心。許多報章幾乎都說該中心具「軍營」的特徵；[2] 但並不精確。大門口的警衛室裡有一個人監控著從鄉間公路通往主建築物的車道。該中心有兩個主建築，一棟是三層樓的建築：一樓是餐廳，二樓是大會議室，三樓是 Gülen 的房間。那些擺設如 Hodjaefendi 在伊斯坦堡公寓般簡樸。Gülen 一般會使用兩間簡樸房間，一間當客廳與書房，另一間作為臥房。第二棟是三層樓的多功能禮拜中心、會議空間與宿舍，類似 Hizmet 成員在土耳其及世界各地所蓋的宿舍。園區中還有八間房子，分別容納賓客、學生與其他人。員工與家眷住在鄰近的私人住家中。園區中剩餘空間則作為花園、運動場、步道、小水池與停車場，所有設施都是在幾年間陸續完工的。那是一個樸素如公園般的隱修中心，明顯沒有所傳的軍事特徵。

Gülen 的故事在他定居此舒適隱修地後變得更單純，但卻在 1999 年後變得更難研究。就我所知，無法在 Google 行事曆上追溯 Hizmet 以確知 Gülen 在 Saylorsburg 的日常活動。一般所掌握的是公共資訊，尤其是數以百計與 Hizmet 有些關係的組織。或許一些未來具膽識史學家可以從那些結果追溯在賓州的源頭。Gülen 一陣子過著半隱居的生活，但他還是會定期迎接賓客，並偶爾與其他人交流，大部分的交流不超過一天。例如，Gülen 開始每週刊登講道內容，那些講道後來也在網路流傳，他也為許多不同的報刊撰文，如 *Zaman*、*Sızıntı*。致於人際交流，他喜歡傳統面對面會談。賓客來訪時，多半會短暫停留一、兩天，有些停幾個星期之久，有些則選擇住在附近。任何有理由與 Gülen 做生意的賓客就有機會目睹其卓越的組織運作，通常以 Istişare（或偶爾 Şura）稱之，

---

[2] Hauslohner 2016.

此阿拉伯字可譯成「尋求忠告」或「相互諮商」。Fethullah Gülen 在沒有禮拜或個人靈修禮拜，沒教學生、閱讀、寫作、編輯或看電視（幾乎清一色是看新聞）時，他在美國很可能會參與諮商，諮商的形式與頻率每天都不同；但也可能會隨他日益衰退的健康有所變動。有時今天「學長姊」們會來詢問有關遠東地區開設學校的事。隔天土耳其商人會來詢問關於在非洲進行新投資的意見。然後第三天，他的健康則不允許他與任何人見面。總而言之，除了禮拜與教導，諮商是 Hodjaefendi 在美國的生活中固定部分。

　　這些 1999–2018 年間的諮商只有些許資料可用，若沒有鉅細靡遺的會談資料無疑地給陰謀論者有機可乘；但還是能記錄 Gülen 與尋求其意見者之間互動方式，即 Istişare Script（諮商原件）。但此模式並非一成不變，人們陳述 Gülen 在諮詢過程中，可能會對一個人說「不行」，卻對另一個人說「可以」。這種 Istişare 過程是有系統的，卻也經常導致爭議。有時一個團體已有決定時，還是會回去拜訪他以求更多的意見，通常在這些會談中 Gülen 是聽多於說。Gülen 藉由聆聽表現人與人之間的平等。當他要提供高見時，總會先說 Estağfurullah（求真主諒宥），意為「我何德何能回答您的問題，真主才是全知的」。以這種方式提供意見似乎很怪，但卻顯示 Gülen 真正的謙虛。因此 Gülen 會在一些會談中請求執行方案，或使已定的方案朝新方向發展。任何人尋求 Gülen 的忠告，他簡單的暗示即已足夠認識 Hodjaefendi。在很多案例中，Gülen 知道要求執行計劃可能會耗費其朋友的時間、或資金，因此需要請求真主的原諒。

　　當這些請求是在神學情境中進行時，也就鄭重地把那些方案轉到個人身上。這在 Fethullah Gülen 的 Istişare Script 中第二行顯而易見，那行字的土耳其文是：Siz bilirsiniz（您最知道）。依此情境，Gülen 聲音中的細微變化與其他微妙暗示都可能是他表達「不」的溫和方式。但就社會心理學行話這正是 Gülen 授權個人運作其機構的方式。儘管有些過時，記者 Kerim Balcı 表達得很清楚：「Hodjaefendi 有如第一個歐巴馬。他說：『我們可以』，他給我們自信。」[3] 在美國，來找 Gülen 的人不只帶著提案，還有技術。Gülen 期待他們運用那

3　Interview with Kerim Balcı, Istanbul, August 5, 2015.

些技術。因此，雖然沒有人留存這些諮詢會談的細節，也無法獲得傳聞外相關深思熟慮的細節，但成果卻是清楚的：Istişare 使其組織機構在全球各地如雨後春筍般出現。而那些在隱修中心與 Gülen 會晤的人將 Istişare 銘記在心，並以之作為全球之學校、對話中心及其他生意的模式。Hizmet 相關活動與商業或多或少皆依 Istişare 模式管理。Istişare 模式帶入的歷史記錄則是 Gülen 幾乎不是一位細節管理執行長，更遑論他是操控崇拜者的傀儡大師。簡言之，Gülen 教導人如何採取重要的伊斯蘭教義去組織社群與處理生意。他啟動或鼓勵他們，然後讓他們運用自己的技術去運作。

在組織工作舞台上，有一個工作是 Gülen 在美國期間變得越重要，即人道救援。Gülen 在教導中無不關注受難者。他經常引用 Sa'id Nursi 的話說明這個世界已被三個相互交錯的問題所困：無知、破壞性衝突與及貧窮。[4] Gülen 教導無知能藉由教育解決。如同前文所提，他也相信衝突能透過「對話與Hoşgörü」弭平。而貧窮問題卻在 1999 年之後佔據了 Gülen 的歲月與 Hizmet 的活動。Gülen 認為貧窮可以透過「工作與擁有資本」打垮之（Nursi 的說法）。Gülen 提到「工作」並非暗示貧窮是懶惰結果。反之，Gülen 與許多社會學家、經濟學家一樣強調，聘僱使人類的生活有尊嚴，尤其對勤奮的勞工，當受僱得到相當的薪水時更是如此。資本並非存錢的最終目的。資本也能提供更好的服務，特別是教育與解決衝突之道，這當然是透過協商、組織才能達成。

Fethullah Gülen 以不同方式教導與實行資本主義。顯然他不認同「貪是好」—不受控制的「自由市場」。在 Muhammad Yunus 所稱「利益最大化的組織」中，所有股東的季節性獲利比其長期利益重要；[5] 而 Gülen 的組織途徑更寬廣與專注。自然地，他希望人們發展出可以不斷生產財富，能維持的投資事業從而消除貧窮，教育人們，並促進對話；而他本身並非經濟學者或商業領袖。他的除貧教導並非只是一套經濟規劃。他是穆斯林佈道家、伊斯蘭神學家，因此他是在神學體系表達其經濟觀點。Gülen 所闡述的一句格言近似基督教解放神學家的教誨：「與受迫者同在就是與神同在。」[6]

---

[4] See, for exapmple, Gülen 2006f, pp. 198-99.
[5] See on this thread Tittensor 2014, pp. 156-171.
[6] Gülen 2006f, p. 23.

　　結果，一些與 Hizmet 有關的人與受 Gülen 諮詢啟發的人，開始與受壓迫者生活在一起，不論是在土耳其或世界各洲。[7] Hizmet 志工與貧窮人一起生活同時，也與其新的兄弟姊妹透過協商共同創建 Muhammad Yunus 所認同的社會企業，一種足以維持又造福社群的組織。自然地，這些商業不同程度上皆是「社會性的」，但因商業領袖與建構者而有差異。Hizmet 的社會企業方案是透過參與者所稱的 Himmet 達成。Himmet 一字源自阿拉伯文 Himmah，可狹義地譯成「慈善」，但更廣的意義是「解決」、「方針」、「意圖」、「志向」，甚至可譯成「雄心」。[8] 在 Hizmet，Himmet 不只是在金錢上做高貴無私的奉獻，即使是備受歡迎的作法。更廣義地，Hizmet 界定 Himmet 就是生活在諮商與負責任的環境。如同該運動的一句格言所云，Himmet 通常意謂著「簡單生活以便其他人也可以輕鬆生活」。

　　即使不是多數，不少 Hizmet 領導者如學校校長與教師、對話中心主任與行政助理、出版社編輯與管理者皆選擇簡單的生活，以 Gülen 本身禁慾苦行的生活為模範。在 Hizmet 機構或公司服務的人不會變得有錢，Hizmet 組織的獲利會重新流至其他 Hizmet 方案。[9] 但支持 Hizmet 的個人如工廠、貿易或建設公司老闆有時會累積相當財富，然後他們會將那筆財富花費或投資在其他 Hizmet 事業。當然他們也會把錢投資擴張自己的企業，然後其企業再繼續為 Hizmet 的利益工作。Fethullah Gülen 在美國的幾年間，Hizmet 成員經由簡單生活與實踐 Himmet 在全世界創造了財富。無可否認地，這種經濟動能也與全球化的土耳其經濟相輔相成。但是使 Hizmet 機構隨著在全世界啟動的投資速

---

[7] 在許多案例中，此意圖卻有諷刺性結果。當 Hizmet 學校與方案所提供明顯的品質吸引了許多地區的菁英份子。那些學校很快地就能自給自足。其格言是儘可能「以你自己的油飛行」，亦即建立能受到本地人支持，且能培養出本地領袖的方案。

[8] See Orhan Özgüç, "Islamic Himmah and Christian Charity: An Attempt at Inter-faith Dialogue," *Islam in the Age of Global Challenges: Alternative Persepctives of the Gülen Movement*. November 14-15, 2008. Georgetown University, Washington, D.C., p. 565.

[9] 根據社會學家 Helen Rose Ebough (2010) 研究指出，人經常捐出其獲益之 10%到 50%或更多給 Hizmet。並非所有 Hizmet 相關組織或商業皆具有解決社會問題的獨特目標，有些則更直接地認同獲利機會，如傢俱零售業，但即使是少數，許多 Hizmet 相關事業皆具有社會或其相關目標。 See T. L. Hill and Jon Pahl, "Social Entrepreneurship as A Catalyst for Practical Social Justice in Economic Life," *A Just World: Multi-Disciplinary Perspectives on Social Justice*, Ed. Heon Kim (Newcastle-Upon-Tyne: Cambridge Scholars Press, 2013): 39-52.

度而成長的還有一個獨特處，即重要的諮商過程，不只是與 Gülen，更是彼此的諮商。透過諮商，企業獲得了參與的機會，彼此都負責任。力行 Himmet 與 Istişare 對 1999 年的 Hizmet 並非全新的概念。數十年來，Fethullah Gülen 一直都在教導此觀念，因此當他流放美國時，至少至 2016 年發生之事改變一切之前，他對於在一個「如冰山的冷冽街頭」生活的創傷應該多少得到撫慰，因為他已從遙遠的一角親眼見到 Hizmet 在全球各地欣欣向榮。

Istişare 之務：若不談「摯愛者—神」，就禁聲！

　　Hizmet 早在 Hodjaefendi 之前就到了美國。有一小批學生很早前在 Gülen 的鼓勵下到美國，有些後來就留了下來。許多人居住在紐約市外的紐澤西，但也有些在休士頓，他們往往會在當地的學院或大學聚會，其中一位學生名叫 Hüma Taban。我在 2016 年訪問她時，她是維吉尼亞州 Fairfax 市 Pinnacle 學院（一所特別注重科技、數理與工程的學校）的副校長。Hüma 與其夫婿 1995 年到美國讀碩士學位。她研讀的是生化，其博士論文檢測昆蟲的費洛蒙，或更精確地說，研究棉籽象鼻蟲（預期發展出針對單一昆蟲與環境友善的殺蟲劑）。她同時也是 Hizmet 在內華達的志工，她把青少年時期在土耳其經歷的方案帶到 Reno 市，成立「對話俱樂部」，開辦「各民族特色料理烹飪班」。她資助咖啡店，與來自不同傳統的講者進行對話晚餐，甚至舉辦電影之夜。她在 2007 年搬到維吉尼亞時，華盛頓特區已有 Rumi Forum（一個重要的 Hizmet 智庫與對話中心）。她透過該論壇繼續對話活動，同時在擔任 Pinnacle 學院副校長之際負責籌組科展及其他科學相關活動。她比許多受 Gülen 啟發者都早到美國，至於她如何來美國就讀，當志工與負責 Hizmet 相關組織的工作等故事，之後還會常談起。[10]

　　另一位受 Gülen 啟發比 Gülen 早到美國的女性是 Nebahat Çetinkaya。她在 1994 年 2 月抵達美國，當時其夫婿剛得到俄亥俄州 Columbus 市大學研究所的入學許可。他們原先計劃只停留八個月，就像是蜜月；然而他的先生早已申

---

[10] Interview with Hüma Taban, Washington DC, June 27, 2017.

請了「綠卡」（永久居留證），後來他先生中了彩券，還獲得永久居留證，蜜月於是結束。她回憶：「這是我們的新家，現在我還沒準備好，所以我一直哭。」但很快地這對夫妻就決定走出去，她決定必須在這裡做 Hizmet，她記得每個州好像都有一個受 Gülen 啟發的家庭。1995 年夏季，一個為期兩週的營隊將各地的家庭聚在一起，這與 Gülen 以前籌辦的營隊很像，而他們很多人都曾在土耳其參加過。這是專給女孩參加的營隊，於是曾在大學研讀伊斯蘭的 Çetinkaya 便成為古蘭經教師。該營隊的名稱是 Chestnut Camp，舉辦的地點是賓州的 Saylorsburg。那次的營隊成為一粒種籽，最後開花結果，發展成「黃金世代隱修中心」。隔年夏天，有些早已搬來賓州的家庭購買了二十五英畝土地，在此舉辦為期一個月的 Chestnut Camp。1996 年，Çetinkaya 回到伊斯坦堡，她與一群朋友去拜訪「五樓」的 Gülen。他祝福她在美國的努力。她記得：「他很認真地看待我們，令我驚訝的是 Hodjaefendi 對女性非常看重。他諮商結論時這麼說：『女性可以把 Hizmet 帶到美國去』。」[11]

如同此軼事，諮商中的學習可以有兩種方式。Gülen 不只透過 Istişare 指點人們活動，他亦能透過那些與他會晤者的活動察覺新方向。Gülen 在 1994 年的短文中清楚點出他所認為的「諮商」是什麼。Gülen 認為 Istişare 對穆斯林而言不只是一個選項而已，更是必須如禮拜般重要力行的：

> 對今日的穆斯林，Shura 是至關緊要不可或缺的規則，如同對第一代穆斯林般。根據古蘭經，那是有信仰社群最明顯的徵兆，也是深信伊斯蘭社群最重要的特質。古蘭經提及諮商與禮拜一樣重要。[12]

就此重要性，

> 最睿智者即為最欣賞且尊重彼此諮商與深思(meşveret/mashwarat)的人，也是最能從他人想法中獲益者。凡是對自己計劃與行為的想法最滿意者，又或甚至堅持或強迫他人接受其意見的人，不但錯過了一個極為重要的動力，還將面臨其他相關者的爭論、敵意與仇恨。[13]

避免仇恨的務實準則有助於 Istişare 遠離理想主義的幻想。

---

[11] Interview with Nebahat Çetinkaya, Washington DC, June 27, 2017.
[12] Gülen 2007, p. 43.
[13] Ibid., p. 44.

任何一個活動都需要諮商：任何投資與企業若在開始前欠缺足夠的諮商將不會長遠。諮商是決定個人與社群、人民與政府、科學與知識、經濟學與社會學等相關事務必要職責，也是最重要的任務。畢竟，若先知曾參與諮商，那一般人有何不可？即使政府首腦或領袖是真主所認可的，並蒙受啟示與啟發的滋養，他（她）就有義務以諮商行事。諮商不但必然，它亦證明必行：

> 諮商在其職權中進行可以保證人的努力，也會遵循導正結果的規則。這方面可以說：1-增加了思維層面，並參與社會；2-藉由對所有新事件的看法提醒社會自身的重要性；3-造成不同意見的產生；4-藉由確保人認知詢問的必要，並呼籲行政者在需要的情況負責；5-藉由限制他們的執行力來防堵統治者做出不負責的行為。[14]

這些並非是虔誠的陳腔濫調，是確實有效的。

Gülen 補充說明當然諮商不能取代神之啟示或命令。禮拜的義務不能在眾人的諮商下被取消。Gülen 無疑地也從經驗中察覺「在諮商中不能一直都是全體同意」。在這種狀況下，大家必須遵從「多數人的信念」。一旦諮商有結論，繼續爭論就會引人不快。[15] 簡言之，參與諮商可能帶來風險。個人得意的想法可能無法貫穿諮詢過程。Gülen 在 2014 年的佈道中具體指出在諮商中，人必須能在適當時間點發言，「我不完全瞭解這個議題」或「我的知識也許是錯的」這類話可以表現出不是堅持己見或心中對特定想法過於堅持。當然，諮商的核心是爭論與思辯，而不是「爭吵與咆哮」，是相關資訊與意見的文明交流。其真正目的是讓真理透明呈現：「真理耀眼之光誕生於理念的折衝。」[16] Gülen 在此引用一位十九世紀歐斯曼作家與政治運動家 Namık Kemal 的話。

可懷疑地說，凡是參與大學院務或委員會會議者都知道這種過程可如何地運作：每個人都在等待「專家」的插入。理解這後，Gülen 無疑地從經驗中提出不同的理想：

> 使一個人的意見更可信的因素不是其年資、頭銜、地位或是個人聲望，而是當在彰顯真理時，大力運作這些因素施壓意謂諮商精神的破壞。諮商時

---

[14] Gülen 2007, p. 45.
[15] Ibid., pp. 45-9.
[16] Gülen, "Ideal Consultation-1," *Herkul*: Weekly Sermons, September 28, 2014, at http://www.herkul.org/weekly-sermons/ideal-consultation-1/.

絕對不能強加於人。根據伊斯蘭，最理想者即告訴他人：「您在這議題上是對的，我同意你所說的；但儘管如此，我還是有些想法。您認為如何？」此即捍衛諮商榮譽者。一些道德瑕疵者有時會利用其輩份或信譽去施壓。即使他們並無察覺，如此行為是以他人的信仰對其輩份、地位之信任公然濫用他們的服務。然而，無人有權以自我中心與自私的態度除去諮商成果。[17]

Istişare 是伊斯蘭商業模式，誠如「自我」是取悅真主任何努力的障礙，領導者其自我意識是商業成功的主要障礙。

Gülen 引用 Saʿid Nursi 的話溯源其教誨：「尊重公義是高尚的，不應因任何事而被犧牲。因此，所有話語與態度必須符合真理與正義。偉大人物 Nursi 也告訴學生不要因為他所告訴他們的單一理由而接受某些事，因為他們很可能會被誤導。人需要有這樣的肚量。因為我們無一是接受神啟的先知，故人人都會被誤導，絕對不要忘了這點。」[18] Hodjaefendi 還提供另一句格言給想要見他，或是以其情況想尋求其意見者：

> 在談論一些事物時，界線必須很清楚才不會誤導人，任何負面觀點的門方才被打開。為免這些狀況發生，即使說話誠實者，亦須保持緘默。保持靜默再自問：「我該如何表達真相，才不會冒犯別人？」必須只深思之後才說出其想法。對一位信仰者而言，緘默是反思，說話是智慧。若要說話必得帶有智慧，否則保持緘默。如蘇非詩人 Fuzuli 所表示：「必須是談論『摯愛者—真主』，否則別作聲！」[19]

除非一個人的話能建立社群，如同真主的創造萬物，否則最好守緊舌頭。

Gülen 描述 Istişare 的一個面向最後卻導致他與 Hizmet 陷入困境。《古蘭經》第4章第114節說：「他們的密商大多無益，除非是勸人施捨、行善，或在人們之間調解。對為了尋求阿拉的喜悅而做此事者，我（真主）將賞賜他大回報。」Gülen 闡釋這段訊息的方式是強調任何為取悅真主所做的事可行且應該公開。然而，當為宗教服務變得困難，且需要極大忍耐以抵抗如伊斯蘭之初

---

[17] Ibid.

[18] Gülen, "Ideal Consultation-2," *Herkul*: Weekly Sermons, October 4, 2014, at http://www.herkul.org/weekly-sermons/ideal-consultation-2/.

[19] Ibid.

與最近所遭遇的艱苦與磨難時，有些事必須秘密做、秘密商量。[20] 當可以質疑
政府的壓迫時，令事情看似不相相關卻合乎邏輯，就連大部分合法、合乎倫理
道德的運動也得轉為地下。Gülen 重申必須考慮的是做慈善的計劃與意圖、鼓
勵善的計劃與策略、對等處理與誠實以對的事務，以及鼓勵人之間正確型式的
努力。而對一個可質疑的政府而言，就連這些也是值得懷疑的。然而 Gülen 續
說：

> 任何組織都可設立以支持這三種為神而行的有利行為。我們必須非常小心
> 謹慎地保其機密性與神聖性。必要的諮商得在特定架構中舉行，而諮商會
> 議不能讓有惡意的局外人參與。促進社群的計劃與意圖之實現乃先知的行
> 誼，因此藉由保密才能保護公眾權利與福利。[21]

更仔細看看，這並非掩飾或全然為了更重要緣由說謊（即阿拉伯文的
Taqiyya，隱匿或偽裝），但有些人指控 Gülen 在行 Taqiyya。[22] 沒有任何與 Gülen
有關的人曾密謀將伊斯蘭法密藏置入土耳其或任何地方。他們的確努力且小
心翼翼地保護私人資訊，而這通常是商業行為。但由於如上述的宣稱與其他來
路不明的發言，針對 Gülen 缺乏「透明度」的指責司空見慣，也傷害了 Hizmet
的全球名譽。[23]

而保密這種決定，對有興趣如此做的人這並不難察覺。例如從 1990 年代
開始一直到二十一世紀，許多與 Hizmet 有關的財產是出自許多政府所認證的
基金會，再轉入有理事會與股東的私人企業集團。這些轉手沒有聲張，默默地
進行了幾十年。社會學家 Helen Rose Ebough 的解釋如下：

> 當第一棟宿舍、先修課程與 Gülen 的學校建立時，為了募款與分發基金給
> 其他受 Gülen 啟發的各種方案，他們也同時建立了非政府基金會。通常，
> 捐款者並不會精確地知道其捐獻資助的是哪位學生或方案。捐款是給基金
> 會的，然後轉發到需要的方案。然而，在過去十年間（Ebough 的書是 2010
> 年出版的），人們已放棄建立基金會機制，取而代之的是成立機構以管理

---

[20] Gülen 2014d, p. 90.
[21] Ibid., p. 91.
[22] See, for example, Rodgers 2009. 這篇文章當然是典型右派份子的懷疑（如果不是偏執狂的話），
但不幸地卻被許多美國媒體公司選為關於 Gülen 的主要論述。這類文獻皆具有乏味的行文、
粗略的研究、以及乏善可陳的批判性思想等特徵，而這篇文章亦不例外。
[23] See Tittensor 2014.

支持各種 Gülen 方案的募款工作。構成這種從基金會轉變到商業模式的原因是基金會所受到的規範比機構更嚴格，再加上過去土耳其的軍事政變總會造成新的政府機關解散基金會，侵佔金融資源。機構在政局不穩時比基金會安全，較不會遭到侵佔。如同機構，公司也能創造利潤，但這些利潤往往也被用來支持更多企業。[24]

然而事後證明在一些案例中私人機構變得不再比基金會更安全，因為政府仍然可以接管，[25] 但重點是這些都是必須私下進行以使 Hizmet 計劃安全的決定，其生產財富以削減貧窮的目標依舊不變，永恒的目標毋需妥協。通往那些「道德的」結果的方式也必須是「道德的」，即使必須被保護，必須私下進行。

落實Istişare：制約性資本主義

對 Hizmet 這種商業風格的起源必須在較大的情境去思考。土耳其經濟在1980–2010 年間穩定成長，被稱為 Anatolian Tigers 現象。所謂的 Tiger 是指安納托利亞心臟地區如 Kayseri 或 Konya，而非 Izmir 與伊斯坦堡的企業家，這些企業家企圖融合伊斯蘭傳統與資本主義。已有好幾位分析家稱之為「綠色資本或伊斯蘭資本」(green capital or Islamic capital)。[26] 當然它的實踐有許多方式，Gülen 的 Istişare 模式只是其中之一。但 Turgut Özal 在 1980 年代採取自由化措施後，傳統上不屬於安卡拉–Izmir–伊斯坦堡世俗菁英的個人開始有更多的機會。他們可以爭取合約，籌組資源。自然地，在這些 Tiger 中，若非名義上，實質上也有一些是與 Hizmet 有關的商業領袖。其中一位是 Ahmet Haseken。Haseken 與 Gülen 的關係可追溯到 1977 年。他在 Izmir 的一次 Sohbet 中遇見 Gülen（見第二章），Sohbet 經常會轉成為一場諮商。大家在完成神學與靈性省

---

[24] Ebaugh 2010, p. 99.

[25] 有趣的是，就連最糟糕的軍事鎮壓也不曾以 Erdoğan 政權對 Hizmet 組織所採取的方式奪取資產，這也是為何許多 Hizmet 人對這種對私人財富的襲擊大感驚訝，以致不知如何回應。很多人因此變得一無所有。參見統計資料與他們的一些故事："Turkey Purge: Monitoring Human Rights Abuses in Post-Coup Turkey," at https://turkeypurge.com/.

[26] Demir et al 2004, pp. 166-188.

思後，參與者事業也能獲得指引。因此在這場討論將結束時，Haseken 提了問題：「我們要把票投給誰？」這是本身就有問題的問題，而且更是 Gülen 被指控涉入的政治相關問題。但如 Haseken 的回憶，Gülen 按照 Istişare script 回答，他記得：「Hodjaefendi 微笑說『Estağfurullah!』（求真主諒宥），然後：『你知道的不會比我多。』」如同 Haseken 所記得的，同樣問題在那場諮商中出現三次，而

> 他從未給我們任何關於投票的指示。我一直記得這點，這影響了我。我對自己說：「這個人與眾不同。」因為無論我們要去哪裡，他們（其他精神領袖）都會給我們指示，給一個人名。他們會說如此這般，給一個人名。我對這點很感動。所以從 1977 年開始，我們就成為持續對話的兩個人。27

不用說，Haseken 也以金錢資助 Hizmet。他從在 Turgut 設立磚廠起家，早在建材業有成就。

當 Gülen 定居美國後，Haseken 便定期拜訪賓州。他記得一次諮商會（2012 或 2013 年），參加者包括來自美國中部的一群商人與教育家。他記得當他們告訴他 Hizmet 在他們的地區發展時，他相當欽佩。而他也記得 Hodjaefendi 沒說什麼，也沒讚美或致謝。當 Gülen 很快地起身時，人們圍著問他為何不說話。於是他說：「假如你們認為這些事因你們而發生，那就願真主幫助你們，因為你們誤解了。你們話中有真主嗎？是真主讓這一切發生的。不要將任何事歸於人。神才是萬物的擁有者。」28 這番話是否令人去或是不去美國中部進行投資並不清楚，但這的確揭示 Gülen 如何進行諮商，也指出貿易企業背後的中心原則，基督宗教徒稱之為「託管」(stewardship)。Haseken 續說：「Hodjaefendi 早在數年前已說過，真主是萬物擁有者。Hodjaefendi 看清理、解這個世界，在在說一樣的事。他的訊息或生活沒有使人誤入歧途。」神對一切的擁有權原意謂 Gülen 相信資源會在諮商時出現。例如，Haseken 記得 1987 年的一次諮商是在 Turgut 的宿舍大樓舉行。當時錢已用完了，「學長」們想要向一位名叫

---

27 Irmak TV, Geçmişten İzler (Traces from the Past), "Interview with Ahmet Haseken," February 24, 2014.
28 Ibid.

Osman 的人募款。Haseken 記得：「Osman (Aykutlar)很有錢，是當地最富有的。」
但「學長」們對於募款很焦慮，因為他們不曾向人要求那麼大筆錢。他們因此
去 Gülen 住處詢問意見。而在他們開口前，Gülen 說：「別忘了，當人人都是
空著雙手見真主時，Osman 卻能帶著一棟宿舍去。」然後，Haseken 記得 Gülen
轉向「學長」們問說：「你們來這裡是為了什麼？」我們說：「Hodjaefendi，我
們是來拜訪您的！」最後 Osman 捐了錢，宿舍也完工。

　　Haseken 記得另一個更早的例子。有一天，Gülen 來磚廠拜訪他。然後一
群支持者為 Istişare 集合。Haseken 回憶說：「我們不知道什麼是 Himmet，只
能挨家挨戶請人捐款。結果那些商人給我們錢蓋學校，願真主祝福他們。」但
是在諮商中，Haseken 問 Gülen：「我們的做法，可以嗎？」如 Haseken 所記得
的：「Gülen 說：『你最清楚！』於是我們瞭解我們的做法是錯的。」但 Gülen
繼續教導說：「我們的先知（願平安與福賜降臨他）尋求 Himmet，所以在這裡
我們也（能）有好的 Himmet。」Haseken 解釋他那天所學到的 Himmet：「那
概念是我們把每個人集合在一起，專注在一個目標上，每個人皆能提供他們所
能，辨認所需，指派任務。」這種任務導向的慈善募款不是暫時性的抒困，它
會衍生成自給自足的組織，如 Haseken 所云。這種做法要求很高，它同時專注
在短期與長期目標上。他解釋那種心理狀態：「若你夜晚回家睡得很舒服，那
表示你捐不夠。」Himmet 使人話到錢就到。這種系統具有濫用的潛在風險。
宗教史上充斥著魅力領袖勸說人民為了某些原因放棄一切。但控制資源的權
力從來不是在 Gülen 手上。他不可能管理所有最後發展出來的大規模企業。除
非他的個人簡樸是規劃了數十年的公共關係技能，且事先就預知 Hizmet 參與
者終會募到龐大資金，否則就幾乎無理由懷疑他的真誠。如 Haseken 所言：
「『你相信真主，真主會給你各種回賜。』你必須相信這點。人們保證提供他
們所不可能有的金錢數目，但他們做到了！但 Hizmet 也有責任性結構，我們
的確有會計師！」[29] 一位觀察家引用一句耳熟能詳的諺語說明透過 Istişare 來
的 Himmet 意謂「相信神，但該做的還是要做。」[30] 這個方法既保有理想又務

[29] Irmak TV, Geçmişten İzler (Traces from the Past), "Interview with Ahmet Haseken," February 24, 2014.
[30] Bernard, "The Hizmet Movement in Business, Trade, and Commerce," Marty 2015, p. 168.

實。知道如何審核的好會計師必須是此結構體的一員。

　　歷史上已有先例關於社會企業、社會事業或透過諮商的商業，而且不只是出現在先知生命中。Phyllis E. Bernard 教授是一位研究斡旋、妥協與其他以商業解決衝突與組織社群方法的法律專家。她將 Hizmet 運動及其商業實踐與 Quakers 的資本主義做比較。眾所皆知，「教友」實行一種共居生活，這種生活仰賴透過對話建立共識，在未考慮社群全體及其需求前不會有任何決議。然而 Quakers 的做法不但不妨礙財富的累積，還使許多「教友」變得相當富有。該運動的早期歷史，這些「教友」同時也將其許多財富移往與其宗教信念（如和平主義）一致的公司集團與企業。Bernard 看到 Gülen 的「蘇非商業範式」(Sufi paradigm for commerce)時，覺得似曾相識，她也稱之為「制約性資本主義」。她自 2009 年開始研究 Gülen 模式。她採訪了商業領袖，參與土耳其與美國企業家間的跨文化交流。Bernard 沒有以伊斯蘭用詞描述諮商過程，她解釋：「商人為一個緣由而承諾，組成圈子以獲得同儕支持、鼓勵、忠告與協助。」不同於保存豐富記錄的 Quakers，Bernard 承認有關這些圈子特定活動的詳細記錄很少。這令 Hizmet 圈子更近似一群共同追尋，彼此信任的夥伴，而非被組織的行會或協會。[31]

　　Bernard 指出，這些受 Gülen 啟發、致力於共同追求理想企業家的崛起，大約是與今日全球供應鏈的成長同時發生的。Hizmet 只是走在新自由浪潮嗎？Bernard 的答案是「或許」，但更傾向「不是」。她解釋說：「Hizmet 對教育與倫理的關注創造出一批受過高等教育的重要大眾，這些人有能力既以傳統規範為榮，又與西方互動流暢。這創造出連結傳統與現代、世俗與神聖的通道，建立各方商業交易的能量。」更精確地說，Bernard 將 Hizmet 的「制約性資本主義」與傳統的西方商業做對照。在西方商業中，一切都以貨幣計算，一切皆能妥協，因此一切都取決於白紙黑字之合同中的內容。Gülen 幫助塑造一個「將人擺在利益之前」的商業文化。這種透過好客、喝茶的情誼，以及個人關係所建立的軟實力將隨著時間長流發展。那麼，在受 Gülen 啟發的諸多組織核心中，Istişare 就是信任。Bernard 說：「信任是必要成份，沒有信任，則無法做成

---

[31] Ibid., p. 156.

任何生意。」Bernard 坦言，人必須透過「諮商共享權力的概念」去取得人之間的信任。這聽起來過於美好而不太務實，許多人直到自己經歷過才能真正瞭解。Bernard 解釋使這一切發生效用的就是「制約性資本主義」，這是源於「對伊斯蘭領袖權觀念的信奉」。[32] 簡言之，若未自始至終理解此伊斯蘭基礎，就不可能正確地瞭解 Gülen 與 Hizmet；而最令人驚訝者並非 Gülen 方式的理想主義，而是它居然可行。Gülen 一生中，儘管土耳其政府反覆地阻撓他，人們仍藉由 Hizmet 來行善。

Gülen諮商模式的務實面

Istişare 有其務實面—天份養成，Joshua D. Hendrick 中肯地表示，人們從他與 Gülen、Hizmet 關係獲益。而他們所獲得者不只是財務安全，更有精神與道德的指引、擁有許多朋友之目的性社群與超越物質的生命。Sibel Yüksel 於 2003 年到休士頓，她是一位二十一歲的新娘，跟著她有工作簽證的夫婿而來。她開始參與「學姊」們的聚會，受到歡迎，並學習烹飪與開車，他們還幫助她學英語（她剛到時一句都不會，但筆者在 2017 年見到她時她已說得很流利）。她在社群第一份任務就是為對話活動煮飯，然後自薦為餅乾師傅。在這不久前，她被要求擔任宗教對話活動的司儀。她回憶說：「我能讓人們笑，而且我很親切。」這種個人發展是透過 Istişare 有組織性地發生，也是 Hizmet 運作方式的縮影。Gülen 並未從賓州發號施令，那這究竟是如何做到的？但 Yüksel 的確是學自 Hodjaefendi。當她還在土耳其時，當時是十八歲，就已開始實踐其信仰。她亦曾因多數伊斯蘭佈道家所說的話而氣餒：「他們總是說那樣會下火獄，那樣是撒旦的嗦使，是 Haram（被禁止的），Haram，Haram！但 Gülen 不同。他主張接受原有的個人本性，以此態度與人接觸。在土耳其，有人嚴厲地批評別人，但他卻接受別人的本性個人。我們可以因別人生活而生活。」Yüksel 的例子意謂去取得 GED（普通教育證書）。她先獲得預科文憑，不久後又得到基礎教育學士。她也生了兩個兒子。當她撫育年幼的男孩時，她也擔任保姆工

---

[32] Ibid.

作以協助支持其夫婿的教育費用，之後當她拿到證書時，她開始在 Houston Independent School District 當教師。我在 2017 年訪問她時，她已開始攻讀教育領導(Educational Leadership)碩士，她關注的是以英語作為第二外語的教導。她也繼續宗教對話的工作，在與「學長姊」們諮商後，她發現那是她的興趣，而且是個力量。她說：「我的態度是我能為您做什麼？無論我到哪裡，都是這個想法。成為鄰居意謂『我能為您做什麼？』」那時，她丈夫也在攻讀工商管理碩士(MBA)，同時也在金融業上班。她認為他在支持她，而她也幫忙賺錢，這全是因為愛。」[33]

相互諮商不只發生在建構跨國組織的大格局中，也發生在夫妻間、姊妹間、以及找工作等微觀世界。Gülen 的影響力不是直接的，但有時 Gülen 透過諮商對個人生命道路的影響卻更直接。就我的認知，Yüksel 從未見過他。Ahmet Muharrem Atlığ 是 1994 年伊斯坦堡神學院學生，他正走在成為傳統「火獄、撒旦」認知的 Imam 途上。他對 Gülen 的思想很熟悉，卻無法完全內化。畢業後，他遇見 Gülen。Atlığ 回憶：「Hodjaefendi 問我未來的規劃是什麼？」那是許多年輕人所害怕的問題。但那年輕人與 Gülen 繼續對話，然後 Atlığ 記得 Gülen 說：「弟兄，我不是要冒犯你。但你很多想法很危險。」Gülen 接著問那年輕人：「你只在這個人人像你，人人一樣，同樣的穆斯林社群生活嗎？」Atlığ 必須回答：「是」。他記得 Gülen 接著說：「我推薦你出國經歷一下，向其他人學習。」Atlığ 做了，花了幾年光陰。就像 Yüksel，他也在 2000 年落腳休士頓。他曾在 University of St. Thomas 的 St. Mary's 神學院研讀碩士學位，當時他同時擔任志工 Imam。他在那裡遇見 Donald Nesti 教授。他才剛開始一個月，便接到他在伊斯坦堡的父親去世消息。他坐在神學院的一個角落哭泣，此時 Nesti 走近那年輕人，問他發生什麼事了。Ahmet 說沒有錢出席父親葬禮。Nesti 神父對他說：「你為什麼不去？我現在就是你的父親。」Nesti 為 Atlığ 支付機票錢讓他返回伊斯坦堡。Atlığ 說：「那時我瞭解了 Hodjaefendi 說的經驗與向他人學習是什麼意思。」Atlığ 在完成碩士後去了倫敦，在該城的南方擔任義工性質的 Imam。之後，他繼續攻讀博士，也是在天主教大學，研究的是 Rumi

---

[33] Interview with Sibel Yüksel, Houston, Texas, March 11, 2017.

與 St. Thomas Aquinas 的比較神學。[34]

　　諮商有時可以終身延續。之前幾乎在每一章都提及的 Yusuf Pekmezci，至少每幾個月就會與 Gülen 諮商一次，若不是面對面，就是電話溝通。他是在 1999 年首批到哈薩克的土耳其人之一，那決定也是出自 Istişare。如他所憶：「Hodjaefendi 將我們的一些朋友聚集，然後說：『我們沒有親自接受先知的伊斯蘭教導。我們是從中亞的 Alim（學者）學到的。現在那裡的人有需求，我們應該去幫忙，並設立教育機構。』」Gülen 仍是沒發號施令，Pekmezci 說：「他讓我們思考，給我們選擇。是真主授權我去哈薩克的。我在哈薩克待了十五年。」[35] Pekmezci 不是教育家，他是商人，所以他開了一間餅乾工廠。在與其他土耳其人、哈薩克人民商量後，與當地的一個團體共同聘請教師與管理者，規劃大樓，設計（如政府所規定的）課程，並開始積極招生。他在 2005 年離開哈薩克時，該國已有二十五所學校服務不同族群的學生。他開創用以資助教育事業的餅乾工廠共有四百五十位員工。這裡稍加補充說明，Pekmezci 是我所見過最樂天者之一。雖然我們在 Izmir 時為了躲避警察而須數次調整訪談時間（土國政府早在 2015 年嚴格取締與 Gülen 親近的人），但他看起來仍然真誠地為他的生命表示感恩，一位自我實踐者。我非常喜歡他的公司，以致我盡量延後我離開的時間，結果最後錯過了班機。

　　Istişare 的運作過程中，專業人士與小商人皆會在場。Şerif Ali Tekalan 是位醫生，自 1970 年代開始受到 Gülen 與 Hizmet 吸引。當筆者於 2015 年訪問他時，他正是 Fatih 大學校長，也是著作等身的耳鼻喉科研究者。1980 年代早期他在 Kayseri 開診所，同時也幫忙建立學校、家教中心與光之家。Tekalan 憶及那段時間 Hodjaefendi 到 Kayseri 好幾次，他那時正在躲避軍政府的追緝，因此他沒參加大會議，但會出席小型集會。在 Kayseri 發生的這些諮商正好符合 Hizmet 整個歷史的模式：

> 我們成立信託委員會，解釋 Himmet 該如何運作。參與者集結成團體，每個人皆保證每年募到相當數目，並分期付款。委員會集資，商人們管理組織。我們為 Hizmet 做 Himmet。若我們需要桌椅等，人們也會提供。我們

---

[34] Interview with Ahmet Muharrem Atlığ, Izmir, August 5, 2015.
[35] Interview with Yusuf Pekmezci, Izmir, August 2, 2015.

學到彼此信任。金錢管理非常重要，當地人管錢。這是 Hizmet 的基本原則之一。直到最近，我們都沒有拿過其他穆斯林國家的錢。[36]

Tekalan 回憶有一次與 Gülen 的諮商，那次有科威特與巴林島人在場。他們對 Hizmet 的活動印象深刻，也資助一些方案。他們離開後，Tekalan 記得 Hodjaefendi 說：「這非常重要。若我們向外面拿錢就會與他們拉上關係，有人或許又會說我們胳臂向外彎。資金必須實實在在來自本地！」Tekalan 宣稱曾拜訪每個有 Hizmet 學校的國家。2015 年事後證明，他對學習語言與文化與力行對話不空談的年輕世代致謝。2016 年，Tekalan 被任命為位於休士頓一所私立學院(North American University)的校長。自從他遇見 Hizmet 後，他便預測可能每兩、三個月就會與 Gülen 諮商。[37]

Istişare之結構：Gülen扮演的角色

這些參與 Istişare 個人不同的故事說明在 Gülen 所啟發的方案中是有各種結構的。根據一些人的說法，結構可謂相當緊密。David Tittensor 報導了幾位 Hizmet 學校的學生宣稱確實有明確的組織設計。如其中一人所言：

> 在那裡面 Cemaat 是非常威權主義的。你知道你不能在未經你們的「學長」或所參與支部許可下做任何事。你知道小企業的 Abi（大哥）若是「學長」，他會將控管小組織活動，而小組織在未經允許前不能進行任何事。這是非常威權組織與階級制度。[38]

然而如 Tittensor 所解釋，此階級性管理方法與該運動所努力呈現的，兩者之間有直接矛盾。運動裡的成員不變地解釋每個方案都是自治的，而且與其他鄰近城市的計劃沒什麼關係，不具有由上而下的階級。[39] 的確，該運動成員經常強調各種 Hizmet 機構的分別獨立運作，以及之間沒有關聯，如此做有其好理由。例如 *Zaman Amerika*（土耳其與美國都有發行）的記者 Esra Koşar 十

---

[36] Intervuew with Şerif Ali Tekalan, Izmir, August 1, 2015.
[37] Ibid.
[38] Selim, Student, Turkey, as cited in Tittensor 2014, p. 161.
[39] Tittensor 2014, p. 162.

五年來一直活躍於 Hizmet 在美國所贊助的宗教對話。她的評論是：

> Hizmet 是如此隨意且不具組織架構，每個地方的模式皆不相同。這並非預先計劃好的。成員聚集諮商催生了其他方案。Hodjaefendi 不可能控制所有正在進行的事。成員有相同的價值觀，人人會調整適應所在地與所共事的人。[40]

關於這兩段 Hizmet 權威結構的情境化差異敘述是很重要的，必須對照思考其間的歧異。根據 Tittensor，Hizmet 機構內的權威架構之所以不明有其策略性原因：「那些擁有最大的控制或管理方案的權威者與每日上演的活動保持距離。這使得該運動得以遠離任何潛在的醜聞。」[41] Joshua D. Hendrick 也有類似的說法，他認為接近 Gülen 的人有意無意地在各種公眾事務上採取策略性模糊。[42] 事實上模糊比較是情境性而非策略性的。方案是有機地出現，再透過 Istişare 出現在本地、國內與國際社會中。權威線軸在某地方可能不太直接，但在其他地方卻可能很直接。一位伊斯坦堡學生可能會看到權威直線上升；但一位 Zaman 記者卻可能一直看到散亂無組織。組織架構與控制的程度在不同地區、時期與「學姊」都有很大的差別。

而 Gülen 在層峰的角色是什麼？Gülen 自己的話與簡單邏輯支持了 Esra Koşar 的觀點。他不可能管理或控制在幾十年內崛起為數龐大的企業。1997 年時，他如此說：

> 當我們政府允許設私立學校時，有一批人選擇將其精力花在服務人民上，而不是夏天或冬天時在別墅裡虛度時間與財富。他們這麼做不只是為自己的國家，也是為了全人類，他們以熱忱去做，奉獻自己。我不可能理解志工們在土耳其與海外設立的所有學校。我不只不認識設立這些學校的大多數公司，我連那些學校在哪裡也不知道。我從媒體所得知的是，眾所皆知，這些學校幾乎已在每個國家成立，只要那國政府准許，除了伊朗、敘利亞與沙烏地。從亞塞拜然到菲律賓，從聖彼得堡、莫斯科到 Yakutsk，透過猶太商人 Üzeyir Garih 的協助他們設立了學校，證明他們有崛起能力。[43]

---

[40] Interview with Esra Koşar, Hasbrouck Hights, NJ, March 28, 2017.
[41] Tittensor 2014, p. 163.
[42] Hendrick 2013, p. 8.
[43] Gülen, "Orta Asya'da Eğitim Hizmetleri," *Yeni Türkiye Dergisi*, nr.15. [1997], pp. 685-692, as cited in Ergil 2012 Kindle Edition, Loc, 8074-8075.

當政府打擊伊斯蘭方案時（包括那些與 Gülen 有關的）， 有些學校就無法持續下去。

2005 年，有人指控 Gülen 是操縱巨大工業帝國的幕後黑手，Gülen 對此表現出些微的惱怒。這些指控是對智慧、承諾與有人實質負責機構的汙蔑。此外，Gülen 要負責的不只是最後結果，還包括策略性計劃：

> 末日時我將回答真主，唯有真主知道我在那上百所學校中所扮演的角色。我在短時間內盡本份地鼓勵那些事，但那些事最後發展出比我所言高出十倍力量，我在那上面沒什麼貢獻。事實上，即使承認那些計劃中十分之一的功勞都是對那 Hizmet 的不敬，這對許多人的勞力不敬。這種方式讓一些人受到不公平，忽視他們所做的善事，讓別人說有一小群人而不是運動本身擔著此運動所有的影響，真主藉由眾人之手完成此事，而那些人的臉與名字並不為人所知。[44]

筆者與 Mehmet Gündem 在 2005 年對 Gülen 做了另一次訪談，他談到為何不去拜訪許多與其方案有關的組織或學校的問題：

> 事實是我對這個運動的貢獻非常小。儘管事實，但我怕如果去這些地方，可能會造成誤解，誤認我是這群好人所做善事的發起者。我擔心人們會覺得在這些偉大工作背後的驅動力是我的思想與主意，而非那些人的奉獻與熱忱。此外，人通常將他人的成功歸於居領導地位的人。我也擔心一些人可能會說的話，害怕做出任何會引發那些地方的特殊族群反應的事。他們可能說：「這背後其實是如此那樣」或「他們有幕後黑手」。[45]

Gülen 一方面在意輿論，不想給人藉口設想那些方案有「幕後黑手」。另一方面，Gülen 可能低估了他在策略上的貢獻，他的確很容易自我否定。必須記得的是他在美國。那些機構已迅速成長遍及世界。這些世界各地的成長指出那是從下而上的管理，而非從上而下。尤有甚者，Gülen 始終強調 Istişare 模式，鼓勵人們參與，而非階層式的權威。就各方面而言，所有全球方案的格局，

---

[44] "Bu Hareket Devlete Alternatif mi?" (Is This Movement an Alternative to the State?), at https://fgulen.com/en/gulen-movement/fethullah-gulen-and-the-gulen-movement-in-100-questions /482223-if-it-is-possible-to-make-a-schema-of-the-areas-of-activities-of-the-gulen-movement-what-kinds-of-activities-and-groups-of-activities-can-be-mentioned, cited in Ergil 2012, Loc.872. Here is another alternative link: http://www.herkel.org/kirk-testi/bu-hareket-devlete-alternatif-mi-2/, November 14, 2005.

[45] Gündem 2005, pp. 163-4, as cited in Ergil 2012, Kindle Locations 908-915.

加上 Gülen 自己的話證明 Gülen 並未日復一日地指導操縱，他與 Hizmet 的底層保持距離不只是策略性的防備措施，更是與事實妥協的實務做法，甚至是該運動對精神動力之制約性原則的核心。

Gülen 在一些諮商中直言人們如何聽從他，而他又是如何掙扎，努力克服這種傾向：

> 可能因為他們的敬意，我們的一些朋友總是不想表達自己。但他們更經常愛說話，他們表達意見。我總是忠告這些朋友：「讓我們別用順服的精神來說『某某人講的永遠是真理。』我正在自我批判，質疑我做的是否是錯的。我的詮釋是我個人的詮釋，你們不需同意。」[46]

Gülen 教導自我批判是伊斯蘭重要美德，此觀念的阿拉伯文是 Muhasaba。在 Gülen 的著作 *Emerald Hills of the Heart: Key Concepts in the Practive of Sufism* 中是 僅次於「後悔」的第二個主題。他在書中說：「自我批判會吸引神之慈憫與恩惠，令一個人在信仰與服侍上更加深入。」[47] 或如 Gülen 簡意賅地說：「凡企圖改革世界者必先改革自己。」[48]

事實上，幾十年寒暑過後，Hizmet 中一些較年輕者開始將這份自我批判轉向該運動中（儘管 Gülen 自己也反對）過度對 Gülen 百依百順的傾向。這位年輕婦女省思說：「當我們談到他的想法時總懷著尊敬，但整個 Hizmet 社群卻過頭了。我不喜歡人們見到他時視之為如搖滾巨星，對他必恭必敬，他只是另一個人。」[49] 對這位年輕婦女而言，重要的是 Gülen 的想法。Gülen 對「宗教對話」的強調特別打動她，她將之詮釋成「傳播正向給我生命動機，且教導我無論去在何處，都能幫助人們擺脫困境。」[50] 這種「正向觀」的土耳其文是 Müspet Hareket（正向行動），也是 Gülen 教誨中的重要議題。此概念仍可以追溯到 Sa'id Nursi，他明確地將正向行動與直接的政治激進主義或暴力革命作對比。如同社會學家 Caroline Tee 所評論：「Nursi 鼓吹一種公民行動主義，近似

---

[46] Akman, Nuriye, 2004. *Gurbette Fethullah Gülen* (Istanbul: Zaman Kitap), p. 77, as cited in Ergil, Kindle Locations 1398-1402.

[47] Gülen 2013a, p. 9.

[48] Gülen 2006f, p. 91.

[49] Interview with Aisha, New York City, November 15, 2017.

[50] Ibid.

正向行動，是非政治非暴力的，而此公民行動主義主動將伊斯蘭與國民日常生活細節整合。」[51] 這位年輕婦女住在美國，她說從 Gülen 的想法中找到了「動機」，而不是順服他的權威。

「信仰者如樹，有結果就可生存」

　　當有些人在諮商中順服 Gülen 時，另有一批人吸取經驗以提升動機，這就是 Abdülhamit Bilici 的經驗。Bilici 生於 1970 年，在高中時期參加 Hizmet 的讀書會。他在 Boğazıcı University 研讀政治學與國際關係時，仍繼續在週末與該運動的人保持連絡。畢業後，他在 Gülen 友人所開設的週刊 *Aksiyon* 負責外國新聞的報導。當我在 2015 年訪問他時，他正要結束其在 Cihan News Agency（Gülen 所啟發之相關媒體）主任的工作，計畫轉任 *Zaman* 總編輯。根據 Bilici，Gülen 透過諮商帶動人們，因為他使他們對參與之事抱持希望。他的期待總是希望更多、更好、最好，然後更往前進。[52] Bilici 回憶說當 *Zaman* 開辦時，大家所期待的最高流通量是十萬份，但 Gülen 鼓勵應該胸懷大志，希望有一百萬的流通量。根據報導，該目標在 2011 年達到。毫無疑問地，那報紙迅速地茁壯，Bilici 說總編輯表示他們有伊斯坦堡最好的設備與最高的專業標準。這些熱望也是 Gülen 的諮商範例。[53]

　　Bilici 宣稱關於性別關係的演變曾經有一些問題，他回憶說：

> Hizmet 裡曾有一些演變。報紙成立時沒有女性員工。1980 年代僱用第一批女性員工時，她們是在獨立的一棟建築工作。然後 1990 年代她們搬到主大樓的一區工作（我們的訪談是在 *Zaman* 總部大樓進行的）。之後男性和女性在一起工作變得很正常，就如我們學習與世上其他人的互動，我個人也學到如何發展更民主與平等的理解，當然我們仍在改善。現在每個部

---

[51] Tee 2016, p. 3. See also Sarıtoprak, "An Islamic Approach to Peace and Nonviolence," *The Muslim World* special issue, Islam in Contemporary Turkey: The Contributions of Fethullah Gülen 95(July 2005), pp. 418-9.
[52] Interview with Abdülhamit Bilici, Istanbul, August 5, 2015.
[53] Ibid.

門都有女性記者、主播、編輯、設計師等。[54]

如更早前注意到的，Gülen 鼓勵女性全面參與新聞業、科學與神學等專業。

Izmir 的不動產與建築巨擘 Tahsin Şimşek 記得 Gülen 在愛琴海地區當佈道家的那幾年，他曾與 Gülen 有過諮商，可能是在 1970 年代末。那是一個下午，他與 Gülen 一同去 Sohbet。他記得那時一直想 Hodjaefendi 的悲痛永無止境。他想捐出所有一切，且必須。但 Sohbet 之後，Şimşek 載 Gülen 到一個家，那裡有兩個人與一些朋友想見他諮商。Şimşek 回憶：「在車子裡，Hodjaefendi 說：『Tahsin 先生，別難過。今天我們的資源有限。未來，我們的朋友將不會落入困境。』」之後在諮商時，Şimşek 記得另一個參加者問：「Hodjaefendi，您告訴我們如何教育學生，但我們做了我們所認為的，不知您是否滿意我們所為？反過來，您可否逐漸地告訴我們如何做？」Şimşek 記得他說：「我很滿意你按照自己的想法做。願真主也滿意你！」Gülen 於是轉向我說：

> 例如，若 Tahsin 先生捐出他所有的一切，這就錯了。若他捐出他所有的一切，他就無法繼續做他的生意或支持 Hizmet。世俗人只關心今世，只有一隻翅膀，只能朝一個目標前進。但穆斯林不能只有一隻翅膀，他（她）必須有一對翅膀，能把事做得比世俗人更好。只要活在世上，他（她）就必須為今世工作。如果未來是在後世，就必須為後世工作，找平衡吧！我滿意你們，也願真主滿意你們。因此，繼續你們的生意與你們的 Hizmet 吧！[55]

這種直接命令可能發生在與 Gülen 諮商的過程中。如 Şimşek 所言，人們更常是被迫為自己設想。

Hizmet 大部份案例是獨立運作 Himmet，而不受 Gülen 控制。這在組織增多時尤其明顯。只有少數幾個組織由 Gülen 擔任榮譽主席如 Journalists and Writers Foundation（記者與作家基金會）、Rumi 論壇，以及其他少數。一些其他組織成員必要時會尋求與 Gülen 的 Istişare，包括非營利基金會、專業協會（其中最大者為成立於 2005 年一度號稱有四萬成員的 The Turkish Confederation of Businessmen and Industrialists—TUSKON 土耳其商人與企業

---

[54] Interview with Abdülhamit Bilici, Istanbul, August 5, 2015.
[55] Irmak TV, Geçmişten İzler (Traces from the Past), "Interview with Tahsin Şimşek," Episode 1, December 31, 2014.

家聯盟），以及社會教育行業。另外也有一些受 Gülen 啟發私人公司老闆自發
地承諾贊助一定比例的不同計劃。Helen Rose Ebough 記錄了其中一間位於
Bursa 的學校是如何誕生的：

> 一位商人允諾購買興建大樓所需的鐵，另一位則提供水泥。他們努力要求
> 其他產業的朋友盡可能提供他們學校興建計劃中所需的任何材料。這種方
> 式下，他們以三分之一或二分之一的成本來蓋學校。他們估計學校的價值
> 大約是 1400 萬。那些人 2009 年又參與了在 Bursa 外圍興建新學校的計
> 劃。他們其中一位已把土地捐給學校，另一位則負責支付三棟大樓其中一
> 棟的費用，又另一位（沒有出席她的訪談）也支付學校第二棟大樓的錢。
> 56

關於 Himmet 方案的類似故事很多，一開始上百個，最後上千個。

Istişare 是可行的。我在 2015 年訪談 Ergün Çapan，他當時是 Fatih 大學兼
任神學教授，也是 Hizmet 相關神學雜誌 *Yeni Ümit* 的編輯。他提及 Gülen 的強
調彼此諮商與「思考進程」並行已產生啟發人們的模式。57 Gülen 最早的學生
之一 İsmail Büyükçelebi(1966)訪談結論指出 Gülen 最重要的觀點：「當他想規
劃方案時他會匯集學生們的意見，他會在一個場合或地點詢問我們的想法。他
不會命令，只會一直問，這讓人覺得有價值且願意團結一致。」58 Nevzat Savaş
在 1994–1999 年間跟著 Gülen 做研究，當我訪問他時，他是 *Hira*（Hizmet 相
關的阿拉伯文雜誌）的編輯。Savaş 回憶 Gülen 鼓勵將活動擴展到阿拉伯世界，
尤其是摩洛哥、埃及、葉門與蘇丹。Savaş 記得 Gülen 說「去那裡！」而當他
們在阿拉伯世界遇到新認識的人時，Savaş 憶說：「我們會坐下來談，然後他們
會說：『我們同意你們！』但他們會說：『這只是理想主義，無法實現。』」所
以 Hizmet 的贊助者就會付錢把他們帶到土耳其，他們會看到付諸實現的事—
確實可運作的正向想法。Hizmet 對阿拉伯人展現了可以實踐的理想主義。59
Hira 成立於 2005 年，在它被土耳其政府關閉前已在伊斯坦堡出版了十年，之
後它的總部搬到開羅。60

---

56 Ebaugh 2010, p. 99.
57 Interview with Ergün Çapan, Wind Cap, Pennsylvania, July 14, 2015.
58 Interview with İsmail Büyükçelebi, Wind Cap, Pennsylvania, May 12, 2015.
59 Intrreview with Nevzat Savaş, Istanbul, August 27, 2015.
60 See also Heck, "Turkish in the Language of the Qur'an: *Hira'* Magazine," Barton et al 2013, pp.

這本書並非主要著眼於 Hizmet 運動歷史，更是將重點放在記錄其中一些受 Gülen 組織模式啟發者的傳記，即使那個人並未直接涉入工作組織的運作。記載這些個人的話是有意圖的，並將之導向一個結論，即 Fethullah Gülen 對這些人與他們所成立或工作機構的貢獻就是他們的 DNA；而這個 DNA 其實就是伊斯蘭 Istişare 的核心。真正的穆斯林會忙於彼此諮商的正向行動。Gülen 曾說：「信仰者如樹，只要有結果就能生存。」[61]

「與被迫害者同在就如與神同在」：Hizmet的全球化

Fethullah Gülen 在一篇刊登於 2000 年的短文中下筆一個感情標題：*Appealing to Mercy*（訴諸憐憫）。當然，憐憫是神的重要屬性之一，憐憫也是一種倫理，一條通往和平的道路，以及文明社會的標誌。Gülen 承認許多人墮入「物質主義的觀點」而無法理解憐憫。物質主義者只考慮當下；但從事 Hizmet 的穆斯林具有永恆的視野。在那觀點下，「希望與理想皆與永恆有關」，在建造更慈悲世界之途中，顯然存在著「反民主的障礙以及權力的宣傳」。因此任何社會改革必須具備兩個面向：革除社會不安底層的不義、革除個人與社會的壓迫以停止干涉個人良知。當良知被解放，反民主的絆腳石就會消失，人民才能展望燦爛未來，甚至期盼整個社會的救贖。[62] 憐憫或許會拯救我們全體。以平常心看待之，Gülen 在其過去二十年生命中鼓勵 Hizmet 人去從事一些工作，而集體救贖的遠景對那種工作是至關緊要的。卡內基國際和平基金會的 Bayram Balcı 認為這項工作是在推動「軟實力」。[63] 對 Fethullah Gülen 而言，「訴諸憐憫」意謂社會救贖有賴各種不同實力，而非純暴力。

但憐憫是何種力量？憐憫也是神連結個人與社會的力量。因此 Gülen 說：

我有義務重申個人的啟蒙計劃若非用以幫助社群會是毫無成果的。進一步

143-153.

[61] Gülen 2006f, p. 172.

[62] Ibid., pp. 19-21. The original citation is to *Işığın Göründüğü Ufuk*, [The Horizon Where the Light Has Appeared], Nil, Istanbul, 2000, pp. 189-195.

[63] Balcı, Bayram, 2014.

說，那些已在人類良知中被破壞的價值是不可能在社會中復興，意志力良
知亦然。正如獨立於他人的個人救贖計劃與方案是一種癡想，大致上藉由
麻痺個人知覺以致成功終究是幻想。[64]

　　簡言之，可將神的憐憫具體化或付諸實現的個人能力將個人行為與社群
福祉連結：「人活著的目的就是拉抬他人。超越總是導向腐敗與畏縮奉承的個
人興趣，服務者找到活在慈憫中的動機。」[65]

　　神學視野的重要如同永恒視野。Hizmet 成員是今世與後世的人，是與他
人接觸的人，也是與真主接觸的人。Gülen 已將人權行動主義紮根於穆斯林神
學中，將締造和平奠定在真主的慈憫與超越今世生命的基礎上，事實上無論物
質條件有多麼差，皆能使工作變得簡單易行。這種人所過的生活，無論有何不
同類別，是非常清楚無邊界的，足以令他們在下一個世界享受找到避風港一瞥
之間的寧靜。和平視線會打破現存最殘酷的衝突。這種情況下，Hizmet 的人
已抵達真主身邊。這種崇高的陪伴當然提供個人的平和，這不是在停在個人的
靜止狀態，而是驅使個人將憐憫擴展到他人身上的途徑。這些人尋求大計劃與
顛峰，思考論說憐憫，並找尋方法透過憐憫表現他們自己。這種生活確認了生
命內在價值，因為他們發現「他們是在『至高權力』(Supreme Power)處」。結
果，

> 這些人不只如那句格言所示：「己所不欲，勿施於人」，他們還試圖不斷努
> 力地造福他人。如此，他人將從這些早已發現心靈之用人的身上獲得益處。
> 這些人的視野是無邊無際的，他們能令暴君憐憫之心再生。同時，他們相
> 信與被迫害者同在就是與真主同在，這信念支持著他們。[66]

　　這是 Hizmet 的行動力與組織力的核心。遇到一個人等於遇到真主：與被
迫害者同在就是與真主同在。這則神學格言透過 Gülen 生命的最後幾年呈現
在全球多重面向上，事實也就是將憐憫延伸到他人身上。同樣地，Gülen 相信
憐憫並非只是以強行致力去「拯救」靈魂，雖然與軍事強權相比，它是「溫和
柔軟」，但它依舊與宇宙的「至高權力」連結。換言之，憐憫既是理想，也是

---

[64] Gülen 2006f, p. 21.
[65] Ibid., pp. 21-2.
[66] Gülen 2006f, pp. 22-3.

可實踐的。回顧歷史，Fethullah Gülen 的「訴諸憐憫」正是伊斯蘭的基督宗教運動之解放神學，主張神屬於被迫害者。

在中亞與其他地方種下和平之籽

　　Hizmet 的全球化根基於上述神學背景。如在最後一章所見，它起於中亞。2000 年時，Hizmet 成員在土耳其成立了數十家公司，但也在前蘇聯的一些共和國裡設立辦公室以支持其企業，其中包括了 Kazak Türk Liseleri Genel Müdürlüğü、Taşkent Eğitim Şirketi（Tashkent Educational Commany，位於烏茲別克），以及 Gülistan Eğitim Yayın ve Ticaret Ltd.(Gulistan Education, Publishing, and Trade Ltd.)。此外還有其他很多公司。如這些公司名稱所示的，多數的 Hizmet 相關組織所關注的是教育，但也有一些贊助對話、貿易、出版、旅遊與醫療。有些公司是營利的，但多數是非營利基金會(Vakıf)。[67] 2016 年後，在土耳其的這些公司皆被關閉；但在那些共和國的許多機構仍繼續營運，即使在非常不同的組織下。例如，吉爾吉斯的學校曾經在一個時期達到二十八所，根據 Nurlan Kudaberdiev，那些學校是完全獨立運作，透過 Sebat Foundation 營運。Kudaberdiev 承認第一位向他們提出「此主意」的人是 Gülen，但他完全沒有直接介入或資助。[68]

　　Victoria Clement 在 2000 年初任教於土庫曼的學校，宣稱雖然 Gülen 對課程規劃沒有直接影響，但他的倫理觀會透過職員的行為呈現。她說：

> Terbiye（人格建立）對培養好穆斯林至關重要，這是學校組織運作的主要理念。Seyit Embel 是 Beşkent Educational Center（位於 Ashgabat）主任，曾寫說「啟蒙與人格建立是土庫曼與土耳其雙方共同努力的主要目標。Hizmet 的學校透過 Temsil（生活模範）傳授 Terbiye。」[69]

　　Temsil 意謂不煙不酒，不從事非法性行為。就正面而言，指有嚴格的工作倫理，遵守紀律，隨時準備好自己，以及離開教室後仍願與學生一起做特別計

---

[67] Ünal and Williams 2000, p. 338.
[68] Norton and Kasapoglu 2016.
[69] Clement, "Central Asia's Hizmet Schools," Barton et al 2013, p. 158.

劃與額外課程活動。Clement 直接將這些合乎倫理的行為歸功於 Gülen，她引用 Gülen 的說法：

> 凡是帶頭過此生活者必須為其追隨者立下好榜樣。就像他們的美德與良好品行會被模仿，其惡行與不當態度也會在追隨者的心中留下印記。[70]

雖然世界各地許多 Hizmet 相關學校也很擅長科學奧林匹亞競賽，中亞學生尤其熱衷之，且因這類比賽因會出國旅行（通常是去土耳其）而特別吸引人。

許多在 1999 年後才活躍於 Hizmet 的人很少或根本沒有聽 Gülen 演說的經驗，但他們卻是將 Hizmet 帶到全球各地的人。有些人可能是關鍵人物，例如 Derya Yazıcı。Yazıcı 生於德國，成長於土耳其的 Bursa。她在 1990 年代初深受一位高中教師啟發，其信仰轉而日漸虔誠。雖然那位教師從未提及 Gülen 之名，她回溯其教師之教導，並理解其影響力的來源，以之作為表率，這是一個不太尋常的故事。在那些年間，她首次注意到 Gülen 是在她想在大學入學考中有更好表現而進入 Fırat Eğitim Merkezi。那次經驗後，她開始閱讀 Gülen 的著作，聆聽其佈道錄音。她大學時間都住在 Hizmet 宿舍。1997 年她以土耳其文學的文憑從 Marmara 大學畢業後，即與一位與 Hizmet 有關的男人結婚。之後，她搬到賽浦勒斯任教。她的工作一直持續到 2001 年，那不只是一份工作而已，那工作使她參與了她所認知的締造和平活動，一種憐憫。如她所言：

> 在賽浦勒斯有一個在地土耳其社群，已在那裡生活很久，深受英國與希臘文化影響。但我們在 1923 年有過一次人口交換，土耳其將國民送到賽浦勒斯以平衡人口，來的都是鄉下低收入者。所以現在賽浦勒斯的土耳其人有兩個不同階層：新住民（低收入、虔信的安納托利亞人）以及本地人（較受英國希臘影響的）。他們的差異中存在著「冷戰」，無法相處，生活在平行的時空。但我們在我們學校也有一間小型家教中心，在那裡孩子們開始融合，相處融洽。教師則是新住民與本地人都有。Hizmet 協助賽浦勒斯的土耳其人建立一個凝聚的新認同。[71]

並非人人皆因那樣的發展感到欣奮。土耳其人存在於在希臘人所認知為其土地上是紛爭的來源。1974 年，事實上，希臘人攻擊懲戒土耳其人進入的

---

[70] Ibid. The citation from Gülen is to Gülen 2006a.
[71] Interview with Derya Yazıcı, Hasbrouck, NJ, March 28, 2017.

公民；而沒有任何國際組織承認土耳其對賽浦勒斯的所有權。Yazıcı 才剛開大學畢業，新婚，第一次當教師，當然地不會比建構人與人之間的和平，更勝甚於注地緣政治的糾葛。

　　她後來在 2009-2013 年移居蒙古，在 Hizmet 相關學校裡教書。她在那裡看到另一個正面結果。她說：

> 我們學校有蒙古、土耳其、菲律賓、哈薩克、喬治亞等人教師，我們相處得非常好。Hizmet 在那裡幫助建立人類共同根源的多元認同。當 Hizmet 進入一個地方時，就會建立一個傘翼，在其下，大家都是人類。[72]

　　當然，Gülen 經常談論相同的觀點。伊斯蘭主張「人類是真主在大地上的代理者」之崇高位階，Gülen 主張說大家是手足。[73] 現在的 Yazıcı 對於建建構和平的挑戰較不那麼天真。她說：「作為一位和平建造者，我們在有生之年也許無法達到和平。但我們已播種，種籽會在下一代長出和平。我們的孩子將會成為和平建構者。和平始於每一次關係的建立。」[74]

Kimse Yor Mu?（有人在嗎？）

　　Fethullah Gülen 的全球性、跨世代影響力，還有一個例子，即 Nurtan Kutlu 的故事。Kutlu 從 1993 年起活躍於 Hizmet。她 1998 年從大學畢業在阿爾巴尼亞的 Tirana 女子學校擔任三年的校長與宿舍負責人。返回土耳其後，又在各個家教中心工作，然後結婚，2005 年時與其夫婿到越南設學校，這對她是一場奮鬥，一開始那裡的政府不喜歡，但她與丈夫不斷地找機會，最後取設立語言學校許可，為越南正在萌芽的觀光業培育人才。那次的成功使其他人也來。2008 年她離開時，那裡已有一所擁有五百名學生，從幼兒園到高中的完全學校。當地政府的態度依舊不是很確定；她說：「他們控制我們，但他們很愛我們。」她多數的學生與馬克思、恩格斯無關，課程中共產主義意識型態仍屬強

---

[72] Ibid.
[73] Gülen 2006f, pp. 122, 7.
[74] Interview with Derya Yazıcı, Hasbrouck Heights, NJ, March 28, 2017.

制性的置入；但學生很民主。始於一次關係的和平建構與企業家積極行動的和平建構，皆須優先考量在共產意識型態生活下的艱難。[75]

　　她為了 Hizmet 走遍全球的生活才剛開始。她在土耳其家短暫工作幾年後，2012 年前往肯亞。她在那裡的 Lotus Foundation（蓮花基金會）工作。Lotus Foundation 是由肯亞幾個土耳其商人領袖支持成立的基金會之一，那些商人多數是在地中海渡假區 Antalya 附近居住工作。這些基金會中最早的是成立於 1997 年的 Ömeriye Foundation。該基金會協調各種對教育的努力於 Nairobi、Mombasa 與 Malindi 成立了數間學校。肯亞的另一個 Hizmet 組織是 2007 年在 Nairobi 成立的 Respect Foundation（崇敬基金會）中的 Interfaith and Intercultural Center。該組織在 Nairobi 近郊的 Kibera 區舉辦研討會與為 Imam 而設的電腦課，並贊助專為穆斯林與基督宗教領袖，以及 Jomo Kenyatta 大學內不同信仰學生舉辦的國際和平建構活動。Kutlu 的工作使她立即到 Kibera，那是一個好幾平方英哩的貧民區，居住了將近三十萬的肯亞人，他們很多都很年輕，大部分是新到此城市的人，全都很窮。根據 2012 年 *The Economist* 的報導，Kibera 一般居民一天的所得少於兩美元，[76] 以此標準來看，他們都是極度貧窮者。這裡幾乎沒有乾淨的水，衛生設備還很基本。Kutlu 記得：「無論如何，我們漸漸地深入該貧民窟，需要一個嚮導，那很糟糕。」儘管那裡所有的生活條件是全世界最糟的（這亦令她感到沮喪），Kutlu 還是參與傳統性的社會企業計劃，她成立了一間縫紉學校。Kutlu 解釋說：「這是給婦女的，我們不想只是給錢，而要訓練她們有工作。如果你買了縫紉機給婦女，教她怎麼用，她就能支撐家庭生計。這是我們要做的！」[77] Kutlu 的工作與 Hizmet 人所設立的大型全球救濟組織工作有關，該組織名稱是 Kimse Yok Mu，意為「有人在嗎？」一些肯亞人從這些 Hizmet 的努力如學校、對話中心或直接救濟受惠，他們對 Fethullah Gülen 或是其神學如何啟發這些行動多少有概念。[78] Kutlu 在 Nairobi 工作了

---

[75] Interview with Nurtan Kutlu, Hasbrouck Heights, NJ, March 28, 2017.
[76] "Boomtown Slum," *The Economist*, December 22, 2012, at https://www.economist.com/news/christmas/21568592-day-economic-life-africas-biggest-shanty-town-boomtown-slum.
[77] Interview with Nurtan Kutlu, Hasbrouck, NJ, March 28, 2017.
[78] See for details, Shinn 2015, pp. 58-62, 76-8, 92.

四年。她學習去愛這個國家，當作自己的家。

　　不令人訝異地，Kutlu 在肯亞工作的 Kimse Yok Mu 也在蘇丹與非洲的許多其他國家運作。根據 David H. Shinn，Kimse Yok Mu 在蘇丹內部衝突中捐出上百萬直接援助，尤其是食物、飲水與醫藥設備，包括一間有三百張床位的醫院。該醫院名稱取自土耳其著名電視明星 İkbal Gürpına 之名（但其實那個節目的名稱是 Kimse Yok Mu），到蘇丹衛生健康部接管前都是由土耳其的志工管理。[79] 根據 Shinn 的說法，Kimse Yok Mu 在 2013 年的會計年度捐了約 1750 萬美元給非洲四十三個國家。但用於人道救助的不超過三分之一，大部分是用在發展方案、健康、教育、水井與資助孤兒上。主要的接受者為索馬利亞（380萬）、肯亞（280 萬）、烏干達（200 萬）、衣索比亞（190 萬）、蘇丹（180 萬）、及奈及利亞（170 萬）。

　　Shinn 承認（1750 萬美元）這個數字與主要人道、國際非政府組織相比是微不足道的。然而，因為它被分配到如此多的國家，且主要依賴當地土耳其社群志工的努力，故其影響力可能比金錢數目所顯示的大得多。[80]

　　Kimse Yok Mu 是 Hizmet 相關全球救濟機構中分佈最廣的。一方面，它擁有大約四百位員工，其辦事處遍及全球各地；但 Kimse Yok Mu–KYM 將其努力集中在衝突、貧窮的地方。Kimse Yok Mu 成立時間是在 1999 年土耳其 Marmara 所發生的毀滅性地震之後。該地震所帶來的損害延伸至 Izmit—伊斯坦堡往東約莫六十五英哩處。死亡人數超過一萬七千人，導致成千上萬的人無家可歸。Samanyolu TV（Hizmet 相關網絡）的公眾服務節目觸及相當廣泛的範圍，他們幾乎是立刻著手救援，當時用的名稱就是 Kimse Yok Mu? 這個名稱當然是指搜救者在殘磚破瓦中找尋地震生還者時呼叫的話，抑或有人被埋在瓦礫堆下時會呼叫著希望有人能來搭救他們的話。無論如何，那個電視臺會為救濟而安排籌款節目，之後即變成一個維持多年且大受歡迎的節目。該節目的焦點放在各地碰巧發生的災難與需要協助的項目上。所以當那節目在土耳

79　See "Ikbal Gurpinar Hospital is Connecting Sudanese People to Life," Hizmet News, February 23, 2012, at http://hizmetnews.com/420/ikbal-gurpinar-hospital-is-connecting-sudanese-people-to-life/#.WmcpT6inFPY.

80　Ibid., p. 88.

其開始後，在許多國家服務的土耳其人的故事即很快地廣為人知；那些國家或有災難或有戰爭，如緬甸、阿根廷、印尼、巴基斯坦與烏干達。2002 年，Kimese Yok Mu Solidarity and Aid Association 在土耳其成立，領有政府許可證的非政府組織；但 2016 年時，其許可證被吊銷。[81]

　　自然地，Kimse Yok Mu 當時的存在為善之目的是扶貧，以及與被迫害者同在，活動經常會與其他 Hizmet 相關組織部分重疊到。例如，Kimse Yok Mu 管理一個姐妹家庭計劃，該計劃把中產或富裕家庭與較貧窮的家庭連結在一起。較富裕的家庭支持其較窮的鄰居，尤其在教育機會上包括 Hizmet 相關學校的獎學金。另一個 Kimse Yok Mu 的方案是 Ramadan Tents。這些營帳設立在土耳其、菲律賓、印尼、巴基斯坦、黎巴嫩、衣索比亞與美國等國家之大城市中的貧窮區。這些營帳提供給所有人免費開齋餐；且經常與當地的對話中心或基金會連結。他們以食物推動對話，不費唇舌即建立了信任。[82] Kimse Yok Mu 也贊助全世界許多地區的物資援助。這些捐助包括食物、衣服、火爐、燃料，並在一些它所管理的地區提供免費健康檢查與運作程序，以此連結人民與當地 Hizmet 相關的保健方案。這些方案的資金是透過各種有創意的 Himmet 募捐來的：包括網路線上樂捐、以支票或現金存入當地的辦公室（土耳其在 2007 年時有八十處）、直接匯款到為援助計劃所設置的銀行戶頭、簡訊捐獻，以及設置在喧囂大城街道上的捐獻亭或箱子。整個 2000 年代，年度捐款者的數目始終維持在幾十萬。最後，該機構在伊斯坦堡總部外開展業務，並連結到全球的各個 Hizmet 相關機構。它是所有受 Gülen 啟發的組織中最中央集權，最能協調一致的其中一個。同樣地，除了提供該機構其熱情基因（雖然他經常是災難後首位捐出版稅者），Gülen 的直接參與微乎其微，這點也成為許多人競相模仿的表率。大部分在土耳其境外國家中接受幫助的人只知道那份幫助

---

[81] See Thomas Michel, SJ, "Fighting Poverty with Kimse Yok Mu," in *Islam in the Age of Global Challenges: Alternative Perspectives of the Gulen Movement. Conference Proceedings*, November 14-15, 2008. Georgeton University (Washington, DC: Rumi Froum, 2008), pp. 523-533.

[82] Ibid. See also Doğan Koç, "Generating an Understanding of Financial Resources in the Gülen Movement: Kimse Yok Mu' Solidarity and Aid Association," in Orhan Özgüç, "Islamic Himmah and Christian Charity: An Attempt at Inter-faith Dialogue," in *Islam in the Age of Global Challenges: Alternative Persepctives of the Gülen Movement. Conference Proceedings*, November 14-15, 2008. Georgetown University (Washington, D.C.: Rumi Forum, 2008), pp. 435-454.

來自於土耳其，但可能對 Fethullah Gülen 一無所知。[83]

不是 Gülen「品牌」，而是伊斯蘭實踐

事實上，這就是 Gülen 要的（活動非以他之名）。他對「Gülen 品牌」沒興趣，他要的是人去實踐伊斯蘭。Gülen 最早與最親近學生之一 İsmail Büyükçelebi 解釋說：

> 他並未將教育看待只是數學與物理，而是全面性的：貿易、藝術、服務與其他途徑。他說不會停止與我們的關係，但會去會見包括商人的其他人。他教導他們如同教導我們。他所教導的是立基於正面行動：組織必須幫助他人，動員有錢人去幫助窮人。他要求經濟資源的犧牲。他以先知門徒為例。他始終將所言所行回歸宗教，說方案與他的意見無關，這是伊斯蘭。[84]

Büyükçelebi 續說：

> 此目標不是為了擴展而做，而是以志氣實踐個人信仰。我知道 Hodjaefendi 不會直接提供有關這些議題（商業或組織社群）的課，但我知道他對許多群體的建議，他想確定他們不侷限在特定地方如土耳其。你們若要在美國創業，就要確定有美國人夥伴。關鍵在於 Hodjaefendi 並沒有建議商人做投機生意，而是鼓勵建立有生產效益的東西，以及投資自己生意，但不是為了別人的讚許，他也推動設立商業基金會，並確保能將這些基金會推廣到世界各地如美國、非洲、日本。[85]

對 Gülen 而言，工作並非只是工作，如他在一場關於先知的佈道中所直言：「伊斯蘭鼓勵人工作，以合法企圖賺取生活所需，以及支持家庭敬拜行為。」[86]以正直與善意行事是伊斯蘭的敬拜。

因此那些因工作創造額外利潤者皆被鼓勵在 Himmet 上慷慨行事。這種倫理所引發的能力最好從微觀角度研究，因為尚未有含括整個 Hizmet 數據。2006 年，Helen Rose Ebough 與 Doğan Koç 在安卡拉對 Hizmet 的相關商業領袖進行

---

[83] See Ebaugh 2010, pp. 101-3.

[84] Interview with İsmail Büyükçelebi, Wind Gap, Pennsylvania, May 12, 2015.

[85] Ibid.

[86] Gülen 2010b, p. 193.

一系列訪談：

> 我們問了安卡拉的十二位商人是否每個人都有捐錢給受 Gülen 啟發的計劃；如果是，他們每年大約捐多少，每個人都說盡其所能捐錢給該運動方案。捐款金額從年收入的 10%到 70%都有，大約是每年兩萬到三十萬美元。尤其有一個人說，他每年捐出其收入的 40%，大約是十萬美元；然而他說他想捐 95%，只是沒辦法，因為他仍需供養他自己與家人。另一個人表示他希望可以像先知門徒捐出所有的一切，但不容易。[87]

　　無論容易與否，Gülen 承認當資源集中在與其教誨有關的方案上時，有人就會猜疑。他在 2005 年被問到：「Hizmet 是另類的政府嗎？」，他自嘲地回答：

> 我如此告訴那些懷疑 Hizmet 動機的人：「送一些教師到世界各個角落去吧！在世界各地設立學校、文化中心，當他們在未來扮演其自身的角色時，你們就去找支持。你們去做吧！」儘管已有這些行服務的朋友、那些自我犧牲者、一些隱身這些機構後的資助者與商人，我甚至還會更進一步。若我有權力，名聲可達，我會告訴整個國家人民：「若有些人正在說：『把那些機構給我們，讓我們管理他們，』那你們就給他們，順服於他們，讓他們管理一切，我們觀察他們是否能管理。」我們的途徑是付出，不求任何回報。[88]

　　當土耳其政府開始奪取 Hizmet 的資產時，此惡夢般情節居然成真。而且如同 Gülen 所預期，許多方案草率地結束。他們的資產進入私人口袋裡，服務中止了。

　　不過在二十世紀末與二十一世紀初那幾年，依然有足夠理由盼望。有位政治學家鉅細靡遺地描述為被迫害者方案募款的 Himmet 過程。那位政治學家曾在 2000 年代早期旁聽許多在伊斯坦堡開的 Himmet 會議。他寫道：

> 這些會議一絲不苟地由文化節目、無酒精飲料、輕食與不同人演說組成，尤其發表演說者往往是該運動中成功的學生，他們講述通往成功的道路。但凡出席者皆被要求為該運動的計劃捐款。每一個 Himmet 會議總有一個具體的主題要求參與者捐款。

---

[87] Ebaugh and Koç, "Funding Gülen-Inspired Good Works: Demonstrating and Generating commitment to the Movement," *Muslim World in Transition: Contributions of the Gülen Movement. International Conference Proceedings*. London, 25-27 October 2007 (London: Leeds Metropolitan University Press, 2007), p. 545.
[88] Ergil 2013, p. 301.

多數 Himmet 會議是由當地領袖所召開，他通常邀請中小型企業老闆參加。很可能在這種籌款會議中，參加者會不直接地感受到必須給錢與捐出超過能力的金額壓力。那些參與者中最慷慨者往往會讓其孩子就讀 Gülen 相關的教育體系，或是其生意與其他支持 Gülen 相關商業群體有所連結。

那些會議通常會以誦讀古蘭經開場，接著是一些雖短但具情感的「見證」演說。演說後，Himmet 會議的領袖會直接要求參與者捐款，或是在一些案例中，他們會先播放 Gülen 社群成功方案的影片，然後才開始募款。參與者被要求為了取悅真主，為伊斯蘭與其社群，甚至更廣大的土耳其國民，而成為未來方案的夥伴。為 Himmet 募款者中通常會有一位認領方案與所需經費，然後有人附和說：「我捐兩萬里拉給此方案，誰願意參與共同落實呢？」[89]

2007 年，社會學家 Helen Rose Ebough 根據國務院支持 Gülen 申請「綠卡」所搜集的資料，Hizmet 相關企業的總價值大約是 250 億美元。[90] Ebough 的數字包括了 Hizmet 支持者的私營企業，不一定是直接用在 Hizmet 活動的資產。2017 年，土耳其政府宣稱他們從據稱與 Hizmet 相關者的私營企業中奪取了價值 110 億美元的資產。[91] 但無論如何，當總理 Erdoğan（之後成為總統）開始侵佔 Hizmet 的相關機構與私營企業時，會發現資金顯然不是無止境的，財政上的掙扎才是 Hizmet 機構的日常實景。

到澳洲與阿拉伯世界

儘管如此，Hizmet 人在 1999–2016 年間的確設法資助 Hizmet 全球系列活動。尤其是澳洲，一旦談到 Hizmet 如何全球化，它絕對是令人印象深刻的例子，而且在 Gülen 前往美國之前早已紮根。如伊斯蘭史學家 Greg Barton 所述，Hizmet 主要是透過 Orhan Çiçek 的努力才來到澳洲。Çiçek 是安卡拉人，他在受 Imam 訓練時接觸到 Gülen 思想。他並非 Hizmet 內圈份子，因為他比多數早期參與者年輕十五歲。然而，Çiçek 開始參加 Sohbet。當他獲得遷居澳洲的

---

[89] Yavuz 2013, p. 81.
[90] Ebaugh 2010, p. 5.
[91] Srivastava 2017.

機會時，在與其「學長」商量後接受了提議，於 1980 年抵達墨爾本，當時他沒聽說過其他 Gülen 的追隨者。漸漸地有更多土耳其人來澳洲，一群關鍵性人開始對 Hizmet 有興趣，Çiçek 於是舉辦如同他在安卡拉參加過的讀書會。幾年後，一個現象引起這一小群受 Gülen 啟發者的注意，即許多土耳其複雜移民第二代的年輕人與澳洲警方發生糾紛。Barton 記載，為了回應此事，Çiçek 在 1985 年開辦臨時救濟中心與青年計劃，他將之稱為 New Generation Youth Associaton（新生代青年會）。儘管這努力似乎與解放神學家為肯亞婦女發展社會事業的努力相差甚遠，但實際上具有非常相似的精神。Barton 解釋：

> Gülen 的教導健全教育與發展年輕人由他們驅動的世代轉變是相當重要的，這可以透過「黃金世代」(Altm Nesil)的培養達成。Çiçek 深受此教誨影響，他相信必須將其力量投注在幫助第二代土裔澳洲青年上。他努力指導他所遇見的年輕人，令他們參與實務課程，包括運動與戶外活動，以及一些基本輔導。他也開始帶領這些青少年及其父母在 Sohbet 中閱讀 *Risale-i Nur*。[92]

不久後在 1987 年，Çiçek 在墨爾本的貧民區開設 Light Tutoring Center（光家教中心）。數年內，返回土耳其向 Gülen 諮詢後，他展開了在墨爾本與雪梨辦學計劃。當 Gülen 於 1992 年拜訪澳洲（為其準「世界之旅」的一部分）後，這些努力獲得更大的推動。即使在這之前（1990 年），一個名為 Selimiye 基金會早在墨爾本成立，Barton 說這是澳洲最早的穆斯林非營利教育基金會之一。該團體在 1991 年末舉行其第一次的 Himmet 活動，募得了澳幣七萬元，足以蓋宿舍與家教中心大樓。類似的活動也在雪梨展開，1996 年成立 Şule College（一所高中）。僅僅一年後，墨爾本也成立了 Işık College。2014 年新南威爾斯共有四所 Hizmet 關係學校，分屬於三個校區。維多利亞共有八所學校，分屬於六個校區。整體來看，澳洲的 Hizmet 工作者已在澳洲大陸開設了十六所學校。[93]

如同 Gülen 在澳洲這些發展上所扮演的不直接但重要的角色，他對 Hizmet

---

[92] Barton, "How Hizmet Works: Islam, Dialogue and the Gülen Movement in Australia," *Hizmet Studies Review* 1(Autumn 2014): 9-26.

[93] Ibid.

傳進阿拉伯世界的貢獻也如此。*Hira* 雜誌是阿拉伯語版的 *Sızıntı* 與 *The Fountain*，其編輯 Nevzat Savaş 在 2015 年的訪談中曾解釋：「2015 年，Hizmet 在北非（摩洛哥）、埃及、葉門展現實力。Hodjaefendi 說過，有兩個國家很重要：葉門與蘇丹，他是在電視上看到的。他說：『這很有意思，是我們必須去的地方。』」所以 Savaş 去了，而事實上阿拉伯世界第一個為 Gülen 教誨開門的是摩洛哥。Savaş 續說：

> 摩洛哥國王在 2005 年送一封邀請函給 Hodjaefendi。因為有位小說家兼政治運動家 Abdelhak Serhane 曾讀過 Gülen 的著作—*The Infinite Light*，將此書介紹給國王。他向國王解釋：「這種伊斯蘭詮釋正是我們要的。」而國王齋月時也在他的王宮中讀該書。然後國王召集大使、兄弟與伊斯蘭學者也在齋月時研讀 Hodjaefendi 的著作。然後國王說：「我們邀請這本書的作者來吧！」所以他發了個邀請函給 Hodjaefendi。Serhane 說：「若 Hodjaefendi 來摩洛哥，將會是這個國家通往和平之路的轉捩點。」當然，因為 Hodjaefendi 生病了，他寫了封謝函，並致贈一些禮物與書。我拿了書，我們舉辦課程。然後我們建議舉辦一場會議，如此人民就能認識 *Hira*。所以我辦了，有電視、廣播電台的人來，不可思議。學者們看著我，我的阿拉伯語不是那麼好。我們是在阿拉伯世界。你是誰，你為何在這裡？之後我們去了開羅舉辦一場類似的活動。[94]

2008 年，葉門也舉辦了一場。一年後，突尼西亞也舉辦。

Savaş 承認這些會議充滿了挑戰。他解釋說：「Hizmet 不與專業人士合作，而是要與真誠的業餘人士合作，然後將他們變成專業人士。」但要將 Hizmet 移進阿拉伯世界確實有問題。每當有人問：「Fethullah Gülen 是誰？」Savaş 就會解釋：「我們不會說 Hizmet 這個字，因為阿拉伯文中沒有這種用詞。我們稱之為『模範』或『模式』。但 Hodjaefendi 不要這個詞，他說：『真主在伊斯蘭裡怎麼稱呼你們？他稱你們為穆斯林。』」Savaş 續說：「當我談到這個，阿拉伯人真得很高興。」[95]

Gülen 的教導顯然與 Wahhabism 伊斯蘭大相逕庭。事實上，Savaş 說：「一位摩洛哥作家稱此為 Hizmet Shock，這是一個不同的典範。」該範式具有涉入

---

[94] Interview with Nevzat Savaş, Istanbul, August 5, 2015.
[95] Ibid.

政治的深沈意涵，但卻也超越了政治。一位突尼西亞學者告訴 Savaş：「我自認
能以政治改變事情，但政治就像是充滿荊棘的道路。現在我們瞭解真正的問題
是人，這也是我們要花費心力的地方。我們瞭解 Hodjaefendi 將協助我們以文
化與教育找到改變社會之道。」要打造和平就必須介入政治。但不能從那裡開
始或結束。如 Savaş 所言：

> Hodjaefendi 說：「首先傳播希望的文化，其次是解決的文化。若人民總是
> 抱怨與負面看待，則要使知識份子找到解決方式與替代反動主義的選項。」
> 這就是阿拉伯世界如何看待 Gülen 的另類模式，因為已走入死胡同，但
> Hodjaefendi 說：「不，還有寬闊道路！」他開展視野，他的貢獻就在此。
> 96

有趣地是，Savaş 有機會在 2005 年拜訪 Gülen，但卻選擇不去。他想等到
他負責的 *Hira* 有好消息後才去。

> 我想要帶能使那位傷心人開心的東西去見他。所以我在 2010 年帶著 *Hira*
> 去見他，當時「阿拉伯之春」的消息已被電視媒體報導。我告訴他：「但
> 願您不再孤獨。西方有些像您這樣持有此想法的人正在保護這理念。而現
> 在阿拉伯世界也都有人正在保護這理念。」97

當「阿拉伯之春」轉變成專制極權的冬天時，這份希望變得易碎。

到印尼、瑞典、南非

在世界其他角落，Hizmet 人仍繼續懷抱 Gülen 的想法，並將之轉化成實
際行動。例如在印尼，1990 年代中，僅幾位學生便將 Gülen 的教導帶至這個
全世界穆斯林人口最多的國家。根據政治學家 Muhammad Nawab Osman，他
們協助印尼創造出在「伊斯蘭主義」（或「政治伊斯蘭」）與「自由主義」（或私
領域化伊斯蘭）之間的「第三路線」。98 不令人意外地，就 Gülen 的影響，這
第三路線的特徵是擁抱現代化與多元主義，一方面符合自由主義伊斯蘭；另一

---

96 Interview with Nevzat Savaş, Istanbul, August 5, 2015.
97 Ibid.
98 Osman, "The Gülen Movement as a Civil-Islamic Force in Indonesia," Barton et al 2013, pp. 173-
4.

方面如伊斯蘭主義嚴守穆斯林功課。那些受 Gülen 啟發者其運動核心是「承諾以建立信任的方式進行組織」，一個反覆聽到的議題。該運動提供「社會化空間」以及讓不同人互動的網絡以建立社會資本，亦即社會關係的信任與協調。[99]

　　Hizmet 在 1993 年紮根於印尼，當時有三名受 Gülen 啟發的學生移居到那裡繼續深造，其中一位事後證明是重要人物。這位學生就是啟動與當地交流橋樑者。他與一位名為 Haji Alwi 的學者成為朋友。Alwi 於是介紹這名學生給印尼國家銀行的總裁 Burhanuddin Abdullah 與顯赫印尼政治家 Aip Syarifuddin。這些合作關係使印尼第一所由 Gülen 啟發的學校在 1996 年誕生，即位於 Depok（雅加達郊區）的 Pribadi 高中。這所有活動皆由 Yenbu Indonesian Foundation 運作管理，該基金會最後改由另一個組織 The Pacific-Asian Nations Social and Economic Development Association (PASIAD)印尼分部資助。那位學生後來搬到日惹繼續讀書。他在那裡結識了 Siti Chamamah Soeratno 教授，一位在印尼第二大穆斯林組織 Muhammadiya 婦女部門居各種關鍵位置的行動主義者。在她的協助下，第二所學校 SMP-SMA Semesta 寄宿學校在日惹郊區三寶壟成立。同樣地，他們為了管理運作又建立 Al-Firdaus Semerang 基金會。2010 年，Hizmet 相關者與當地的人脈合作在萬隆、亞齊與 Tangerang 建立三所新學校。[100] PASIAD 也資助亞洲其他地區計劃，尤其是越南、柬埔寨、泰國、寮國及臺灣。[101]

　　使世界最大穆斯林人口國家的印尼有重要發展的即是此第三路線的影響力。學校很快在教學上博得好名聲，尤其是數學與科學。與許多宗教沒有附屬關係的家長也努力讓孩子入學。這些學校是世俗化的，但其所招募的教師必須是道德良好且具專業知識，他們被期待能教授道德與技能。有位印尼 Hizmet

---

[99] Yavuz 2013, p. 84.

[100] Osman, "The Gülen Movement as a Civil-Islamic Force in Indonesia," Barton et al 2013, pp. 173-4.

[101] See Osman Cubuk and Burhan Cikili, "The Impact of Hizmet Movement on Intercultural Dialogue in Taiwan," International Conference on the Hizmet Movement and the Thought and Teachings of Fethullah Gülen: Contributions to Multiculturalism and Global Peace. National Taiwan University, College of Social Sciences, December 8-9, 2012, pp. 194-208.

學校的校友回應 Gülen 的憐憫倫理說：「穆斯林應要停止『我群』與『他群』的心態，必須要有以同理心思考他人的轉變，而不考慮個人附屬的宗教。」[102] 整個 2000 年代，印尼 Hizmet 人皆遵從 Gülen 在伊斯坦堡的方案模式，開始資助跨宗教開齋晚餐。這在印尼是全新的做，之前的開齋飯皆未對基督宗教徒或印度教教徒開放。[103] 而隨著學校的增多，畢業生進入了公共領域，政治學者 Osman 預見 Fethullah Gülen 其「智性蘇非主義」(Intellectual Sufism)的 Hizmet 校友一方面致力對抗極端主義暴力，另一方面又能抵制精神上冷漠。印尼的學校到 2016 年晚期仍然在營運，儘管土耳其政府一直施壓要求關閉它們。有位 Kharishma Bangsa 高中（在雅加達的其中一所學校）名叫 Chilla 的學生在回應英國廣播公司(BBC)記者的問題時說：「他們認為我們是恐怖份子是令人傷心且錯誤的事，因為我們不是！」另一位名叫 Salwa 的學生則直言：「若土耳其真有問題，不要牽連我們。我們在這裡只是讀書和追求夢想罷了。」[104]

世界上有成千上萬的年輕人，其夢想是透過受 Fethullah Gülen 啟發者的工作才得以實現。瑞典也見證了二十一世紀頭十年在那裡的 Hizmet 人越來越活躍，力圖以「正向行動」弭平伊斯蘭恐懼症。例如，婦女先行建立 Dialogslussen，一個在斯德哥爾摩與哥登堡(Gothenburg)的對話平台。男人也有行動，2007 年 Imam 們與宗教人士舉辦一次和平慈善足球賽。[105] 1994 年，英國也舉行類似活動，Hizmet 人成立了一個支持教育方案的基金會—Axis Educational Trust，接著 1999 年又成立 Dialogue Society。自 2012 年起，英國已是 Hizmet 流放者的重要居住國。他們其中一些在 2014 年於倫敦成立 Centre for Hizmet Studies。這個智庫資助了一些重要的研究方案，尤其是一個關於反對土耳其政府針對 Hizmet 仇恨言論的計劃。[106] 在南非，如前面（章節）所提

---

[102] Ibid.

[103] Ibid., p. 175.

[104] Norton and Kasapoglu 2016.

[105] Hällzon, "The Gülen Movement: Gender and Practice," in *The Age of Global Challenges: Alternative Perspectives of the Gülen Movement. Cinference Proceedings*, November 14-15, 2008. Georgetown University, pp. 288-309.

[106] See Paul Weller, "Robustness and Civility: Themes from Fethullah Gülen as Resource and Challenge for Government, Muslims and Civil Society in the United Kingdom," in *Muslim World in Transition*: *Contribution of the Gülen Movement. International Conference Procedings*. London, 25-27 October 2007 (London: Leeds Metropolitan University Press, 2007): pp. 268-284; Fatih

及，Hizmet 參與者特別設立伊斯蘭學校與世俗學校。南非穆斯林學生會在這些伊斯蘭學校研讀古蘭經詮釋與神學與傳統世俗科目，他們的課外讀物當然也包括 Fethullah Gülen 著作。南非多數學校都是由 Horizon Education Trust（地平線教育信託）管理，他們採嚴格的世俗課程。Gülen 的影響只能再次透過優良教師以身作則來呈現。根據 Yasien Mohamed，受 Gülen 啟發且支持南非學校的商人將其利潤的 50% 捐給那些學校。[107] 類似模式也存在奈及利亞。2018年，奈及利亞政府已拒絕土耳其政府想共有 Hizmet 資產的企圖。而總部設在 Abuja（奈及利亞首都）的 Ufuk Dialogue Initiative，以資助國際會議與定期頒獎晚餐，藉此尊重推動跨宗教理解的積極個人。[108]

致力於醫療保健

　　醫療保健是奈及利亞 Hizmet 人將 Gülen 的座右銘「與被迫者同在就是與真主同在」付諸實踐的另一個方法。2013 年，他們在首都 Abuja 設立 Nizamiye醫院。該醫院是奈及利亞設備最好最現代的醫院，提供完整的急診、手術、醫療與研究服務。醫療人員中之大部分醫生與護理師皆來自土耳其，他們也會拜訪附近的 Wassa 難民營、育幼院地區，以及奈及利亞東北部戰亂區，這些地方皆是醫療缺乏之地。在這些醫院專業方案中，有一項是免費的白內障手術計劃。當筆者在 2018 年拜訪當地時，醫務長 Dr. Osagie E. Ehanire 親自帶我參觀，而我曾見過的護理師 Abisola Odusanya 也寄給我一袋禮物，有水與乾洗手

Tedik, " Motivating Minority Integration in Western Context: The Gülen Movement in the United Kingdom," *International Conference on Peaceful Coexistence: Fethullah Gülen's Initiatives for Peace in the Contemporary World*, Erasmus University, Rotterdam, 22-23 November 2007, at https://fgulen.com/en/gulen-movement/conference-papers/peaceful-coexistence/25871-motivating-minority-integration-in-western-context-the-gulen-movement-in-the-united-kingdom; and on the Centre for Hizmet Studies, see their website, at https://www.hizmetstudies.org.

[107] Yasien Mohamed, "The Educational Theory of Fethullah Gülen and its Practice in South Africa," in *Muslim World in Transition*, pp. 552-571.

[108] See Joshua Ocheja, "Understanding the Hizmet Movement in Nigeria," *The Cable*, 7 November 2016, reprinted at https://fgulen.com/en/press/columns/50914-understanding-the-hizmet-movement-in-nigeria. See also Ocheja," Turkey: Erdoğan's Macabre Dance in Africa," *The Cable*, 7 December 2016, at https://www.thecable.ng/turkey-Erdoğans-macabre-dance-africa.

精。

　　從很早之前，1979 年時醫療保健就已是一些 Hizmet 的人所關注的焦點。那時是 Gülen 在 Izmir 的最後幾年，他介入一次諮詢催生了 Şifa 醫院（第一所屬於 Hizmet 管轄範圍醫院）。根據 Yusuf Erdoğan（我當時訪問他時他是 Şifa 大學醫學院院長），他說：「1979 年，一位名為 Mahmud Akdoğan 的醫生來找 Hodjaefendi 說：『我們來開設醫生基金會吧！』Hodjaefendi 說：『Mahmud，我們是行動者。帶一張紙來，我們工作吧！』」最後大家便開始籌備 Şifa Foundation。Erdoğan 院長續說：「該基金會主要目的是協助醫學院學生。於是我們開了一家診所與小型醫院，空間約兩百平方公尺，原先的預算是零！今天，Şifa 醫院有二十萬平方公尺，預算有一億五千萬里拉。」類似的方案也在伊斯坦堡、Bursa、Erzurum、Antalya 與其他土耳其城市展開。在後來的十年，如我們所看見的，哈薩克、印尼與各非洲國家也都蓋了醫院。Erdoğan 宣稱：「到今日為止，我們對 Hodjaefendi 看待健康的方式仍無法全部瞭解。當我們正在考慮一所小型醫院時，Hodjaefendi 想的卻是國際醫院。Hodjaefendi 提出建議，他會說：『如果你們做這個，並不是壞事。』而當商人、醫生按照其建議時，其成果不言自明。」[109]

　　社會學家 Helen Rose Ebough 曾在伊斯坦堡的 Sema 醫院（一所相當於 Izmir Şifa 醫院的在地醫院）考察。她幾乎是驚訝地發現，該醫院的營運方式是以互惠為特色，而非利益。她發現該醫院的設備是由五位商人捐獻的。他們也是理事會成員，與正在運作的醫院保持關係。她也發現他們沒有從該方案拿到一絲一毫的錢。他們將其投資所獲得的重新投入改善設備。這樣的慷慨解囊使醫院得以開設，為醫學院學生提供獎學金，資助窮人享有醫療（土耳其雖有全國性的醫療保健，但並無私立醫院才能提供的有益程序）。有位哈佛畢業生，Ebough 稱之為 Kristin，她也是醫院的公共衛生行政主管(The Public Health Administrator)。她告訴 Ebough，在 Hizmet 裡較有錢的人會「資助」較沒錢的伊斯坦堡人的醫療保健，這是司空見慣。這位主管向那社會學家講了兩次：「我們有驚人的人脈網絡資助來看病的人，他們資助我們的病人。這系統並不正

---

[109]　Interview with Yusuf Erdoğan, Izmir, July 28, 2015.

式，但卻很有用。」這種系統亦符合 Hizmet 在其他地方的運作。受憐憫倫理所驅動的人生賺取財富以減輕痛苦，並打造社群。最後，Ebough 的報告讓人有點感動，在那些醫院的醫生其薪水比其他地方少。受聘的護理人員並未視病人為麻煩，而認為那正是他為何會在此工作的理由。Ebough 發現，醫院大部分員工皆曾上過 Hizmet 的相關學校。他們全都熟悉那種「與被迫害者同在即是與真主同在」的氣氛。[110] 但令人傷心的是，一旦土耳其總統 Erdoğan 將矛頭指向 Hizmet 時，土耳其所有屬於 Hizmet 圈的醫院（只有三十五所）全遭到關閉了。

在美國的教育、商業與對話

最後，以緊密、選擇性檢視 Fethullah Gülen 的教誨如何啟發全球慈愛的行動，以及有關他的美國新家。許多人（包括一些因各種理由不是特別認同這種發展者）推測與 Hizmet 有關者已在美國建立上百間政府特許與私立學校。[111] 這些學校的形式已相當清楚，一般是由許多基金會所營運。他們僱用土耳其教師，也聘用本地教師（這也是大多數 Gülen 所啟發的學校模式）。他們有時也會僱用土耳其的營造商或供應商做教育事業相關的工程。事實上，類似做法早存在美國移民群體歷史中，英國人、德國人、瑞典人、愛爾蘭人等也都如此做的。所有學校皆服膺本地與聯邦司法制度，施行政府所規定的課程，而且其表

---

[110] Ebaugh 2010, pp. 92-3.
[111] 土耳其政府也以這些學校為箭靶。See *Empire of Deceit: An Investigation of the Gülen Charter School Network* (Amsterdam and Partners, LLP for the Republic of Turkey, 2017). 那些控訴試圖藉由指控使用土耳其包商與聘僱土耳其教師（在多數移民社群中相當著名的商業做法）來誹謗 Hizmet。該著作研究的品質可以在這本傳記小品中得到證明(p. 27)：「Gülen 的民族主義講道的焦點在於重建歐斯曼帝國，土耳其藉此可以再次崛起，成為新世界秩序之道德、宗教及經濟領袖。」關於那些學校的另一個反對者，參見 C.A.S.I.L.I.P.S.（Citizens Against Special Interest Lobbying in Public Schools 反對在公立學校為特殊興趣遊說公民團）。這句話聽起來是無害的，甚至很進步，但事實卻是徹底的伊斯蘭恐懼症之宣傳，它除了想汙蔑 Hizmet 學校，別無明顯的、更廣泛的目標，"A Guide to the Gulen Movement's Activities in the U.S.: Gülen Charter Schools in the U.S." (April 17, 2017), at http://turkishinvitations.weebly.com/ list-of-us-schools.html.

現超越本地標準，同時經常為被官方教育體制排除的群體服務。[112] 而對學校資金來源的恐慌（在伊斯蘭恐懼症的氣氛下）使得一般知名的媒體如哥倫比亞廣播網新聞(CBS News)質疑「一些美國特許學校資助飽受爭議的土耳其教士運動嗎？」這類故事經常出現。誠如共享價值聯盟(Alliance for Shared Values)主席 Alp Aslandoğan 所言：「若任何指控有證據證明有人非法將金錢從公共資產轉成為某些私人目的所用，Gülen 則將是第一個譴責它的人。」[113]

致於對話組織與商業，其他地方的模式 1999 年後也在美國逐漸發展。開齋宴、對話頒獎典禮、學術會議，以及資助土耳其旅行等，皆有助於搭建跨社群與文化橋樑，為 Hizmet 強化新友誼（筆者 2012 年時與內人 Lisa 在伊斯坦堡慶祝我們的結婚三十週年，那次旅行乃 Philadelphia Dialogue Forum 所安排的活動之一）。至少對我而言，參與者顯然對這些旅行並無任何期待。Gülen 只求做好，不求回報的格言是放諸四海的準則。自然地，他們提供我們一些 Gülen 的書閱讀，而在我們的旅程中，無論何時何地，任何有關 Gülen 的談話都是受歡迎的（我們從伊斯坦堡啟程，然後去 Izmir、Bergama、Capadocia、Konya，然後回到「此城」）。我繼續與我的新朋友們保持連絡，但我們旅行團中的大部分人在回到美國後就沒有與 Hizmet 人進一步連絡。Hizmet 人並不期待任何種類的回饋。

Hizmet 諸多對話組織中在美國營運最久的是「Rumi 論壇」，它贊助活動與「認識土耳其之旅」。Rumi 論壇成立於 1999 年，總部設在華盛頓特區，在維吉尼亞、馬里蘭、Delaware、肯塔基及北卡羅萊納各州也皆有分會。Zeki Sarıtoprak、Ali Yurtsever 與 Emre Çelik（他是土耳其裔的澳洲公民）這三位土耳其人曾領導 Rumi 論壇，但 Jena Leudtke 在擔任會長時將美國的女性視野帶入該組織。[114] 最後，在社會事業上，除了各種營利公司（飯店、傢具店、大

---

[112] See Bradley Joseph Saacks, "U.S. schools are indirectly linked to preacher, often well-regarded," Bloomberg, September 1, 2016, at https://www.bloomberg.com/news/articles/2016-09-02/u-s-schools-caught-in-turkey-s-post-coup-attempt-crackdown.

[113] Margaret Brennan, Jennifer Janisch, "Are some U.S. charter schools helping fund controversial Turkish cleric's movement?," CBS News, March 29, 2017, at https://www.cbsnews.com/news/is-turkish-religious-scholar-fethullah-gulen-funding-movement-abroad-through-us-charter-schools/.

[114] See Valkenberg 2015, pp. 215-518.

理石與瓷磚工廠、建築），土耳其企業家也成立非營利的 Embrace Relief（支持救濟），美國版的 Kimse Yok Mu。2017 年，該構機為休士頓與波多黎各的暴風災難提供直接援助，還有募款。Embrace Relief 的努力也延伸到其他地方如海地。[115]

Fethullah Gülen 與受其啟發者在美國的一切活動究竟關係如何？在大多數案例，答案可能是「近乎沒有」。又 Gülen 對其新家的看法如何？本章開頭的詩即暗示了答案：他想念土耳其，但 Gülen 也看到許多可欣賞的事物。他提到「現代自由民主是在美國（1776 年）與法國大革命（1788-99）中誕生的。在民主社會中，人民統治自己，而不是被上層者統治。個人在這種政治制度中其有高於社群的優先權。」透過個人的正向行動，民主符合 Gülen 所強調個人正向行動的改革。Gülen 因而清楚表達了一套與其新國家極為相近的原則，雖然其中幾無黨派立場。那套原則有六個重點。Gülen 宣稱那些都是直接源自伊斯蘭：

1.權力存在於真理中，斷然否認一般認為「真理依賴權力」的觀念。

2.公義與法則是必要的。

3.信仰與生活的自由、個人財產、生殖與身心健康不得被侵犯。

4.個人生活的隱私與豁免權必須維持。

5.無人可以在沒有證據情況下被定罪，或因其他人罪行而受到指控與懲罰。

6.行政諮詢制度是必要的。[116]

畢竟，Istişare 乃民主核心，因此民主也屬伊斯蘭。Gülen 欣賞其新祖國的政府制度。

在某種方式上，他以寫作將穆斯林好好地呈現在美國社會中。恐怖份子在 2001 年 9 月 11 日的攻擊後，Gülen 是第一位譴責他們的穆斯林領袖之一。他在 9 月 12 日於 *Zaman* 發表觀點，那天正襲擊雙子星大樓爆炸案發生的日子，不久後又被刊在《華盛頓郵報》(*The Washington Post*)。Gülen 說：

---

[115] See Embrace Relief, at http://embracerelif.org/.
[116] Gülen 2006f, p. 221.

我想清楚地聲明任何恐怖份子活動，無論是誰做的或是為了什麼目的，都是對和平、民主與人類的致命一擊。因此，當然無人或穆斯林可認同任何恐怖份子活動。在追求獨立或達成救贖恐怖活動並無立足之地，它會耗去無辜者的生命。

請讓我向你們再次保證，伊斯蘭不認同任何形式的恐怖主義。恐怖主義無法被用來達成任何伊斯蘭目的。沒有一位恐怖份子可以是穆斯林；真正的穆斯林不可以當恐怖份子。伊斯蘭講求和平，古蘭經要求每位真正的穆斯林作為和平的象徵，並努力維持基本人權。

伊斯蘭尊重所有個人的權利，並清楚地宣稱這些權利無一能被侵犯，即使是為社群利益。古蘭經宣稱不公正地奪取一個人生命等於奪取全人類的生命；而拯救一人生命即是拯救全人類的生命。更進一步說，先知穆罕默德陳述穆斯林是不能用手或舌頭傷人。

我強烈譴責最近恐怖份子對美國做的這件攻擊。我從內心深處感受到美國人的傷痛，我向他們保證我會為那些犧牲者向全能真主祈禱，我祈禱祂賜予他們摯愛的人與其他所有美國人忍受其痛楚所需要的耐心。(*Zaman*)[117]

我們以最強烈的措辭譴責恐怖份子最近對美國的攻擊，並從內心深處感受到美國人的傷痛。伊斯蘭憎惡這種恐怖行為。一個宣稱「（故意）殺人者，猶如殺死全人類；凡救活一人者，猶如救活全人類」的宗教無法寬恕愚蠢地殺害千萬人。我們為犧牲者及其摯愛關心禱告。(《華盛頓郵報》)

　　不幸地，這些將不會是 Gülen 對其新家園公民在恐攻或大眾創傷後表示同理心的最後演說。

　　然而，如其流放詩所明示，Gülen 並非不帶批判地接受他已選擇居住的國家。因此在記者 Nevval Sevindi 對他的訪問中，Gülen 向她承認「美國在諸多國家之權力平衡中據有主導地位。」但他認為這種主導性是有變化的，其延續端賴公義與平等的維持。Gülen 接著暗示警告：

此制度的巨輪似乎在美國運轉地相當好。然而，如同每天有黑夜，每個春夏之後有寒冬，若此制度導致價值變弱了，若美國此民主、人權與自由等價值的世界冠軍不能維持這些價值，而且不繼續將命運所賦予他們的統治權建立在公平與正義原則上，則它的白晝也將轉成黑夜，它的盛夏也將被寒冬取代，這是無可避免的。建立在權力上的制度無一能持久。未能以平

---

[117] Ibid., pp. 161-2. Online as "Fethullah Gülen's Message on the 9/11 Terror Attacks," at http://www.gulenmovement.com/fethullah-gulens-message-on-the-911-terrorist-attacks.html.

等、公義為基礎的權力會脫離正軌，形成壓迫，進而預告它的終結。[118]

當然，這個警告不是只針對美國人，它是從伊斯蘭神學發展出對任何政權的通則。

這意謂鑑於土耳其正進行專制統治（在 2019 年無確定的前景），Hizmet 的較近的未來是在別處。若 Hizmet 會只是為了生存，澳洲、歐洲、加拿大與美國則會是好地方。在那些地方，開放社會已將 Istişare 制度化，而異議、爭議與諮詢的健全傳統也為「外來者」提供機會。Gülen 已在 1999 年來到美國，某些程度上，那是一個巧合。他在美國有朋友可以提供他土地，但他也可以去布魯賽爾、倫敦、雪梨或柏林。無論如何，Gülen 最後的決定預示了成千上萬受其啟發者男女命運。他們流放在外，大可加入 Hodjaefendi 對那些在伊斯坦堡夏日「憂鬱日子」的悲嘆行列；但他們無論身處何地，卻都努力地將 Istişare 化為伊斯蘭基礎與民主的做法力行之。若與被迫害者同在即是與真主同在，那麼當 Fethullah Gülen 與 Hizmet 人在二十一世紀的第二個十年間經歷土耳其政府的無情壓迫時，他們也將很快地獲得通往神的捷徑。

再被壓迫、生命盡頭與未來期望

Fethullah Gülen 在 1990 年代的佈道中曾發表以下談話，無疑是回應政治上的壓迫：

> 我們向真主承諾，步上充滿石頭之路，不會回頭。假如我們回頭，就是叛徒。讓這些話成為我們的歌曲，距離將不存在。那時道路已鋪好，無法跨越的橋樑也可以跨越。那時那些山丘將低頭說：「去，繼續吧！」它們將變成低矮。即使我們有不忠誠的命運與朋友，甚至感受到超級強權的恨意，我們已承諾不再回頭。[119]

如此信念並非只來自政治洞察力，而有宗教信仰。

這份信仰因持續研究而深化，成為 Fethullah Gülen 理解及與這世界互動

---

[118]　The online version cites *Zaman,* September 12, 2001. The Washington Post published an advertisement paid by Gueln with a similar message for a few days afterwards.

[119]　Sevindi 2008, pp. 60-1.

方式。把他的生活簡化為政治活動就是忽略其核心動能。有時其信仰使他講出嚴苛，甚至是末日式批判。事實上，Gülen 以末日式評語經常被導向努力將生命簡化成純物質問題。他在 2004 年發表談話，當時是印尼甫發生大地震且受海嘯襲擊不久後：

> 我認為若地球上有比洪水、地震與火災更大的災難，那就是人類沈溺於不在意中及未察覺他與「造物者」關係的重要。太陽遲早肯定會垮掉，星辰會變暗而殞落，海洋翻騰，靈魂將與軀體合一。行為的記錄簿將會打開。天空將會坍塌，火獄將會熠熠發光。天國將近，人人將看見他們所做所為。這一切都會發生，是無可避免的。你們準備好面對這些了嗎？[120]

宗教煽動家有時也會使用類似的理由挑動暴力攻擊敵人或他人，或是巧妙操縱脆弱的聽眾做出輕率的承諾。但 Gülen 的目標更崇高。他的評論是靈性的。政治在其中絕對只是附加追求：

> 現代人（土耳其原文是 Insan，意指「人類」）耗盡心力追求短暫的物質利益，他們是在浪費自身與所有存在深度中更崇高、真實的人類感覺。他們再也不能在資源中找到信仰的平靜抑或真主的知識所帶來的靈性深度與寬容，或對於愛與靈性愉悅的追尋。這是因為他衡量每件事物都是以物質利益、立即舒適及身體慾望的滿足為刻度。因此他們只思考如何增加利益或他想要買賣的與在哪裡以何種方式娛樂自己。若他無法透過合法管道滿足慾望，他就毫不猶疑地訴諸非法，這也降低了自己品格，不停地降格。[121]

這種人甚至可能會宣稱自己的虔誠，甚至可能經常出現在聚眾禮拜。然而如同 Gülen 對他們的描繪，他們是現代的 Nero。他用以描述這些「現代 Nero」的意象如此鮮明而令人不安：

> 那些原本被賦予治療國家病症者，卻長期習於掠奪他人，泣血而飲，（然後）榨乾國家血管。那些人每次面對災難時卻沈默不語。我懷著深沈悲傷，在被激怒的憤恨淚水中觀察納悶。[122]

吸血鬼會偽裝成國家治療者，這是一個可預見情景，一個最終情景。但這

---

[120] Irmak TV, Geçmişten İzler (Traces from the Past), "Interview with Hekimoğlu İsmail," April 16, 2014.

[121] The talk is reported in Alptekin 2012, p. 70.

[122] Gülen, *Towards the Lost Paradise* (Izmir: Kaynak, 1998), p. 29.

也是他對當代土耳其政治發展的評論。而當他被問及關於土耳其自 2010 年以來的發展，以及政府悄悄地變成極權主義者的意見時，Fethullah Gülen 的第一句話就是：「我當然非常難過。」[123]

　　這對一些史學家而言是指上世紀內發生的事，當代歷史是一種狡猾生意。事件尚未蓋棺論定，於是因果、連貫與否都不清楚。多數歷史書寫取決於擷取具重要意義的軌跡，而這些軌跡只有事後才能清楚知道。贏家、輸家、生還者、犧牲者、英雄與惡棍只在隨著時間過去後才變得清晰可辨。在 Gülen 的思想中明顯地看到他對這種現實的認知，雖然他不斷地擴大視野：

> 我們即將過一個新春天。大地滿溢著涓涓細流，種將發芽而動，毒蛇亦然。我們將看到誰是在春天這邊，而誰又是在冬天那端。誰在追逐買賣，誰又要深掘找尋珍珠。誰將大肆宣揚其稍縱即逝的財產，誰將超越自己與今世以獲得永恆。我們全都會看到。我們將看到誰在面對今世權力的轉變時如蠟一般融化，誰能改變這無情之輪的轉向。時間將顯示我們中是誰將在掙扎中獲勝。[124]

　　就 Fethullah Gülen 的思想，這段文字所示時間並非只是個人生命或政權的消逝。Gülen 的語言在此有意喚起「原始樂園」，在那樂園中先知亞當與一隻毒蛇在掙扎，所有人類今世的掙扎被連結到那此掙扎。因與果的線在此「時間」中的發展很長。

　　若把焦點放在土耳其近年發生的事件，以及 Fethullah Gülen 緣由、效應、惡棍、英雄、輸贏者的角色，則只是將其生命意義與重要性縮減成如蠟，與微不足道之權力的短暫關係。當然，Gülen 對 2008–2011 年間的 Ergenekon 與 Sledgehammer（是指 2010 年由土耳其的 *Taraf* 所揭發的土耳其世俗主義者所密謀策劃的軍事政變）兩案的審判依舊有話要說。這審判事實上拔去了土耳其軍方的尖牙，然後擺明著允許虔信穆斯林去支持表面上民主的總理 Erdoğan。Gülen 對 2010 年的 Mavi Marmara（或稱 Gaza Flotilla）事件當然也做了評論，結果激怒了總理，也啟動了反猶太主義者對 Gülen 發難。Gülen 也被迫對 2013 年 6 月的 Gezi Park 抗議運動發言，尤其在總理下令對自發性，甚至是無政府

---

[123]　Ibid., p. 62.
[124]　Dumanlı 2015, p. 3.

的抗議大爆發進行暴力鎮壓時，抗議者反對總理想在伊斯坦堡中心的最後幾
處綠地之一蓋商場的計劃。自然地，Gülen 在 2013 年 12 月對於 Erdoğan 之子
與近親們所受到的貪腐、瀆職調查發表評論。最後，Gülen 當然也針對別人宣
稱其在 2016 年 7 月 15 日策動失敗的政變（這流言已四處流竄彷彿真的，儘
管並無證據支持）發表談話。但相較於這些關於政治壓迫之公共宣言，Fethullah
Gülen 更常做的是禮拜、佈道、教導以及參與諮商。從頭到尾他都努力鼓勵受
他啟發者要有希望地生活。他督促他們將科學與信仰連結以教育未來世代。他
懇求他們努力透過推動公義與支持社會企業來終結貧窮。他建議他們去吸引
全世界和平島的朋友，透過對話，他們也許可在世界各地經歷永恆天堂獨一性
之一瞬間顯示。

　　在 2008–2016 年間，土耳其軍方以及長期支持凱末爾建立之世俗政權的
人，大多會在土耳其的政治生活中保持中立。從各方面觀之，鑑於政變不斷在
歷史中重演，這是有益且必要的發展。透過一連串的審判，促使軍方緊跟著法
治。這些審判即所謂的 Ergenekon 與 Sledgehammer 案，在案中軍官與相關官
員透過以陰謀之名運作清除罪犯之行動反宗教與種族少數群體，即陰謀推翻
AKP 政府，好幾百人被逮捕判刑入獄，其中許多是年邁軍官。這些審判吸引
了土耳其人目光，他們看清時代巨輪正在轉動。對許多土耳其人而言，那些審
判證實在民主選舉的政府裡，確實存在與軍方緊密相連具陰謀的「深層政府」
(Deep State)，深層政府試圖背後操縱政治傀儡的線。當審判進行時，土耳其國
內外觀察家開始對政變謀劃者的證據可靠性與獲取證據的方法（例如透過竊
聽）提出了問題。當裁定有罪時，有人就猜測 Gülen（透過蒙其恩惠的法官與
警方）正是整套操作背後的「幕後黑手」。因為大家都很清楚 Gülen 在過去曾
遭到軍方迫害，大家也認為他應該會採取這些手段擒服軍方與其同路人。[125]

　　除此之外，沒有證據證明 Gülen 的涉入。他直接公開聲明否認涉入其中。
涉入這種設想從美國鄉間發動的政治陰謀將有違其生命與思想路徑。事件發
生有人謠傳他是許多傳說中陰謀的「幕後黑手」後，他說：「若人們正在尋找
Hizmet 運動的幕後黑手，我會說那是真主將團結與保護帶給諮商的做法。

---

[125] Gülen, *Towards the Lost Paradise* (Izmir: Kaynak, 1998), p. 60.

Hizmet 運動並非仰賴任何正在消褪與即將滅亡的力量或行為者；Hizmet 運動有所進展是真主的恩典。」[126] 這並非只是帶諷刺的虔誠措辭，如本章前文所示，這也是正確的歷史，諮商對該運動的成功極為重要。更何況 Ergenekon 與 Sledgehammer 都是政府具政治目的之計劃。他們透過司法執行，並獲得行政與立法部門的認可。因此可以說管理那些部門的人（不是住在賓州的 Imam）更可能必須為那些在司法下的行為負責，任何假設皆須強而有力的證據。於是 Gülen 認為那些指責 Hizmet 是 Ergenekon 與 Sledgehammer 幕後黑手的控訴都是計謀。政府官員以 Gülen 為代罪羔羊，以免公眾咒罵那些審判（因軍方仍然很受歡迎）；而官員也以 Gülen 為代罪羔羊維持那些未受指控參與政變陰謀仍在職軍人的支持。Gülen 說：「凡是那些關門自吹『要令軍方臣服於公民』或『終結軍方監護』的政府官員，當他們走出門後，卻告訴軍方當局『我們要化解這個問題，但 Hizmet 運動卻在阻擋。』」[127] 這並不是警方第一次見人說人話，見鬼說鬼話！

　　Gülen 本身對那些審判公開宣稱如果軍官們犯罪，他們即需負責。但他開了仁慈寬懷之門：

> 我的朋友們已多次目睹我看到那些退休軍官被拘禁時的熱淚盈眶。我曾說：「但願穿著這可敬制服的人不需面臨這樣的處境。」但我沒有立場去干涉現行的法律或在這個環境中做任何建議。政變是嚴重的指控，司法當局應根據管理它們的規範究責。但當顧及到那些年長者與終其一生習於受人尊敬者的年齡或健康狀況，或許我們可以找到法律的補救措施。這是我的認知，一直如此。然而，說 Hizmet 運動致使他們淪落到那個地步確實是違背了事實。[128]

　　簡言之，「他們（政府）企圖譴責該運動實際所做的事。」[129] Erdoğan 亦承認：「我是這些審判的起訴者。」他甚至給予實際的起訴者武裝以保護他們

---

[126] See on the trials Dan Bilefsky and Sebnem Arsu, "Turkey Feels the Sway of Reclusive Cleric," *The New York Times*, April 24, 2012, at http://www.nytimes.com/2012/04/25/world/middleeast/turkey-feels-sway-of-fethullah- gulen-a-reclusive-clerice.html.

[127] Dumanlı 2015, pp. 56-7.

[128] Dumanlı 2015, p. 42.

[129] Ibid., pp. 42-3.

在進出法院大樓時的安全。[130]

然而有一說法已在土耳其境內浮現，既能緩解輿論，也能安撫軍方，即譴責 Hizmet。Gülen 說：「我們的時代出現一種趨勢，就是將每個難以說明的事件歸咎於 Hizmet 運動，以它作為代罪羔羊。」根據許多人（包括那些應該很清楚內情的人）的說法，「Gülen 主義者」已發展出「國中國」。他們已經「滲透」警方、司法單位或軍方密謀推翻土耳其警方。這種簡便的說法所省略的是：受 Gülen 啟發者亦「滲透」了傢具製造、紡織、電子、銀行，以及當然還有教育、出版、電視、醫療保健等產業與慈善工作。記者們不斷重覆「滲透」話語，把 Gülen 隱修中心抹黑成「軍營」的話術如出一轍，皆反映知識份子的怠惰，這本質上就有偏見。「滲透」是指一些鬼鬼祟祟或惡毒的意圖，其實根本找不出證據，而未來也不會有，除非筆者完全誤解了歷史資料。

事實上，Hizmet 人一般會去能把職業與科技在當地彰顯出價值的地方，這與世界上多數人一樣。他們的確參與了與政治關連的角色，如警察、法官、士兵，甚至國會議員。但他們這麼做就與受 Gülen 啟發的其他人一樣，只是運用其理性與專業技能。他們也透過 Istişare 連結倫理驅動社群中的其他人，並對之負責。這樣的狀況本應是件好事，因為該社群意圖明確地致力於法律規範、人權、服務社群。尤有甚者，若說 Hizmet 的人如同其他的土耳其穆斯林或少數群體已被警方、司法機關與軍方迫害了數十年，則也毋需驚訝受 Gülen 啟發的一些人會想努力參與改革那些曾壓迫他們的機關。畢竟，民主是應該如何運作，人民參與抑或民主消亡；陰謀理論化已一度在土耳其大眾間轉向真正的聖地。致於親近 Gülen 者密謀接收土耳其最熱門足球隊 Fenerbahçe 的流言根本是無中生有，Gülen 曾公開表示雖然他喜歡 Fenerbahçe，但仍很高興看到 Galatasaray Spor Kulübü 贏得歐洲錦標賽。而他也希望 Beşiktaş、Trabzonspor 與國家其他隊伍也能成功。或許他那時是位政治家。[131]

---

[130] Ibid., p. 11.

[131] "Erdoğan 'Ben bu davanın savcısıyım' demişti!" (Erdoğan said 'I am the prosecutor of this case), ABC Gazetesi, April 21, 2016, http://www.abcgazetesi.com/erdpgam-ben-bu-davanin-savcisiyim-demisti-13866h.htm. For the original statement, see 'Evet Ergenekon'un savcısıyım' ('Yes, I am the prosecutor of Ergenekon'), Gazetavatan.com, July 16, 2008, at http://wwwgazetevatan.com/-evet-ergenekon-un-savcisiyim-189246-siyaset/.

　　更嚴重的是 2010 年所發生的一件意外，加深了政府對 Gülen 與 Hizmet 的敵意。2010 年 5 月 27 日，由六艘船組成的船隊載運著食物與醫藥補給，從土耳其航向巴勒斯坦的加薩走廊。那時以色列正封鎖加薩以報復導彈攻擊。當領航的船艦 Mavi Marmara 在 5 月 31 日抵達加薩時，以色列突擊隊登船襲擊，導致十名土耳其人死亡。土耳其的反彈聲浪相當大，外交關係中止，直接的軍事衝突箭在弦上。[132] 外交部長 Ahmet Davutoğlu 說：「以色列為其邈視國際法與無視人類良知的立場付出代價的時間到了，第一個且最重要的結果，就是以色列將會失去土耳其的友誼。」[133] Gülen 並不同意如此發怒。他在首刊於 *Wall Street Journal* 的一則故事中，簡單地聲稱其從電視上看到的 Mavi Marmara 衝突的影片是醜陋的。[134] 他質疑艦隊的合法性。那些動員此次與以色列直接衝突的人顯示出否定權威的跡象。他推斷該衝突將不會有結果。他甚至更直接且強烈地說：「假如你想對一個國家進行援助補給，你必須尋求該國當局的許可。」這是常識。這種建言與 Gülen 長期對政府主權與和平的宣稱一致。無論人道主義者需要什麼（即使加薩是非常需要的）這種挑釁會導致戰爭。最後，與其鼓吹和平的公開立場始終一致的是 Hodjaefendi 擔心該場意外會有損穆斯林與猶太人之間的關係，而且還會間接接地傷害土耳其與美國關係。[135]

　　既然土耳其當局傾向伊斯蘭主義者，而其人民對以色列深具敵意，接下來媒體風暴的上演是可預見的。媒體、公民與政客簡化 Gülen 微妙的立場，直指這位 Imam 與以色列站在同一邊，總理 Erdoğan 尤其不高興。針對 Gülen 說艦隊組織者應該先與當局接洽的陳述，他說：「他在說什麼？『他們沒得到當局的許可？』當局是誰？那些人是南方人（指猶太人）愛的還是我們愛的？假如我們是當局，我們早已給了許可。但對他們來說（那當局）是以色列。」[136] 許多土耳其人在社交媒體與報刊上重覆刊登此類反猶太的譭謗語言。Gülen 則被

[132] Dumanlı 2015, p. 10.

[133] Sezgin, İsmail Mesut, "The Mavi Marmara and Fethullah Gülen's Critics: Politics and Principles." The article weas originally published in *Today's Zaman,* n.d.

[134] "Mavi Marmara: Why did Israel Stop the Gaza Flotilla," BBC News, 27 June, 2016, at http://www.bbc.com/news/10203726.

[135] Lauria, Joe, "Reclusive Turkish Imam Criticizers Gaza Flotilla," *Wall Street Journal*, June 4, 2010, at https://www.wsj.com/articles/SB10001424052748704025304575284721280274694.

[136] Sezgin, op. cit.

撻伐成一位「猶太復國主義者」，甚至說他是以色列情報局(Mossad)的人質。
[137] 不意外地，就連 Hizmet 運動內部也有些人不滿或不同意 Gülen 的評論。然
而 Gülen 並未放棄或收回其立場。[138] 他所訴諸的一般原則是「依靠非法工具
來處理非法是不可能的。」[139]

　　然而相對於 Hizmet，有原則的 Gülen 卻一直獲得民粹力量。記者 Mehmet
Ali Birand 並非 Hizmet 人，在 2010 年的一篇極具洞察力與先見之明的專欄中
預見測了「新的迷思如何在土耳其被創造—Hizmet 力量的迷思」。如 Birand 所
見，Gülen 的影響力被過度誇大，已超越真實面向。這對 Gülen 與其親近者是
個危險，對土耳其也是個危險。Hizmet 在政治影響力的陰謀比較是指控：「土
耳其每個發展皆被歸因於該運動，Ergenekon 與 Sledgehammer 等。它們在每
塊岩石下似乎都可以被找到。」但 Birand 評論說，這個說法與事實矛盾，不
過是謠言與神話，雖然有權力者為這些指控火上加油。Birand 承認 Gülen 的影
響力是在 1970 至 2010 年間逐漸成長的，且該運動做得很成功。但他也看到
該運動實質已成為自我權力迷思的囚犯，即使 Gülen 與該運動者不是此迷思
的始作俑者。而 Birand 預測了該運動者所沒看到的危機。他的專欄是一位至
少沒有不喜歡 Hizmet 運動局外人的一記警鐘。他在談論 Gülen 與 Hizmet 的
人說：「他們似乎不知道這個迷思會變得多麼危險。」[140]

　　但總理知道，因為他早已大力地創造這種迷思，並利用它引發另一次衝
突，亦即 2013 年 6 月的 Gezi Park 抗議。眾所皆知，自 2013 年 5 月 27 日開
始，年輕人聚集在伊斯坦堡的 Gezi Park 抗議在該公園興建購物中心的規劃。
該規劃將會移除原本保留給伊斯坦堡市中心的少數綠地。鎮暴警察試圖以催
淚彈與水槍鎮壓抗議，結果反而令衝突升溫。接下來幾日，不只在伊斯坦堡，
全土耳其的城市皆有從數百人到數千人的集會。同時，抗議者的牢騷擴大到最

---

[137] Bianet News Desk, "Erdoğan Changes His Mind on Mave Marmara Crisis," *Bianet English*, June
30, 2016, at https://bianet.org/english/politics/176388-erdogan-changes-opinion-on-mavi-marma
ra-crisis.
[138] See for example this genre, "Gülen's Zionist Connections Exposed," *Crescent International: The
Magazine of the Islamic Movement*, December 23, 2013, at https://crescent.icit-digital-org/articles/
gulen-s-zionist-connections-exposed.
[139] Sezgin, op. cit.
[140] Dumanlı 2015, p. 29.

近對媒體自由的箝制、網路限制、限酒令，以及（尤其是）警察的粗暴與 Erdoğan 政府日漸高漲的集權。抗議者占據公園，住在帳篷裡，並在涉入團體所整合出來的有益結論下建立「共產份子、無政府主義者、社會主義者、民族主義者、LGBT、環保人士、庫德人、穆斯林與足球隊」區一起野營（好幾個球隊的著名選手皆表達支持抗議）。他們與警察的衝突來回震盪了一個月，大部分是在伊斯坦堡，但土耳其的其他城市也有。總理 Erdoğan 奚落抗議者為「盜匪」或 Çapulcu（打劫者），並拒絕妥協。有十一個抗議者死亡，大半是因被催淚瓦斯罐打到腦出血而死。其中一位是年僅十四歲名叫 Berkin Elvan 的男孩。他躺在醫院裡昏迷了將近一年，某種程度上成為轟動全國的案例。上千個人受傷。#occupyGezi 的標籤將抗議活動與美國、歐洲城市所發生的類似群眾運動連結。141

　　Gülen 並未密集評論，但他支持抗議者集會、表達其想法與鼓吹緣由的權利。他在護衛終生支持的人權同時，亦試圖避免沾染黨派色彩。Gülen 批評政府對待抗議的殘暴已加劇敵意與仇恨。總理不應派出鎮暴警察，而應與那些抗議者諮商，或至少不要漠視他們，而要以名字稱呼之。142 總理自然不會對這些建言好感，他開始大肆批評 Gülen 與 Hizmet，宣稱他們是抗議的幕後黑手，最後將 Gülen 及那些受其啟發者稱為「變態」、Hashashin（什葉暗殺派穆斯林）、「陰謀者」、「間諜」、「比什葉派惡劣」、「水蛭」等。143 而 Gülen 在抗議稍平息時的一次訪談中依舊如此說：

> 這並非 AK 黨與 Hizme 之間的爭吵。在過去幾年來，基本權利與自由已出現嚴重的倒退。政客們使用冒犯與破壞性言語使每個社會環節變成「他者」，社會變得極端化。因此，我抗議把抗議者描述成 Çapulcu。然而我們不是，也不會成為政黨，我們不是任何政黨對敵者。我們對每人都保持平等距離。然而，我們公開表示我們的希望，並關心我們國家的未來。我認為這是我們最自然與民主的權利之一。我不瞭解為何有些人不喜歡我們享有這個民主權利。告訴這個國家的掌舵人「我有如此的想法」不應是罪。在已發展的民主國家中，個人與公民社會組織自由地宣傳其關於該國政治

141　Birand 2010.

142　The Wikipedia article on this is comparably good. See "Gezi Park Protests," at https://en.wikipedia.org/wiki/Gezi-Park_protests.

143　Birnbaum 2013.

議題的觀點與評論，也沒有人會去為這件事特別關照你。[144]

然而，表達這種希望無法治好 Hizmet 與 Erdoğan 政權之間的關係。

2013 年 12 月，情況急轉直下。有關人為操控國家標案、佣金回扣、收賄以及金錢借貸等指控的貪腐調查，導致幾十個人在 12 月 17 日被逮，其中包括 Erdoğan 政府的三位部長兒子。被指控者之中還有 Halkbank 總裁 Süleyman Aslan 與伊朗土耳其商人 Reza Zarab。[145] 其他被逮捕者也都與 Erdoğan 的 AK 黨政府關係密切。這波逮捕似乎令總理感到震驚，他隨即從隔日開始解僱原本還要持續在位的人，但他並未開除與賄賂受牽連的官員，雖然有些已自行辭職。反之，他為這調查貼上「骯髒操作」的標籤，然後開除警察、法官與唆使執行調查起訴的官員。一許的抗議聲浪再起。如英國的 *The Guardian*（衛報）所報導：「MHP(Nationalist Movement Party)黨副主席 Oktay Ural 稱此行動為『對抗法治的打擊』。他補充說：『無人能遮蔽這種羞恥，讓公務員盡其職責！』」同樣地，支持庫德人的 Peace and Democracy 黨(BDP)領袖 Selahattin Demirtaş 亦稱該解僱是「介入貪腐調查」。[146] 不意外地，因指控總理阻礙公義，Demirtaş 本人最後被 Erdoğan 關入牢獄，說他是「恐怖份子」。第二波起訴出現在 2013 年 12 月 25 日，矛頭指向 Erdoğan 的兩個兒子 Bilal 與 Burak，但該指控未曾執行。牽涉其中的警方與起訴者皆遭到開除，調查就此擱置，直到 2016 年才在美國重啟。那時，Reza Zarab 安排了認罪協商，以換取認罪較輕的刑罰；而人民銀行的官員 Hakan Atilla 也被判有罪。上百小時的電話文字記錄外洩，指出 Erdoğan 亦參與其中，其中記載著土耳其如何使用黃金交易以規避聯合國對伊朗的制裁。該交易使 Zarab 及其相關人士致富，並轉而使 Erdoğan 及其家族成員致富。[147] 審判後，*Washington Examiner* 報指出「Erdoğan 可能是土耳其有史以來最貪腐的領袖」，這暗示了一些事。無論如何，實情是一個

---

[144] See for documentation of the sources for these terms as used by the Prime Minister, a comprehensive overwiew prepard by the Turkey Task Force, *Hate Speech and Beyond: Targeting the Gülen Movement in Turkey*. Rethink Paper 16, June 2014. (Washington DC: Rethink Institute). The Rethink Institute was Hizmet related think-tank.

[145] Ibid., pp. 35-6.

[146] Letsch 17 December, 2013.

[147] Letsch 18 December, 2013.

NATO（北約聯盟）成員國家已在國際上侵蝕美國利益根基，且避開聯合國的決議。[148] 土耳其已成為一個無賴國家。

想當然爾，既然那種策略在 Ergenekon 與 Sledgehammer 案的審判中非常有效，Erdoğan 便開始譴責 Hizmet 與 Gülen 幕後操縱貪腐調查。如記者 Melik Kaylan 所描述的，那是出於普丁的劇本：關於「被選定之妖魔化人物，一波波的陰謀論，按時分散注意力，被混淆的公民，政治化的國家機構，寡頭執政者所操作的金字塔型化經濟」的策略性佈署。[149] Gülen 惱怒地回應：

> 一些人與群體持續對 Hizmet 運動扔出無憑無據的指控，雖然我們已多次表示否認、解釋與更正。我先前就注意到，一些在他們底下做事的檢查官與司法警察按照法律所要求他們的去做，但他們顯然不知追捕罪犯也是罪！然後在 12 月 17 日偵察的官員以及與偵察無關上千名官員，皆被驅逐出境與調工作。他們被犧牲了，其家屬權利也被侵犯。然後彷彿什麼事都沒發生，有些人開始指控 Hizmet 運動。我之前就說過，我與那些組織這些行動的人無關。我已反覆宣稱我不認識他們任何一位，但是政府及其媒體卻持續宣稱那些檢查官與警官與我有連結。然後土耳其政府開始打擊那些調查貪腐者，而不去處理那些貪腐的人。[150]

這有如 Kafka 或 Orwell，或 1930 年代的俄羅斯才會發生的事。

Gülen 再次試著將此政治陰謀置於一個更廣泛的公義世界裡，受到威脅的不是這份生命而已：

> 若有違反國家利益的賄賂、偷竊、裙帶關係、綁標等行為，而這些行為被掩蓋了，真主將要我們為之負責。但顯然有些人滋養特定期待，若那些調查貪府者可能與 Hizmet 運動有聯繫，那我是否應該告訴這些人：「對那些貪腐指控視而不見？」對我來說這些人顯然期待我這麼做。我怎能說破壞我後世生命的話呢？我還能怎麼做？我已佈道了將近六十年，總是說相同的道理。讓這些成為我的遺續，讓那同情我的弟兄姊妹（雖然我不值得他

---

[148] See Kaylan 2017.

[149] Rubin 2017.

[150] See Kaylan 2017. Kaylan 在此描述「一個現象在土耳其發酵的情況與美國很像，偏袒某黨派的思想一天天高漲，甚至越來越不顧事實真相。因為事實本身已失去其本質，失去蓋棺論定的事實，在到處都有偏執狂的氣氛中，沒有一件事能依公正的真實達成共識。我們已知普丁化程序大可成功，因為他已在俄羅斯開了先河，在那裡，對政權忠心的媒體會將陰謀論逐一付諸實現，直到人民完全混淆，陷入其自身現實泡沫中為止。最後，他們感到疲倦與宿命，於是開始感謝那位領導國家的強人。」

們同情）自己遠離這種貪腐事，而且不要對這類行為裝聾作啞。讓他們去做法律上該做的。[151]

Gülen 是對的，他已佈道了將近一甲子，留下相當清晰支持律法的公開宣言。他對其遺續所沒有說的並非只是藉言語闡述，而是透過全球受他啟發之非暴力教師們、企業家與社群組織者生命體現。

起訴對他而言絕非新鮮事。在這之前他早已經歷過打壓，而他從未以糾葛不清的政治詭計回應。他現在又何必以這個方式回應？這與他一生志業矛盾，彷彿他在賓州退隱時還著迷於權力，決定干涉土耳其政治。他憶說：

> 我們已經歷過這種事很多次了。在 1971 年 3 月 12 日的軍方備忘錄中，我被控「滲透國家機關」被判了六個半月的牢獄。然後繼 1980 年 9 月 12 日的軍事政變後，當局跟監我六年彷彿我是罪犯。他們進行了突襲，我們的朋友遭受騷擾。就某種程度而言，這已成為我們在政變氣氛持續監控下生活的一種模式。我們今日所看見的遠比我們在軍事政變時還糟糕十倍。但儘管如此，我不抱怨。這次我們面臨類似的對待，只是出手的是我們認為與我們一樣遵從相同信仰的百姓。我必須承認這使我們備感痛苦。我們能做的就是說：「這還是會過去！」然後保持忍耐。[152]

在面對迫害時，上述信息表明的不是回擊，而是保持信仰。Gülen 總是如此宣導「以德報怨」。不要停止行善，就連對待那些曾傷害你的人也是。「以怨報怨」只是顯示人格缺失，「以德報怨」才是高貴者。[153]

Gülen 會尋求尊嚴，但 Erdoğan 卻一味尋仇。即使在轉接調查前，他也已威脅要關掉 Hizmet 拓展的所有先修學校，如 Fırat「學園」。2014 年 2 月，他落實其威脅。Gülen 對這一步的解讀不只是針對 Hizmet 相關者，而是針對土耳其所有先修學校，這是一次意圖「敲詐」。Erdoğan 希望 Gülen 能與其日漸擴大的奪權與腐敗共謀串通，或至少噤聲。關閉補習班對 Hizmet 這艘船來說無異是警告的一擊，威脅最普遍的機構。Gülen 不玩這種遊戲。他在 2014 年早期的訪談中說：

---

[151] Kaylan 2017, pp. 17-8.
[152] Ibid., pp. 21-2. In other interviews, Gülen admitted that he might have known 1% or so of those police and prosecutors; see his interview with BBC.
[153] Ibid., p. 6.

如今事情已如水晶般通透，關閉預科學校的計劃並非改善教育制度的正當理由。他們想封鎖 Hizmet 運動教育活動的意圖昭然若揭。「別將你的孩子送到他們的學校與預科班」，我們會聽到執政黨在競選大會時這樣說。換言之，政府的意圖就是先對先預科班開刀，然後處置那些學校。最後他們將試圖使全球的 Hizmet 運動學校都關閉。[154]

　　事實上，那計劃已在發展，而其代價是犧牲上千人的生計、數十億的資產，以及破壞無數孩子的未來。

　　之後是 2016 年 7 月 15 日事件，即失敗的政變。當然那是少數軍方一些無能力者所發動的。在總理督促公民走上街頭後，當然也有人因此喪命。猜想是誰同時譴責那「失敗的政變」與失去的性命？事實上 Gülen 在 1997 年即曾面臨一次類似的起訴，當時他正在土耳其與政治人物有接觸，並經常與當地人連絡。那一年，所謂的「備忘錄政變」導致土耳其首位「伊斯蘭主義」總理 Necmetin Erbakan 下台，他也是 Erdoğan 的啟蒙導師。Gülen 在該政變建議政府總辭，並重辦大選。那些把他與 2016 年 7 月事件連結的人指稱 Gülen 先前的政治牽連正是最近政治干擾的幕後證據。Gülen 解釋當時他想警告政府人員 1997 年可能會有政變。他向當時的勞工部長 Necati Çelik 解釋當時國家中正瀰漫著政變氣氛。Alaatin Kaya（*Zaman* 前老闆）與 Melih Nural（Turgut Özal 大學的董事會成員）那場會議中亦與 Gülen 同在。他說有人正計劃剷除政府，但 Erbakan 政府沒有採取任何行動。同時，Gülen 又去拜訪前總理 Tansu Çiller 表達關心。她也沒有採取行動。所以 Gülen 說：「當我瞭解我無法向任何人解釋危險時，我被迫說出一些避免導致可能政變意外事件的話。我努力避免任何反民主的發展。」然而，軍方接手政府，Hizmet 運動成為軍人集團的主要目標。任何反對宣稱都是不公平且被誤導的。[155] 然而流傳的故事卻說 Gülen「贊助」勝利的 1997 年政變，因此也就在 2016 年贊助了此次失敗的政變。

　　所有這些必須用信仰去解釋了。Gülen 之前曾受政變之害，一輩子都在反對暴力。他住在賓州，能想像現在還能指揮一次暴力政變嗎？如同神學家 Philip Clayton 所言：

---

[154] Gülen 2006f, p. 218.
[155] Dunablı 2015, p. 26.

把 Gülen 連結到持槍造反需要大量的陰謀論。例如，必須說 Gülen 的一切教導只是謊言，當 Gülen 指揮暴力政治行動對抗把他與追隨者提起公訴的土耳其政府時，他有關暴力從不能以宗教之名合法化的所有宣稱都只是誤導對手的障眼法；他只宣導和平因為他只想要戰爭，但這不合邏輯！[156]

而合乎邏輯的是 Erdoğan 政權自從 2012 年即不斷展現其無情、腐敗及暴虐傾向，因為發覺以 Gülen 為代罪羔羊是一個有效的做法，於是就不斷濫用。離鬥爭遠的歷史學家將必須梳理出更多細節。雖然 Clayton 提了一個痛心但也許適當的一般問題：「為何世界上大部份持暴力者都會指控最和平的人暴力？」[157]

如同 Gülen 在賓州隱修中心執筆的一篇文章所言，該篇文章 2016 年 7 月 26 日刊登在《紐約時報》特約專欄，他說：

> 關於本月所發生在土耳其的蓄意軍事政變，我以最強烈的言辭譴責它。我說過：「政府應透過自由與公平的選舉獲勝，而非透過暴力。我為土耳其、土耳其公民與所有最近發生在土耳其的事向真主祈求，但願這種狀況能快速地和平解決。」

> 儘管本人的清楚抗議與那三個主要反對黨的聲明很像，但土耳其越來越集權的總統 Recep Tayyip Erdoğan，卻立刻指控我指揮暴動。他要求美國政府把我從我自 1999 年以來自願流放居住在賓州的家引渡回土耳其。

> Erdoğan 先生的建議不只糾纏著我所相信的一切，那也是不負責與錯誤的。

> 我致力於服務每個信仰者的包容與多元主義伊斯蘭哲學與武裝叛變是對立的。超過四十年，被稱為 Hizmet 的與我有關運動其參與者都在鼓吹展現所承諾的政府形式，該形式的合法性是從人民的志願衍生而來的，尊重所有公民權利，無論其宗教觀點、政治傾向或族群來源為何。受 Hizmet 價值啟發的企業家與志願者已在超過一百五十個國家中投資現代教育與社群服務。

> 當西方民主正在尋找溫和穆斯林的聲音時，我與 Hizmet 運動的朋友已採取清楚立場反對從 al-Qaeda 的 911 攻擊到 Islamic State 的殘暴處決，以及 Boko Haram 的綁架事件之極端暴力。

> 終我一生，無論公開抑或私下，我都在譴責軍事介入民主政治。事實上，

---

[156] Ibid., pp. 8-10.
[157] *What Went Wrong with Turkey? The Fountain Special Issue* (Clifton, NJ: Blue Dome Press, 2017), p. 20.

> 我數十年來都在鼓吹民主。我在這四十年內遭受土耳其四次軍事政變的苦難，甚至成為那些軍事政權騷擾與非法關押的對象，我絕不希望我的公民同胞再次忍受這種折磨。若有 Hizmet 支持者涉及那次蓄意政變，他已違背了我的理想。[158]

儘管如此陳述，美國與世界媒體依舊「買單」與放大 Erdoğan 政府的敘述。[159] 至於 Erdoğan 自己，他在幾小時內即宣布政變是來自神的禮物。[160] 在此至少值得指出的是 Erdoğan 的宣示顯示他的神是暴力之神。一年後，在象徵「神之禮物」滿一週年的大集會中，Erdoğan 直言他對這位毀滅之神的虔誠有多麼深刻，在伊斯坦堡的講台上大聲咆哮：「我們會砍掉那些叛徒的頭。」[161]

與此同時，Gülen 在 *The Washington Post* 撰文表達對「我不再認識的土耳其」的哀悼。「我曾認識的土耳其是一個走在鞏固民主之路上、賦予希望的國家，是溫和世俗主義形式的國家，但卻已變成為所欲為總統的領土，他集中權力，打壓異己。」在此所發生的實情皆支持 Gülen 的論點。在政變之後那天，「政府製造了一份名單，上面列有上千名與 Hizmet 有關的人。」這個關係可能只是偶然的接觸。人們遭到開除只因「有 Bank Asya 的帳號，在學校教書或為報紙撰稿，捐錢給 Kimse Yok Mu」。人們所具有最簡單的關係都被定罪，政府開始系統性地「破壞他們的生活。那份名單包括早已過世數月的人，以及當時已在北約歐洲總部工作的人」。[162] 從 2016 年 7 月到 2018 年 3 月（人數自

---

[158] Ibid., p. 18.

[159] Gülen, "I Condemn All Threats to Turkey's Democracy," *The New York Times*, July 25, 2016, at https://www.nytimes.com/2016/07/26/opinion/fethullah-gulen-i-condemn-all-threats-to-turkeys-democracy.html.

[160] Anong the saner and more reasoned have been Dani Rodrik, "Is Fethullah Gülen Behind Turkey's Coup? [with update]," Dani Rodrik's weblog, July 24, 2016, at http://rodrik.typepad.com/dani_rodriks_weblog/2016/07/is-fethullah-gülen-behind-turkeys-coup.html; Mustafa Akyol, "Who Was Behind the Coup Attempt in Turkey?," *The New York Times*, July 22, 2016, at https://www.nytimes.com/2016/07/22/opinion/who-was-behind-the-coup-attempt-in-turkey.html. The Erdoğanbovernment's party-line can be found at İbrahim Kalın, "The Coup Leader Must Be Held Accountable," *The New York Times*, July 24, 2016, at https://www.nytimes.com/2016/07/25/opinion/the-turkey-coup-leader-must-be-held-accountable.html. Foe an alternative narrative from within the Hizmet movement, see Yüksel A. Aslandoğan, "What Really Happened in Turkey on July 15, 2016? An Alternative to the Turkish Government Narrative," *What Went Wrong with Turkey*, op. cit., pp. 12-17.

[161] Thoroor 2017.

[162] Ibid.

那時開始增加，迫害亦從那時增強），Erdoğan 政權以國家命令總共開除了
151,000 名政府官員，包括教師、管理者、警官，包括超過四千名法官與檢查
官，以及 5,800 位學術界人士。政府也拘禁超過 217,971 名土耳其公民，並逮
捕 82,000 人，其中包括 319 位記者。總共有 3,003 間學校、宿舍、家教中心與
大學，以及 189 家媒體公司（包括報紙、雜誌、電視台與廣播台）被強迫關
閉。[163] 這些數字已令人麻木。但他們指向了具有史達林主義成份的整肅異己
模式，儘管帶有一種後現代、後真理(post-truth)的假像（例如，Erdoğan 曾宣
布他只有關押「兩名記者」）。[164] 同時，許多如今被「重新開放」的 Hizmet 宿
舍與家教中心，若不是被用作 AK 黨總部，就是在一個名為 Türgev（全名為
Türkiye Gençlik ve Eğitme Hizmet Vakfı[土耳其青年與教育服務基金會]）的組
織的贊助下營運。Erdoğan 的兒子 Bilal 與女兒 Esra Albayrak 即為 Türgev 國家
董事會的一員。[165] 總統自己則搬到嶄新（2014 年落成）的官邸。該建築以具
1,100 間房間出名。建造經費為 6,300 萬美元，這還可能是低估。[166] 看來 Erdoğan
早已準備好利用他的「神之禮物」了。

　　若照 Gülen 譏諷的預言「現代尼祿」行為將實現，Erdoğan 將繼續找尋在
法治之外滿足其嗜血途徑。2017 年 3 月，*The New York Times* 揭示 Mike Flynn
（曾在川普總統陣營擔任外交顧問與首位國家安全顧問的退休軍官）曾在競
選活動中收受土耳其政府超過五十萬美元以抹黑 Gülen 與 Hizmet 的活動。[167]
這種獻給選舉活動的款項當然值得質疑其合法性，且無疑是不道德的。幾天
後，*Wall Street Journal* 又報導 Flynn 如何與土耳其官員討論綁架 Gülen 送他回
土耳其以交換 1,500 萬美元酬勞的陰謀，這故事在 11 月被到處刊登，沸沸揚
揚的程度如同之前的 Zarab 事件。[168] 當然那時 Flynn 早已被革除國家安全顧
問之職。他並未如法律所要求的揭露在擔任國家安全局之角色前的土耳其人
脈網。Flynn 亦成為 Robert Mueller 調查通俄門事件的箭靶。這就像 John Le

---

[163] What went Wrong with Turkey, pp. 10-11.
[164] See https://turkeypurge.com/, which keeps a running total as conditions change.
[165] See Belli et al 2016.
[166] See http://www.turgev.org.
[167] Kenyon 2014.
[168] Baker and Rosenberg 2017.

Carre 的小說情節，真正惡棍的戲劇性不確定。然而，Hizmet 運動內上百萬人之生計的後果絕非虛構。如 Gülen 在其哀悼中所言：「我可能不會活著看到土耳其成為民主的模範，但我祈禱每況愈下的集權趨勢能在為時已晚前終止。」[169]

當土耳其的憂患逐步升高時，Fethullah Gülen 在一場對朋友的演講中闡釋了一句古蘭經名言：「你所獲得的恩典是阿拉賞賜的，你所遭遇的不幸是你自己招致的。」(4:79) 根據 Gülen，此句經文所指的是「人並非總能清楚地看到構成事件之背後因素。」在這案例中（近來對 Hizmet 人的壓迫當然只是其一）最睿智的做法是將目光轉向內心自我批判，並總是轉向真主的原宥。「將麻煩與不幸歸咎於自己，憑藉的是嚴格自我批判的意識，然後才是倚賴對真主與審判日的全然信仰。」Gülen 其一生的視野是始終在信仰者雙眼前保持一個永恆世界。他堅持不懈、耐心地在良善道路上前進：「我希望人們能在一開始即為他們的破壞建好柵欄，而不是事後在生活中努力於心與靈的再生，因為破壞後的重建並非易事。」[170]

2010 年後土耳其發生諸多事件後，Hizmet 內部人檢視自身行為與關係，耐心繼續工作如教師、對話活動及社會企業。這些做法對他們而言並非新鮮事。無論他們如何回應所遭受的壓迫，Gülen 與許多 Hizmet 人都知道，在任何短期歷史推想中重建土耳其民主希望之可能性是微乎其微。Gülen 已在賓州的墓園保留了一小塊地，預計自己不會重返土耳其。[171] 然而他一直保持希望，這對 Gülen 與許多 Hizmet 人都不是新鮮事。在麻煩中抱持希望早已是其傳記中一成不變的一部分，而現在每塊大陸上都有如他所稱的和平島，那些和平之島是他們在各處營運的學校、對話中心與社會企業。那些和平島是能交到新朋友，是穆斯林能在不受壓迫之下履行其信仰的國家。

若一位老人可能在流放時的寒冬裡對再次看到「盎然綠意的春日」感到絕望時，事實上如 Gülen 所寫的，對那些將目光再次放在遙遠的地平線，並不與特定國家連結的人而言：

---

[169] Grimaldi et al 2017.
[170] *What Went Wrong with Turkey*, p. 11.
[171] Gülen 2014c, pp. 63-69.

我們的老舊世界在消逝前將經歷一次驚人的「春日」。這春日將看到貧富間差距變小，世界上的財富將會更公平地依努力、人口與需求分配。種族、膚色、語言或世界觀之間將無歧視，基本人權與自由受到保障，個人脫穎而出，學習如何實踐潛能，將步上成為具愛、知識與信仰之翼的「最崇高者」的道路。

在此新春中，當科學與技術進步到可考量時，人類就瞭解最近的科學與技術程度與嬰孩學習如何爬行等生命階段其實是很類似。人類將舉辦到外太空旅行如同去其他國家一樣。走在往真主之道上的旅人，那些貢獻熱愛、沒時間與人為敵的人將會把其靈性的啟發帶到其他世界去。

是的，春日將在愛、仁慈、憐憫、對話、接納他人、互敬、公義與權利的基礎上出現。那時人類將發現自己真正的本質。善良與好意、正直與美德都將構成今世的基本特質。無論發生什麼，這世界遲早都將走到這條道路上。無人能阻擋。

我們祈求「永恆的憐憫者」(the Infinitely Compassionate)不要讓我們的希望與期待落空。[172]

在那冷酷強人的冬天裡，這種期待光明春天的希望顯得過於理想化，只是一個祈求罷了。若有一件事是 Fethullah Gülen 真得知道如何做的就是禮拜。所以當他也鼓勵人們「之後的回賜程度越大，困難就越多」時，這是禮拜，[173] 也是一句考驗 Fethullah Gülen 生命的格言，而且幾乎從一開始就證明是真的。

對一些人而言，土耳其的壓迫象徵 Gülen「黃金世代」夢的消逝。的確，死亡儼然逼近。來自 Korucuk 的男孩如今已年老力衰。而 Fethullah Gülen 的生命從來不是這「八十加十」年的短暫跨距所能衡量。他相信天堂、末日審判、公義。這些信念非只存在下一個新聞週期、選舉週期或甚至人的生命週期，他的視野是永恒的。如果宇宙道德之曲線是長的，特別是二十一世紀第二個十年間，Gülen 及其親近者也會與有信仰的人共享著一份信念，即宇宙道德之曲線將傾向公義。他們也相信人類有義務「協助」將宇宙道德之曲線「彎」向那方向。如 Gülen 經常在著作中所說的：「力量存在於真理中。」[174] 用其他方法所建立的任何權力注定失敗。所以，Fethullah Gülen 在地球上生命的尾聲，無論

---

[172] Interview with Fethullah Gülen, Saylorsburg, PA, February 30, 2018.
[173] Gülen 2006f, pp. 231-2.
[174] Gülen 2014c, p. 224.

何時發生，絕不會是 Hizmet 的告終。永恆的真理不會被威權者野心所包住。
Fethullah Gülen 為超越理解的和平而活，因為和平是超越時空膚淺的限制。畢
竟，即使是流放中的蘇非行者也會在遠比塵世間之物質更實在的光芒中旋轉，
他會捲入那在創造初始即有，在時間終結時仍存在的能量中。

參考資料

"1st Abant Platform Meeting Addresses Islam and Secularism," July 19, 1998, at http://jwf. org/1st-abant-platform-meeting-addresses-islam-and-secularism/

Acar, Ismail, "A Classical Scholar with a Modern Outlook: Fethullah Gülen and His Legal Thought," in *Mastering Knowledge in Modern Times: Fethullah Gülen as an Islamic Scholar*, at https://www.fgulen.com/en/gulen-movement/on-the-movement/mastering-knowledge-in-modern-times-fethullah-gulen-as-an-islamic-scholar/47998-a-classical-scholar-with-a-modern-outlook-fethullah-gulen-and-his-legal-thought

Akarçeşme, Sevgi, "Democracy's Challenge with Turkey Debated in Abant Platform," January 30, 2016, at http://hizmetnews.com/17388/democracys-challenge-with-turkey-debated-in-abant-platform/#.WiMUM0qnFPY

Akkad, Reem, "The Importance of the Mother in Islam," in Inside Islam: Dialogue and Debates. Challenging Misconceptions, Illuminating Diversity. A Collaboration of the University of Wisconsin National Resource Center and Wisconsin Public Radio's "Here on Earth: Radio Without Borders," at https://insideislam.wisc.edu/2012/05/the-importance-of-the-mother-in-islam/

———. "What does a month of Ramadan fasting do, spiritually and physically?," *The Washington Post*, June 2, 2017, at https://www.washingtonpost.com/news/food/wp/2017/06/02/what-does-a-month-of-ramadan-fasting-do-spiritually-and-physically/?utm_term=.elb973312d74

Akman, N, "Hoca'nin hedefi Amerika ve Almanya' [Hodja targets America and Germany], in *Sabah*, 1/28/1995, as cited by Emre Demir, "The Emergence of a Neo-Communitarian Discourse in The Turkish Diaspora in Europe: The Implantation Strategies and Competition Logics of the Gülen Movement in France and Germany," in *European Muslims, Civility, and Public Life: Perspectives on and from the Gülen Movement*. Ed. Paul Weller and Ihsan Yilmaz (London/NY: Continuum, 2012).

Akman, Nuriye, *Sabah*, 1/23-30, 1995, as quoted in "Why Does He Cry?" *Fethullah Gülen*, at https://www.fgulen.com/en/fethullah-gulens-life/about-fethullah-gulen/biography/24660-why-does-he-cry

Akyol, Harun, "The Role of Turkish Schools in Building Trusting Cross-ethnic Relationships in Northern Iraq," in Esposito and Yılmaz 2010, pp. 311-342.

———. "An Alternative Approach to Preventing Ethnic Conflict: The Role of the Gülen's [sic] Schools in strengthening the delicate relations between Turkey and the Iraqi Kurds with particular reference to the 'Kirkuk Crisis,' in *Conference Proceedings: Islam in the Age of Global Challenges: Alternative Perspectives of the Gülen Movement*. Georgetown

University President's Office. Alwaleed Bin Talal Center for Muslim Christian Understanding. Rumi Forum (November 14-15, 2008).

Akyol, Mustafa, "Who Was Behind the Coup Attempt in Turkey?" *The New York Times*, July 22, 2016, at https://www.nytimes.com/2016/07/22/opinion/who-was-behind-the-coup-attempt-in-Turkey.html?action=click&contentCollection=Opinion&m-odule=Related Coverage&region=Marginalia&pgtype=article.

al-Ansari, Farid, *The Return of the Cavaliers: Biography of Fethullah Gülen* (NY: Blue Dome Press, 2013).

al-Qaher, Sara, "Iraqi Kurdistan government seized, sold Gülen schools," October 5, 2016, at https://www.al-monitor.com/pulse/en/originals/2016/09/fethullah-gulen-kurdistan-turkey-iraq.html

Alarko Holding, https://www.alarko.com.tr/en/homepage

Alexander, Paul, "Turkey on Diplomatic Push to Close Schools Linked to Influential Cleric," in *VOA*, September 21, 2017, at https://www.voanews.com/a/turkey-erdogan-gulen-schools/4010073.html

Alptekin, Murat, *Teacher in a Foreign Land: M. Fethullah Gülen* (NJ: Tughra Books, 2012).

Andrea, Bernadette, "Woman and Their Rights: Fethullah Gülen's Gloss on Lady Montagu's "Embassy to the Ottoman Empire," in Robert A. Hunt and Yüksel A. Aslandoğan, *Muslim Citizens of the Globalized World: Contributions of the Gülen Movement* (Somerset, NJ: The Light, 2006): 145-164.

Appleby, R. Scott, *The Ambivalence of the Sacred: Religion, Violence, and Reconciliation* (NY: Rowman and Littlefield, 1999).

Aslandoğan, Yüksel A. and Muhammed Çetin, "The Educational Philosophy of Gülen in Thought and Practice," in *Muslim Citizens of the Globalized World: Contributions of the Gülen Movement*, ed. Robert A. Hunt and Yüksel A. Aslandoğan (NJ: The Light, 2006): 31-54.

Aslandoğan, Yüksel A., "What Really Happened in Turkey on July 15, 2016?: An Alternative to the Turkish Government Narrative," in *What Went Wrong in Turkey*: 12-17.

Aviv, Efrat E., "Fethullah Gülen's 'Jewish Dialogue,' in *Turkish Policy Quarterly* 9(3): 101-114 at http://turkishpolicy.com/Files/ArticlePDF/fethullah-gulens-jewish-dialogue-fall-2010-en.pdf.

Bakar, Osman, "Gülen on Religion and Science: A Theological Perspective," in *The Muslim World: Special Issue–Islam in Contemporary Turkey: The Contributions of Fethullah Gülen* 95(July 2005).

Baker, Peter and Matthew Rosenberg, "Michael Flynn was Paid to Represent Turkey's Interests during the Campaign," at *The New York Times*, March 10, 2017, at https://www.nytimes.com/2017/03/10/us/politics/michael-flynn-turkey.html

Balci, Bayram, "The Gülen Movement and Turkish Soft Power," in *Carnegie Endowment for International Peace*, February 4, 2014, at http://carnegieendowment.org/2014/02/04/g-len-movement-and-turkish-soft-power-pub-54430

Balcı, Kerim, "[Ramadan Notes] Different Levels of Fasting," in *Today's Zaman*, Friday, 19 August 2011, at http://hizmetmovement.blogspot.com/2011/08/ramadan-notes-different-levels-of.html

"Barış Manço gives Fethullah Gülen a gift: The late Barış Manço admires Fethullah Gülen's schools in the Far East [Merhum sanatçı Barış Manço da Fethullah Gülen'in Uzakdoğu'da açtığı okullar dolayısıyla hayranlığmı], at https://www.izlesene.com/video/baris-manconun-fethullah-gulene-hediye-takdim-etme-si/9434899

Barton, Greg, "How Hizmet Works: Islam, Dialogue and the Gülen Movement in Australia," in *Hizmet Studies Review* 1(Autumn 2014): 9-26.

———. Paul Weller, and İhsan Yılmaz, "Fethullah Gülen, the Movement and this Book: An Introductory Overview," in *The Muslim World and Politics in Transition: Creative Contributions of the Gülen Movement* (London/NY: Bloomsbury, 2013).

Becker, Ernest, *The Denial of Death* (NY: Free Press, 1997 [1973]).

Belli, Onur Burçak, Eren Caylan and Maximilian Popp, "A Deadly Rivalry: Erdogan's Hunt Against the Gülen Movement," *Der Spiegel Online*, August 3, 2016, at http://www.spiegel.de/international/world/erdogan-hunts-down-guelen-movement-after-coup-attempt-a-1105800.html

Bernard, Phyllis E., "The Hizmet Movement in Business, Trade, and Commerce," in *Hizmet Means Service: Perspectives on an Alternative Path within Islam*. Ed. Martin E. Marty (Berkeley: The University of California Press, 2015).

Bilefsky, Dan and Sebnem Arsu, "Turkey Feels the Sway of Reclusive Cleric," *The New York Times*, April 24, 2012, at http://www.nytimes.com/2012/04/25/world/middleeast/turkey-feels-sway-of-fethullah-gulen-a-reclusive-cleric.html

Birand, Mehmet Ali, "Cemaat, efsaneleşen gücü'nün esiri oluyor," ["Gülen Community Becomes Prisoner of its Legendary Power"], *Hürriyet*, October 6, 2010, at http://www.hurriyet.com.tr/cemaat-efsanelesen-gucu-nun-esiri-oluyor-15970467

Birnbaum, Michael, "In Turkey, Protests, Splits in Erdoğan's Base," *The Washington Post*, June 14, 2013, at https://www.washingtonpost.com/world/Erdoğan-of-fers-concessions-to-turkeys-protesters/2013/06/14/9a87fff6-d4bf-11e2-a73e-826d299ff459_story.html?utm_term=.b2e720ec49da

Brennan, Margaret and Jennifer Janisch, "Are some U.S. charter schools helping fund controversial Turkish cleric's movement?," *CBS News*, March 29, 2017, at https://www.cbsnews.com/news/is-turkish-religious-scholar-fethullah-gulen-funding-movement-abroad-through-us-charter-schools/

Brinton, Crane, *The Anatomy of a Revolution* (NY: Vintage Books, 1965 [1938]).

Broder, Jonathan, "Has Turkey Become the Dying Man of Europe?," *The Chicago Tribune*, August 4, 1979, at http://archives.chicagotribune.com/1979/08/04/page/40/article/has-turkey-become-the-dying-man-of-europe

Burnett, Virginia and Yetkin Yıldırım, *Flying with Two Wings: Interfaith Dialogue in an Age of Terrorism* (Cambridge, M A: Cambridge Scholars Press, 2011).

Can, Eyüp, *Fethullah Gülen ile Ufuk Turu* [Fethullah Gülen's Horizon Tour] (Istanbul: AD, 1996).

——. *Zaman Daily*, August, 1995, as cited in *Fethullah Gülen*, "Relation with Literature and Music," at https://fgulen.com/en/home/1304-fgulen-com-english/fethullah-gulen-life/biography/24661-relation-with-literature-and-music

Çapan, Ergün, "Fethullah Gülen's Teaching Methodology in His Private Circle," in *Mastering Knowledge in Modern Times: Fethullah Gülen as an Islamic Scholar*, at https://www.fgulen.com/en/gulen-movement/on-the-movement/mastering-knowledge-in-modern-times-fethullah-gulen-as-an-islamic-scholar/48072-fethullah-gulens-teaching-methodology-in-his-private-circle

Carroll, B. Jill, *A Dialogue of Civilizations: Gülen's Islamic Ideals and Humanistic Discourse.* Foreword by Akbar S. Ahmed (NJ: The Light, 2007).

C.A.S.I.L.I.P.S. [Citizens against Special Interest Lobbying in Public Schools]," "A Guide to the Gulen Movement's Activities in the U.S.: Gülen Charter Schools in the U.S.," [April 17, 2017], at http://turkishinvitations.weebly.com/list-of-us-schools.html

Çavdar, Ayşa, "Capital and Capitalists in Turkey: Gülen Sect–Reached for the State, Got Capital Instead," in *Heinrich Böll Stiftung / Türkiye* 8(2014): 1-12, at https://www.researchgate.net/publication/310005766_Gülen_sect_Reached_for_the_state_got_capital_instead

Çetin, Muhammed, *The Gülen Movement: Civic Service Without Borders* (NY: Blue Dome Press, 2010).

Çiçek, Hikmet, "İshak Alaton ve FETÖ," September 15, 2016, at https://www.aydinlik.com.tr/ishak-alaton-ve-feto.

Claridge, Tristan, "Explanation of Types of Social Capital," *Social Capital Research*, February 13, 2013, at https://www.socialcapitalresearch.com/explanation-types-social-capital/

Clement, Victoria, "Central Asia's Hizmet Schools," in *The Muslim World and Politics in Transition: Creative Contributions of the Gülen Movement.* Ed. Greg Barton, Paul Weller, İhsan Yılmaz (London/NY: Bloomsbury, 2013).

Clingingsmith, David, Asim Ijaz Khwaja and Michael Kremer, "Estimating the Impact of the Hajj: Religion and Tolerance in Islam's Global Gathering," *Faculty Research Working Papers Series, Harvard Kennedy School/John F. Kennedy School of Government*, April 2008, RWP08-022, at http://ksgnotes1.harvard.edu/Research/wpaper.nsf/rwp/RWP08-

022.

Coontz, Stephanie, *Marriage, A History: How Love Conquered Marriage* (NY: Penguin, 2006).

Cortright, David, *Peace: A History of Movements and Ideas* (Cambridge: Cambridge University Press, 2010).

Cremin, Hilary, "Transformational Peace Education in the 21st Century," in *Peace-building through Education: Challenges, Opportunities, Cases*, ed. Carol Dahir (Somerset, NJ: Blue Dome Press, 2015): 63-68.

Cubuk, Osman, and Burhan Cikili, "The Impact of Hizmet Movement on Intercultural Dialogue in Taiwan," in *International Conference on the Hizmet Movement and the Thought and Teachings of Fethullah Gülen: Contributions to Multiculturalism and Global Peace. National Taiwan University, College of Social Sciences, December 8-9, 2012*: 194-208.

Demir, Emre, "The Gülen Movement in Germany and France," at http://www.gulen-movement.com/gulen-movement-germany-france.html

Demir, Ömer, Mustafa Acar and Metin Toprak, "Anatolian Tigers or Islamic Capital: Prospects and Challenges," *Middle Eastern Studies* 40(2004): 166-188.

"The Dershane Prep School Debate in Numbers," *Daily Sabah*, November 19, 2013, at https://www.dailysabah.com/business/2013/11/l9/the-dershane-prep-school-debate-in-numbers.

Doğu Ergil, *Fethullah Gülen and the Gülen Movement in 100 Questions* (Somerset, NJ: Blue Dome Press, Kindle Edition).

Dumanlı, Ekrem, "Part 5: Gülen Says Ballot Box Not Everything in Democracy," *Today's Zaman*, March 20, 2014, at http://Hizmetnews.com/11495/part-5-gulen-says-ballot-box-everything-democracy/#.Wp8mfujwZPY

———. *Time to Talk: An Exclusive Interview with Fethullah Gülen* (NY: Blue Dome, 2015).

Duran, Burhanettin, and Çımar Menderes, "Competing Occidentalisms of Modern Islamist Thought: Necip Fazıl Kisakürek and Nurettin Topçu," in *The Muslim World*, 103 (October 2013): 479-500.

Ebaugh, Helen Rose, *The Gülen Movement: A Sociological Analysis of a Civic Movement Rooted in Moderate Islam* (Amsterdam: Springer, 2010).

———. and Doğan Koç, "Funding Gülen-Inspired Good Works: Demonstrating and Generating Commitment to the Movement," in *Muslim World in Transition: Contributions of the Gülen Movement. International Conference Proceedings. London, 25-27 October 2007.* (London: Leeds Metropolitan University Press, 2007).

Eck, Diana L., *Encountering God: A Spiritual Journey from Bozeman to Benares* (Boston: Beacon Press, 1993).

Eisenstadt, S. N. Edited with an Introduction, *Max Weber on Charisma and Institution-Building: Selected Papers* (Chicago and London: The University of Chicago Press, 1968).

Elder, Earl Edgar, tr., *A Commentary on the Creed of Islam* (NY: Columbia University Press, 1950).

El-Kazaz, Sarah, "The AKP and the Gülen: The End of a Historic Alliance," in *Middle East Brief [Brandeis University Crown Center for Middle East Studies]*, July 2015, No. 94, at https://www.brandeis.edu/crown/publications/meb/MEB94.pdf

Empire of Deceit: An Investigation of the Gülen Charter School Network (Amsterdam and Partners, LLP for the Republic of Turkey, 2017).

"Erdoğan "Ben bu davanın savcısıyım' demişti!" [Erdogan said 'I am the prosecutor of this case!'], in *ABC Gazetesi*, April 21, 2016, at http://www.abcgazetesi.com/erdogan-ben-bu-davanin-savcisiyim-demisti-l3866h.htm

Erdoğan, Latif, *Fethullah Gülen "Küçük Dünyam"* ["My Little World"]. 40th ed. (Istanbul: AD, 1997).

Ergene, Mehmet Enes, *Tradition Witnessing the Modern Age: An Analysis of the Gülen Movement* (NJ: Tughra Books, 2008).

Ergil, Doğu, *Fethullah Gülen and the Gülen Movement in 100 Questions* (Istanbul: Blue Dome Press, 2012–Kindle edition 2013).

Esposito, John L. and Ihsan Ytlmaz, *Islam and Peacebuilding: Gülen Movement Initiatives* (Istanbul: Blue Dome, 2010).

Esposito, John L., *Unholy War: Terror in the Name of Islam* (London/NY: Oxford University Press, 2003).

"Evet Ergenekon'un savcısıyım" ["Yes, I am the prosecutor of Ergenekon"], *Gazetavatan.com*, July 16, 2008, at http://www.gazetevatan.com/-evet-ergene-kon-un-savcisiyim-189246-siyaset/

"FETO's Structure," *Yeni Şafak*, at http://www.yenisafak.com/en/15-july-coup-attempt-in-turkey/fetos-structure-kurulus-en-detail

fgulen.com. "Sızıntı Celebrates 30th Year as Magazine of Love and Tolerance," at http://fgulen.com/en/home/l323-fgulen-com-english/press/news/26507-siz-inti-celebrates-30th-year-as-magazine-of- love-and-tolerance

Filkins, Dexter, "Turkey's 30-Year Coup," *The New Yorker*, October 27, 2016, at http://www.newyorker.com/magazine/2016/10/17/turkeys-thirty-year coup

Findley, Carter Vaughn, "Hizmet among the Most Influential Religious Renewals of Late Ottoman and Modern Turkish History," at https://content.ucpress.edu/chapters/12909.ch01.pdf

——. *Turkey, Islam, Nationalism, and Modernity: A History, 1789-2007* (New Haven: Yale

University Press, 2010).

Friedman, Uri, "The Thinnest-Skinned President in the World," *The Atlantic*, April, 2016, at https://www.theatlantic.com/international/archive/2016/04/turkey-germany-erdogan-bohmermann/479814/

Gardels, Nathan, "A Talk with Orhan Pamuk: Caressing the World with Words," *Huffington Post Blog*, May 25, 2011, at http://www.huffingtonpost.com/nathan-gardels/a-talk-with-orhan-pamuk-c_b_353799.html

Gopin, Marc, *Holy War, Holy Peace: How Religion Can Bring Peace to the Middle East* (NY/London: Oxford University Press, 2005).

Grimaldi, James V., Dion Nissenbaum and Margaret Coker, "Ex-CIA Director: Mike Flynn and Turkish Officials Discussed Removal of Erdoğan Foe from U.S.," *The Wall Street Journal*, March 24, 2017, at https://www.wsj.com/articles/ex-cia-director-mike-flynn-and-turkish-officials-discussed-removal-of-Erdoğan-foe-from-u-s-1490380426

Grossman, Lt. Col. David, *On Killing: The Psychological Cost of Learning to Kill in War and Society* (Boston: Back Bay Books, 1996).

Gülen, M. Fethullah, "1975 Yılı Vaazları," [1975 Year Sermons], *Fethullah Gülen* [Turkish version], at "1975 Yılı Vaazları," Fethullah Gülen [Turkish version], at https://fgulen.com/tr/ses-ve-video/fethullah-gulen-hitabet/fethullah-gulen-hocaefendinin-vaizligi/3586-fgulen-com-1975-Yili-Vaazlari

———. "1977 Yılı Vaaz ve Konferanslaı," [1977 Year Sermons and Conferences], *Fethullah Gülen*, [Turkish Version], at http://fgulen.com/tr/ses-ve-video/fethullah-gulen-hitabet/fethullah-gulen-hocaefendinin-vaizligi/3588-fgulen-com-1977-Yili-Vaaz-ve-Konferanslari

———. "1990 Yılı Vaazları" [1990 Year Sermons], at https://fgulen.com/tr/ses-ve-video/fethullah-gulen-hitabet/fethullah-gulen-hocaefendinin-vai-zligi/3593-fgulen-com-1990-Yili-Vaazlari

———. "The Beard and the Headscarf Issue," at https://fgulen.com/en/home/1305-fgulen-com-english/fethullah-gulen-life/gulens-thoughts/25051-the-beard-and-the-headscarve-issue

———. "Being Pursued," in *Fethullah Gülen*, at https://www.fgulen.com/en/fethullah-gulens-life/about-fethullah-gulen/biography/24659-being-pursued

———. "Being Shaped by Ramadan," *The Fountain Magazine*, 25 (Jan-Mar 1999), at http://www.fountainmagazine.com/Issue/detail/Being-Shaped-by-Ramadan

———. "Bu Hareket Devlete Alternatif mi?," [Is This Movement an Alternative to the State?], at http://tr.fgulen.com/content/view/12134/9/, as cited in Ergil, Loe. 872. The cited link is broken, but the essay can be found at http://www.herkul.org/kirik-testi/bu-hareket-devlete-alternatif-mi-2/, November 14, 2005.

———. "Chaos and the Mystical World of Faith," *The Fountain Magazine*, May-June 2010a, at http://www.fountainmagazine.com/Issue/detail/Chaos-and-the-Mystical-World-of-Faith

——. "Dialogue with the People of the Book, Jews and Christians," August 25, 1995, at https://fgulen.com/en/fethullah-gulens-life/1315-fethullah-gulens-speeches-and-inter views-on-interfaith-dialogue/25141-dialogue-with-the-people-of-the-book-jews-and-christians

——. "Edirne," in *Fethullah Gülen*, at http://fgulen.com/en/fethullah-gulens-life/about-fethullah-gulen/biography/24654-edirne

——. "Edirne, Kirklareli, and finally Izmir," in *Fethullah Gülen*, at https://www.fgulen.com/en/fethullah-gulens-life/about-fethullah-gulen/biography/24656-edirne-kirklareli-and-finally-izmir

——. *Emerald Hills of the Heart: Key Concepts in the Practice of Sufism*, Volume 1. Tr. Ali Ünal (Clifton, NJ: Tughra Books, 2013a).

——. *Emerald Hills of the Heart: Key Concepts in the Practice of Sufism*, Volume. 2. Tr. Ali Ünal (Clifton, NJ: Tughra Books, 2011).

——. *Essays-Perspectives-Opinions*. Compiled by The Light (Clifton, NJ: The Light, 2006a).

——. "An Exile Poem," in "Appendix" to Nevval Sevindi, *Contemporary Islamic Conversations: M. Fethullah Gülen on Turkey, Islam, and the West*. Ed. with an Introduction by Ibrahim M. Abu-Rabi', Tr. by Abdullah T. Antepli (Albany: SUNY Press, 2008): 149-50.

——. "Fethullah Gülen on His Meeting with the Pope," interview in *Zaman*, February 13, 1998, at https://fgulen.com/en/fethullah-gulens-life/dialogue-activities/meeting-with-the-pope-john-paul-ii/25152-fethullah-gulen-on-his-meeting-with-the-pope

——. "Fethullah Gülen's Message on the 9/11 Terror Attacks," at http://www.gulen-movement.com/fethullah-gulens-message-on-the-911-terrorist-attacks.html

——. "The Golden Period of Time, Izmir," *Fethullah Gülen*, at http://fgulen.com/en/fethul lah-gulens-life/about-fethullah-gulen/biography/24650-a-different-home

——. "Hajj and Praying," *Weekly Sermons, The Broken Jug*, 8/10/2012, at http://www.herkul.org/weekly-sermons/hajj-and-praying/

——. "Hocaefendi's Primary School Years as Narrated by Himself and his Teacher, Belma," *Zaman*, 24 November 2006b. at https://fgulen.com/tr/turk-bas-ininda-fethullah-gulen/fethullah-gulen-hakkinda-dizi-yazilar-dosyalar/fethullah-gulen-web-sitesi-ozel-dosya lar/12561-fgulen-com-belma-ozba-tur-anlatiyor

——. "Honorary President Fethullah Gülen's Founding Speech," [1994], at http://jwf.org/jwfs-honorary-president-fethullah-gulens-founding-speech/

——. "I Condemn All Threats to Turkey's Democracy," in *The New York Times*, July 25, 2016, at https://www.nytimes.com/2016/07/26/opinion/fethullah-gulen-i- condemn-all-threats-to-turkeys-democracy.html

———. "Ideal Consultation-1," *Herkul: Weekly Sermons*, September 28, 2014a, at http://www.herkul.org/weekly-sermons/ideal-consultation-1/

———. "Ideal Consultation-2," *Herkul*, October 4, 2014b, at http://www.herkul.org/weekly-sermons/ideal-consultation-2/

———. "Interview with Fethullah Gülen," in *Herkul*, July 16, 2016.

———. "Işık Evler [Light Houses] (1)," *Fethullah Gülen*, at https://fgulen.com/tr/fethullah-gulenin-butun-eserleri/cag-ve-nesil-serisi/fethullah-gulen-gun-ler-bahari-soluklarken/10409-Fethullah-Gulen-Isik-Evler-1

———. "Jews and Christians in the Qur'an," 05/24-25, 1996, at https://fgulen.com/en/fethullah-gulens-life/1315-fethullah-gulens-speeches-and-interviews-on-interfaith-dialogue/25142-jews-and-christians-in-the-quran

———. *Journey to Noble Ideals: Droplets of Wisdom from the Heart*. Vol. 13, The Broken Jug (Somerset, NJ: Tughra Books, 2014c).

———. "Military Service," *Fethullah Gülen*, at http://fgulen.com/en/home/1304-fgulen-com-english/fethullah-gulen-life/biography/24655-military-service

———. "The Month Overflowing with Mercy," in *Ramadan* (Clifton, NJ: Tughra Books, n.d.).

———. *Muhammad, the Messenger of God: An Analysis of the Prophet's Life*. Tr. Ali Ünal (Clifton, NJ: Tughra Books, 2010b).

———. "The Necessity of Interfaith Dialogue," in *The Fountain* 3:31 (July-Sep, 2000), pp. 7-8, as cited in M. Fethullah Gülen, *Essays-Perspectives-Opinions* (Somerset, NJ: The Light, 2006c): 51-2.

———. "Orta Asya'da Eğitim Hizmetleri" [Educational Services in Central Asia]. *Yeni Türkiye Dergisi*, nr. 15. [1997], pp. 685-692.

———. "The Patriarch and Fethullah Hodja," *Sabah*, April 6, 1996, at https://fgulen.com/en/fethullah-gulens-life/dialogue-activities/repercussions-from-gulen-bartholomeos-meeting/25144-the-patriarch-and-fethullah-hodja

———. *Pearls of Wisdom*. Tr. Ali Ünal. (Somerset, NJ: The Light, 2006d).

———. *Questions and Answers about Islam*, Vol. 1. Tr. Muhammed Çetin (Somerset, NJ: The Light, 2006e).

———. *Questions and Answers about Islam*, Vol. 2. Tr. Muhammed Çetin (Somerset, NJ: The Light, 2005).

———. "Ramadan and Softening Hearts," *The Broken Jug*, 10 July 2013b, at https://www.fgulen.com/en/fethullah-gulens-works/thought/the-broken-jug/36142-ramadan-and-softening-hearts

———. *Reflections on the Qur'an: Commentaries on Selected Verses*. Tr. Ayşenur Kaplan and

Harun Gültekin (NJ: Tughra Books, 2014d).

——. "The Society of Peace," [*Sızıntı*, August, 1979], in Erkan M. Kurt, ed. and trans., *So That Others May Live: A Fethullah Gülen Reader* (NY: Blue Dome Press, 2014e): 27-29.

——. "Solution to the Problem of Racism," at https://fgulen.com/en/fethullah-gulens-works/faith/prophet-muhammad-as-commander/24896-solution-to-the-problem-of-racism

——. *Toward a Global Civilization of Love and Tolerance*. Foreword by Thomas Michel (Somerset, NJ: The Light, 2006f).

——. "A Tribute to Mothers," The Fountain Magazine, 50(April-June, 2005), at http://en.fgulen.com/recent-articles/1940-a-tribute-to-mothers

——. *Truth through Colors* (Izmir: Nil, 1992).

——. *Towards the Lost Paradise* (London: Truestar, 1996).

——. "Why Does He Cry?," *Fethullah Gülen*, at https://www.fgulen.com/en/fethullah-gulens-life/about-fethullah-gulen/biography/24660-why-does-he-cry, citing an "Interview with Nuriye Akman," *Sabah Daily*, 1/23-30, 1995.

——. "Years of Education," *Fethullah Gülen*, at http://fgulen.com/en/home/1304-fgulen-com-english/fethullah-gulen-life/biography/24652-years-of-education

——. compiler, *Selected Prayers of Prophet Muhammad and Great Muslim Saints*. Tr. Ali Keeler (NY: Tughra Books, 2012).

——. *The Statue of Our Souls: Revival in Islamic Thought and Activism*. Tr. Muhammed Çetin (Somerset, NJ: The Light, 2007).

——. *Understanding and Belief: The Essentials of Islamic Faith* (Konya/Izmir: Kaynak Publishing, 1977).

——. "Women and Men Prayed Together at the Mosque," in *Fethullah Gülen's Thoughts*, at https://fgulen.com/en/fethullah-gulens-life/1305-gulens-thoughts/25059-women-and-men-prayed-together-at-the-mosque.

——. "Women and Women's Rights," interview with Ertuğrul Özkök, *Hürriyet Daily*, January 23-30, 1995, at http://www.fethullahgulen.com/en/home/1305-fgulen-com-english/fethullah-gulen-life/gulens-thoughts/25057-women-and-womens-rights

GülenMovement.com, "The Life of Fethullah Gülen: Highlights from His Education," at http://www.gulenmovement.us/the-life-of-fethullah-gulen-high-lights-from-his-education.html

——. "Fethullah Gülen as an Islamic Scholar," at http://www.gulenmovement.com/fethullah-gulen/fethullah-gulen-as-an-islamic-scholar

——. "There has never been a sincere alliance between Gülen Movement and Erdoğan," [n.d.], at http://www.gulenmoement.com/never-sincere-alliance-gulen-movement-erdo gan.html

Gündem, Mehmet, *Lüzumlu Adam [An Essential Man]: İshak Alaton* (Istanbul: Alfa Yayıncılık, 2014).

——. *Fethullah Gülen'le 11 Gün* [11 Days with Fethullah Gülen] (Istanbul: Alfa, 2005).

Gunter, Michael M., "Contrasting Turkish Paradigms toward the Volatile Kurdish Question: Domestic and Foreign Considerations," in *The Kurdish Question Re- visited*, ed. Gareth Stansfield and Mohammed Sharif (London: Oxford University Press, 2017): 259-79.

Gürbilz, Mustafa, "Recognition of Kurdish Identity and the Hizmet Movement," at http://www.Gülenmovement.com/recognition-of-kurdish-identity-and-the-hizmet-movement.html

Haddad, Yvonne Yazbeck "Ghurba as Paradigm for Muslim Life: A Risale-i Nur Worldview," in *The Muslim World* 89(No. 3-4): 299, as cited by Yasin Aktay, "Diaspora and Stability: Constitutive Elements in a Body of Knowledge," in *Turkish Islam and the Secular State: The Gülen Movement*. Ed. M. Hakan Yavuz and John L. Esposito (Syracuse: Syracuse University Press, 2003).

"Hacı Kemal Erimez/Hacı Ata," at http://hacikemalerimez.blogspot.com/

Hällzon, Patrick, "The Gülen Movement: Gender and Practice," in *Islam in the Age of Global Challenges: Alternative Perspectives of the Gülen Movement. Conference Proceedings, November 14-15, 2008. Georgetown University*: 288-309.

Harrington, James C., *Wrestling with Free Speech, Religious Freedom, and Democracy in Turkey* (Lanham, MD: University Press of America, 2011).

Harvard Kennedy School, "Social Capital Glossary," The Saguaro Seminar: Civic Engagement in America, at https://www.hks.harvard.edu/saguaro/glossary.htm

Hatch, Nathan O., *The Democratization of American Christianity* (New Haven, CT: Yale University Press, 1987).

Hauslohner, Abigail, "Inside the Rural PA Compound where an Influential Muslim Cleric Lives in Exile," in *The Washington Post*, August 3, 2016, at https://www.washington post.com/news/post-nation/wp/2016/08/03/inside-the-rural-pa-compound-where-an-influential-muslim-cleric-lives-in-ex-ile/?utm_term=.bdd6el7dcacd

Heck, Paul L., "Turkish in the Language of the Qur'an: Hira' Magazine," in *The Muslim World and Politics in Transition: Creative Contributions of the Gülen Movement*. Ed. Greg Barton, Paul Weller, and İhsan Yılmaz (London/NY: Bloomsbury, 2013): 143-153.

Hefner, Robert, *Civil Islam: Muslims and Democratization in Indonesia* (Princeton: Princeton University Press, 2000).

Hendrick, Joshua D., *Gülen: The Ambiguous Politics of Market Islam in Turkey* (NY: New York University Press, 2013).

Hermansen, Marcia, "The Cultivation of Memory in the Gülen Movement," in *International Conference Proceedings--Muslim World in Transition: Contributions of the Gülen Movement* (London: Leeds Metropolitan University Press, 2007).

——. "Understandings of Community in the Gülen Movement," 12 November 2005, in *Studies: Academic Works on the Risale-i Nur Collection*, at http://risaleinur.com/index. php?option=com.content&view=article&id=4341:understandings-of-community-within-the-gulen-movement&-catid=79&Itemid=157

——. "Who is Fethullah Gülen: An Overview of His Life," in *Hizmet Means Service: Perspectives on an Alternative Path in Islam*. Ed. Martin E. Marty (Berkeley: University of California Press, 2015).

Hesser, Terry Spencer, *Love Is a Verb* (NY: Global Vision Productions, 204).

HizmetNews.com. "İkbal Gürpinar Hospital is Connecting Sudanese People to Life," in *Hizmet News*, February 23, 2012, at http://hizmetnews.com/420/ikbal-gurpinar-hospital-is-connecting-sudanese-people-to-life/#.WmcpT6inF-PY

Hunt, Robert A. and Yüksel A. Aslandoğan, *Muslim Citizens of the Globalized World: Contributions of the Gülen Movement* (Somerset, NJ: The Light, 2006).

"Interview with Nicole Pope," *Le Monde*, 28 April 1998, as cited by Doğu Ergil, *Fethullah Gülen and the Gülen Movement in 100 Questions* (Istanbul: Blue Dome Press, 2012).

Irmak TV, Geçmişten İzler (Traces from the Past), "Interview with Abdullah Ünal Birlik," March 11, 2014. Episode 1, at https://www.youtube.com/watch?v=T89g-0bCDADQ

——. Geçmişten İzler (Traces from the Past), "Interview with Ahmet Haseken," February 24, 2014.

——. Geçmişten İzler, "Interview with İrfan Yılmaz," Episode 1, April 1, 2015.

——. Geçmişten İzler (Traces from the Past), "Interview with Sibgatullah Gülen: Episode 1," May 29, 2014, at https://www.youtube.com/watch?v=0BAL-W0DYmB0.

——. Geçmişten İzler (Traces from the Past), "Interview with Sibgatullah Gülen, Episode 2," June 4, 2014.

——. Geçmişten İzler, "Interview with Tahsin Şimşek," Episode 1, December 31, 2014.

——. Geçmişten İzler (Traces from the Past), "Interview with Yusuf Pekmezci," Episode l, October 29, 2014, at https://www.youtube.com/watch?v=8OnPa0Idm-NI

——. Geçmişten İzler, "Interview with Yusuf Pekmezci," Episode 2, September 17, 2014.

Irvine, Jill, "The Gülen Movement and Turkish Integration in Germany," in *Muslim Citizens of the Globalized World: Contributions of the Gülen Movement*. Ed. Robert A. Hunt and Yüksel A. Aslandoğan (Somerset, NJ: The Light, 2007): 62-84.

Islam, Merve Kavakci, *Headscarf Politics in Turkey: A Postcolonial Reading* (NY: Palgrave-Macmillan, 2010).

James, William, "The Moral Equivalent of War," [1910], at http://www.constitu-tion.org/wj/meow.htm

Journalists and Writers Foundation, "Soccer Match Raises Money for Children's Education in Bosnia-Herzegovina," September 19, 1995, at http://jwf.org/soccer-match-raises-money-for-children-s-education-in-bosnia-herzegovina/

Kakar, Narinda, "Preface," in *Peacebuilding through Education*, ed. Carol Dahir (Somerset, NJ: Blue Dome Press, 2015).

Kalın, İbrahim, "The Coup Leader Must Be Held Accountable," *The New York Times*, July 24, 2016, at https://www.nytimes.com/2016/07/25/opinion/the-turkey-coup-leader-must-be-held-accountable.html?action=click&contentCollection=Opinion&module=RelatedCoverage&region=Marginalia&pgtype=article

Kaylan, Melik, "The Zarrab Court Case: What it means for Flynn, Trump, Erdoğan, Even Putin," *Forbes*, December 5, 2017, at https://www.forbes.com/sites/me-likkaylan/2017/12/05/the-zarrab-court-case-what-it-means-for-flynn-trump-Erdoğan-even-putin/#7481559e7ecb

Kaynak Holding, "History," at http://kaynak.com.tr/en/default.aspx

Keneş, Bülent, "Sawadee Ka World Peace," *Today's Zaman*, 10 June 2009, at https://www.fgulen.com/new/en/press/ columns/sawadee-ka-world-peace

Kenyon, Peter, "Turkey's President and His 1,100 Room 'White Palace,'" *All Things Considered, National Public Radio*, December 24, 2014, at https://www.npr.org/sections/parallels/2014/12/24/370931835/turkeys-president-and-his-1-100-room-white-palace·

Kerim, Rebwar, "Kurdish Paper Rudaw's Interview with. Fethullah Gülen," March 13, 2013, at http://hizmetnews.com/15341/kurdish-paper-rudaws-interview-with-fethullah-gulen/#.WiF8GEqnFPY

Kimball, Charles, *When Religion Becomes Evil: Five Warning Signs* (NY: Harper-Collins, 2009).

Kinzer, Stephen, "Barış Marnço, Turkish Pop Star and Television Personality, 56, at http://www.nytimes.com/1999/02/07/nyregion/baris-manco-turkish-pop-star-and-television-personality-56.html

——. "Süleyman Demirel, 9 Times Turkey's Prime Minister, Dies at 90," *The New York Times*, June 16, 2015, at https://www.nytimes.com/2015/06/17/world/europe/suleyman-demirel-former-prime-minister-of-turkey-dies-at-90.html

——. "Kenan Evren, 97, Dies; After Coup, Led Turkey with Iron Hand," in *The New York Times*, May 1, 2015, at https://www.nytimes.com/2015/05/10/world/europe/ kenan-evren-dies-at-97-led-turkeys-1980-coup.html

Kirk, Martha Ann, *Growing Seeds of Peace: Stories and Images of Service of the Gülen Movement in Southeastern Turkey—A Travel Journal. With Historical and Geo-*

graphical Context by Doğan Koç (Houston: The Gülen Institute, 2012).

Knysh, Alexander, tr., *Al-Qusharyri's Epistle on Sufism: Al-Risala Al-qushayriyya Fi 'ilm Al-tasawwuf* [Great Books of Islamic Civilization] (NY: Garnet Publishing, 2007).

Koç, Doğan, "Generating an Understanding of Financial Resources in the Gülen Movement: 'Kimse Yok Mu' Solidarity and Aid Association," in *Islam in the Age of Global Challenges: Alternative Perspectives of the Gülen Movement. Conference Proceedings, November 14-15, 2008*. Georgetown University (Washington, DC: Rumi Forum, 2008): 435-454.

Kurt, Erkan M., ed. and tr., *So That Others May Live: A Fethullah Gülen Reader* (NY: Blue Dome, 2014).

Kuru, Zeynep Akbulut, and Ahmet Kuru, "Apolitical Interpretation of Islam: Said Nursi's Faith- Based Activism in Comparison with Political Islam and Sufism," in *Islam and Christian-Muslim Relations* 19(2008): 99-111, at https://www.tandfonline.com/doi/abs/10.1080/13510340701770311

Lauria, Joe, "Reclusive Turkish Imam Criticizes Gaza Flotilla," *Wall Street Journal*, June 4, 2010, at https://www.wsj.com/articles/SB10001424052748704025304575284721280274694

Letsch, Constanze, "Turkish Minister's Sons Arrested in Bribery and Corruption Scandal," *The Guardian*, 17 December, 2013, at https://www.theguardian.com/world/2013/dee/17/turkish-ministers-sons-arrested-corruption-investigation

———. "Turkish PM: corruption probe part of 'dirty operation' against administration," *The Guardian*, 18 December, 2013, at https://www.theguardian.com/world/2013/dee/18/turkish-pm-corruption-probe-dirty-operation

Lifton, Robert Jay, *Revolutionary Immortality: Mao Tse-Tung and the Chinese Cultural Revolution* (NY: Norton, 1976).

Likmeta, Besar, "Albania Ignores Erdoğan's Tirade against Gülen," in *Hizmet-Movement NewsPortal*, May 20, 2015, at https://www.voanews.com/a/turkey-erdogan-gulen-schools/4010073.html

Lindberg, Carter and Paul Wee, Eds. *The Forgotten Luther: Reclaiming the Social-Economic Dimension of the Reformation* (Minneapolis: Lutheran University Press, 2016).

"Malcolm X's Letter from Mecca," at http://islam.uga.edu/malcomx.html

Mango, Andrew, *Atatürk: The Biography of the Founder of Modern Turkey* (NY: Over- look, 1999).

Marty, Martin E., ed., *Hizmet Means Service: Perspectives on an Alternative Path in Islam* (Berkeley: The University of California Press, 2015).

MacCulloch, Diarmaid, *Christianity: The First Three Thousand Years* (NY: Penguin, 2011).

McLaughlin, William G., Jr., *Modern Revivalism: Charles Grandison Finney to Billy*

Graham. Reprint Edition (Eugene, OR: Wipf and Stock, 2004 [1959]).

Mercan, Faruk, *No Return from Democracy: A Survey of Interviews with Fethullah Gülen* (Clifton, NJ: Blue Dome Press, 2017).

Michel, Thomas, SJ, "Fighting Poverty with Kimse Yok Mu," in Islam in the Age of Global Challenges: Alternative Perspectives of the Galen Movement. Conference Proceedings, November 14-15, 2008. Georgetown University (Washington, DC: Rumi Forum, 2008): 523-533.

Mohamed, Yasien, "The Educational Theory of Fethullah Gülen and its Practice in South Africa," in *The Muslim World in Transition: Contributions of the Gülen Movement. International Conference Proceedings. London, 25-27* October 2007. (London: Leeds Metropolitan University Press, 2007): 552-571.

Münz, Rainer, and Ralf E. Ulrich, "Changing Patterns of Immigration to Germany, 1945-1997," at *Migration Dialogue*, "Research and Seminars," at https://mi-gration.ucdavis.edu/rs/more.php?id=69

Naqshbandi Sufi Way, "Awrad" at http://naqshbandi.org/awrad/

Neitzel, Sonke, Harald Welzer, and Jefferson Trace (tr.), *Soldiers: German POW's on Fighting, Killing, and Dying* (NY: Vintage, 2012).

Norton, Jenny and Cagil Kasapoglu, "Turkey's post-coup crackdown hits 'Gülen schools' worldwide," *BBC World Service*, 23 September 2016, at http://www.bbc.com/news/world-europe-37422822

Nutsi, Said, *Risale-I Nur Külliyatı* (Istanbul: Nesil, 1996), at http://www.nur.gen.tr/ en.html

——. *The Risale-I Nur Collection. The Gleams: Reflections on Quranic Wisdom and Spirituality.* Tr. by Hilseyin Akarsu (Clifton, NJ: Tughra Books, 2008).

Ocheja, Joshua, "Turkey: Erdoğan's Macabre Dance in Africa," *The Cable*, 7 December 2016, at https://www.thecable.ng/turkey-Erdoğans-macabre-dance-africa

——. "Understanding the Hizmet Movement in Nigeria," *The Cable*, 7 November 2016, reprinted at https://fgulen.com/en/press/columns/50914-understanding-the-hizmet-movement-in-nigeria.

"131 Media Organs Closed by Statutory Decree," at http://bianet.org/english/media/177256-131-media-organs-closed-by-statutory-decree

Oğurlu, Anita and Ahmet Öncü, "The Laic-Islamist Schism in the Turkish Dominant Class and the Media," in *The Neoliberal Landscape and the Rise of Islamist Capital in Turkey*, ed. Nesecan Balkan, Erol Balkan, and Ahmet Öncü (NY: Berghahn, 2015).

Osman, Mohamed Nawab, "The Gülen Movement as a Civil-Islamic Force in Indonesia," in *The Muslim World and Politics in Transition: Creative Contributions of the Gülen Movement.* Ed. Greg Barton, Paul Weller, Ihsan Yilmaz (London/ NY: Bloomsbury, 2013).

Özdalga, Elisabeth, "Redeemer or Outsider? The Gülen Community in the Civilizing Process," in *The Muslim World* 95 (July 2005).

——. "Worldly Asceticism in Islamic Casting: Fethullah Gülen's Inspired Piety and Activism," in *Critique* 17(2000): 83-104.

Özdemir, Şemsinur, *Hoca Anne ve Ailesi* (Istanbul: Ufuk Yaymlan, 2014).

Orhan, Özgüç "Islamic Himmah and Christian Charity: An Attempt at Inter-faith Dialogue," in *Islam in the Age of Global Challenges: Alternative Perspectives of the Gülen Movement*. November 14-15, 2008. (Washington, DC: Georgetown University, 2008).

Özkök, Ertuğrul, *Hürriyet Daily*, 1/23-30, 1996, as cited in Fethullah Gülen, "Relation with Literature and Music," at https://fgulen.com/en/home/1304-fgulen-com-english/fethul lah-gulen-life/biography/24661-relation-with-litera-ture-and-music

Pahl, Jon, "Economic Crises and the Promise of Spiritually-Grounded Social Enterprise: Building Peace through Sustainable Profits, Consistent with the Prophets," delivered at Beder University, Tirana, Albania, May 17, 2013.

——. "Fragments of Empire: Lessons for Americans in Orhan Pamuk's 'The Museum of Innocence,'" in *Public Theology*, May 10, 2010, at http://www.pubtheo.com/page.asp? pid=1548

——. "Muslims teach lesson in sacrifice," *The Philadelphia Inquirer*, October 23, 2006, as reposted in *CAIR--Philadelphia*, at http://pa.cair.com/actionalert/thank-philadelphia-inquirer/

——. *Empire of Sacrifice: The Religious Origins of American Violence* (NY: New York University Press, 2012).

——. *Shopping Malls and Other Sacred Spaces: Putting God in Place* (Grand Rapids, MI: Brazos Press, 2003).

——. and T. L. Hill, "Social Entrepreneurship as a Catalyst for Practical Social Justice in Economic Life," in *A Just World: Multi-Disciplinary Perspectives on Social Justice*, Ed. Heon Kim (Newcastle-Upon-Tyne: Cambridge Scholars Press, 2013): 39-52.

Pamuk, Orhan, *Istanbul: Memories and the City*. Tr. Maureen Freely (NY: Vintage, 2006).

——. *Istanbul: Memories and the City*. Tr. Maureen Freely (NY: Vintage, 2006). Kindle Edition.

Peace and Justice Studies Association, at https://www.peacejusticestudies.org/

Peres, Richard, *The Day Turkey Stood Still: Merve Kavakci's Walk into the Turkish Parliament* (London: Ithaca Press, 2012).

Phillipine Daily Inquirer, "Raucous, Solemn Rites Mark Muslim Celebration of Eid al-Fitr," August 31, 2011, at http://newsinfo.inquirer.net/50p45/raucous-sol-emn-rites-mark-muslim-feast-of-eid%E2%80%991-fitr

Pinker, Steven, *The Better Angels of Our Nature: Why Violence Has Declined* (NY: Viking, 2011).

PwC, *Middle East News*, "Ministry of Finance Introduces New Zakat Implementing Regulations," April 6, 2017, at https://www.pwc.com/ml/en/services/tax/me-tax-legal-news/2017/ksa-ministry-finance-introduces-new-zakat-implementing-regulations.html

Rae, Laurelie, *Islamic Art and Architecture: Memories of Seljuk and Ottoman Masterpieces* (Clifton, NJ: Blue Dome Press, 2015).

Rausch, Margaret, "Progress through Piety: Sohbetler (Spiritual Gatherings) of the Women Participants in the Gülen Movement," in *Islam in the Age of Global Challenges: Alternative Perspectives of the Gülen Movement. Georgetown University President's Office, Alwaleed bin Talal Center for Muslim Christian Under- standing. Rumi Forum.* November 14-15, 2008.

Reich, Robert, "The Virtuous Cycle," in *Inequality for All*, at https://www.youtube.com/watch?v=gT3cm2eTuSg

Robinson, Simon, "Building Bridges: Gülen Pontifex," in *Hizmet Means Service: Per- spectives on an Alternative Path in Islam* (Berkeley: The University of California Press, 2015).

Rodgers, Guy, "Fethullah Gulen: Infiltrating the U.S. Through Our Charter Schools? [incl. Tarek ibn Ziyad Academy]," *Campus Watch: Monitoring Middle East Studies on Campus*, April 9, 2009, at http://www.campus-watch.org/article/id/7238

Rodrick, Dani, "Is Fethullah Gülen Behind Turkey's Coup? [with update]," *Dani Rodrik's Weblog*, July 24, 2016, at http://rodrik.typepad.com/dani_rodriks_we-blog/2016/07/is-fethullah-gülen-behind-turkeys-coup.html

Rubin, Michael, "Why the Reza Zarrab guilty plea matters to Turkey and the world," *Washington Examiner*, November 28, 2017, at http://www.washingtonexam-iner.com/why-the-reza-zarrab-guilty-plea-matters-to-turkey-and-the-world/article/2 641919

Rudolf, Ulrich, *Al-Māturīdī and the Development of Sunnī Theology in Samarqand* (London/Berlin: Brill, 2014).

Rumi Forum, "The Wing of the Bird–Gülen on Sincerity," at http://rumiforum.org/ the-wing-of-the-bird-guelen-on-sincerity/

Sacks, Jonathan, *The Dignity of Difference: How to Avoid the Clash of Civilizations* (NY: Continuum, 2002).

Sahin, Mustafa Gokhan,"Turkey and Neo-Ottomanism: Domestic Sources, Dynamics and Foreign Policy," PhD Dissertation, Department of International Relations, Florida International University, 2010, at http://digitalcommons.fiu.edu/cgi/viewcontent.cgi?article=1220&context=etd

Sarıtoprak, Zeki and Ali Ünal, "Interview with Fethullah Gülen," in *The Muslim World. Special Issue. Islam in Contemporary Turkey: The Contributions of Fethullah Gülen,*

95 (July 2005).

——. "An Islamic Approach to Peace and Nonviolence," in *The Muslim World. Special Issue. Islam in Contemporary Turkey: The Contributions of Fethullah Gülen*, 95 (July 2005).

Schwartz; Yardena, "In New Palestinian City, Few Residents and Charges of Collusion with Israel," *The Times of Israel*, 24 January 2016, at https://www.timesofisrael.com/in-new-palestinian-city-few-residents-and-charges-of-collusion-with-israel/

Soltes, Ori Z., *Embracing the World: Fethullah Gülen's Thought and Its Relationship to Jalaluddin Rumi and Others* (Somerset, NJ: Tughra Books, 2013).

Srivastava, Mehul, "Assets worth 11bn seized in Turkey crackdown," in *Financial Times*, July 7, 2017.

"Sufism in Turkey," *Harvard Divinity School Religious Literacy Project*, at https://rlp.hds.harvard.edu/faq/sufism-turkey

"Tansu Çiller'den Fethullah Gülen Açıklaması" [Tansu Ciller and Fethullah Gülen Explained]," 25 July 2016, at http://www.cumhuriyet.com.tr/haber/turkiye/573852/Tansu_Ciller_den_Fethullah_Gülen_aciklamasi.html

Toosi, Nahal, "Verbatim: Fethullah Gülen, 'I Don't Have Any Regrets,'" *Politico*, September 9, 2016, at https://www.politico.eu/article/fethullah-gulen-full-interview-politico-turkey-coup-erdogan/

Saacks, Bradley Joseph, "U.S. schools are indirectly linked to preacher, often well-regarded," *Bloomberg*, September 1, 2016, at https://www.bloomberg.com/news/articles/2016-09-02/u-s-schools-caught-in-turkey-s-post-coup-attempt- crackdown

Sarıtoprak, Zeki, "Fethullah Gülen: A Sufi in His Own Way," in *Turkish Islam and the Secular State: The Gülen Movement*, ed. M. Hakan Yavuz and John L. Esposito (Syracuse: Syracuse University Press, 2003).

——. "Gülen and his Global Contribution to Peace-Building," in *International Conference Proceedings: Muslim World in Transition Contributions of the Gülen Movement* (London: Leeds Metropolitan Press, 2007).

Sayilan, Fevziye and Ahmet Yildiz, "The Historical and Political Context of Adult Literacy in Turkey," in *International Journal of Lifelong Learning* 28(October, 2009): 735-749, at https://www.tandfonline.com/doi/abs/10.1080/02601370903293203?scroll=top&needAccess=true&journalCode=tled20

Schimmel, Annemarie, *Mystical Dimensions of Islam* (Chapel Hill, NC: The University of North Carolina Press, 1975).

Sevindi, Nevval, *Contemporary Islamic Conversations: Fethullah Gülen on Turkey, Islam, and the West*. Ed. with an Introduction by Ibraim M. Abu-Rabi. Tr. Abdullah T. Antepli (Albany: SUNY, 2008).

——. *Yeni Yüzyıl Daily*, August, 1997, as cited in Fethullah Gülen" Relation with Literature and Music," at https://fgulen.com/en/home/1304-fgulen-com-english/fethullah-gulen-life/biography/24661-relation-with-literature-and-music

Sezgin, İsmail Mesut, "The Mavi Marmara and Fethullah Gülen's Critics: Politics and Principles," at https://fgulen.com/en/home/1324-fgulen-com-english/press/columns/38038-ismail-mesut-sezgin-todays-zaman-mavi-marmara-and-fethullah-gulens-critics-politics-and-principles?hitcount=0

Shinn, David H., *Hizmet in Africa: The Activities and Significance of the Gülen Movement* (Los Angeles : Tsehai Publishers, 2015).

Singer, Sean R., "Erdogan's Muse: The School of Necip Fazil Kisakurek," *World Affairs* 176 (November-December 2013): 81-8.

Smith, Jonathan Z., *To Take Place: Toward Theory in Ritual* (Chicago: The University of Chicago Press, 1987).

Spencer Hesser, Terry, *Love Is a Verb* (NY: Global Vision Productions, 2014).

Tarabay, Jamie, "A Rare Meeting with Reclusive Turkish Spiritual Leader Fethullah Gülen," *The Atlantic*, Aug 14, 2013, at https://www.theatlantic.com/international/archive/2013/08/a-rare-meeting-with-reclusive-turkish-spiritual-leader-fethullah-gulen/278662/

"Tayyip Erdoğan, Fethullah Gülen, Muhsin Yazıcıoğlu ve Barış Manço'nun yıllar önceki görüntüleri: Gazeteciler ve Yazarlar Vakfı'nın 1996 yılındaki ödül töreninde Erdoğan'ın konuştuğu, Fethullah Gülen'in dinlediği video sosyal medyanın gündeminde [Pictures from years ago of Tayyip Erdoğan, Fethullah Gülen, Muhsin Yazicioglu and Barış Manço," at https://www.youtube.com/watch?v=ZhUT0Uc0wpI

Tedik, Fatih, "Motivating Minority Integration in Western Context: The Gülen Movement in the United Kingdom," in International Conference on Peaceful Coexistence: Fethullah Gülen's Initiatives for Peace in the Contemporary World, in International Conference on Peaceful Coexistence: Fethullah Gülen's Initiatives for Peace in the Contemporary World, Erasmus University, Rotterdam, 22-23 November 2007, at https://fgulen.com/en/gulen-movement/conference-papers/peaceful-coexistence/25871-motivating-minority-integration-in-western-context-the-gulen-movement-in-the-united-kingdom

Tee, Caroline, *The Gülen Movement in Turkey: The Politics of Islam and Modernity* (London/NY: IB Tauris, 2016).

Thoroor, Ihsan, "Turkey's Erdoğan turned a failed coup into his path to greater power," *The Washington Post*, July 17, 2017, at https://www.washingtonpost.com/news/worldviews/wp/2017/07/17/turkeys-Erdoğan-turned-a-failed-coup-into-his-path-to-greater-power/?utm_term=.756a110f24ed

Tittensor, David, *The House of Service: The Gülen Movement and Islam's Third Way. Religion and Global Politics* (London/NY: Oxford University Press, 2014).

Toe, Rodolfo, "Gülen Schools Fight Provokes New Tensions in Bosnia," in *Balkan Insight*, 26 July 2016, at http://www.balkaninsight.com/en/article/gulen-schools-fight-provokes

-new-tensions-in-bosnia-07-26-2016

Toraman, Cengiz, Bedriye Tuncsiper and Sinan Yilmaz, "Cash Awqaf in the Ottomans as Philanthropic Foundations and Their Accounting Practices," at http://waqfacademy.org/wp-content/uploads/2013/03/Cengiz-Toraman-Bedriye-Tuncsiper-Sinan-Yilmaz-CTBTSY.-Date.-Cash-Awqaf-in-the-Ottomans-as-Philanthropic-Foundations-Their-Accounting- Practices.-Turkey.-University.pdf

"Turgut Özal Colleges," at http://turgutozal.edu.al/

"Turkey Purge: Monitoring Human Rights Abuses in Post-Coup Turkey," at https://turkeypurge.com/

Turkey Task Force, *Hate Speech and Beyond: Targeting the Gülen Movement in Turkey*. Rethink Paper 16, June 2014. (Washington, DC: Rethink Institute).

Ünal, Ali and Alphonse Williams. Compiled by. *Advocate of Dialogue: Fethullah Gülen* (Fairfax, VA: The Fountain, 2000).

——. "Any Political Aims?," in Ali Ünal and Alphonse Williams, eds., *Fethullah Gülen: Advocate of Dialogue* (Fairfax, VA: The Fountain, 2000).

Valkenberg, Pim, *Renewing Islam by Service: A Christian View of Fethullah Gülen and the Hizmet Movement* (Washington, DC: Catholic University of America Press, 2015).

Walton, Jeremy F., "The Institutions and Discourses of Hizmet, and Their Discontents," in *Hizmet Means Service: Perspectives on an Alternative Path Within Islam*, ed. Martin E. Marty (Berkeley: The University of California Press, 2015): 50-65.

Weber, Max, *The Protestant Ethic and the Spirit of Capitalism*. Tr. Talcott Parsons (NY: Scribner, 1958).

Weller, Paul, "Robustness and Civility: Themes from Fethullah Gülen as Resource and Challenge for Government, Muslims and Civil Society in the United Kingdom," in *Muslim World in Transition: Contributions of the Gülen Movement. International Conference Proceedings. London, 25-27 October 2007*. (London: Leeds Metropolitan University Press, 2007): 268-284.

——. Greg Barton, and İhsan Yılmaz, eds., *The Muslim World and Politics in Transition: Creative Contributions of the Gülen Movement* (London/NY: Bloomsbury, 2013).

What Went Wrong with Turkey? The Fountain Special Issue (NY: Blue Dome Press, 2017).

White, Jenny B., "The Turkish Complex," in *The American Interest* 10(4): February 2, 2015, at https://www.the-amercan-interest.com/2015/02/02/the-turkish-complex/

Wickham, Carrie Rosefsky, *The Muslim Brotherhood: The Evolution of an Islamist Movement* (Princeton: Princeton University Press, 2015).

Williams, Jennifer, "Ramadan 2017: Nine Questions about the Muslim Holy Month You Were Too Embarrassed to Ask," *Vox*, June 23, 2017, at https://www.vox.com/2017/5/25/11851766/what-is-ramadan-2017-muslim-islam-about

Yavuz, M. Hakan, *Toward an Islamic Enlightenment: The Gülen Movement* (NY/London: Oxford University Press, 2013).

———, "The Gülen Movement: The Turkish Puritans," in *Turkish Islam and the Secular State: The Gülen Movement*, ed. M. Hakan Yavuz and John L. Esposito (Syracuse, NY: Syracuse University Press, 2003): 19-47.

Yeşilova, Hakan, "Debunking the Gülen-Erdoğan Relationship," *The Daily Caller*, September 22, 2016. at https://dailycaller.com/2016/09/22/debunking-the-gulen-erdogan-relationship.

Yılmaz, İhsan, "Peacebuilding through Education: A Perspective on the Hizmet Movement," in *Peacebuilding through Education: Challenges, Opportunities, Cases*, ed. Carol Dahir (Somerset, NJ: Blue Dome Press, 2015).

———. "*Ijtihad* and *Tajdid* by Conduct: The Gülen Movement," in *Turkish Islam and the Secular State: The Gülen Movement*, ed. M. Hakan Yavuz and John L. Esposito (Somerset, NY: Syracuse University Press, 2003): 208-237.

Yücel, Salih, "Fethullah Gülen: Spiritual Leader in a Global Islamic Context," in *Journal of Religion and Society* 12 (2010), at https://fgulen.com/en/home/1326-fgulen-com-english/press/review/26887-fethullah-gulen-spiritual-leader-in-a-global-islamic-context

Yüksel A. Aslandoğan and Muhammed Çetin, "The Educational Philosophy of Gülen in Thought and Practice," in *Muslim Citizens of the Globalized World: Contributions of the Gülen Movement*, ed. Robert A. Hunt and Yüksel A. Aslandoğan (Somerset, NJ: The Light, 2006).

Yunus, Muhammad, *Creating a World without Poverty: Social Business and the Future of Capitalism* (NY: Public Affairs, 2007).

Yunus Social Business, at http://www.yunussb.com/

Zürcher, Erik J., *Turkey: A Modern History* (London/NY: LB. Tauris, 2017).

Interviews

Abdullah Birlik, Izmir, Turkey. July 26, 2015.

Ahmet Kurucan, Hasbrouck Heights, NJ. September 8, 2017.

Ahmet Muharrem Atlığ, Izmir, Turkey. July 29, 2015.

Ahmet Tekin, Turkey. July 28, 2015.

[Aisha], New York City. November 15, 2017.

Alaattin Kırkan, Izmir, Turkey. July 28, 2015.

Alp Aslandoğan, Clifton, NJ. May 3, 2015.

Derya Yazıcı, Hasbrouck Heights, NJ. February 7, 2017.

Esra Koşar, Hasbrouck Heights, NJ. March 27, 2017.

Emine Eroğlu, Hasbrouck Heights, NJ. February 7, 2017.

Ergün Çapan, Wind Gap, Pennsylvania. July 14, 2015.

Fethullah Gülen, Wind Gap, PA. February 30, 2018.

Haluk Ercan, Hisar Mosque Bazaar, Izmir. July 27, 2015.

Hatem Bilgili, Erzurum, Turkey. August 3, 2015.

Huma Taban, Washington, DC. June 27, 201.

İsmail Büyükçelebi, Wind Gap, PA. May 12, 2015.

Kerim Balcı, Istanbul. August 5, 2015.

Mehmet Doğan, Istanbul. August 4, 2015.

Mustafa Özcan, Wind Gap, PA, May 11, 2015. Tr. Osman Şimşek.

Nebahat Çetinkaya, Washington, DC. June 27, 2017.

Nevzat Savaş, Istanbul, August 27. 2015.

Nurhayat Gülen, Turgutlu, Turkey. July 25, 2015.

Nurten Kutlu, Hasbrouck Heights, NJ. February 7, 2017.

Osman Şimşek, Wind Gap, PA. May 12, 2015.

Salih Gülen, Erzurum, Turkey. August 3, 2015.

Sabri Çolak, Erzurum, Turkey. August 5, 2015.

Şerif Ali Tekalan, Izmir, Turkey. July 27, 2015.

Sevgi Akarçeşme, Istanbul. August 18, 2015.

Sibel Yüksel, Houston, Texas. March 11, 2017.

Yusuf Erdoğan, Izmir, Turkey. July 28, 2015.

Yusuf Pekmezci, Izmir, Turkey. July 29, 2015.

Züleyha Çolak, Hasbrouck Heights, NJ. March 28, 2017.